此项研究受国家社会科学基金资助

武昌放鹰台

湖北省文物考古研究所

文物出版社

北京·2003

责任编辑：杨　轲
封面设计：周小玮
责任印制：王少华

图书在版编目（CIP）数据

武昌放鹰台/湖北省文物考古研究所编著. —北京：
文物出版社，2003.6
ISBN 7－5010－1399－3

Ⅰ. 武…　Ⅱ. 湖…　Ⅲ. 文化遗址－考古发掘－武
汉市　Ⅳ.K878.05

中国版本图书馆 CIP 数据核字（2002）第 077534 号

武昌放鹰台

湖北省文物考古研究所

*

文 物 出 版 社 出 版 发 行
北京五四大街 29 号
http://www.wenwu.com
E-mail：web@wenwu.com
北京美通印刷有限公司印刷
新 华 书 店 经 销
787×1092　16 开　印张：16.75　插 1
2003 年 6 月第一版　2003 年 6 月第一次印刷
ISBN 7－5010－1399－3／K·646　定价：190.00 元

FANGYINGTAI SITE OF WUCHANG

(With an English Abstract)

By

Relics and Archaeology Institute of Hubei Province

Cultural Relics Publishing House

Beijing · 2003

目　　录

第三章　西周文化遗存

第四章　宋代墓葬

附　表

附　录　武昌放鹰台遗址 1997 年发掘报告

插图目录

彩版目录

图版目录

第一章　概　述

第一节　地理位置与考古发现

　　武昌位于长江南岸,与长江北岸的汉口,汉水南岸的汉阳,呈三足鼎立之势,屹立于江汉两岸,合称武汉市。

　　武汉市地处我国中部长江中游的江汉平原。这里水陆交通发达,向来就有"九省通衢"之称,因而自古以来,这里就是我国南北文化的交汇地。市区中心地理坐标为东经114°19′,北纬30°33′。辽阔的江汉平原,湖泊密布,土壤肥沃,雨量充沛,气候温暖湿润,为人类的生存繁衍,提供了极为优越的自然环境和条件(图一)。

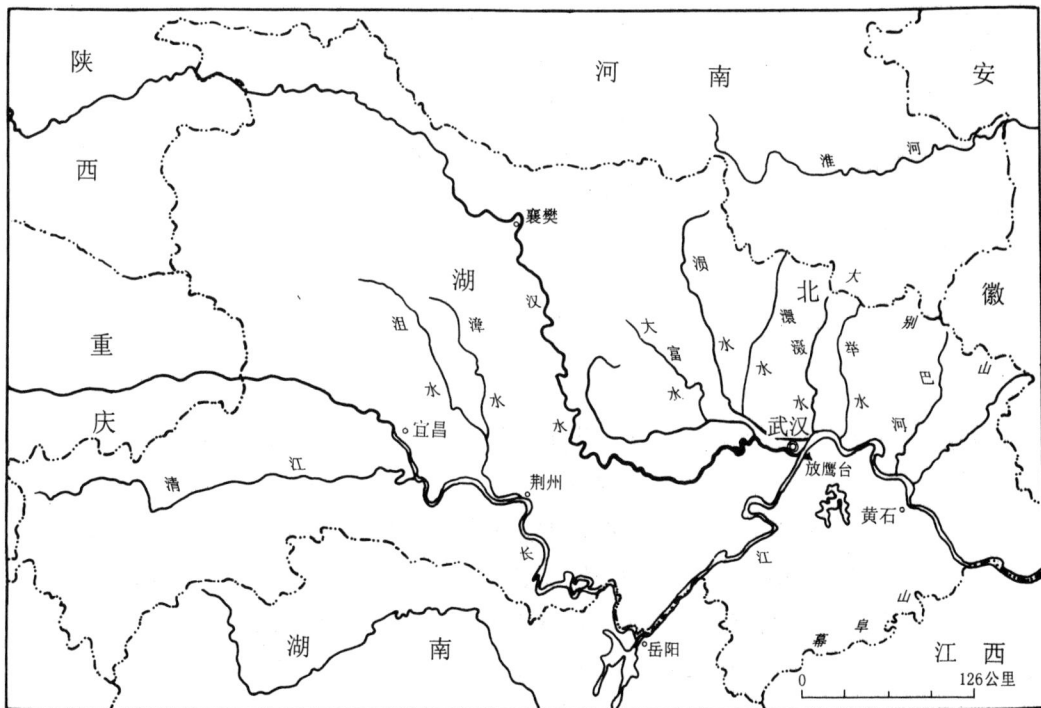

图一　武昌放鹰台遗址地理位置图

　　江陵鸡公山旧石器时代遗址的考古发现表明,约在距今20万年以前,更新世中期偏早的远古时代,江汉平原这片植被丰茂、肥沃富饶的土地上,就有人类生息繁衍。江汉地区已发现的新石器时代遗址千余处,武汉市区内及市郊,发现新石器时代遗址百余处,市境内的新石器时代聚落址约为20处。市内除武昌放鹰台遗址外,还有洪山区的老人桥、许家墩、棋子墩遗址,汉南区的金竹岭遗址,东西湖区的马投潭、凤凰岭、张家墩、塔尔头、下湾、北赛湖等新石器时代遗址。90年代初,在市郊新洲香炉山遗址上,发现类似放鹰台遗址新石器时代墓葬一、二期的文化遗存。就目前所知,武汉市一带的新石器时代文化遗存,有大致早到距今五千多年或更早一点的黄冈螺蛳山遗址下层的文化类型和屈家岭下层文化(亦称油子岭文化)类型的文化遗存,还有距今四五千年以前的屈家岭文化类型和石家河文化类型的文化遗存。

　　武汉市境内的长江北岸,有纱帽山、云水山、余家嘴、曹房墩、钥匙墩、龙王台等多处商周时期文化遗址。市郊的黄陂区,有商周时期遗址百余处(其中西周时期的遗址70余处),在这些遗址上,出土过不少商周时期的青铜器。盘龙城商代遗址群与商代城址中,出土的大批商代青铜器及西周时期文化遗存中的青铜器,都具有商周时期南北文化交融后的区域文化特色。

　　自五代至两宋时期,陶瓷业在武昌梁子湖、斧头湖一带沿湖地区勃然兴起。武昌市区及市郊,考古发现的宋代窑址140余座,其中大多是以民用窑为主的瓷窑。在市区内发掘了较多的宋代墓葬,汉阳十里铺宋墓中出土的一批影青瓷器,堪称宋代佳品。

　　"武昌"系三国吴孙权迁都于鄂县(后名鄂城县,即今鄂州市)时的改用名。公元1301年,武昌府治改在江夏(即今武汉市武昌)。元、明时期武昌为湖广省治所,清代为湖广总督及湖北省的治所,辛亥革命爆发于此。1949年武昌、汉口和汉阳三镇合为武汉市。

第二节　遗址状况与周围环境

　　放鹰台遗址位于武汉市武昌水果湖南岸和东湖南端的西岸湖滨。遗址东、北两面环水,系一湖滨土丘(彩版一)。遗址全貌为一南北向近椭圆形丘状台地,面积1万余平方米。台地中心与东南部较平,是遗址的最高处,海拔为32米;遗址中部偏北渐向北平缓,北部为一大片逐渐平缓的平坡地,坡脚断壁矮陡直临湖水,高出水果湖南岸水面1米左右;遗址东缘濒临东湖南端西岸,断壁高而斜陡,高出水面8米左右,坡脚底部已夷为一条平坦小路;遗址南部为一斜平面坡地,斜坡的坡脚较高;遗址西面是一坡面较大的长缓坡地(图二)。紧邻坡地的是湖北省委各部的办公大楼,放鹰台整个遗址台地即被圈围在了省委机关的大院内,大院东、南两面围墙,均直接建筑在台地东、南两面

水 果 湖

东

湖

放

鹰

台

汉 口

武 昌

汉 阳

长

江

放鹰台

0   32米

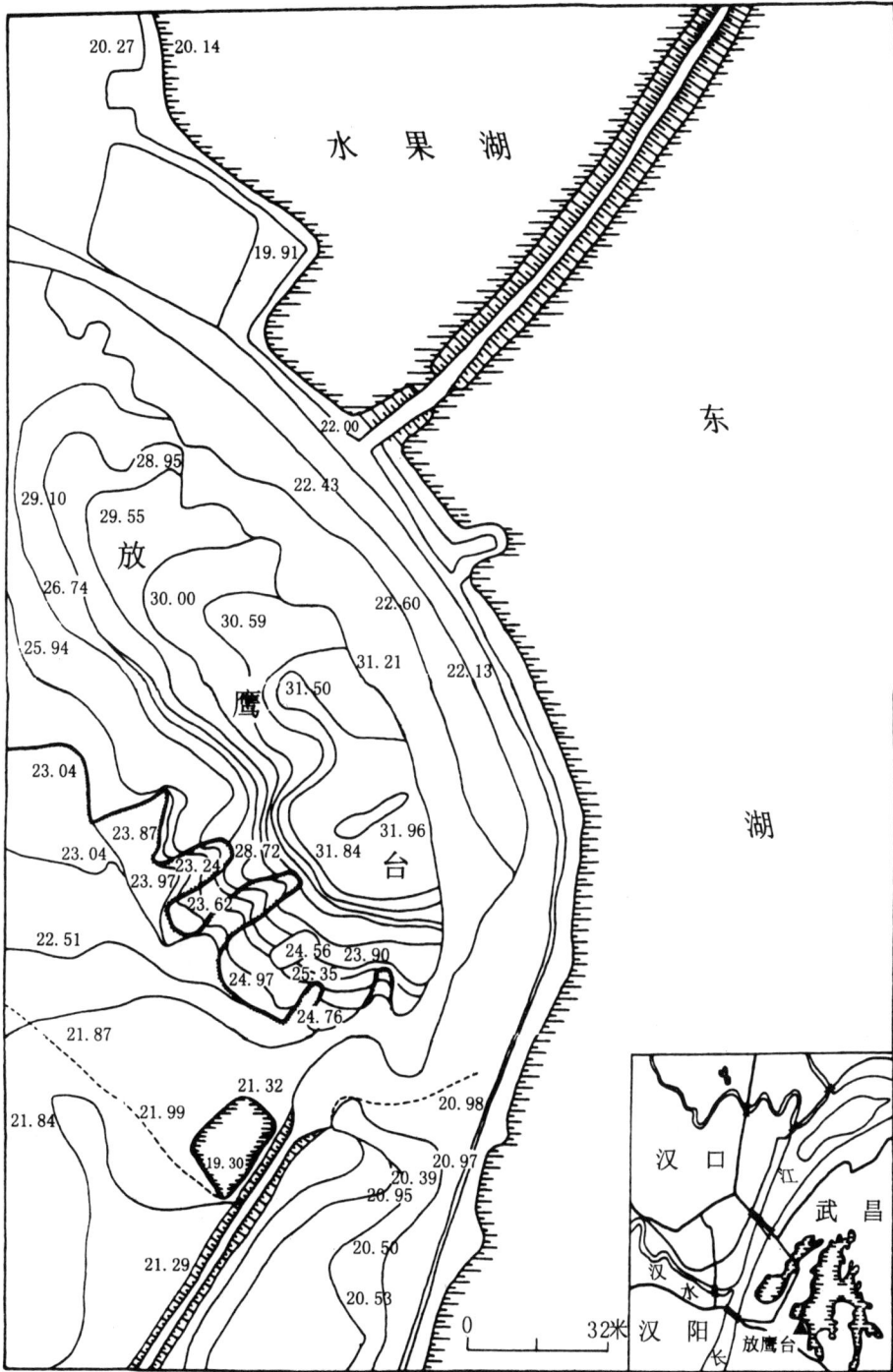

图二 放鹰台遗址位置示意图

的坡脚上。遗址周围环境，东面是东湖风景区；东南面是武汉大学；南面是洪山礼堂；

遗址东北角，为水果湖与东湖两湖之间的双湖桥（图三）。

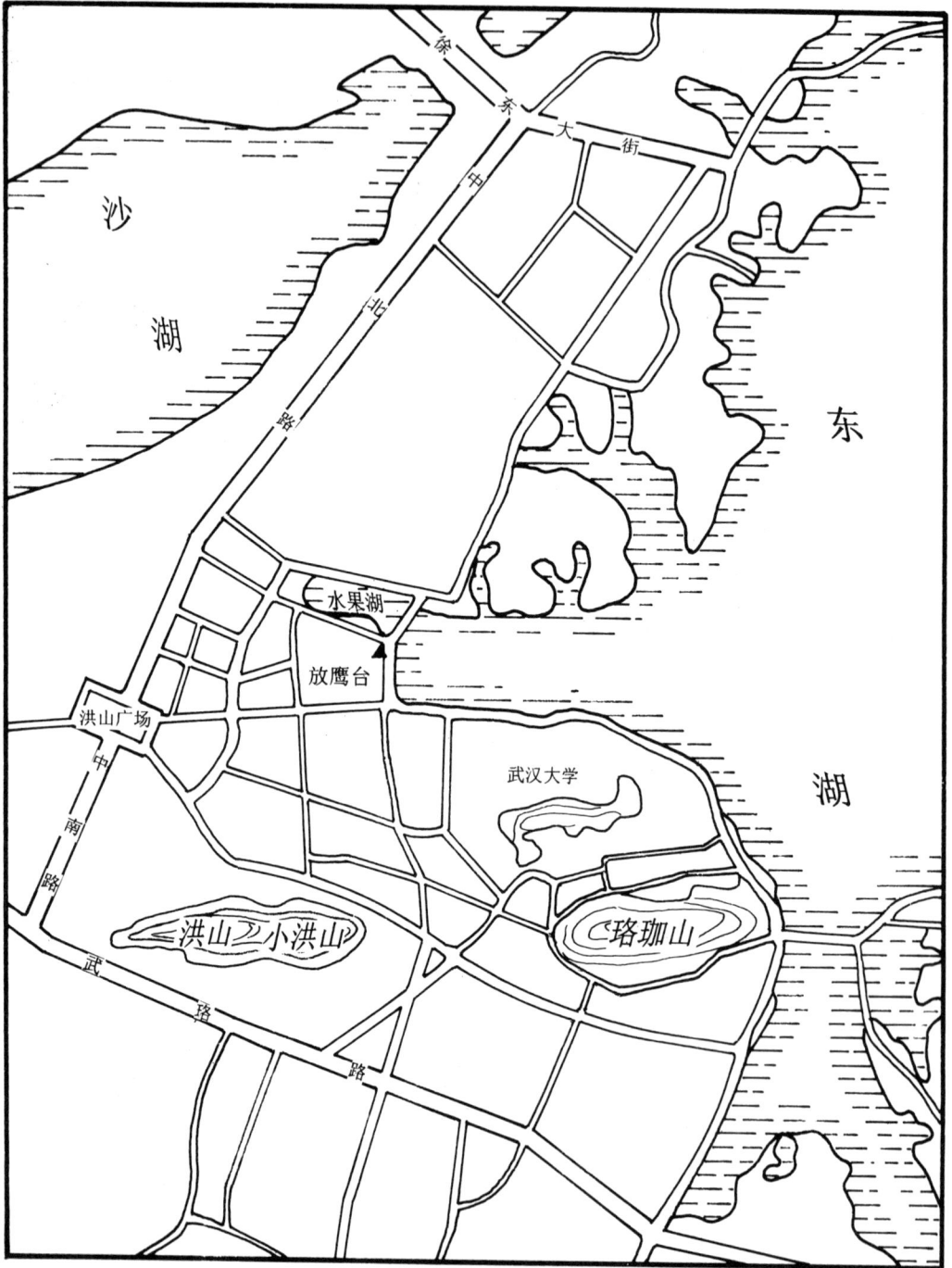

图三 放鹰台遗址地形图

放鹰台遗址的主要部位（中心区）因早年挖坑植树及遗址南面盖猪舍挖基槽，西面修水渠等人为活动，均给文化层以局部扰乱。在开挖的水渠两侧断面上，暴露有许多红烧土、灰烬层和大量陶片等遗迹、遗物。

第三节　工作经过

放鹰台遗址于 1956 年发现。从地面采集遗物初步了解到，遗址上有西周时期和新石器时代两个时期的文化遗存。当时，因首次在汉水下游与长江交汇处，发现类同汉水流域中上游地区的屈家岭文化早期（即屈家岭下层文化）文化遗存和周畿以外的西周时期文化遗存。当即引起了考古界与史学界的关注。1959 年，武汉市人民委员会（武汉市人民政府前身）将武昌放鹰台遗址列入了市级文物保护单位。

一、调查钻探

1960 年 2 月，由中国科学院（即现在的中国社会科学院）考古研究所湖北队张云鹏主持，湖北省文物管理委员会王善才参加，雇请了河南洛阳的马清海等四名探工，对放鹰台遗址的分布范围和文化堆积的大致情况作了一次调查性勘探。调查获知，遗址保存面积为 1 万余平方米，由于遗址濒临湖畔，早年似已崩塌了部分文化堆积。遗址东部和东南部较高处，文化堆积较为丰富，文化层多在 1.5 米左右，最厚处近 2 米，有大片红烧土遗迹；东北部缓坡地上，文化堆积层最厚处 1 米左右，发现夯土遗迹；西部长缓坡地上，发现小片红烧土遗迹；西南坡地上的文化堆积层均不足 1 米；中部偏北的平缓地上文化层厚 1 米左右；台地北端偏东的缓平地上，未发现文化堆积。经钻探初步了解，遗址上层的周代文化堆积较新石器时代文化堆积层薄，分布面积亦不如新石器时代文化堆积面大。放鹰台遗址应是以新石器时代文化遗存为主的遗址。在遗址地表面，还发现不少宋代陶片和瓷片。

二、遗址发掘

1965 年上半年，因国防工程需要，拟在放鹰台遗址高地动土，而计划动土的主要位置正是土台中心处的最高部位。由于放鹰台遗址已列入市级文物保护单位，湖北省委宣传部决定，由文物部门提前进行考古工作。为配合此项工程，湖北省博物馆文物考古队（湖北省文物考古研究所前身）立即组织专业人员，对放鹰台遗址进行抢救性发掘。发掘工作由湖北省博物馆文物考古研究室张云鹏主持，参加发掘的人员有文物考古队的王振行、陈锡林、王正明等，王劲参加了后段发掘。

在工程单位紧急施工的情况下，主持发掘者于工程动土范围内选发掘点时，未敢涉及建筑遗迹发现区，只着眼于多揭露一些文化堆积层，以探知此遗址的文化内涵，发掘意向则偏重于探索新石器时代文化遗存。因属抢救性发掘，开方采用探沟法，虽是有计划的统一布方，但囿于在树丛中开探沟，按坐标法统一编号有一定难度，因而探沟按开挖先后次序编号。在施工范围内，根据调查钻探了解的情况，发掘的第一批探沟，选在了遗址中部偏南方位，发现了新石器时代墓葬。继而向墓葬发现点的北面、西北面、南面、西南面开方，追寻墓葬分布区，故探沟集中开在了遗址中部、中部偏南和西南部，并在遗址的北面和西面坡地等不同方位，布了少数探方，以了解遗址上文化遗存的分布情况。共计开探沟(方)65条(个)(包括为找墓圹所扩小方在内)，其中2×10米探沟53条，2×8或6米探沟4条，其余为2×4～5米不等的扩方，发掘面积为1250平方米(图四)。发现新石器时代墓葬60座；发现西周时期坑形遗迹3处，灰坑2个，灰沟1条；清理宋代墓葬43座。发掘工作自1965年5月上旬开始，至11月下旬结束，历时约7个月。

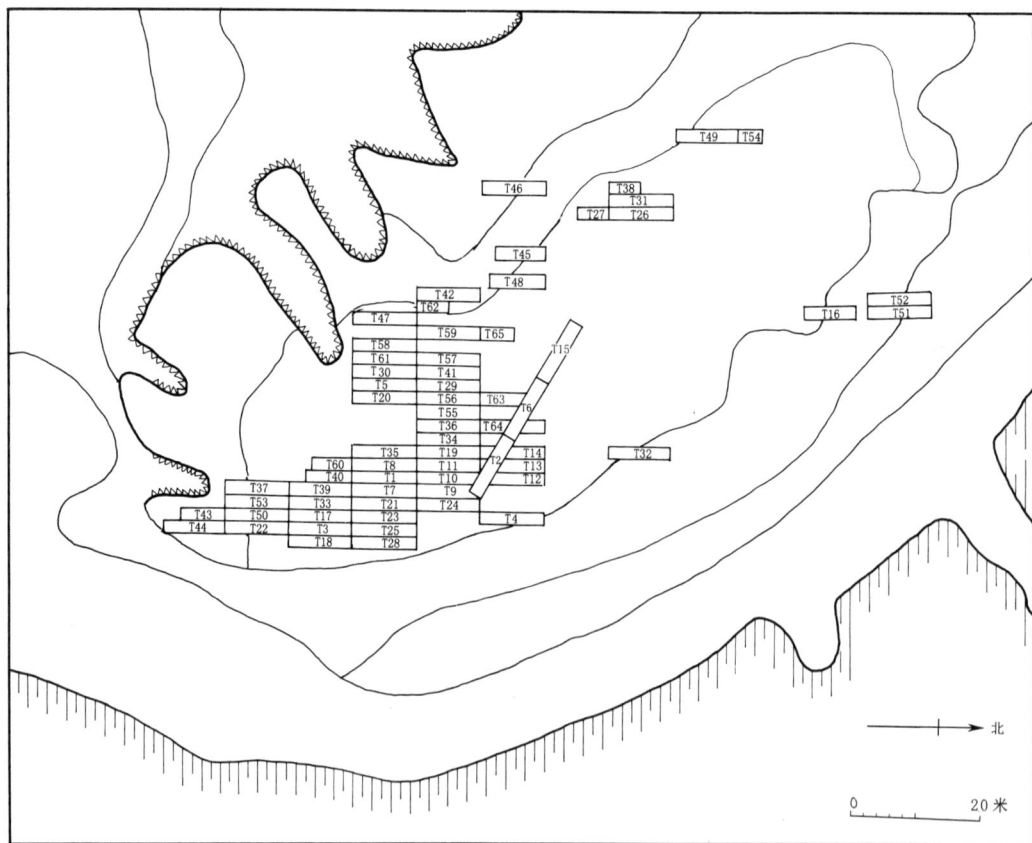

图四　放鹰台遗址第一次发掘探方分布图

三、整理经过

放鹰台遗址发掘资料的整理，大致可分为三个阶段。

第一阶段是在发掘工地，当时在发掘的同时，还开展了陶片清洗和出土器物修复工作，并绘制器物草图。

第二阶段是在发掘工作结束后，进行室内资料整理。除继续陶片清洗和出土器物修复工作外，还按时代及墓号顺序将墓葬出土器物整理上架，并按探方将小件器物上架，另外，核对资料、整理田野发掘记录、绘制器物图等工作也全面铺开。

1966 年上半年开始的"文化大革命"使得放鹰台遗址发掘资料的整理工作陷入停顿，整理室的资料亦遭劫难。

第三阶段是在 1996 年下半年，经湖北省文物局申报，《武昌放鹰台》被列入了国家社会科学基金资助项目，搁浅了十多年的放鹰台资料整理工作才得以恢复继续工作的条件，进入了发掘报告的整理编写阶段。

在放鹰台遗址发掘资料的整理工作中，参加前段工作的有王正明、王振行、梁淑兰、付斯根、谭久有和毕道善等；参加后段工作的有李桃元、孟华平、余才山、韩用祥、陈兴付、郑远华、刘志军、邓汉生、徐劲松、朱菁华、程建华、刘翠兰、杨凤霞、舒菊华等。王劲自始至终参加了此项资料整理工作。

1997 年 4 月，武汉市考古队为配合基建工程，对放鹰台遗址进行了第二次发掘。探方分别布在遗址的东南部、中部和西部，共计开 5×5 米探方 21 个，发掘面积 550 平方米。发现新石器时代、西周时期和宋代墓葬 31 座。本报告将这次发掘的资料作为附录收录。

第四节　地层堆积与文化分期

一、地层堆积

经调查和发掘了解，放鹰台遗址中部偏东，文化堆积层较厚，坡地的文化堆积渐薄。按土质土色变化分为 5 层，在第 1、2、3 层中，均有若干小块的土质土色变化，编层时，没有单独给予层位号，是按其所在层位（或邻近层位）号编为 a、b、c 小层。遗址的周代文化堆积在第 2 层（局部无周代文化堆积层），南部的周代文化堆积层较其他部位厚。新石器时代文化堆积始于第 3 层，局部表土下即是新石器时代文化层，如遗址偏东北部位的探沟中，仅见新石器时代文化堆积；此次发现的新石器时代墓葬，多集中分布于遗址的中部偏南部位。晚期宋墓多分布在遗址的东部。

现以 T17 西壁和 T21 西壁的地层剖面为例，介绍如下：

T17 西壁剖面（图五）。

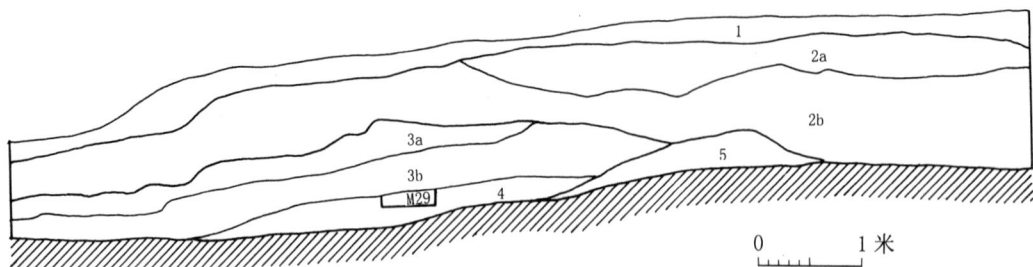

图五　65WFT17 西壁剖面图

第 1 层　表土，厚 0.1～0.5 米。出土有宋代陶瓷片和周代陶片等。

第 2a 层　灰色土，土质松软。厚 0.3～0.5、深 0.5～0.75 米。出土有西周时期陶片。

第 2b 层　灰黑黄土。厚 0.3～1、深 0.6～1.5 米。出土西周陶片，可辨器形有鼎、鬲、甗、豆、簋、尊、罐等。

第 3a 层　黄灰色土。厚 0.15～0.3、深 0.65～1.1 米。出土有新石器时代陶片。

第 3b 层　黄褐土夹红烧土斑点，土质较软。厚 0.2～0.55、深 0.8～1.2 米。出土新石器时代陶片，可辨器形仅有陶豆。此层下发现新石器时代墓葬 1 座，编号为 M29。

第 4 层　褐土夹红烧土斑点。厚 0.15～0.3、深 1.35～1.5 米。出土有新石器时代陶片和陶纺轮。

第 5 层　褐灰土含红烧土斑点。厚 0.12～0.35、深 1.1～1.5 米。出土新石器时代陶片中，可辨器形有鼎和曲腹杯等。

T21 西壁剖面（图六）。

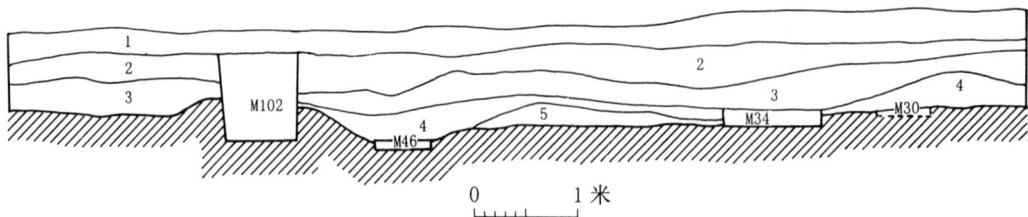

图六　65WFT21 西壁剖面图

第 1 层　表土。厚 0.2～0.3 米。出土有宋代陶、瓷片，周代陶片和少量新石器时代陶片。表土下发现宋代墓葬一座，编号 M102。

第2层 灰黄土。厚 $0.11 \sim 0.4$、深 $0.45 \sim 0.75$ 米。出土西周时期的陶片，可辨器形有鼎、鬲、豆等。

第3层 黄褐土夹红烧土斑点。厚 $0.12 \sim 0.4$、深 $0.6 \sim 0.95$ 米。出土新石器时代陶片，可辨器形有豆、瓮、器盖等。此层下发现新石器时代墓葬一座，编号 M34。

第4层 褐黄土夹红烧土斑点。厚 $0.1 \sim 0.25$、深 $0.75 \sim 1.05$ 米。出土有新石器时代陶片，可辨器形有杯和豆等。此层下发现墓葬两座，编号分别为 M46、M30。

第5层 褐灰土含红烧土斑点。厚 $0.07 \sim 0.2$、深 $0.7 \sim 1$ 米。出土新石器时代陶片，可辨器形有鼎、甑、罐等。

二、文化分期

放鹰台遗址上的新石器时代文化遗存，有早晚几类文化，文化性质分别为屈家岭下层文化、屈家岭文化和石家河文化。60 座新石器时代墓葬按随葬品的器形特征可分为三期。第一、二期是屈家岭下层文化，第三期是屈家岭文化。文化层的早期遗存，属屈家岭下层文化与屈家岭文化，相当于墓葬的二、三期，文化层的晚期遗存，属石家河文化。

西周时期的文化遗存，出土遗物有陶器、石器和青铜器，陶器多为器物残片，无完整的器形作为分期类比的依据，仅凭局部器形分期有一定难度而未分期。

第二章　新石器时代文化遗存

放鹰台遗址上的文化堆积，以新石器时代文化为主。第2层之下即为新石器时代文化，第3层（包括3a、3b、3c层）是石家河文化堆积层，第4层是屈家岭文化堆积层，第5层是屈家岭下层文化堆积层。放鹰台遗址上的新石器时代文化层不算太厚，且遭到一些扰乱，文化层中的出土遗物亦不甚丰富，所幸的是发现了一批新石器时代墓葬，发掘资料以墓葬及其出土遗物为主体。

第一节　屈家岭下层文化与屈家岭文化

在发掘范围内，此期的文化遗存，除发现了一批墓葬外，未揭露出其他文化遗迹。遗址的下层文化堆积层很薄，仅出土了较少不能复原的陶器残片，惟有墓葬出土了一批屈家岭下层文化和屈家岭文化时期的完整器物。

一、文化层遗物

文化层中的文化遗物不算太多，有陶器和石器两种，可分为生产工具、生活用具、装饰品等三大类。生活用具全是陶器残件，陶质除鼎、罐中有夹砂或含细砂陶外，其余皆为泥质陶。陶色以灰陶为多，少数为灰黄色陶，还有很少的灰黑、黑色陶，极少的橙黄、橙红色陶和褐红色陶等。陶器以素面为多，纹饰陶很少，纹样多见镂孔，以圆形镂孔为主，极少长方形镂孔，主要饰于豆、甑、壶等陶器的圈足上，还有极少的弦纹和划纹等纹饰。现在器物分型分式排比的基础上，按其早晚顺序叙述如下。

（一）屈家岭下层文化

属文化层的第5层，文化堆积层很薄。出土遗物均是陶质生活用具，全为不能复原的陶器残件。能辨器形的器物，有鼎、甑、罐、壶、豆、杯、碗和盆等。

鼎　多残存鼎足，仅有1件是鼎的下腹至鼎足。

鼎足　12件。多为小型鼎的矮足。分 A、B、C、D、E、F 六型。

A 型　3件。凿形小鼎足。分Ⅰ、Ⅱ、Ⅲ三式。

Ⅰ式　1件。矮凿形足。标本 T53⑤:6，泥质橙黄陶。足高 2.2 厘米（图七，1）。

Ⅱ式　1件。瘦小凿形足。标本 T53⑤:5，泥质灰黄陶。小平跟。足高 2.4 厘米（图七，2）。

Ⅲ式　1件。扁凿形足。标本 T21⑤:11，泥质灰陶。凿足较宽扁，大平跟。足高 4 厘米(图七,6)。

B 型　4件。鸭嘴形鼎足，形制均较小。分Ⅰ、Ⅱ两式。

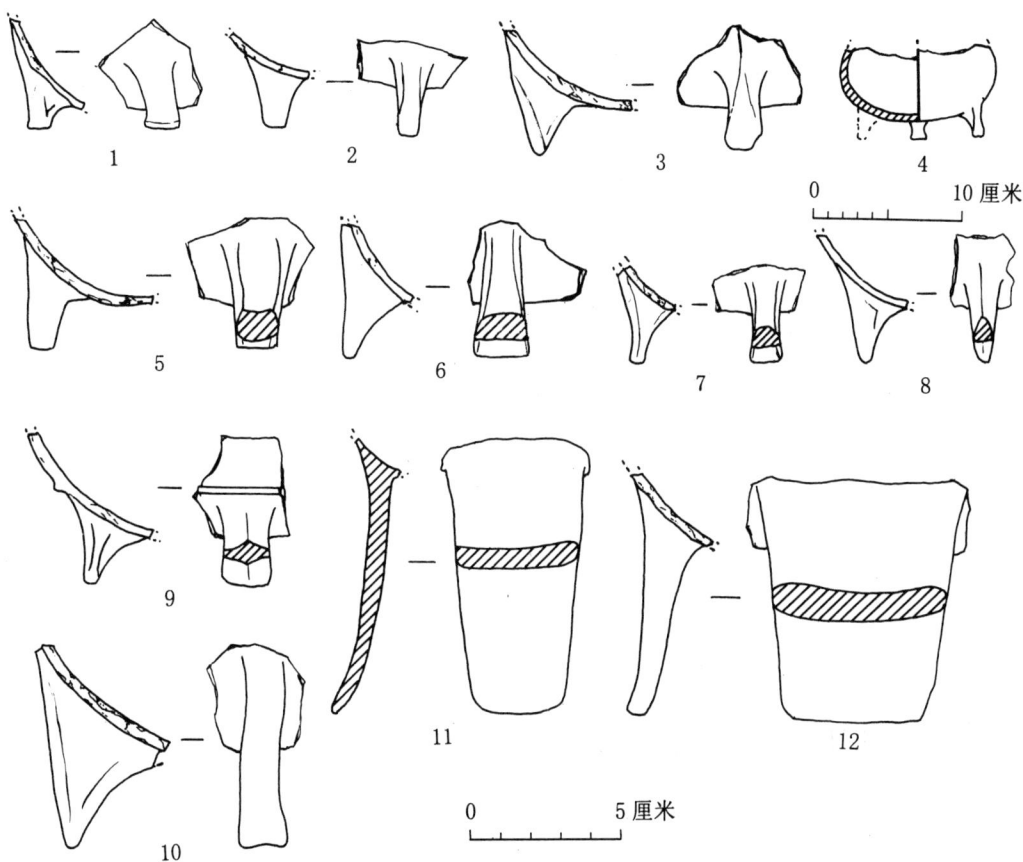

图七　屈家岭下层文化陶鼎足

1.A 型Ⅰ式（T53⑤:6）　2.A 型Ⅱ式（T53⑤:5）　3.B 型Ⅰ式（T32⑤:2）　4.B 型Ⅰ式（T33⑤:11）　5.D 型Ⅰ式（T17⑤:5）　6.A 型Ⅲ式（T21⑤:11）　7.B 型Ⅱ式（T27⑤:3）　8.C 型（T27⑤:4）　9.B 型Ⅰ式（T30⑤:5）　10.E 型（T30⑤:3）　11.F 型（T33⑤:8）　12.F 型（T25⑤:2）

Ⅰ式　3件。足跟扁平。标本T33⑤：11，泥质灰陶。垂腹，腹中部以上残，圜底下三鸭嘴形小矮足，足跟微撇。残高6厘米（图七，4）。标本T32⑤：2，泥质灰黄陶。残圜底下附小鸭嘴形足。横断面呈三角形。足高2.4厘米（图七，3）。标本T30⑤：5，泥质灰黄陶。残圜底下附小鸭嘴形足。横断面呈棱形。足高2.6厘米（图七，9）。

Ⅱ式　1件。足跟弧平。标本T27⑤：3，泥质橙黄陶。鸭嘴形小足，足跟外弧内平。横断面呈半圆形。足高2.8厘米（图七，7）。

C型　1件。乳头状鼎足。标本T27⑤：4，泥质红胎黑皮陶。足呈瘦长尖圆乳头状，上部横断面为三角形。足高2.6厘米（图七，8）。

D型　1件。凹面形鼎足。分Ⅰ、Ⅱ两式（Ⅱ式在屈家岭文化）。

Ⅰ式　1件。标本T17⑤：5，夹细砂灰黄陶。足正面微凹。足高3.4厘米（图七，5）。

E型　1件。三角形侧装鼎足。标本T30⑤：3，夹砂灰黄陶。侧视为三角形足，足正面呈长条状。足高6.4厘米（图七，10）。

F型　2件。宽扁形鼎足。标本T33⑤：8，夹砂灰陶。宽足扁薄长方体，略呈倒梯状，足面凹弧，足跟外撇。足高9厘米（图七，11）。标本T25⑤：2，夹砂褐红陶。宽足扁薄呈倒梯状，足面微凹，足跟外撇。足高7.8厘米（图七，12）。

罐　2件。有卷沿罐、折沿罐和有领罐。全为灰色陶。素面无纹饰。分A、B、C三型（B型在屈家岭文化）。

A型　1件。卷沿罐。标本T21⑤：9，仅存罐口及上腹残部。夹细砂灰陶。敛口，卷沿，残弧腹（图八，3）。

C型　1件。有领罐。标本T30⑤：4，仅残存罐口及领部。泥质灰陶。直口领，小窄平沿，矮领偏高。口径10厘米（图八，4）。

壶　3件。仅存壶的圈足残部。全为泥质陶。圈足上均饰有镂孔。分Ⅰ、Ⅱ两式。

Ⅰ式　1件。斜壁圈足壶。标本T33⑤：9，灰黄陶。残壶，圈足较矮，撇足。残圈足上残存圆形镂孔1个。残圈足高2.2厘米（图八，5）。

Ⅱ式　2件。直壁圈足壶。标本T60⑤：5，灰陶。残壶，圜底，矮圈足，筒状足。圈足上饰有横长方条形小镂孔4个，其中2个镂孔未戳穿。圈足径8.8、足高2.1厘米（图八，6）。

豆　2件。口至上腹残件和残圈足。口至上腹残件分A、B、C三型（B、C两型在屈家岭文化）。

A型　1件。钵形豆。标本T48⑤：9，仅存口部及上腹残件。泥质灰陶，胎薄均匀，器形规整。敞口微敛，弧腹中部以下残。口径8.4厘米（图八，7）。

豆圈足　1件。标本T33⑤：10，豆圈足残部。泥质红陶。高圈足偏矮，斜壁微弧足跟外撇。残足上饰有竖排的2个圆形镂孔。足高4.6厘米（图八，8）。

甑　2件。全为泥质灰陶。分A、B两型。

A型　1件。豆形甑。标本T21⑤：8，仅存甑箅与圈足残部。残箅上有圆形箅孔4个，残圈足上饰有圆形镂孔。残圈足径6厘米（图八，1）。

B型　1件。矮圈足甑。标本T50⑤：5，仅存甑箅与矮圈足，残箅上可见4个圆形箅孔，圈足极矮外撇。残圈足高1.5厘米（图八，2）。

杯　5件。全为细泥陶。分A、B两型（B型在屈家岭文化）。

A型　5件。曲腹杯。均残存杯的下部。分Ⅰ、Ⅱ两式。

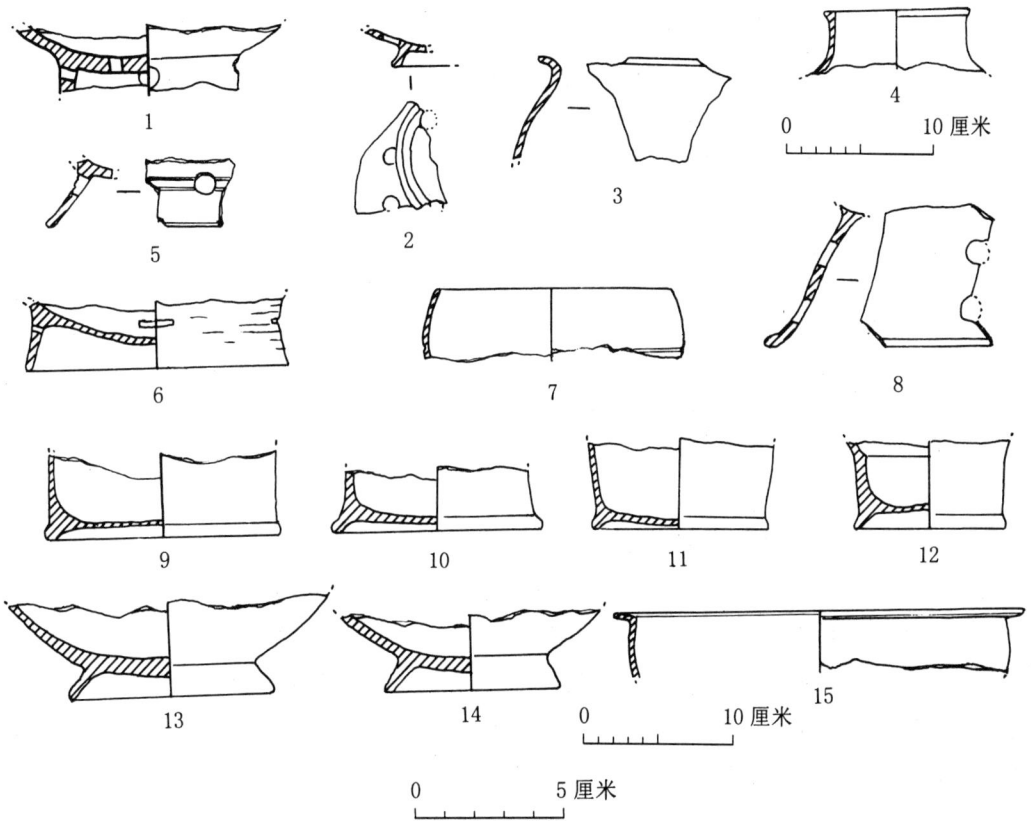

图八　屈家岭下层文化陶甑、罐、壶、豆、杯、碗和盆

1．A型甑（T21⑤：8）　2．B型甑（T50⑤：5）　3．A型罐（T21⑤：9）　4．C型罐（T30⑤：4）　5．Ⅰ式壶（T33⑤：9）　6．Ⅱ式壶（T60⑤：5）　7．A型豆（T48⑤：9）　8．豆圈足（T33⑤：10）　9．A型Ⅰ式杯（T59⑤：13）　10．A型Ⅰ式杯（T51⑤：2）　11．A型Ⅱ式杯（T22⑤：7）　12．A型Ⅱ式杯（T60⑤：6）　13．碗（T22⑤：8）　14．碗（T22⑤：9）　15．Ⅰ式盆（T48⑤：10）

Ⅰ式　2件。杯下腹直壁。残存下腹至圈足部分。标本 T59⑤:13,细泥黑陶,胎极薄。平底,撇圈足极矮,外观似凸带状底边。圈足径 8 厘米(图八,9)。标本 T51⑤:2,细泥灰陶,薄胎。平底微圜,圈足极矮外撇,外观似凸带状底边。圈足径 7 厘米(图八,10)。

Ⅱ式　3件。杯下腹斜壁。标本 T22⑤:7,残存下腹至圈足。细泥灰陶,胎极薄。下腹斜壁渐收,平底微圜,撇圈足极矮,外观似底边。圈足径 6 厘米(图八,11)。标本 T60⑤:6,细泥黑陶。上弧腹残部折接下腹,下腹壁略斜收,平底,圈足极矮微撇,外观似底边。圈足径 5.1 厘米(图八,12)。

碗　2件。均为碗底至圈足残部。碗下部弧收成圜底,圈足斜壁外撇。标本 T22⑤:8,泥质灰黑陶。器内壁可见轮制旋痕。圈足径 7 厘米(图八,13)。标本 T22⑤:9,泥质灰陶。圈足径 6 厘米(图八,14)。

盆　1件。泥质灰陶。轮制。分Ⅰ、Ⅱ两式(Ⅱ式在屈家岭文化)。

Ⅰ式　1件。弧腹盆。标本 T48⑤:10,为盆口至上腹残部。口微敛,平折沿,残腹壁微弧。口径 25 厘米(图八,15)。

(二)屈家岭文化

属文化层第4层,文化堆积层较薄,出土遗物很少,有石器和陶器,主要是生产工具、生活用具和装饰品。

1. 生产工具

标本8件,有石器和陶器之分。

(1) 石　器

标本4件。有斧、铲、镞。

斧　1件。标本 T60④:4,斧一角略有残缺,刃部使用严重损残。青灰色页岩。琢、磨兼用,器身留有琢痕。器呈长方形厚体,弧顶,弧刃微斜。长 12.1、上宽 7.2、刃宽 9.2、体厚 2.6 厘米(图九,1)。

铲　2件。灰色页岩。磨制。分Ⅰ、Ⅱ两式。

Ⅰ式　1件。大孔铲,单面刃。标本 T20④:10,器上部残缺。磨制光平。宽扁形薄体,单面平刃略斜,孔两面钻,孔残。残长 7、残宽 6、体厚 0.4 厘米(图九,2)。

Ⅱ式　1件。小孔铲,双面刃。标本 T33④:6,器上部及两侧残缺,器表亦有损残现象。宽扁形薄体,双面平刃,两面钻孔较小,孔残。残长 6.4、残宽 8.8、体厚 0.7 厘米(图九,4)。

镞　1件。标本 T65④:1,镞锋端及铤部残缺。褐色页岩,磨制器表光平。镞宽叶状,有脊,横断面呈棱形。残长 4、宽 1.9 厘米(图九,3)。

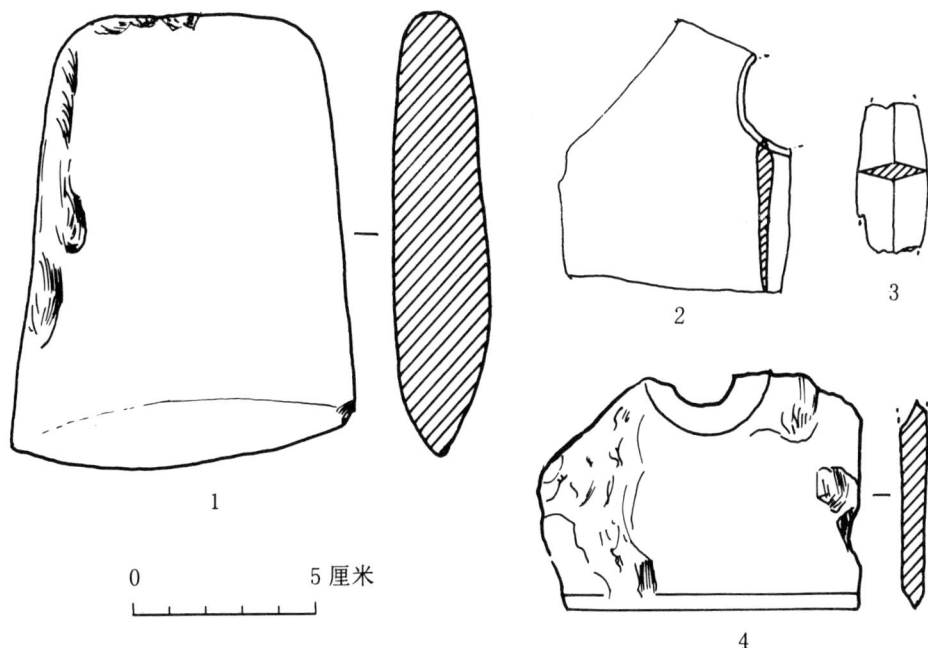

图九　屈家岭文化石斧、铲和镞

1. 斧（T60④：4）　2. I 式铲（T20④：10）　3. 镞 T65④：1　4. II 式铲（T33④：6）

（2）陶　器

仅见纺轮。

纺轮　3件。均为泥质陶。分 I、II 两式。

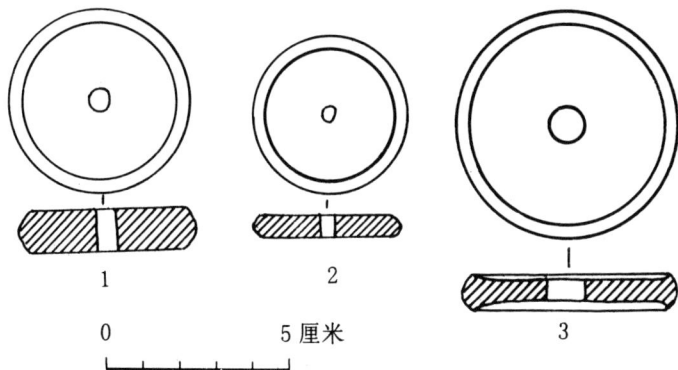

图一〇　屈家岭文化陶纺轮

1. I 式（T59④：11）　2. I 式（T22④：3）　3. II 式（T17④：4）

I 式　2件。纺轮周边呈棱形。标本 T59④：11，泥质灰陶。厚体，两面平面。直径 4.95、体厚 1.1 厘米（图一〇，1）。标本 T22④：3，泥质褐灰陶。体较厚，两面平面。直径 4.1、体厚 0.65 厘米（图一〇，2）。

II 式　1件。纺轮周边为弧形。标本 T17④：4，泥质黑陶。体较薄，两平面微凹。直径 5.8、体厚 0.6～0.8 厘米（图一〇，3）。

2. 生活用具

生活用具全为陶器，多是泥质陶，极少夹砂陶。以灰陶为主，次为灰黑和黑陶，极少褐红色陶。出土的陶器残片中，没有能复原完整器形的，可辨器形有鼎、罐、杯、豆、盆、缸和器盖等。

鼎　4件。仅残存鼎口和鼎足。

鼎口沿　2件。全为折沿鼎。分Ⅰ、Ⅱ两式。

Ⅰ式　1件。仰折沿鼎。标本T21④：10，泥质灰陶，薄胎。轮制，器形规整。敛口。口径12.5厘米（图一一，1）。

Ⅱ式　1件。平折沿鼎。标本T59④：14，泥质灰黑陶，胎较薄。手制，口部经轮修。敛口，沿微仰沿面略凹，沿下斜弧壁。口径12厘米（图一一，2）。

鼎足　2件。

D型　凹面形鼎足。

Ⅱ式　2件。凹面扁平足。足扁平正面内凹。标本T23④：7，泥质灰陶。上端略宽于下端，平足跟。足高4.4厘米（图一一，7）。标本T35④：1，泥质灰黑陶。足上端稍宽于下端，足跟微弧。足高4厘米（图一一，8）。

罐　1件。

B型　1件。折沿罐。标本T18④：11，泥质灰陶。罐口残件。敛口，仰折沿沿面内凹。口径19厘米（图一一，3）。

豆　4件。均为豆腹以上残件。有B、C两型

B型　1件。罐形豆。标本T41④：3，泥质灰陶。敛口，仰折沿微凹。口径16厘米（图一一，4）。

C型　3件。盆形豆。分Ⅰ、Ⅱ两式。

Ⅰ式　2件。仰折沿深腹。标本T18④：12，夹细砂灰黑陶。敞口，仰折沿，腹斜弧渐收。腹中部饰贴弦堆纹1周。口径23.5厘米（图一一，5）。标本T22④：6，泥质灰黄陶。敞口，仰折沿稍宽，腹斜弧下渐收（图一一，6）。

Ⅱ式　1件。仰折双腹。标本T21④：7，泥质灰陶。大侈口（图一一，9）。

杯　3件。全为高圈足杯，皆残存杯及圈足上部。

B型　3件。高圈足杯，分Ⅰ、Ⅱ两式。

Ⅰ式　2件。仰折沿。标本T22④：5，泥质灰陶，胎较薄。残腹斜弧壁。腹表残存1组4道重列的半弧形划纹（图一一，10）。标本T21④：6，泥质黑陶，薄胎。残腹斜弧壁（图一一，11）。

Ⅱ式　1件。子母口。标本T59④：12，泥质灰陶。薄胎。残直腹壁下渐收。腹表饰有3组细网格划纹，网格纹外围有1组2圈半圆形弧线。口径12厘米（图一一，12）。

盆　1件。仅存盆口沿至上腹残部。

Ⅱ式　1件。斜弧腹盆。标本T33④：7，泥质灰陶。口微敛，平折沿沿面内凹，腹

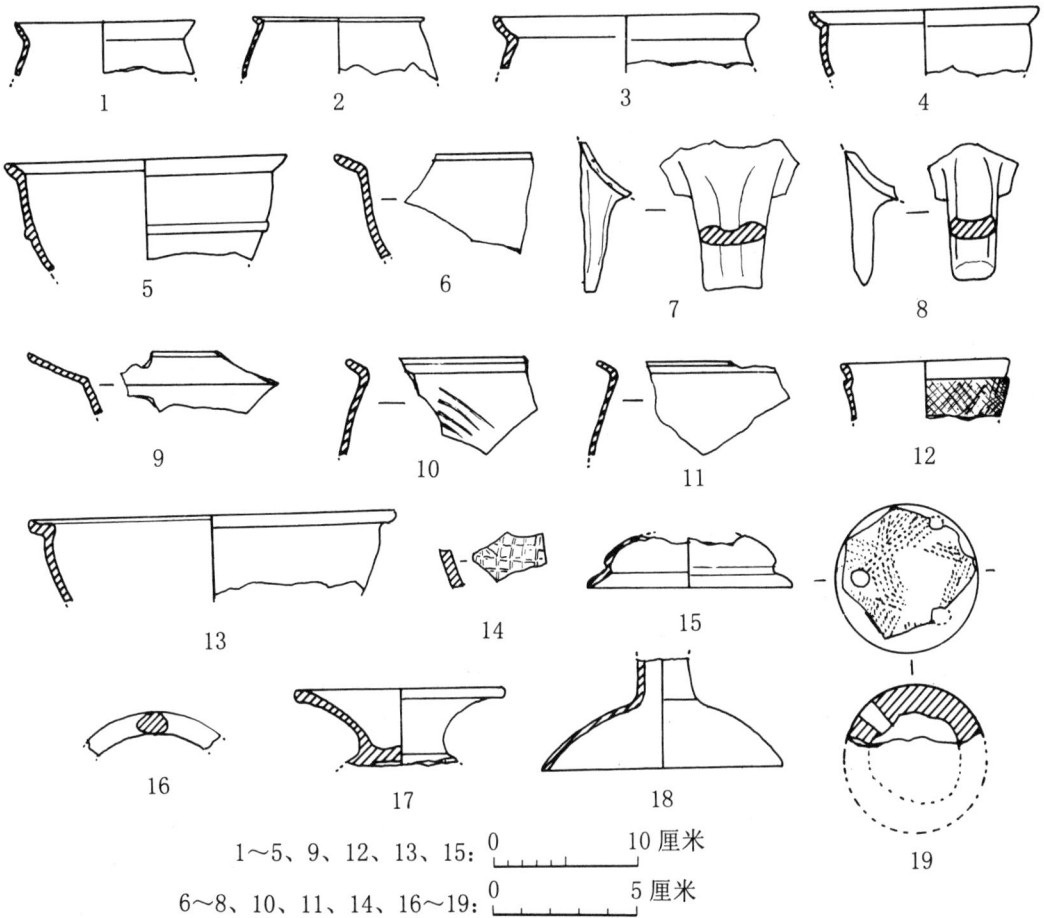

图一一　屈家岭文化陶鼎、罐、豆、杯、盆、缸、器盖、环和球

1.Ⅰ式鼎口沿（T21④:10）　2.Ⅱ式鼎口沿（T59④:14）　3.B型罐（T18④:11）　4.B型豆（T41④:3）
5.C型Ⅰ式豆（T18④:12）　6.C型Ⅰ式豆（T22④:6）　7.D型Ⅰ式鼎足（T23④:7）　8.D型Ⅱ式鼎足（T35④:1）
9.C型Ⅱ式豆（T21④:7）　10.B型Ⅰ式杯（T22④:5）　11.B型Ⅰ式杯（T21④:6）　12.B型Ⅱ式杯（T59④:12）
13.Ⅱ式盆（T33④:7）　14.缸（T40④:3）　15.Ⅰ式器盖（T37④:6）　16.陶环（T19④:3）　17.Ⅲ式器盖
（T37④:7）　18.Ⅱ式器盖（T40④:4）　19.陶球（T19④:4）

壁下渐收。腹表饰横篮纹。口径22.6厘米（图一一，13）。

　　缸　1件。标本T40④:3，缸腹残部。夹粗砂褐红陶，厚胎。斜腹壁。腹表饰菱形方格刻划纹（图一一，14）。

　　器盖　3件。均为残件。分Ⅰ、Ⅱ、Ⅲ三式。

　　Ⅰ式　1件。弧折壁盖。标本T37④:6，盖纽至顶面残。泥质灰胎灰黑陶。侈口折弧壁。口径14厘米（图一一，15）。

　　Ⅱ式　1件。斜弧壁盖。标本T40④:4，泥质黑陶，胎薄。直筒状纽顶端残。口径8.6厘米（图一一，18）。

Ⅲ式　1件。喇叭形大纽盖。标本 T37④：7，盖身残缺，仅存纽部残件。泥质黑陶。纽径 7.2 厘米（图一一，17）。

3. 装饰品及其他

（1）装饰品

陶环　1件。标本 T19④：3，环仅存残段。泥质灰陶。环扁圆外缘薄内缘厚，横断面呈桃心形。残段长约 5、径 0.8 厘米（图一一，16）。

（2）其　他

陶球　1件。标本 T19④：4，仅存球的残部。泥质灰胎红陶。球圆形内空，残球表面饰 3 个圆形镂孔，镂孔间饰以 4 排或 5 排为一组交叉叠压的锥刺纹。残径 4.7 厘米（图一一，19）。

二、墓　葬

此次发掘揭露的新石器时代墓葬，位于遗址的中部偏南部位，墓葬均发现于文化层第 3 层以下的早期地层中。现将墓葬概况叙述如下：

（一）墓葬概述

共发现新石器时代墓葬 60 座（附表一）。其中墓坑比较完整者有 28 座，编号为 65WFM4、65WFM11、65WFM15、65WFM16、65WFM23、65WFM24、65WFM26、65WFM29、65WFM32、65WFM33、65WFM34、65WFM38、65WFM44、65WFM45、65WFM46、65WFM55、65WFM58、65WFM59、65WFM63、65WFM64、65WFM65、65WFM67、65WFM68、65WFM73、65WFM76、65WFM82、65WFM89、65WFM92；墓坑残缺者有 24 座，编号为 65WFM1、65WFM7、65WFM2l、65WFM27、65WFM3O、65WFM3l、65WFM48、65WFM57、65WFM6l、65WFM62、65WFM66、65WFM69、65WFM77、65WFM78、65WFM79、65WFM83、65WFM84、65WFM85、65WFM86、65WFM88、65WFM90、65WFM93、65WFM94、65WFM95；无墓坑者（据遗物相对集中确定的墓葬）8 座，编号为 65WFM5、65WFM6、65WFM8、65WFM9、65WFM13、65WFM14、65WFM42、65WFM91。这些墓葬中，除 65WFM4、65WFM5、65WFM6、65WFM11、65WFM15、65WFM16、65WFM23、65WFM24、65WFM26、65WFM27、65WFM29、65WFM30、65WFM31、65WFM33、65WFM34、65WFM44、65WFM45、65WFM46、65WFM48、65WFM55、65WFM57、65WFM59、65WFM63、65WFM65、65WFM66、65WFM68、65WFM69、65WFM73、65WFM92 等 29 座墓尚有部分人骨残痕外，均腐朽无存。因人骨朽烂或缺少人骨的主要部位没有鉴定死者的性别和年龄。

1. 墓葬的平面分布

新石器时代墓葬分布在放鹰台遗址中南部偏东一带，相对集中在发掘区的中部。据墓葬分布的密集程度和位置看，发掘区中部的墓葬可分为东南、西北、东北三个小区。其东南区 T22、T50、T53 一带仅发现 3 座墓葬。西北区 T59、T65 一带共发现 6 座墓葬。东北区的墓葬分布集中，共 51 座，主要位于 T1、T2、T3、T6、T7、T9、T10、T11、T12、T13、T14、T17、T19、T21、T23、T33、T34、T39、T64 内。其中，东南区和西北区的墓葬已部分超出它们所在探方之外，还有其他墓葬存在的可能，而东北区的墓葬基本反映了它们分布的实际情况（图一二）。

2. 墓葬的形状与结构

放鹰台遗址新石器时代墓葬的形状单一。从墓坑保存比较完整的墓葬看，皆长方形土坑竖穴墓。墓坑残缺的墓或存长方形土坑的一端，或存长方形土坑的两边。据器物相对集中而确定的墓葬，虽然没有发现墓坑，但据放鹰台遗址墓葬形制的普遍特征及长江中游地区同期墓葬均有墓坑的情况来看，它们也可能属于长方形土坑墓，只是墓坑可能破坏殆尽或没有发现。

据墓坑保存较完整的墓葬看，它们的规模均不大。一般长 1.7~1.8、宽 0.6 米。其中 65WFM89 规模最小，长仅 1.3、宽 0.5 米。65WFM15 规模最大，长 2.2、宽 0.82~0.91 米。65WFM63 最长，长 2.3、宽 0.6 米。墓坑底部多平坦，少数墓底呈斜坡状。坑壁均剩下部，较陡直。墓口多数规整，呈长方形。仅少数墓葬的墓口宽窄不一，平面略呈梯形，亦归于长方形类中。

3. 墓向、葬式与葬具

大部分墓葬的人骨腐朽无存，墓向不清。

据人骨朽痕能分辨出墓向的墓仅 9 座：

65WFM29，北偏西 44°，头向西北。

65WFM16，南偏东 31°，头向东南。

65WFM68，北偏西 50°，头向西北。

65WFM46，北偏西 50°，头向西北。

65WFM11，南偏西 15°，头向西南。

65WFM15，北偏西 30°，头向西北。

65WFM26，北偏西 26°，头向西北。

65WFM55，北偏西 18°，头向西北。

65WFM73，北偏西 58°，头向西北。

有人骨朽痕的墓皆单人葬，除 65WFM68 可能为屈肢葬外，其余葬式不明。没有发现葬具。

北

M93
M94
M91
M95

M14
M9
M88
M89
M13

T6
M8
T14 T13 T12
M16
T4

T65

M7
M6
M5

M92

T63
T64
M48 M31
M90
T2

M67 M63
M59 M55
T11 T10
M57
T57 T41 T29 T56 T55 T36
M61 M45 M26
T9
M62 M27 M23 M24 M64
M44 T34 M15 M33
M86
T59 T19 M42 M73 T24
M83

T47 T58 T61 T30 T5 T20 T35 T8 T1 T7
M68 M69 M32
M30
M34 M82 T23
M46 M79 T25 T28
M38
T21 M65
M1

M78 M77
M11

T60 T40 T39 T33 T17
T3 T18
M76
M66
M29

图　例

▭　土坑墓
▨　墓坑不全
△　器物坑

T37 M85 T50 T22
T53

M84

M58

0　　　　　5米

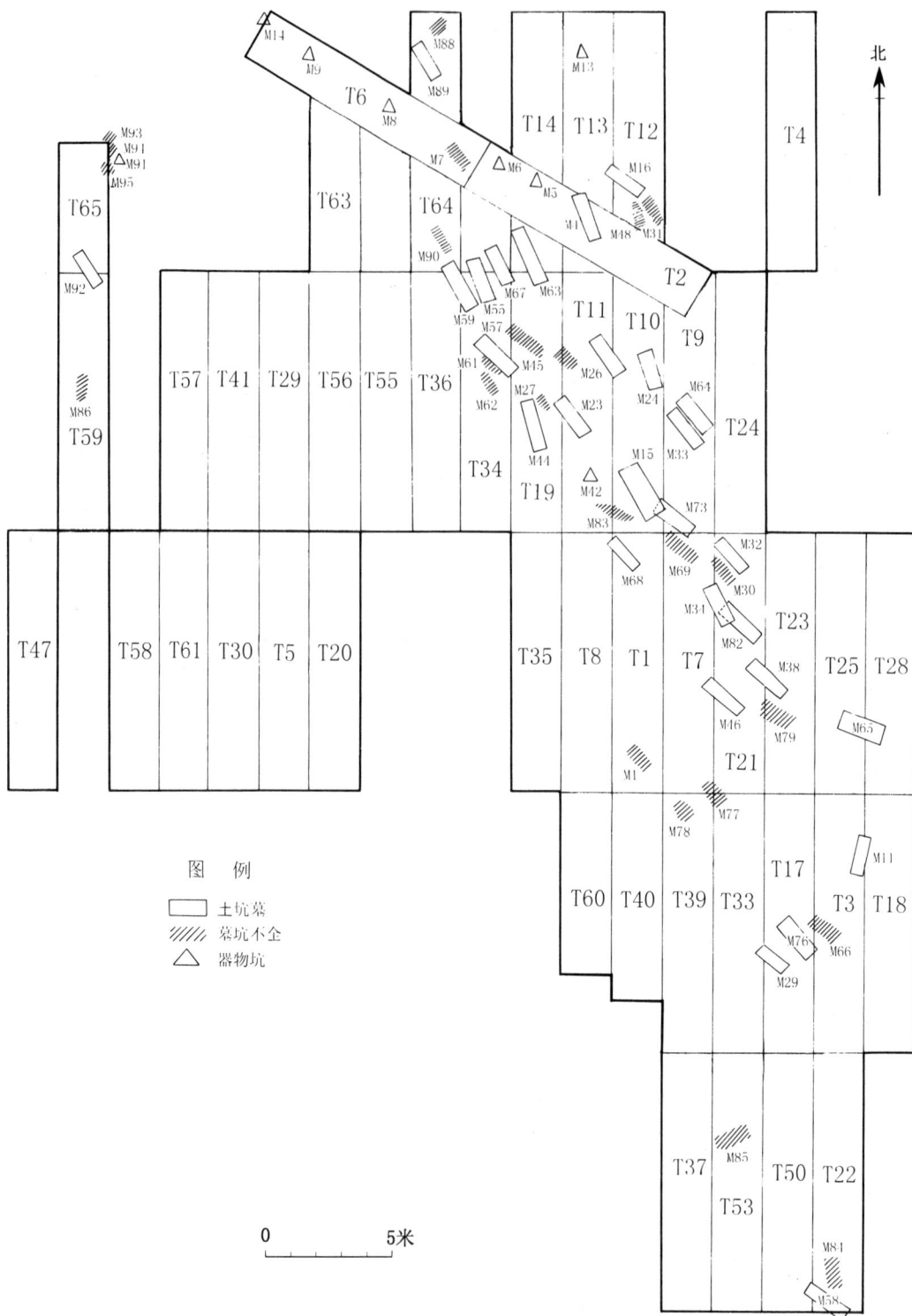

图一二　屈家岭下层和屈家岭文化墓葬分布图

4.随葬品的数量、种类、组合与摆放位置

(1)数　量

60座墓葬均有随葬品，共随葬各类器物402件。28座墓坑比较完整的墓葬中，共计随葬品234件，但各墓的随葬品数量不等，最多的如65WFM16共有17件，最少的65WFM65只有1件。其中，13～17件的墓有8座，占28.6%，随葬品共计116件，占49.6%；随葬品有5～10件的墓有15座，占53.6%，随葬品共计104件，占44.4%；1～4件的墓有5座，占17.9%，随葬品仅有14件，占6%。

表一　28座较完整墓葬随葬品统计表

数量(件)	1	3	4	5	6	7	9	10	13	14	15	17	总计
墓例(座)	1	3	1	4	3	4	2	2	1	4	2	1	28
百分比(%)	3.57	10.72	3.57	14.29	10.72	14.29	7.16	7.16	3.57	14.29	7.16	3.57	100

(2)种　类

随葬器物种类有生产工具、生活用具、装饰品三类。生产工具由石、陶二类原料制成，器类有石斧、石铲、石锛、石凿、陶纺轮等。生活用具均为各类陶质容器，有鼎、罐、壶、杯、碗、豆、簋、盆、甑、钵、器盖等。装饰品由石、玉、骨等原料制成，类别有石环、玉环、玉璜和骨饰等。

(3)组　合

以28座土坑比较完整的墓葬为例。除1座墓使用1件器物随葬外，依随葬器物种类数目，可将它们的随葬器物组合形式区分如下。

使用2类器物组合的墓葬有4座，组合形式为：

鼎、碗组合，1座；

碗、豆组合，1座；

簋、器盖组合，1座；

壶、豆组合，1座。

使用3类器物组合的墓葬有4座，组合形式为：

罐、碗、杯组合，1座；

罐、碗、器盖组合，1座；

壶、杯、豆组合，1座；

罐、杯、豆组合，1座。

使用4类器物组合的墓有4座，组合形式为：

罐、壶、碗、豆组合，1座；

鼎、杯、碗、豆组合，1座；

杯、碗、豆、器盖组合，1座；

鼎、罐、杯、豆组合，1座。

使用5类器物组合的墓葬有3座，组合形式为：

罐、杯、豆、纺轮、玉环组合，1座；

鼎、罐、豆、簋、石铲组合，1座；

鼎、壶、杯、豆、纺轮组合，1座；

使用6类器物组合的墓有4座，组合形式为：

罐、壶、豆、碗、鼎、纺轮组合，1座；

罐、壶、杯、碗、豆、器盖组合，1座；

鼎、罐、壶、杯、豆、器盖组合，1座；

罐、壶、豆、器盖、簋、石铲组合，1座。

使用7类器物组合的墓有3座，组合形式为：

鼎、罐、壶、豆、器盖、簋、石锛组合，1座；

罐、壶、杯、碗、豆、簋、纺轮组合，1座；

鼎、罐、壶、杯、碗、豆、器盖组合，1座。

使用8类器物组合的墓有2座，组合形式为：

鼎、罐、壶、杯、碗、豆、器盖、纺轮组合。

使用9类器物组合的墓有2座，组合形式为：

鼎、罐、壶、杯、豆、器盖、簋、石铲、石锛组合，1座；

鼎、罐、壶、杯、豆、器盖、钵、纺轮、石环组合，1座。

使用12类器物组合的墓有1座，组合形式为：

罐、壶、杯、碗、豆、器盖、甑、簋、盆、玉环、石铲、骨饰组合。

上述组合关系中，只有2座墓（65WFM24、65WFM44）在器类组合上完全一致。但若考虑到它们实际的型式差异，可以说这些墓葬的组合各不相同，且数量多寡不一。

（4）摆放位置

随葬品均放置在墓穴的底部。能准确反映陈放位置的是28座土坑比较完整的墓。以此为例，随葬品在墓底的位置可分为5种情形。

①随葬品置于墓穴底部一端。

共8座墓：65WFM29（5件）、65WFM32（4件）、65WFM34（5件）、65WFM55（9件）、65WFM64（5件）、65WFM65（1件）、65WFM76（7件）、65WFM92（6件）。

②随葬品置于墓穴底部两端。

共10座墓：65WFM46（3件）、65WFM11（6件）、65WFM15（14件）、65WFM38（7

件)、65WFM45（9 件）、65WFM58（3 件）、65WFM67（6 件）、65WFM73（7 件）、
65WFM82（7 件）、65WFM89（3 件）。

③随葬品置于墓穴底部一端及一侧。

只有 1 座墓：65WFM26（5 件）

④随葬品置于墓穴底部两端及一侧。

共 2 座墓：65WFM23（15 件）、65WFM63（14 件）

⑤随葬品置于墓穴底部各处。

共 7 座墓：65WFM68（10 件）、65WFM44（14 件）、65WFM33（10 件）、65WFM16
（17 件）、65WFM59（13 件）、65WFM24（14 件）、65WFM4（15 件）。

可见，随葬品的多寡似与其摆放的位置有关系。随葬品少的墓往往集中于一处或两
处，即墓穴底部一端或两端。随葬品多的墓则往往在三处以上位置摆放，如④、⑤类情
况。惟 65WFM15 的随葬品达 14 件，但只置于墓穴底部的两端，但若考虑其中、西部被
晚 期墓葬破坏的实际，那么，65WFM15 随葬品的摆放位置也可能不限于墓穴底部的两
端。

（二）墓葬举例

为比较完整地了解放鹰台遗址新石器时代墓葬资料，选择其中的 26 座墓为例。按随
葬品的放置位置分述如下。

1. 随葬品置于墓穴底部一端

65WFM29　位于 T17、T33 中部，墓向北偏西 44°。长方形土坑竖穴墓，墓底平坦，
坑口距地表深 1.65 米。墓坑长 1.64、宽 0.5、深 0.1 米。仅存骨骼朽痕，单人，头向西
北。随葬品 5 件置于脚端，计有 Da 型 I 式罐 1 件，Dc 型 I 式罐 2 件，C 型杯 1 件，碗 1
件。

65WFM32　位于 T21 北部。方向西北—东南向。长方形土坑竖穴墓，墓底平坦，坑
口距地表深 0.8～1 米。墓坑长 1.67～1.7、宽 0.46～0.48、深 0.14～0.16 厘米。不见骨
骼。随葬品 4 件置于一端（西北部），计有 Ca 型 III 式壶 1 件，Ba 型 III 式豆 1 件，壶、豆圈
足各 1 件（图一三）。

65WFM34　位于 T7 东北部和 T21 西北部。方向西北—东南向。长方形土坑竖穴墓，
墓底平坦。坑口距地表深 0.85～0.92 米。墓坑长 1.6、宽 0.5～0.57、深 0.17～0.23 米。
打破 65WFM82。仅存少量人骨骼朽痕。随葬品 5 件置于一端（东南部），计有 Cb 型 I 式罐
1 件，Ea 型 III 式罐 1 件，Da 型 III 式碗 1 件，器盖、碗圈足各 1 件（图一四）。

65WFM55　位于 T34 北部。墓向北偏西 18°。长方形土坑竖穴墓，墓底平坦，坑口
距地表深 0.5 米。墓坑长 1.9、宽 0.6～0.65、深 0.1 米。残存人骨朽痕，头朝西北。随葬

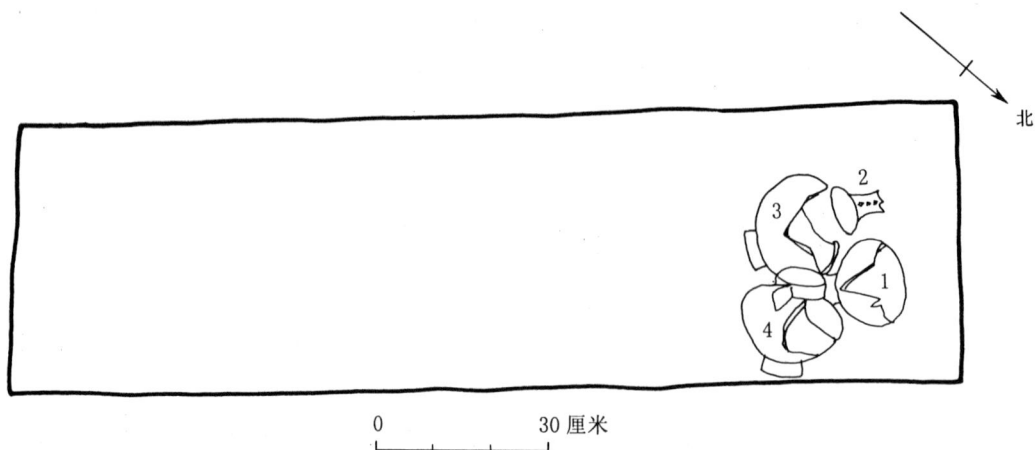

0　　　　　　　30 厘米

图一三　65WFM32 平面图

1.Ca 型Ⅲ式陶壶　2.Ba 型Ⅲ型陶豆　3.陶豆　4.陶壶

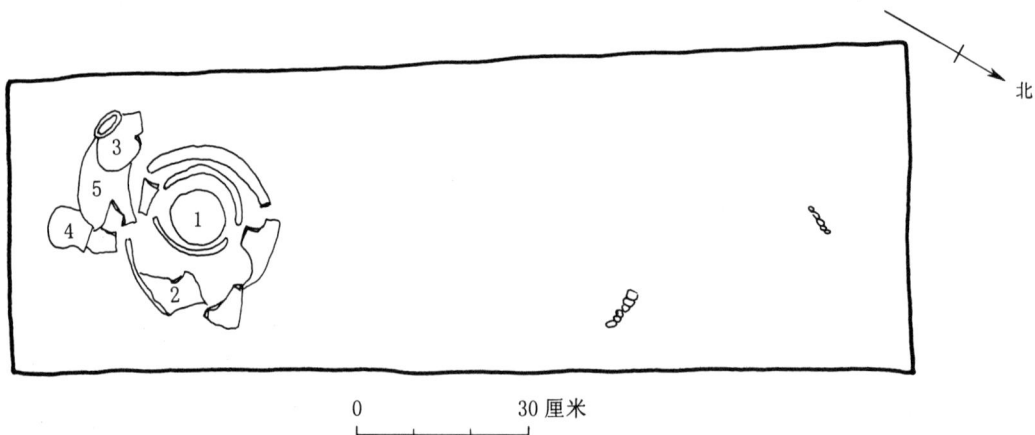

0　　　　　　　30 厘米

图一四　65WFM34 平面图

1.Cb 型Ⅰ式陶罐　2.Da 型Ⅲ式陶碗　3.陶碗　4.Ea 型Ⅲ式陶碗　5.陶器盖

品 9 件置于脚端，计有 B 型鼎 1 件，Ac 型杯 1 件，Da 型Ⅱ式碗 1 件，豆圈足 2 件，碗 1 件，陶片 3 件（图一五）。

　　65WFM65　位于 T25 东南部，T28 西南部。方向西北—东南向。长方形土坑竖穴墓，墓底平坦。坑口长 1.75、宽 0.54～0.58、深 0.17～0.3 米。残存少量人骨朽痕。随葬品 1 件置于一端（北部），计有 Da 型Ⅰ式碗 1 件。

　　65WFM92　位于 T59 北部，T65 南部。方向西北—东南向。长方形土坑竖穴墓，底部平坦。坑口长 1.6、宽 0.5、深 0.15 米。残存少量人骨朽痕。随葬品 6 件置于一端（中北部），计有 Db 型Ⅰ式罐 1 件，B 型Ⅱ式杯 1 件，Da 型Ⅱ式豆 1 件，杯圈足、豆圈足和陶片各 1 件。

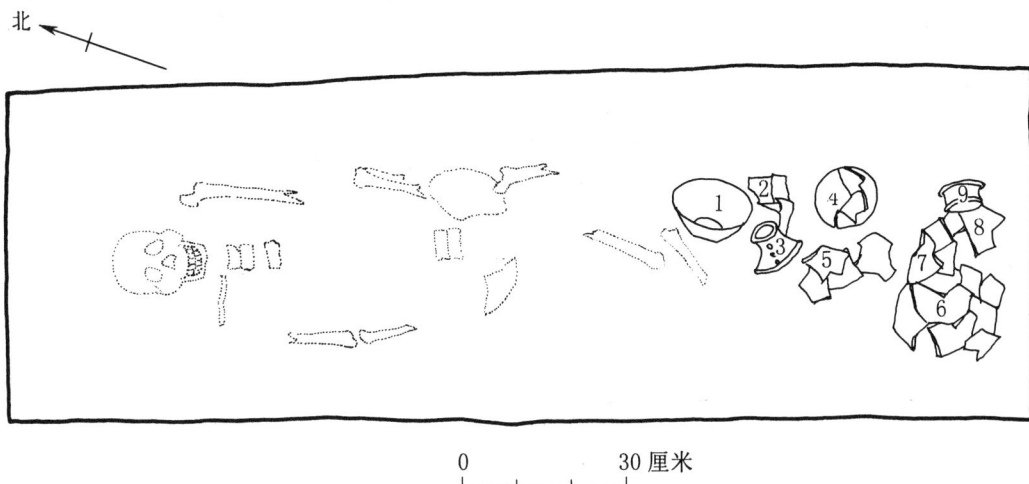

0   30 厘米

图一五 65WFM55 平面图

1.Da 型Ⅱ式陶碗 2.Ac 型陶杯 3、9.陶豆圈足 4.B 型陶鼎 5、6、8.陶片 7.陶碗

2. 随葬品置于墓穴底部两端

65WFM46 位于 T7 中东部和 T21 西中部。墓向北偏西 50°。长方形土坑竖穴墓，墓底西北高、东南低。西南角被晚期墓葬打破。坑口距地表深 1.15 米。墓坑长 1.8、宽 0.6 米。残存人骨朽痕，头朝西北。随葬品 3 件分置两端。头端右侧置 Ab 型Ⅱ式豆 1 件。脚端左侧置 Aa 型Ⅳ式杯 1 件和壶 1 件。

65WFM11 位于 T3 东北部，T18 西北部。墓向南偏西 15°。长方形土坑竖穴墓，墓底较平坦。坑口距地表深 1.14 米。墓坑长 1.76、宽 0.68 米。残存人骨朽痕，头朝西南。随葬品 6 件分置两端。头端右侧置 Bb 型Ⅱ式、Ba 型Ⅲ式鼎各 1 件。脚端左侧置 Ab 型Ⅲ式豆 1 件，Ac 型纺轮 1 件，壶、杯各 1 件。

65WFM15 位于 T10 南部。墓向北偏西 30°。长方形土坑竖穴墓。中西部被晚期 65WFM25 打破。坑口距地表深 0.62 米。坑口长 2.2、宽 0.82~0.91、深 0.42 米。残存人骨朽痕，头朝西北。随葬品 14 件分置两端。头端置 4 件，计 A 型Ⅲ式壶 1 件，豆 1 件，陶片 1 件，另有壶 1 件。脚端左侧置 10 件，计 Ba 型Ⅴ式、B 型鼎各 1 件，Aa 型Ⅲ式、Ac 型Ⅲ式罐各 1 件，Aa 型Ⅱ式簋 1 件，C 型Ⅱ式器盖 1 件，A 型石锛 1 件，另有豆圈足、鼎、器盖各 1 件（图一六）。

65WFM38 位于 T21 中东部和 T23 中西部。方向西北—东南向。长方形土坑竖穴墓，坑底不平，西北高，东南低。坑口距地表深 1 米。墓坑长 1.8、宽 0.6~0.62、深 0~0.15 米。不见人骨朽痕。随葬品 7 件分置两端。西北端置 4 件，计 Db 型Ⅲ式罐 1 件，Aa 型Ⅳ式杯 1 件，小罐 1 件，壶 1 件。东南端置 3 件，计 E 型Ⅱ式豆 1 件，C 型鼎 1 件，C 型Ⅲ式器盖 1 件（图一七）。

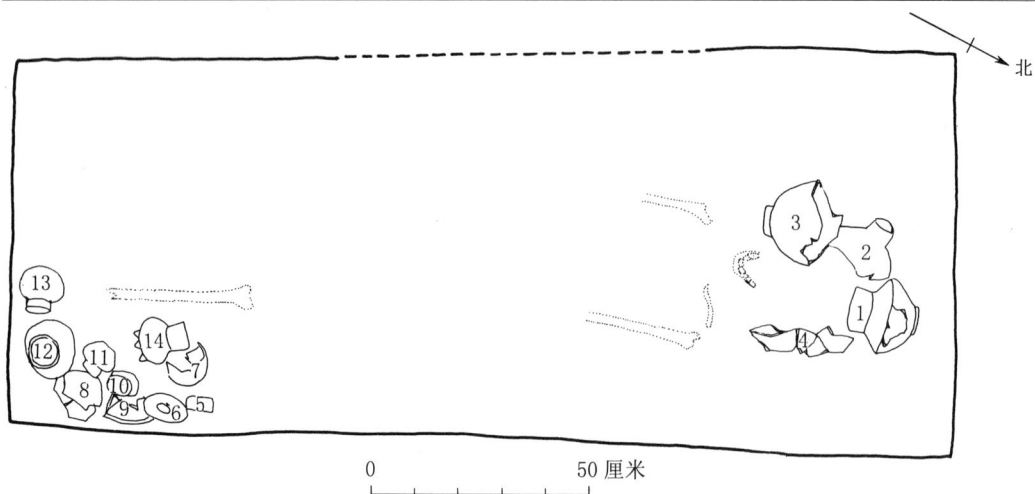

图一六　　65WFM15 平面图

1.A 型Ⅲ式陶壶　2. 陶豆　3. 陶壶　4. 陶片　5.A 型石锛　6.C 型Ⅱ式器盖　7. 器盖　8.Ba 型Ⅴ型陶鼎　9.Aa 型Ⅱ式陶簋　10. 陶豆圈足　11.Aa 型Ⅲ式陶罐　12.B 型陶鼎　13.Ac 型Ⅲ式陶罐　14. 陶鼎

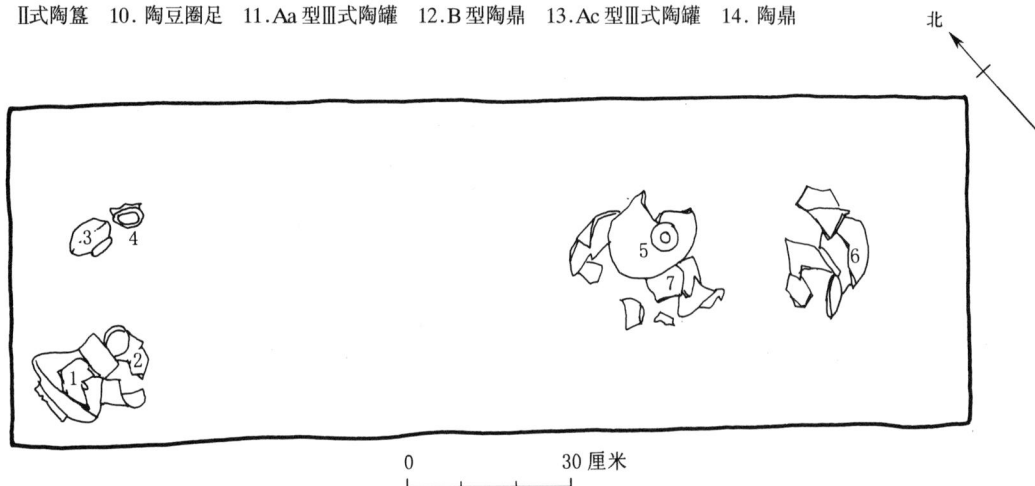

图一七　　65WFM38 平面图

1. 陶壶　2.Aa 型Ⅳ式陶杯　3.Db 型Ⅲ式陶罐　4. 陶罐　5.E 型Ⅱ式陶豆　6.C 型鼎　7.C 型Ⅲ式器盖

65WFM45　位于 T34 东北部，T19 西北部。方向西北—东南向。长方形土坑竖穴墓，坑底平坦。坑口距地表深 0.45 米。坑口长 1.8、宽 0.7、深 0.1 米。残存人骨朽痕。随葬品 9 件分置两端。西北端置 4 件，计有 Bb 型Ⅱ式豆 2 件，罐 2 件。东南端置 5 件，计 Bb 型Ⅲ式豆 2 件，壶 2 件，碗 1 件。

65WFM58　位于 T22 西南部，T50 东南部。方向西北—东南向。长方形土坑竖穴墓，坑底平坦。墓坑口长 2、宽 0.6、深 0.45～0.66 米。不见人骨朽痕。随葬品 3 件分置两处。西北部置 2 件，计有 C 型Ⅱ式豆 1 件，豆圈足 1 件。东南部置 Db 型Ⅰ式碗 1 件(图一八)。

65WFM67　位于 T34 东北部。方向西北—东南向。长方形土坑竖穴墓，墓坑底平坦。

北

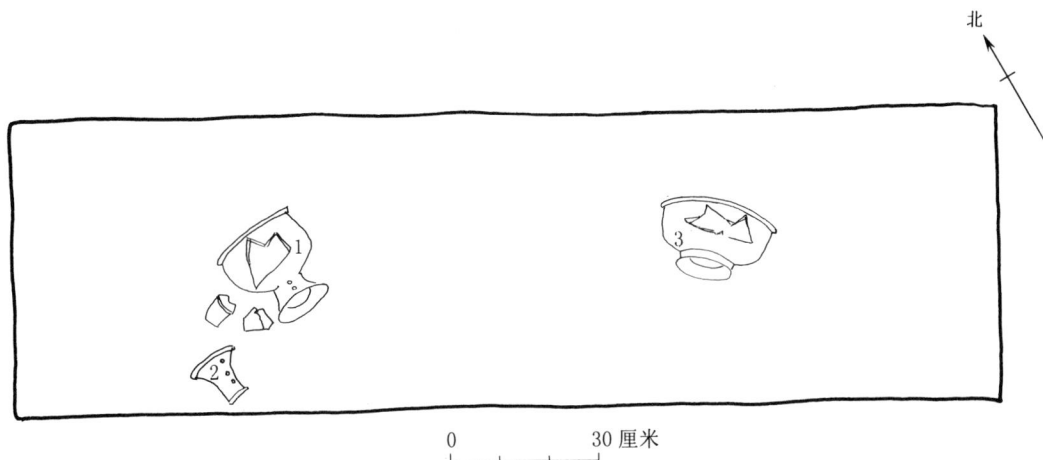

0   30 厘米

图一八 65WFM58 平面图

1.C 型Ⅱ式陶豆 2. 陶豆圈足 3.Db 型Ⅰ式陶碗

坑口长 1.7、宽 0.6、深 0.1 米。不见人骨朽痕。随葬品 6 件,分置两端。西北端置罐 1
件。东南端置 5 件,计有罐 1 件,鼎 1 件,杯 1 件,豆口沿与豆圈足各 1 件。

65WFM73 位于 T9 西南角,部分位于 T10 东南角和 T7 西北角。墓向北偏西 58°。
长方形土坑竖穴墓。西北部被 65WFM15 打破。坑底不平,东南高,西北低。坑口长 1.7、
宽 0.55、深 0.1~0.2 米。残存人骨朽痕,头朝西北。随葬品 7 件分置两端。头端右侧置 4
件,计有 B 型鼎 1 件,鼎 1 件,碗圈足 2 件。脚端置 3 件,计有 Ba 型Ⅱ式鼎 1 件,碗圈足 2 件。

65WFM82 位于 T21 中北部。方向西北—东南向。长方形土坑竖穴墓,坑底平坦。
西北部被 65WFM34 打破。坑口长 1.8、宽 0.6、深 0.35 米。不见人骨朽痕。随葬品 7 件
分置两端。西北端置 3 件,计有 Da 型Ⅱ式豆 1 件,Ea 型Ⅱ式罐 1 件,碗 1 件。东南端置 4
件,计有鼎 1 件,B 型Ⅳ式、B 型Ⅴ式壶各 1 件,Ac 型纺轮 1 件。

65WFM89 位于 T64 西北部。方向西北—东南向。长方形土坑竖穴墓。坑口长 1.3、
宽 0.5 米。不见人骨朽痕。随葬品 3 件分置两端。西北端右侧置陶片 1 件。东南端置 2
件,计有 Aa 型Ⅰ式簋 1 件,C 型Ⅰ式器盖 1 件。

3. 随葬品置于墓穴底部一端及一侧

65WFM26 位于 T10 中西部和 T11 中东部。墓向北偏西 26°。长方形土坑竖穴墓,坑
底较平坦。坑口距地表深 0.8 米。坑口长 1.7、宽 0.58~0.63、深 0.04~0.07 米。残存少
量人骨,头朝西北。随葬品 5 件置于两处。头端(西北部)集中 4 件,计有 Ac 型Ⅳ式罐 1
件,鼎 1 件,豆圈足、簋圈足各 1 件。右侧中部置 1 件 Ba 型石铲(图一九)。

4. 随葬品置于墓穴底部两端及一侧

65WFM23 位于 T11 中西部和 T19 中东部。方向西北—东南向。长方形土坑竖穴
墓。坑底不平,东南高,西北低。坑口距地表深 0.7 米。坑口长 2、宽 0.52~0.59、深

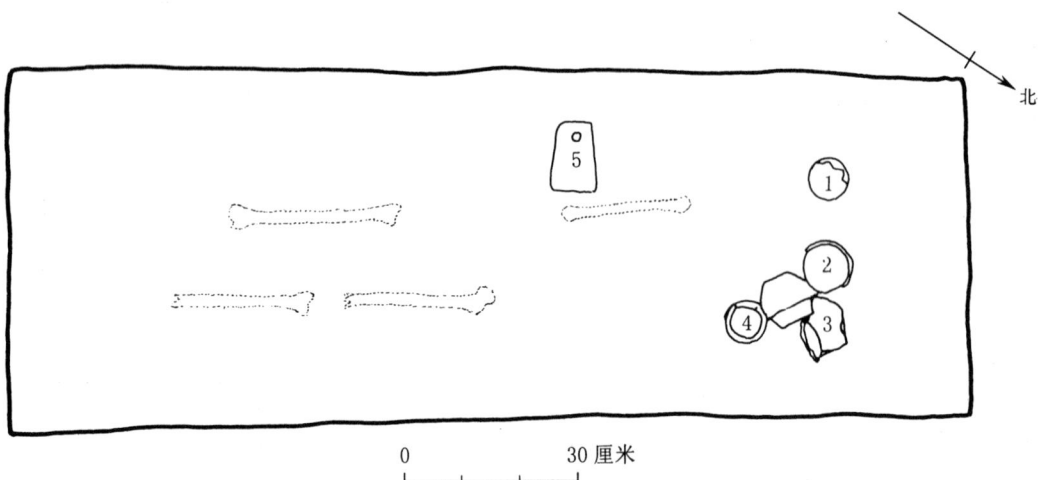

图一九　65WFM26 平面图

1.陶豆圈足　2.陶鼎　3.Ac 型Ⅳ式陶罐　4.陶簋圈足　5.Ba 型石铲

0.11～0.21 米。残存部分人骨朽痕。随葬品 15 件，分三处放置。西北端置 3 件，计 A 型Ⅰ式壶 1 件，Ba 型Ⅰ式、Bb 型Ⅱ式豆各 1 件。东南端置 11 件，计 A 型Ⅰ式、Ba 型Ⅱ式鼎各 1 件，Aa 型Ⅰ式、AC 型Ⅱ式罐各 1 件，Ca 型Ⅱ式壶 1 件，Ab 型Ⅰ式杯 1 件，Ba 型Ⅰ式豆 1 件，E 型器盖 1 件，Ad 型纺轮 1 件，钵、罐各 1 件。西侧中北部置 1 件石环（图二〇）。

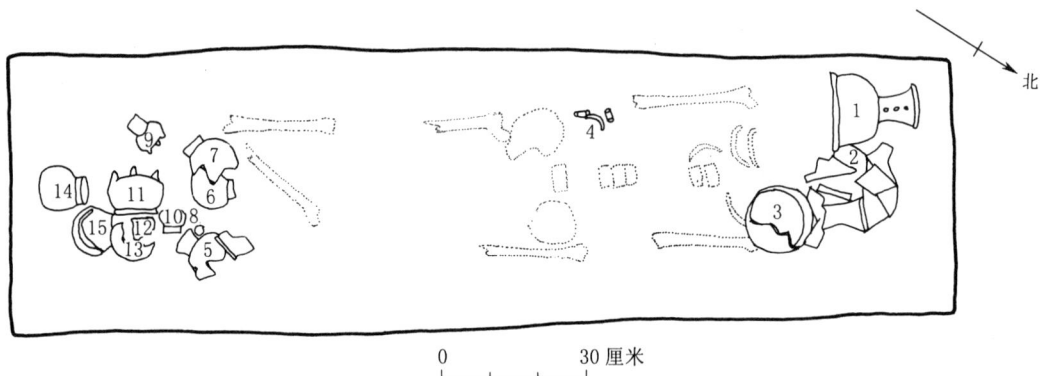

图二〇　65WFM23 平面图

1.Ba 型Ⅰ式陶豆　2.A 型Ⅰ式陶壶　3.Ba 型Ⅱ式陶豆　4.石环　5.Ba 型Ⅰ式陶豆　6.陶钵　7.Ca 型Ⅱ式陶壶　8.Ad 型陶纺轮　9.A 型Ⅰ式陶鼎　10.Aa 型Ⅰ式陶罐　11.Ba 型Ⅱ式陶鼎　12.Ab 型Ⅰ式陶杯　13.E 型器盖　14.Ac 型Ⅱ式陶罐　15.陶罐

65WFM63　位于 T19 北部，T14 南部。方向西北—东南向。长方形土坑竖穴墓，坑底平坦。东南角被晚期墓打破。墓坑口长 2.3、宽 0.6、深 0.14 米。残存部分人骨朽痕。随葬品 14 件分三处放置。西北端置 10 件，计有 Aa 型Ⅳ式、Da 型Ⅱ式罐各 1 件，Da 型Ⅱ式壶1件，壶1件，Da型Ⅲ式豆1件，B型Ⅰ式簋2件，B型Ⅲ式簋1件，Ba型Ⅳ式器盖1件，陶片1件。东南端置2件，计有Cb型Ⅲ式罐1件，石铲1件。西侧中部置2件，计有豆圈足1件，陶片1件。

5．随葬品置于墓穴底部各处

65WFM68　位于T1西北角和T8东北角。墓向北偏西50°。长方形土坑竖穴墓，坑底平坦。东北角被晚期M72打破。东南部被晚期M3打破。坑口长约1.5、宽0.52米。残存部分人骨朽痕，头朝西北，可能为屈肢葬。10件随葬品置于人骨两侧。计有鼎1件，Aa型Ⅳ式罐1件，Aa型Ⅱ式杯1件，A型杯1件，D型Ⅱ式器盖1件，罐1件，壶1件，豆圈足2件，碗圈足1件。

65WFM44　位于T19中部。方向西北—东南向。长方形土坑竖穴墓，坑底平坦。坑口长2、宽0.6、深0.1～0.26米。残存人骨朽痕。随葬品14件置于人骨上。计有Ba型Ⅱ式鼎2件，鼎1件，Ab型Ⅰ式罐1件，罐1件，Cb型Ⅰ式壶1件，D型杯1件，豆1件，D型Ⅰ式器盖1件，碗4件，Ac型纺轮1件。

65WFM33　位于T9中部。方向西北—东南向。长方形土坑竖穴墓，坑底平坦。坑口距地表深0.81米。坑口长1.7、宽0.44～0.5、深0.15～0.17米。残存部分人骨朽痕。10件随葬品除1件玉环置于西侧北部外，多集中于墓坑中南部。计有Aa型Ⅳ式罐1件，罐3件，Aa型Ⅱ式杯1件，A型杯1件，Ab型Ⅱ式豆1件，豆1件，纺轮1件，玉环1件（图二一）。

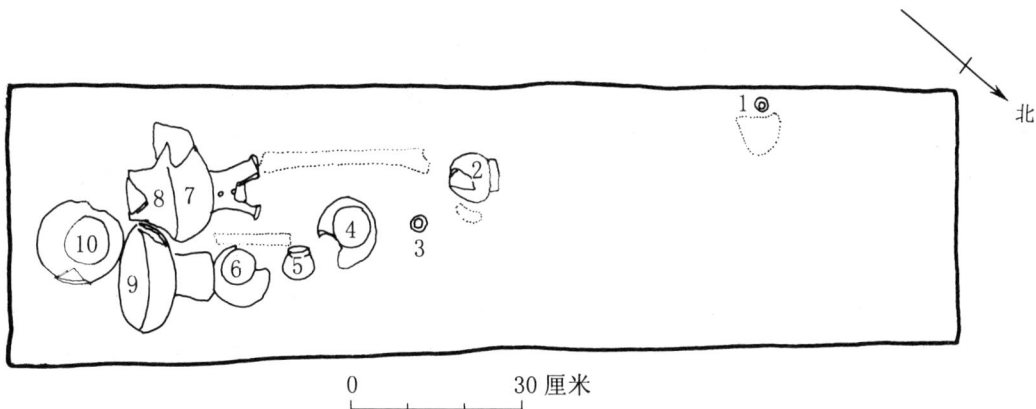

图二一　65WFM33平面图

1.玉环　2.Aa型Ⅱ式陶杯　3.陶纺轮　4、6、10.陶罐　5.Ab型Ⅳ式陶罐　7.Aa型陶豆　8.陶杯　9.陶豆

65WFM59　位于T34西北角，T36东北角和T64东南角。方向西北—东南向。长方形土坑竖穴墓，坑底平坦。东北角和西北部被两座晚期墓打破。坑口长1.9、宽0.6、深0.3米。残存人骨朽痕。13件随葬品置于人骨上。计Aa型Ⅱ式罐1件，B型Ⅲ式壶1件，A型壶1件，杯1件，C型Ⅲ式豆1件，豆1件，Ab型Ⅱ式簋1件，A型Ⅰ式碗1件，碗1

件，Ad 型纺轮 1 件，罐 2 件，陶片 1 件。

　　65WFM24　位于 T10 中北部。方向西北—东南向。长方形土坑竖穴墓，坑底平坦。坑口距地表深 0.7 米。坑长 1.7、宽 0.66～0.7、深 0.04 米。残存少数人骨朽痕。14 件随葬品置于墓坑底。计有 Ba 型I式鼎 1 件，罐 2 件，Ca 型 I 式壶 1 件，B 型 I 式壶 1 件，Aa 型I式杯 1 件，Da 型I式豆 1 件，C 型 I 式豆 1 件，Aa 型I式豆 1 件，豆 1 件，器盖 1 件，Db 型I式碗 1 件，C 型纺轮 1 件，陶片 1 件（图二二）。

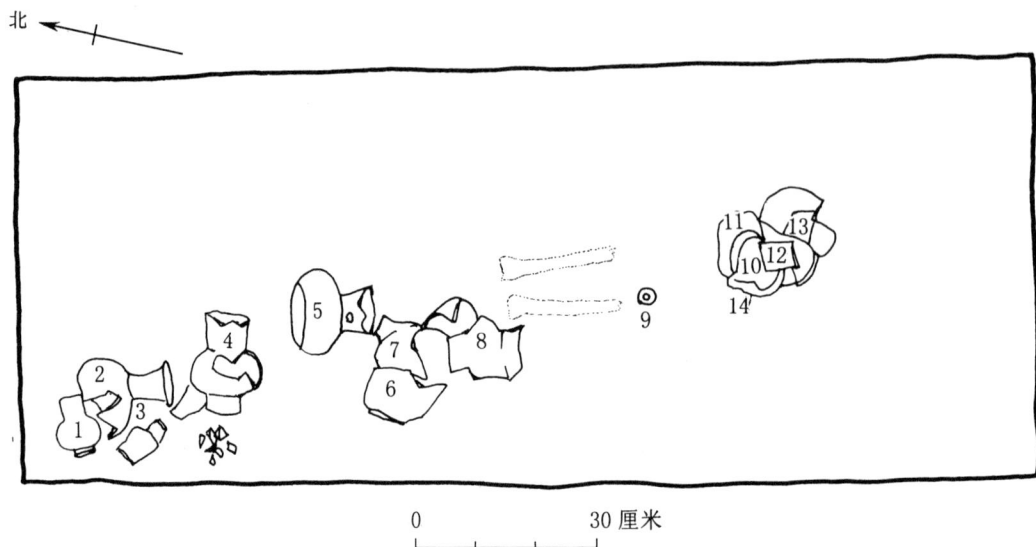

图二二　65WFM24 平面图

1.B 型I式陶壶　2.Aa 型I式陶豆　3.Db 型I式陶碗　4.Ca 型I式陶壶　5.C 型I式陶豆　6.陶片　7.陶豆　8.Ba 型I式陶鼎　9.C 型陶纺轮　10.陶器盖　11.Aa 型I式陶杯　12、14.陶罐　13.Da 型I式豆　14.Ca 型I式陶壶

　　65WFM16　位于 T12 西南部，T13 东部。墓向南偏东 31°。长方形土坑竖穴墓，坑底不平，东南高，西北低。坑口距地表深 0.82 米。坑口长 1.85、宽 0.54～0.6、深 0.16～0.22 米。残存少量人骨朽痕，头向东南。17 件随葬品置于墓穴底部。计有 A 型II式鼎 1 件，Aa 型II式罐 1 件，Ba 型I式罐 1 件，A 型II式、Cb 型III式壶各 1 件，壶 1 件，Ab 型II式、Aa 型II式、Aa 型III式杯各 1 件，C 型II式、Db 型II式豆各 1 件，Aa 型III式簋 1 件，C 型II式、Bb 型III式器盖各 1 件，Bb 型石铲 1 件，B 型锛 2 件。

　　65WFM4　位于 T2 中北部和 T13 南部。方向西北—东南向。长方形土坑竖穴墓，坑底平坦。坑口长 2.1、宽 0.55～0.63、深 0.05～0.07 米。残存少量人骨朽痕。15 件随葬品置于坑底，计有 Ac 型 I 式、Ab 型II式罐各 1 件，Ca 型II式壶 1 件，A 型杯 1 件，Bb 型I式、Ab 型 I 式豆各 1 件，Ab 型I式簋 1 件，Bb 型I式器盖 1 件，Db 型II式、E 型 I 式碗各 1 件，I 式甑 1 件，盆 1 件，A 型石铲 1 件，玉环 1 件，骨饰 1 件（图二三）。

图二三 65WFM4 平面图

1.Ca 型Ⅱ式陶壶 2.Db 型Ⅱ式陶碗 3.Ab 型Ⅱ式陶罐 4.A 型陶杯 5.Ab 型Ⅰ式陶豆 6.Ⅰ式陶甑 7.玉环 8.骨饰 9.E 型Ⅰ式陶碗 10.Bb 型Ⅰ式陶器盖 11.Bb 型Ⅰ式陶豆 12.Ab 型Ⅰ式陶簋 13.A 型石铲 14.Ac 型Ⅰ式陶罐 15.陶盆

（三）随葬品

共出土随葬品 403 件。其中，石器 18 件，占 4.47%；玉器 3 件，占 0.74%；骨器 1 件，占 0.25%；陶器 381 件，占 94.5%。按用途可以分为生产工具、生活用具、装饰品及其他三类。

1. 生产工具

标本 28 件，按质地分为石、陶两种。

（1）石 器

共 17 件。多青灰色，普遍磨光。有斧、锛、铲、凿四类。

石斧 3 件。标本 65WFM77：1，青色微泛黄。通体磨光，器身有琢痕，刃部光滑。正锋，弧顶，弧刃。刃部有使用留下的疤痕。长 9.8、刃宽 6.2、厚 3.05 厘米（图二四，1；图版一，1）。标本 65WFM 77：7，红色。磨制，器身有琢痕。正锋，顶残，弧刃。刃部有使用留下的疤痕。残长 10、宽 6.5、残厚 2.8 厘米（图二四，3）。

石锛 4 件。分 A、B 两型。

A 型 1 件。长方形。标本 65WFM15：5，灰色。磨制光滑。平顶，刃略向一侧斜。长 6.25、宽 3.6、厚 1.3 厘米（图二四，2；图版一，3）。

B 型 3 件。梯形。标本 65WFM16：11，青灰色。磨制光滑。弧顶、平刃，顶部有崩落疤痕。长 4.9、刃宽 2.3、厚 1.65 厘米（图二四，4）。标本 65WFM16：12，青灰色，磨制光滑。弧顶厚，刃部略弧，顶部有崩落疤痕。长 9.2、刃宽 4.5、厚 3.3 厘米（图二四，

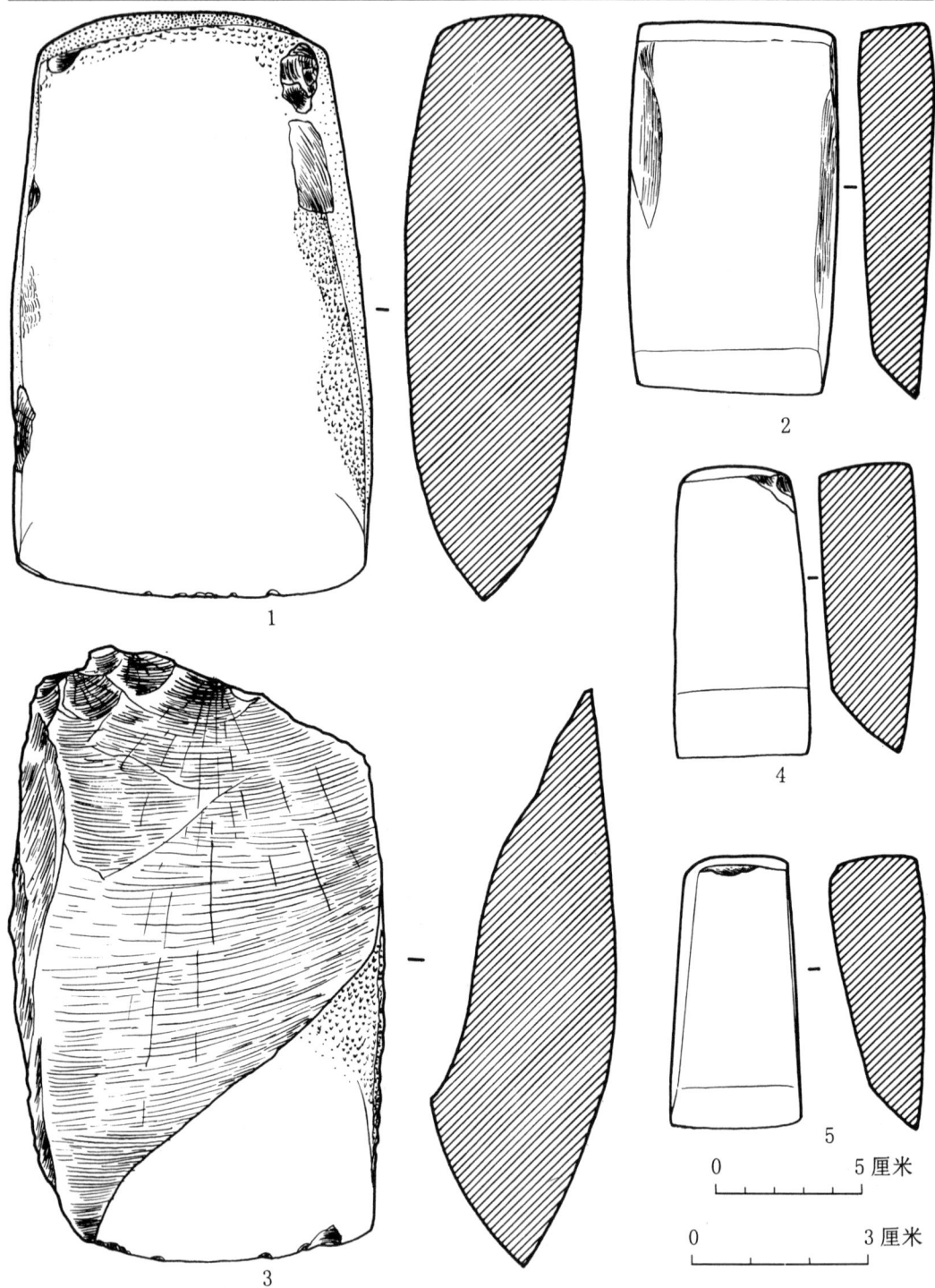

图二四　屈家岭文化墓葬石斧和锛

1. 斧（65WFM77:1）　2. A 型锛（65WFM15:5）　3. 斧（65WFM 77:7）　4. B 型锛（65WFM16:11）　5. B 型锛
（65WFM16:12）

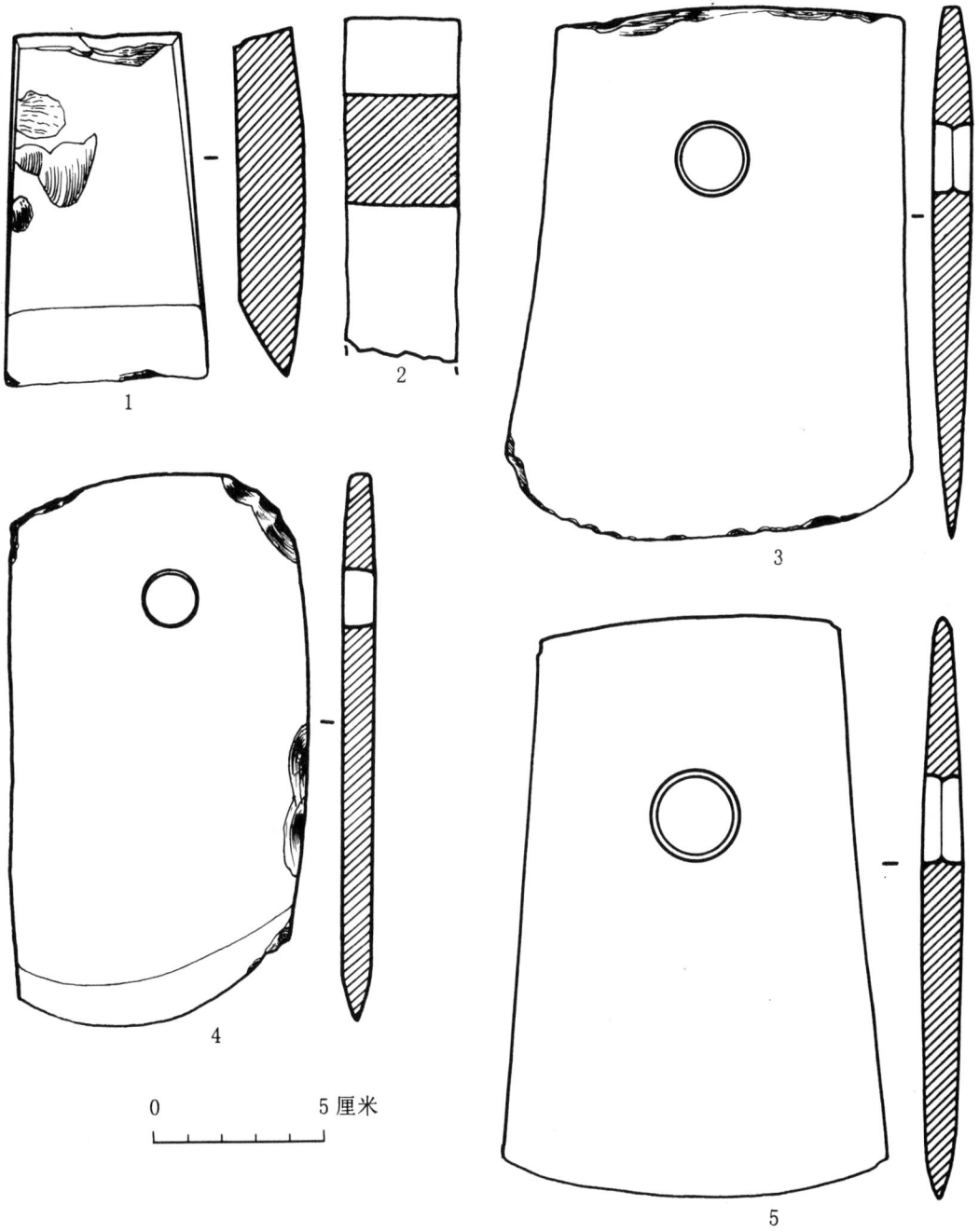

图二五　屈家岭文化墓葬石锛、凿和铲

1.B 型锛（65WFM7：11）　2. 凿（65WFM8：2）　3.Ba 型铲（65WFM6：2）　4.A 型铲（65WFM4：13）5.Ba 型铲
（65WFM26：5）

5；图版一，6）。标本 65WFM7：11，灰白色。通体磨光。顶略斜，平刃，刃部有使用留下的崩落疤痕。长 10、刃宽 6、厚 2 厘米（图二五，1）。

石铲　9 件。分 A、B 两型。

A 型　1 件。长方形。标本 65WFM4：13，青灰色。通体磨光，单孔，单面钻成。弧顶，弧刃略斜，有使用留下的疤痕。长 16、宽 8.8、厚 0.9、孔径 1.6 厘米（图二五，4；图版一，2）。

B 型　6 件。梯形。分 a、b 两亚型。

Ba 型　2 件。长梯形。标本 65WFM26：5，青灰色。通体磨光，单孔，双面对钻而成。弧顶，弧刃。长 16.8、刃宽 11.4、厚 1.2、孔径 2.6 厘米（图二五，5；图版一，4）。标本 65WFM6：2，青灰色，磨制，单孔，双面对钻而成。平顶，弧刃略向一侧倾斜。刃部有使用留下的疤痕。长 15.4、刃宽 12、厚 1.1、孔径 2.1 厘米（图二五，3；图版一，7）。

Bb 型　4 件。短梯形。标本 65WFM5：3，青灰色。通体磨光，单孔，双面对钻而成。顶微弧，宽弧刃。刃部有使用留下的疤痕。长 17.7、刃宽 17.2、厚 0.8、孔径 3.6 厘米（图二六，1；图版一，8）。标本 65WFM16：2，青灰色，通体磨光，单孔，双面对钻而成。弧顶，宽弧刃。刃部有使用留下的疤痕。长 15.4、刃宽 15.9、厚 0.85、孔径 3.15 厘米（图二六，2；图版一，5）。

另 2 件残石铲，型式不辨。

石凿　1 件。标本 65WFM8：2，青灰色。磨光。平顶，方体，下部残。残长 10、宽 3.3、厚 3.2 厘米（图二五，2）。

（2）陶　器

标本 11 件。全部为纺轮。分 A、B、C 三型。

A 型　8 件。体薄，边缘呈菱形。分 a、b、c、d 四亚型。

Aa 型　2 件。两面皆凸起。标本 65WFM78：7，泥质深灰色陶。直径 4.8、孔径 0.45、厚 1.15 厘米（图二七，6；图版二，5）。标本 65WFM85：3，泥质灰胎黑皮陶。直径 4.9、孔径 0.45、厚 1.15 厘米（图二七，2；图版二，4）。

Ab 型　1 件。一面平，一面凸起。标本 65WFM66：2，泥质灰陶。直径 4.4、孔径 0.3、厚 0.75 厘米（图二七，8）。

Ac 型　3 件。两面皆平。标本 65WFM82：5，夹细砂深灰陶。直径 4.95、孔径 0.5、厚 1.5 厘米（图二七，7；图版二，1）。标本 65WFM11：4，夹细砂红陶。直径 5.9、孔径 0.6、厚 1.2 厘米（图二七，5）。

Ad 型　2 件。两面皆凹。标本 M59：8，泥质灰陶。直径 4.75、孔径 0.5、厚 1.1 厘米（图二七，3；图版二，6）。

B 型　1 件。体厚，边缘呈弧形。标本 65WFM77：8，夹细砂灰胎黑皮陶。底平，面

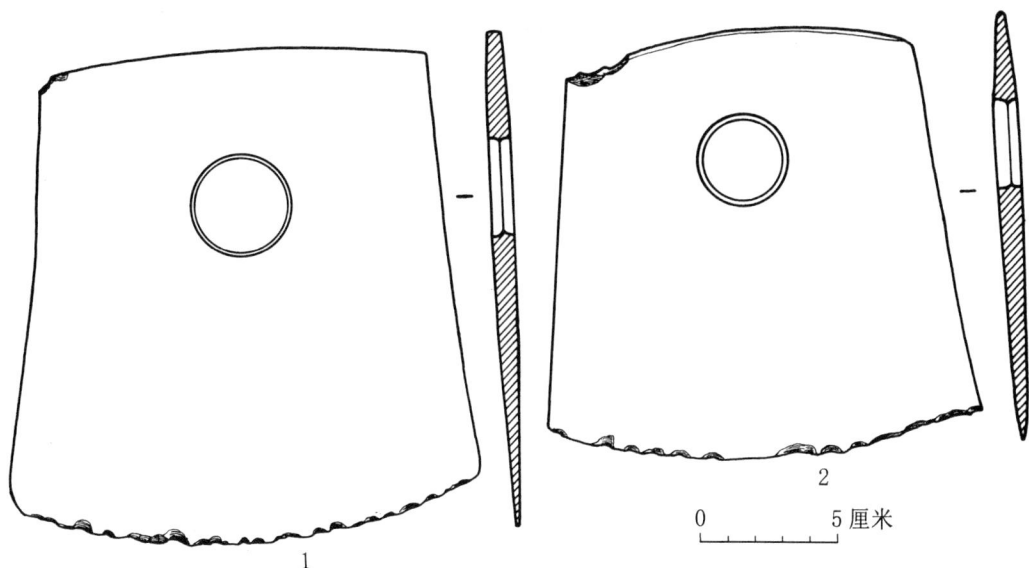

图二六　屈家岭文化墓葬石铲
1.Bb 型（65WFM5:3）　2.Bb 型（65WFM16:2）

弧。直径 5.25、孔径 0.6、厚 1.1 厘米（图二七，4；图版二，2）。

C 型　1 件。体厚，边缘较直。标本 65WFM24:9，泥质黑陶。两面皆平。直径 3.5、孔径 0.45、厚 1.2 厘米（图二七，1；图版二，3）。

另有 1 件残破，不分型。

2. 生活用具

标本 370 件。均为陶质容器。其中陶片 19 件，不能归类。

随葬陶器多泥质陶，少数夹细砂陶和夹砂陶，夹炭陶最少。以随葬陶质容器较多的墓为例。65WFM16 的 14 件陶质容器皆泥质陶；65WFM63 的 13 件陶质容器皆泥质陶；65WFM23 的 14 件陶质容器皆泥质陶；65WFM4 的 12 件陶质容器中，仅 1 件为夹细砂陶，余为泥质陶；65WFM15 的 13 件陶质容器中仅 2 件为夹细砂陶，余为泥质陶；65WFM44 的 14 件陶质容器中仅 3 件为夹砂陶，余为泥质陶；65WFM24 的 14 件陶质容器中仅 1 件为夹细砂陶，其余为泥质陶。总体看，罐、壶、杯、豆、簋、碗、钵、甑、器盖等类多泥质陶。鼎类器多夹细砂陶，夹炭陶也基本见于鼎类器。少数的罐、壶、盆类为夹砂和夹细砂陶。

陶色以灰色为主，黑陶其次。红陶、黄陶、黑皮陶较少。少数陶器因烧制时氧化不均，出现灰黄、灰红等不同的色调。以随葬陶质容器较多的墓葬为例。65WFM16 的 14 件陶器中，灰陶 6 件，占 42.86%；黑陶 5 件，占 35.71%；黑皮陶 2 件，占 14.29%；红陶 1 件，占 7.14%。M63 的 13 件陶器中，黑陶 10 件，占 77%；灰陶 2 件，占 15.38%。65WFM15 的 13 件陶器中，灰陶 6 件，占 46.15%；黑陶 2 件，占 15.32%；红陶 3 件，占 23.08%；黑皮陶 2 件，占 15.32%。65WFM44 的 14 件陶器中，灰陶 8 件，占

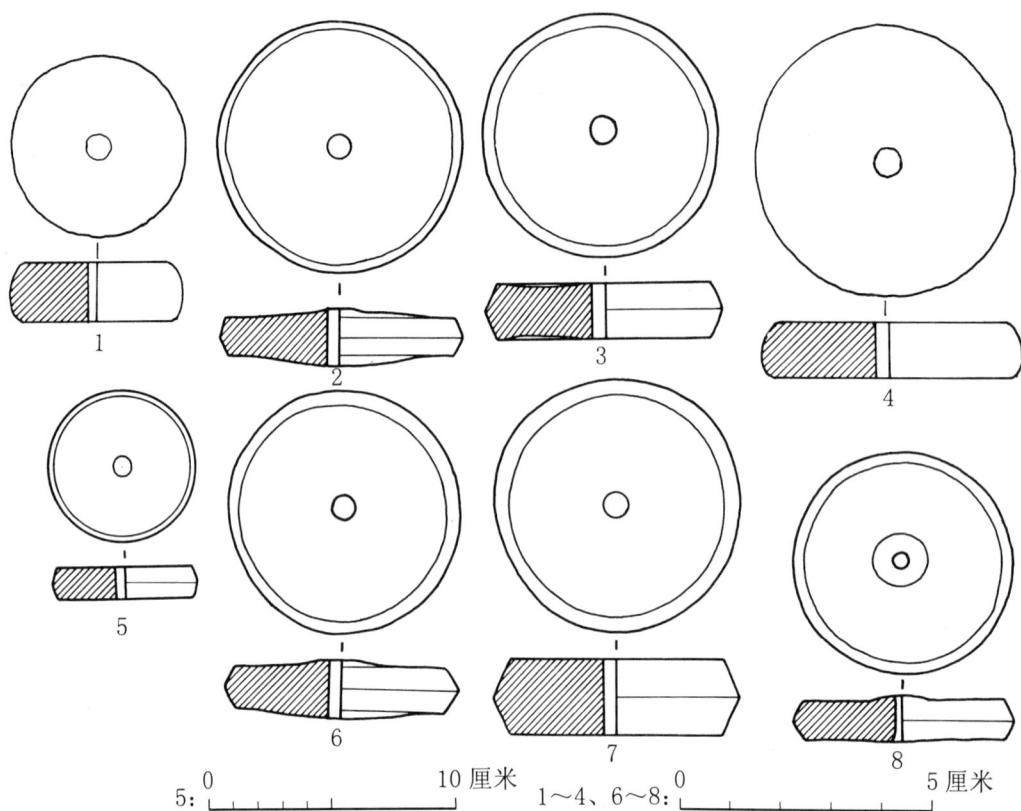

图二七　屈家岭文化墓葬陶纺轮

1.C 型（65WFM24∶9）　2.Aa 型（65WFM85∶3）　3.Ad 型（M59∶8）　4.B 型（65WFM77∶8）　5.Ac 型（65WFM11∶4）　6.Aa 型（65WFM78∶7）　7.Ac 型（65WFM82∶5）　8.Ab 型（65WFM66∶2）

57.14%；黑陶 5 件，占 35.71%；红陶 1 件，占 7.14%。65WFM23 的 14 件陶器中，灰陶 9 件，占 64.29%；黑陶 4 件，占 28.57%；红陶 1 件，占 7.14%。65WFM24 的 14 件陶器中，灰陶 7 件，占 50%；黑陶 2 件，占 14.29%；红陶 2 件，占 14.29%；黄陶、黑皮陶、灰黄陶各 1 件，分别占 7.14%。65WFM4 的 12 件陶器中，灰陶 8 件，占 66.67%；黑陶 2 件，占 16.67%；灰黄、灰红陶各 1 件，分别占 8.33%。

　　陶器以素面为主体，但器表的装饰仍比较讲究，主要纹饰有镂孔、泥条堆贴纹、凹弦纹。篮纹、刻划纹、戳印纹、彩陶等较少。镂孔主要施于豆、簋、甑、碗、壶的圈足部位及器盖的盖纽部位，形状多圆形，也有菱形和半月形。泥条堆贴纹有堆贴凸弦纹和堆贴压印附加堆纹两种。多见于豆、簋、壶、罐的腹部和肩部。凹弦纹主要见于豆、簋的折腹处及鼎的上腹部。篮纹较少，见于罐腹部。刻划纹为网格状，见于杯身及圈足上。陶衣分红衣和黑衣两种。红衣装饰主要见于红陶壶的外表。黑衣装饰较少，见于杯、碗类器。彩陶分朱绘及黑彩两种。彩陶仅在 65WFM9 填土中出土 2 件黑彩陶片，图案为直线条与弧线条。朱绘仅见于 65WFM9：5 豆圈足。

随葬陶器的基本制法是泥条盘筑，分段套接。分段套接的陶器如罐、豆、簋、杯等一般由领颈、上腹、下腹及底或圈足四个部位组装而成。鼎足等皆分别制作后与器身贴附而成。少数陶器有轮制痕迹。

陶器的造型以圈足器为主，另有平底、凹底和三足器。种类有鼎、罐、壶、豆、簋、甗、杯、碗、器盖、钵、盆等 11 大类。分述如下。

鼎　36 件。分 A、B、C、D 四型。

A 型　2 件。壶形鼎。分 I、II 两式。

I 式　1 件。扁腹，圜底。标本 65WFM23：9，泥质灰陶。折沿，圆唇，长颈，凿形足。口径 7.8、腹径 9、通高 10.6 厘米（图二八，2；彩版二，1；图版三，1）。

II 式　1 件。扁腹，鼓肩，凹底。标本 65WFM16：10，泥质红胎黑皮陶。折沿，圆唇，长颈，凿形足。口径 6.5、腹径 8、通高 9.2 厘米（图二八，1，图版三，2）。

B 型　17 件。罐形鼎。分 a、b 两亚型。

Ba 型　11 件。折沿，弧腹。据口沿和腹部的变化分 I、II、III、IV、V 五式。

I 式　1 件。弧腹深。标本 65WFM24：8，泥质红陶，圆唇，胎较厚，足残。口径 10 厘米（图二八，3）。

II 式　5 件。弧腹较深。标本 65WFM23：11，泥质黑陶。圆唇，侧装凿形足，足跟平。口径 11、腹径 13.2、通高 10.2 厘米（图二八，5；彩版二，2；图版三，3）。标本 65WFM44：1，夹细砂灰陶。圆唇，凿形足，平跟。口径 11.9、腹径 13.6、通高 10.4 厘米（图二八，4；图版四，1）。

III 式　3 件。弧腹略扁，上腹内收。标本 65WFM11：2，夹细砂红褐陶，圆唇，鸭嘴形足。上腹施浅凹弦纹。口径 9.6、腹径 12.4、通高 10 厘米（图二八，8；彩版二，3；图版四，3）。标本 65WFM86：3，夹细砂内红外黑陶。圆唇，凿形足。上腹施凹弦纹。口径 7.8、腹径 9.6、通高 8 厘米（图二八，6；图版四，4）。

IV 式　1 件。扁腹，上腹内收，折沿近平。标本 65WFM7：10，泥质灰陶。圆唇，凿形足残。上腹施凹弦纹。口径 7.4、腹径 9.5、残高 6.6 厘米（图二八，7；图版四，2）。

V 式　1 件。扁腹，上腹内收，平折沿。标本 65WFM15：14，夹细砂灰陶。圆唇，鸭嘴形足，足跟平。上腹施凹弦纹。口径 10、腹径 11.7、通高 8.8 厘米（图二八，12；图版三，4）。

Bb 型　2 件。折沿，矮颈。分两式。

I 式　1 件。仰折沿。标本 65WFM27：12，夹细砂灰陶。尖圆唇，弧腹，圜底残，足残。颈下施凹弦纹。口径 9.4、腹径 11、残高 8.2 厘米（图二八，11；图版四，6）。

II 式　1 件。平折沿。标本 65WFM11：1，夹细砂黑陶。圆唇，平折沿，沿面内凹，凿

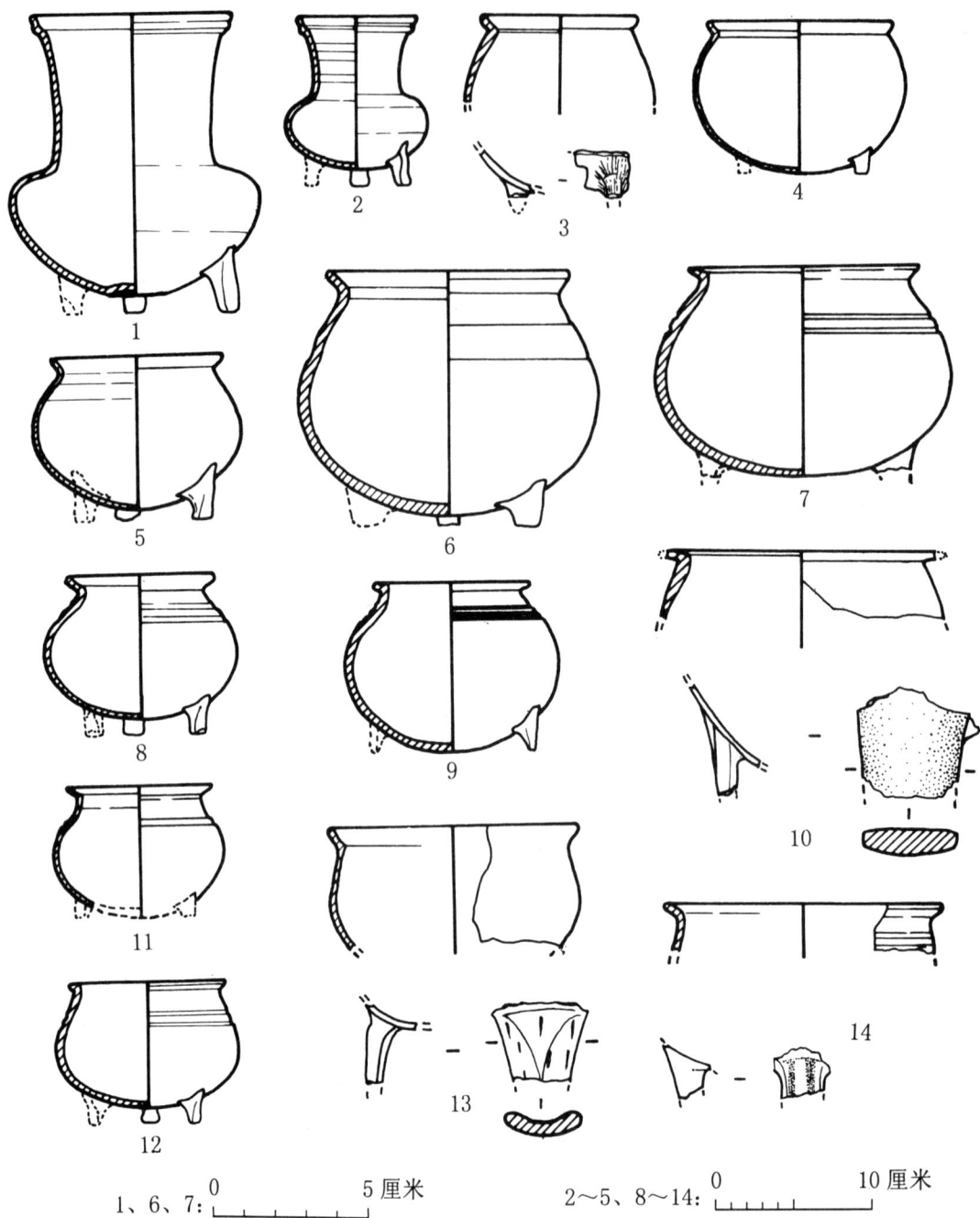

图二八　屈家岭文化墓葬陶鼎

1.A 型Ⅱ式（65WFM16:10）　　2.A 型 I 式（65WFM23:9）　　3.Ba 型 I 式（65WFM24:8）　　4.Ba 型Ⅱ式（65WFM 44:1）
5.Ba 型Ⅱ式（65WFM23:11）　　6.Ba 型Ⅲ式（65WFM86:3）　　7.Ba 型Ⅳ式（65WFM7:10）　　8.Ba 型Ⅲ式（65WFM
11:2）　　9.Bb 型Ⅱ式（65WFM11:1）　　10.D 型Ⅱ式（65WFM84:6）　　11.Bb 型 I 式（65WFM27:12）　　12.Ba 型 V 式
（65WFM15:14）　　13.C 型（65WFM38:6）　　14.D 型 I 式（65WFM48:4）

形足。颈部施凹弦纹。口径 10、腹径 13.6、通高 11.2 厘米（图二八，9；图版四，5）。

另有 4 件 B 型鼎残，不能分式。

C 型　1 件。盆形鼎。标本 65WFM38：6，夹砂褐陶。仰折沿，圆唇，弧腹残，宽扁足残。鼎足外侧施戳印纹。口径 16、腹径 16 厘米（图二八，13）。

D 型　2 件。大口。残。分Ⅰ、Ⅱ两式。

Ⅰ式　1 件。仰折沿。标本 65WFM48：4，夹炭褐黑陶。质轻，圆唇，腹残，扁足残。上腹施浅弦纹。口径 18 厘米（图二八，14）。

Ⅱ式　1 件。折沿近平。标本 65WFM84：6，夹炭红陶。质轻，弧腹残，宽扁足残。口径 17.2 厘米（图二八，10）。

另有 14 件鼎残破。不辨型式。

罐　67 件。分 A、B、C、D、E 五型。

A 型　17 件。直颈。分 a、b、c 三亚型。

Aa 型　6 件。平底。分Ⅰ、Ⅱ、Ⅲ、Ⅳ四式。

Ⅰ式　1 件。深弧腹，最大腹径居中。标本 65WFM23：10，泥质深灰陶。敞口，圆唇外有 1 周凹槽。素面。口径 4.9、腹径 7.1、底径 3.4、高 6.6 厘米（图二九，1；图版五，1）。

Ⅱ式　3 件。弧腹，最大腹径居上。标本 65WFM16：16，泥质灰陶。直口，圆唇。素面。口径 4.4、腹径 7、底径 3.2、高 6.1 厘米（图二九，2）。标本 65WFM86：1，泥质黑陶。直口，圆唇。素面。口径 5.1、腹径 7.2、底径 4.5、高 6 厘米（图二九，5）。

Ⅲ式　1 件。鼓肩。标本 65WFMl5：11，泥质灰陶。直口，圆唇。内壁可见泥条盘筑痕迹。口径 6.3、腹径 8.8、底径 3.6、高 8.4 厘米（图二九，4；图版五，2）。

Ⅳ式　1 件。鼓肩，腹扁。标本 65WFM63：5，泥质深灰陶。口略敞，圆唇，颈部有凹痕。口径 7.2、腹径 10.6、底径 5.6、高 8.3 厘米（图二九，3；图版五，3）。

Ab 型　7 件。扁腹，凹底。分Ⅰ、Ⅱ、Ⅲ、Ⅳ、Ⅴ五式。变化趋势是腹部渐扁。

Ⅰ式　1 件。腹部较深。标本 65WFM44：8，泥质黑陶。敞口，圆唇，下腹内收。内壁有泥条盘筑痕。口径 5.5、腹径 6.9、底径 3.8、高 6 厘米（图二九，6）。

Ⅱ式　1 件。标本 65WFM4：3，泥质灰黄陶。直口，厚圆唇，器表不平整，有凹痕。口径 5、腹径 7.4、底径 3、高 5.6 厘米（图二九，7）。

Ⅲ式　1 件。标本 65WFM7：14，泥质灰陶。直口，圆唇。口径 5.4、腹径 9.1、底径 3.4、高 6.8 厘米（图二九，8）。

Ⅳ式　3 件。标本 65WFM33：5，泥质灰陶。直口，圆唇，下腹内侧凹折。颈部有 2 个圆形镂孔。口径 5.1、腹径 6.6、底径 2.6、高 5.3 厘米（图二九，9）。标本 65WFM31：4，泥质灰陶。直口，圆唇，凹底。颈部有模糊划痕。口径 6.4、腹径 9.8、底径 3.9、高 7.8 厘米（图二九，10；图版五，4）。标本 65WFM68：4，泥质灰黄陶。敞口，圆唇，凹

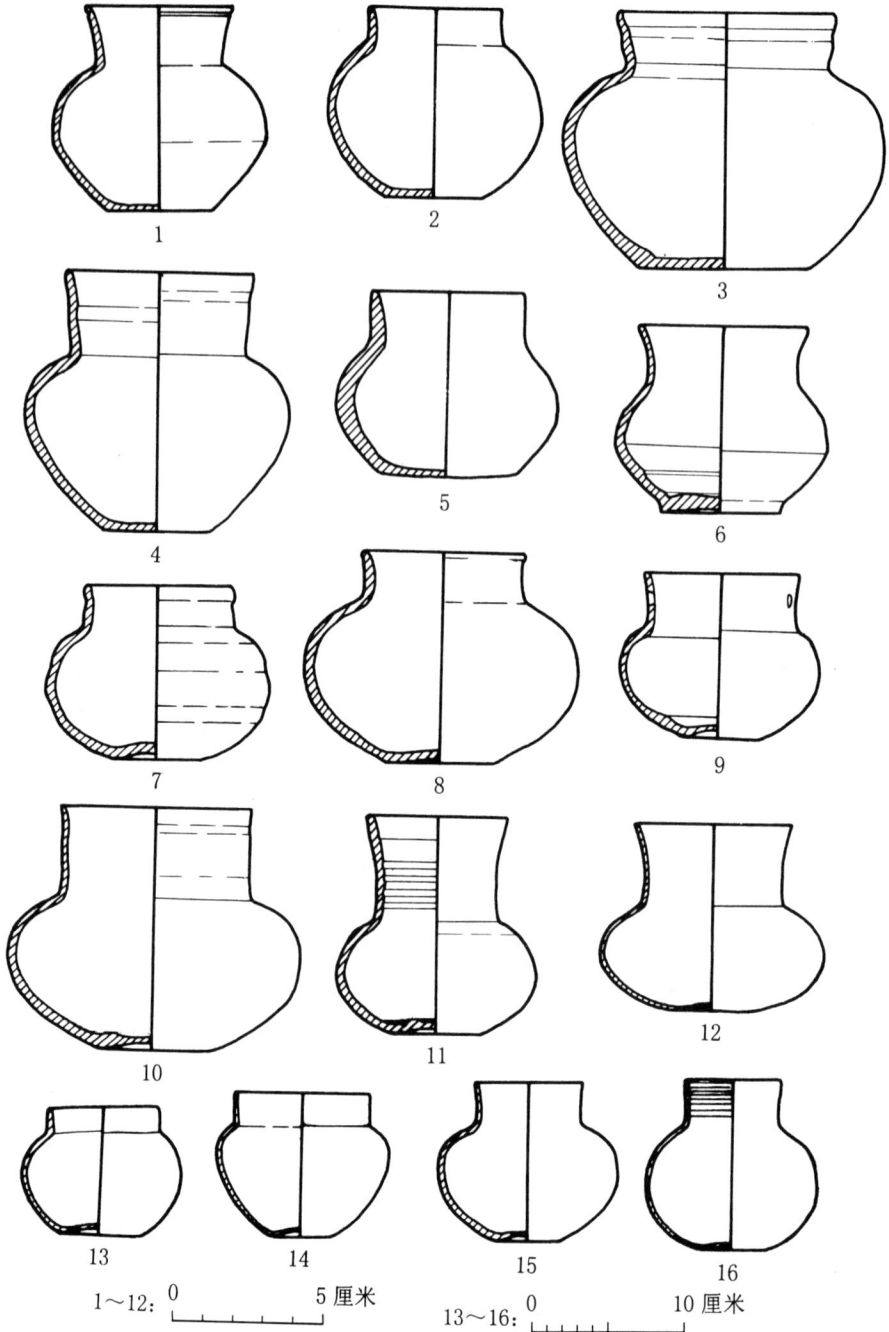

图二九　屈家岭文化墓葬陶罐

1.Aa 型I式（65WFM23：10）　　2.Aa 型II式（65WFM16：16）　　3.Aa 型IV式（65WFM63：5）　　4.Aa 型III式（65W
FM15：11）　5.Aa 型II式（65WFM86：1）　6.Ab 型I式（65WFM44：8）　7.Ab 型II式（65WFM4：3）　　8.Ab 型III式
（65WFM7：14）　9.Ab 型IV式（65WFM33：5）　10.Ab 型IV式（65WFM31：4）　11.Ab 型IV式（65WFM68：4）
12.Ab 型V式（65WFM27：7）　13.Ac 型II式（65WFM23：14）　14.Ac 型IV式（65WFM26：3）　15.Ac 型III式
（65WFM15：13）　16.Ac 型I式（65WFM4：14）

底，颈内壁有泥条盘筑痕。口径 4.6、腹径 6.6、底径 2.9、高 7 厘米（图二九，11）。

Ⅴ式　1件。标本 65WFM27：7，泥质灰胎黑皮陶。敞口，尖圆唇。口径 5.2、腹径 7.3、底径 2.8、高 6 厘米（图二九，12；图版六，1）。

Ac 型　4件。弧腹，凹底。分Ⅰ、Ⅱ、Ⅲ、Ⅳ四式，变化趋势是腹最大径渐上移。

Ⅰ式　1件。深弧腹，最大腹径居中。标本 65WFM4：14，泥质灰红陶。直口，圆唇，颈内壁可见泥条盘筑痕。口径 6.3、腹径 11.2、底径 3.8、高 11 厘米（图二九，16；图版六，2）。

Ⅱ式　1件。最大腹径偏上。标本 65WFM23：14，泥质灰陶。直口，圆唇，整体造型不规整。口径 7.6、腹径 10.6、底径 5.2、高 7.7~8.3 厘米（图二九，13）。

Ⅲ式　1件。弧腹，鼓肩。标本 65WFM15：13，泥质灰陶。直口，圆唇。口径 7.1、腹径 11.9、底径 4.6、高 10.2 厘米（图二九，15；图版六，3）。

Ⅳ式　1件。鼓肩，斜腹。标本 65WFM26：3，泥质黑陶。直口，圆唇。口径 9、腹径 11.4、底径 4.2、高 9.3 厘米（图二九，14；图版六，4）。

B 型　3件。矮领。分 a、b 两亚型。

Ba 型　2件。平底。分Ⅰ、Ⅱ两式。

Ⅰ式　1件。深弧腹。标本 65WFM16：3，泥质灰陶。方唇，胎较厚。口径 7.1、腹径 15.8、底径 6.2、高 16.7 厘米（图三〇，1；图版七，1）。

Ⅱ式　1件。弧腹，腹最大径偏上。标本 65WFM94：3，泥质灰陶。圆唇。颈部施凹弦纹。口径 6.8、腹径 10.9、底径 4、高 9.4 厘米（图三〇，2；图版七，3）。

Bb 型　1件。凹底。标本 65WFM21：3，夹细砂灰陶。圆唇，鼓肩，弧腹下内收。口径 7.4、腹径 11.7、底径 5.2、高 10 厘米（图三〇，3；图版七，4）。

C 型　5件。高领。分 a、b 两亚型。

Ca 型　1件。平底。标本 65WFM95：2，夹细砂灰陶。直口，平折沿面有凹槽，圆唇，鼓肩，中腹残。口径 10.8、底径 8、高约 23.8 厘米（图三〇，4）。

Cb 型　4件。凹底。分Ⅰ、Ⅱ、Ⅲ三式。

Ⅰ式　1件。深腹。标本 65WFM34：2，泥质灰陶。仰折沿，圆唇，腹最大径偏上。颈部施凹弦纹，上腹部施泥贴凸弦纹。口径 13.2、腹径 25.2、底径 9.2、高 31 厘米（图三〇，5；图版八，1）。

Ⅱ式　2件。深腹，鼓肩。标本 65WFM85：8，泥质灰陶。仰折沿近平，圆唇。颈部施凹弦纹，鼓肩部施泥贴凸弦纹，上腹部施横篮纹，下腹部施斜篮纹。口径 11.2、腹径 23.4、底径 8.4、高 23.6 厘米（图三〇，6；图版八，2）。

Ⅲ式　1件。鼓肩，扁腹。标本 65WFM63：13，泥质黑陶。微折沿，方唇，下腹内收。沿外有 1 圈凸棱，肩部和腹部施泥贴凸弦纹。口径 11.8、腹径 23.2、底径 9.8、高 19.8 厘米（图三〇，7；彩版二，4；图版八，3）。

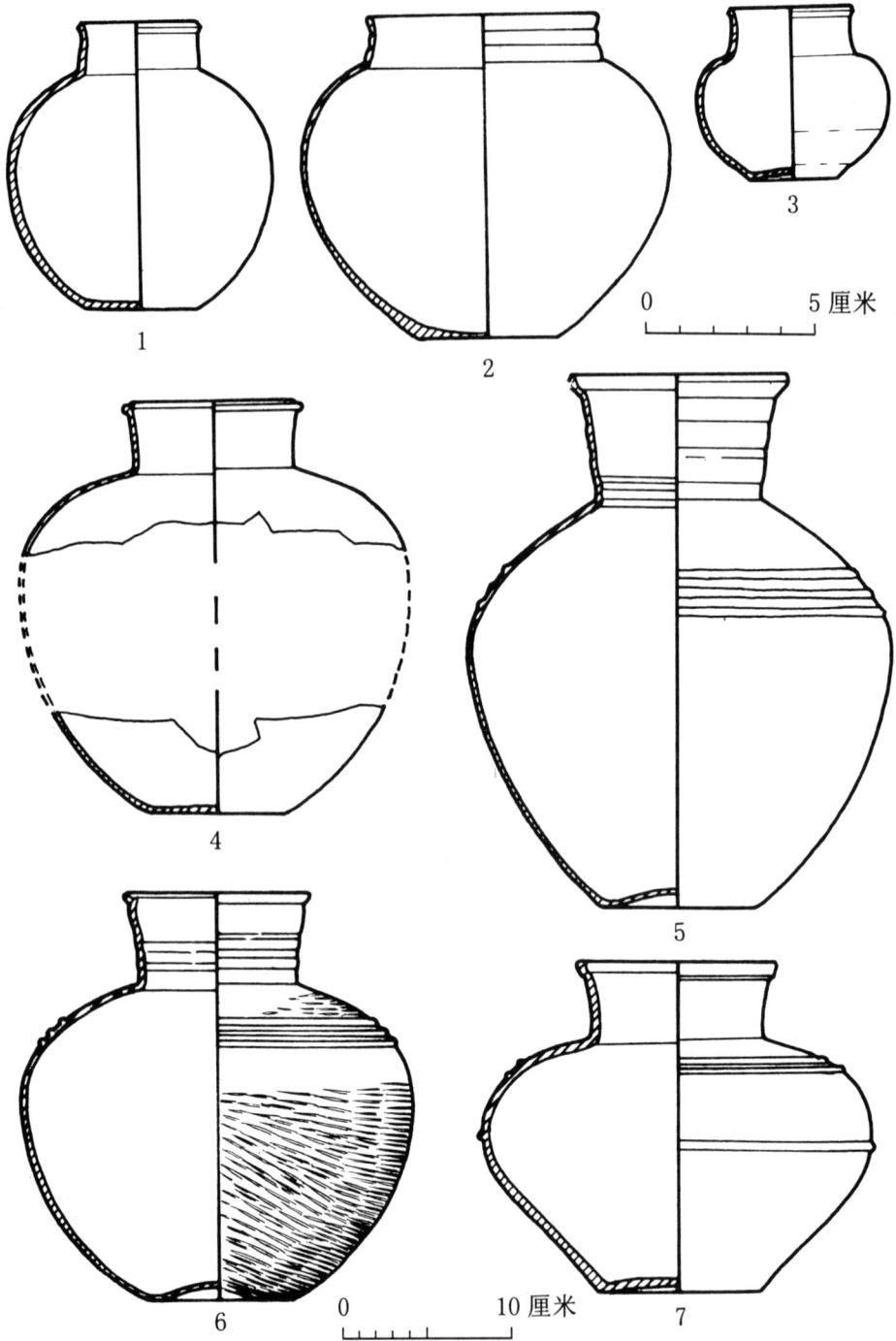

图三〇　屈家岭文化墓葬陶罐

1.Ba 型Ⅰ式（65WFM16：3）　　2.Ba 型Ⅱ式（65WFM94：3）　　3.Bb 型（65WFM21：3）　　4.Ca 型（65WFM95：2）
5.Cb 型Ⅰ式（65WFM34：2）　　6.Cb 型Ⅱ式（65WFM85：8）　　7.Cb 型Ⅲ式（65WFM63：13）

D 型　13 件。折沿，凹底。分 a、b、c 三亚型。

Da 型　4 件。扁腹。分 I、II、III、IV 四式。变化趋势是腹渐浅，折角渐小。

I 式　1 件。标本 65WFM29：4，泥质灰陶。宽折沿，圆唇，扁腹较深。口径 4.5、腹径 8.8、底径 4、高 7.4 厘米（图三一，1；图版八，4）。

II 式　1 件。标本 65WFM63：7，泥质黑陶。仰折沿，圆唇，扁腹较深。口径 6.3、腹径 9.1、底径 4、高 6.5 厘米（图三一，2；图版七，2）。

III 式　1 件。标本 65WFM76：3，泥质灰陶。仰折沿，圆唇，束颈，下腹微内收。口径 12、腹径 17.2、底径 9.6、高 11 厘米（图三一，11）。

IV 式　1 件。标本 65WFM1：1，泥质灰陶。黑皮脱落。折沿，尖唇，束颈，扁腹浅。口径 4.8、腹径 7.7、底径 3.8、高 4.6 厘米（图三一，4）。

Db 型　5 件。垂腹。分 I、II、III、IV 四式。

I 式　1 件。腹较深。标本 65WFM92：4，泥质深灰陶。仰折沿，圆唇。口径 6、腹径 8.1、底径 3.2、高 7.6 厘米（图三一，3；图版九，1）。

II 式　2 件。腹较深。腹最大径下移。标本 65WFM66：4，泥质灰陶。仰折沿，唇残，垂腹微折。腹壁内侧可见泥条盘筑痕。腹径 5.2、底径 3.3、残高 5.2 厘米（图三一，6）。

III 式　1 件。腹浅。标本 65WFM38：3，泥质灰胎黑皮陶。仰折沿，圆唇，束颈，垂腹内折，厚底。腹部有模糊划痕。口径 4.5、腹径 7.9、底径 3.4、高 4.9 厘米（图三一，8；图版八，5）。

IV 式　1 件。腹浅。标本 65WFM76：4，泥质黑陶。折沿，圆唇，束颈，垂腹微折，凹底较厚。口径 3.25、腹径 4.2、底径 2.6、高 2.5 厘米（图三一，7）。

Dc 型　4 件。弧腹。分 I、II 两式。

I 式　2 件。腹较深。标本 65WFM29：3，泥质黑陶。仰折沿，圆唇，下腹微内收，凹底。口径 5.2、腹径 6.6、底径 4.2、高 6.2 厘米（图三一，5）。

II 式　2 件。腹略浅。标本 65WFM85：2，夹砂灰褐陶。仰折沿，厚圆唇。口径 11.6、腹径 12.2、底径 4.8、高 10.2 厘米（图三一，9；图版九，5）。标本 65WFM85：1，夹砂红陶。仰折沿，厚圆唇，整体造型不规整。腹部施横篮纹。口径 14.5、腹径 17、底径 6、高 15.4 厘米（图三一，10；图版九，2）。

E 型　6 件。折沿，平底。分 a、b 两亚型。

Ea 型　3 件。扁腹。分 I、II、III 三式。

I 式　1 件。腹较深。标本 65WFM78：5，泥质灰陶。仰折沿，圆唇，底残。腹部有模糊凹痕。口径 6.8、腹径 8.4、底径 4.4、高 6.2 厘米（图三二，1；图版九，3）。

II 式　1 件。腹较浅。标本 65WFM82：3，泥质深灰陶。仰折沿，圆唇。口径 5.2、腹径 7.8、底径 4.2、高 5.2 厘米（图三二，2）。

III 式　1 件。腹较浅，最大腹径偏上。标本 65WFM34：5，泥质灰陶。折沿，尖唇，

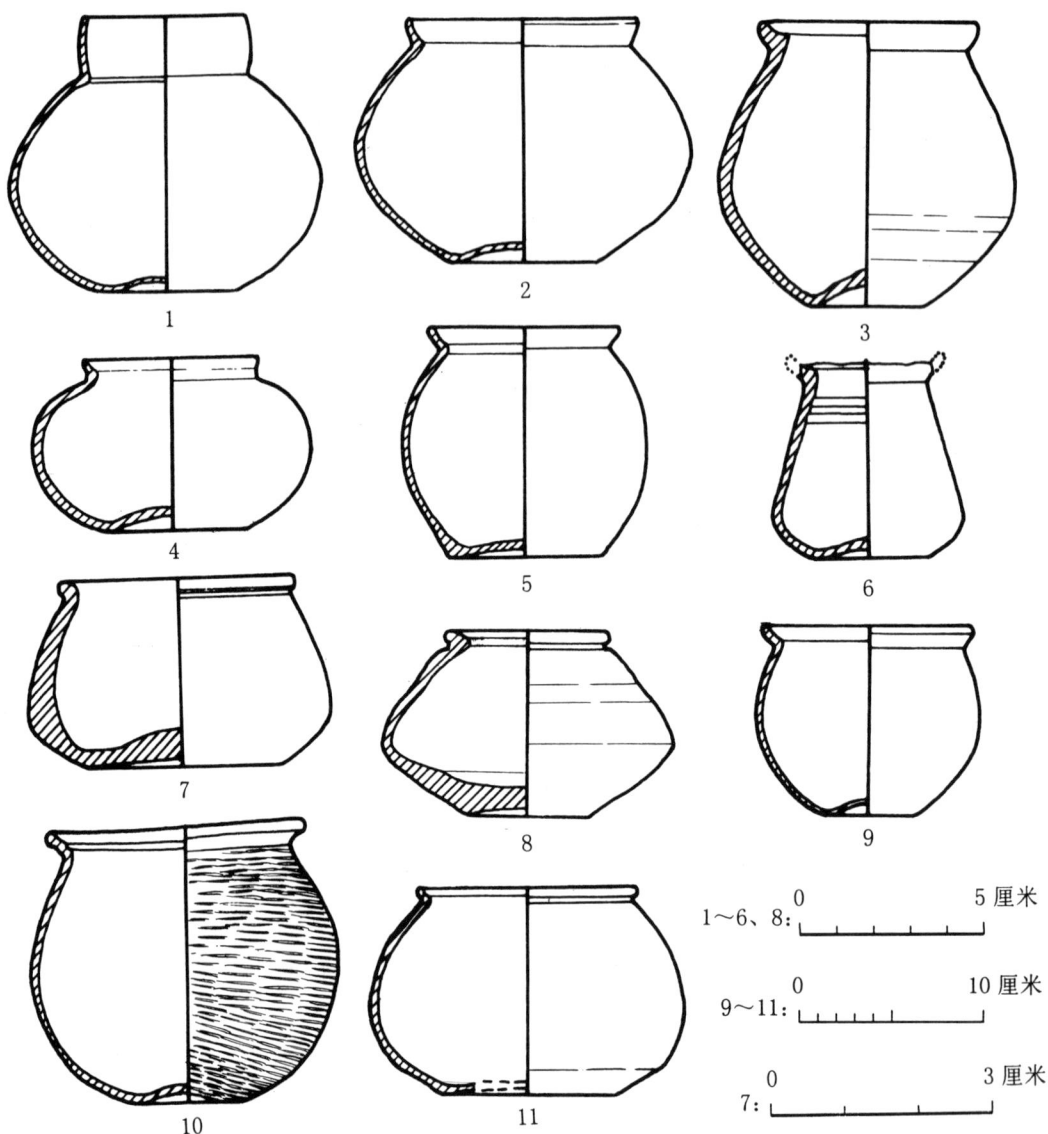

图三一　屈家岭文化墓葬陶罐

1.Da 型Ⅰ式（65WFM29：4）　2.Da 型Ⅱ式（65WFM63：7）　3.Db 型Ⅰ式（65WFM92：4）　4.Da 型Ⅳ式（65WFM1：1）　5.Dc 型Ⅰ式（65WFM29：3）　6.Db 型Ⅱ式（65WFM66：4）　7.Db 型Ⅳ式（65WFM76：4）　8.Db 型Ⅲ式（65WFM38：3）　9.Dc 型Ⅱ式（65WFM85：2）　10.Dc 型Ⅱ式（65WFM85：1）　11.Da 型Ⅲ式（65WFM76：3）

残口径 5、腹径 7.4、底径 3.2、残高 5 厘米（图三二，5）。

Eb 型　3 件。垂腹。分Ⅰ、Ⅱ两式。

Ⅰ式　1 件。腹较深。标本 65WFM79：5，泥质黑陶。仰折沿，尖唇，厚底。口径 6.6、腹径 9.8、底径 4.8、高 8.4 厘米（图三二，8；图版九，6）。

Ⅱ式　2 件。腹较浅。标本 65WFM79：2，泥质灰陶。仰折沿，圆唇。口径 7、腹径 10.8、底径 3.4、高 7.7 厘米（图三二，4；图版九，4）。标本 65WFM85：5，泥质黑陶。

折沿，圆唇，垂腹微折。口径 7.2、腹径 10.2、底径 3.6、高 7.7 厘米（图三二，3）。

另有 2 件圈足罐。标本 65WFM33：6，泥质灰陶。直口，厚唇，束颈，扁腹，矮圈足。颈部有 2 个圆形穿孔。腹壁内侧可见泥条盘筑痕。口径 6.2、腹径 10.4、底径 4.6、通高 6.8 厘米（图三二，7；图版一〇，1）。标本 65WFM23：15，泥质黑陶。口微敛，圆唇，鼓肩，扁腹，矮圈足。折腹处施泥贴凸弦纹，内壁可见上下腹套接痕。口径 9、腹径 14.2、底径 6.7、通高 9.5 厘米（图三二，6；彩版二，5；图版一〇，2）。

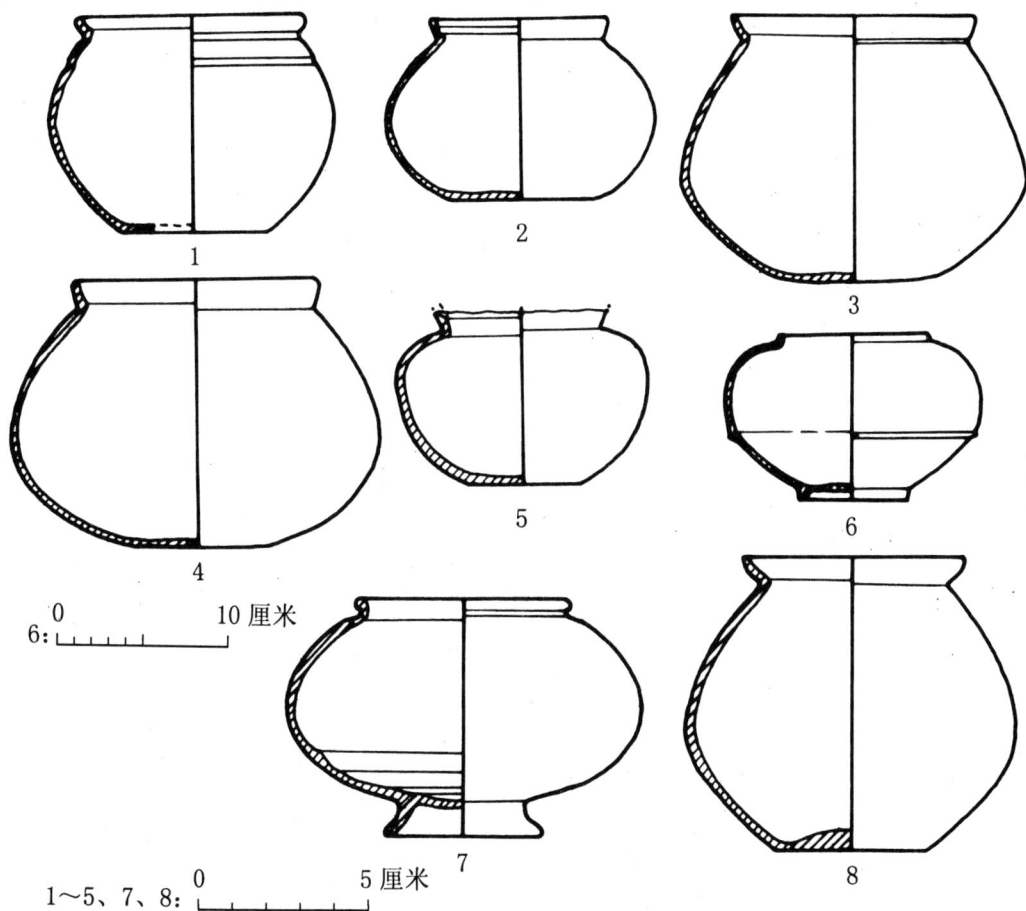

图三二 屈家岭文化墓葬陶罐

1.Ea 型Ⅰ式陶罐（65WFM78：5） 2.Ea 型Ⅱ式陶罐（65WFM82：3） 3.Eb 型Ⅱ式陶罐（65WFM85：5） 4.Eb 型Ⅱ式陶罐（65WFM79：2） 5.Ea 型Ⅲ式陶罐（65WFM34：5） 6.圈足罐（65WFM23：15） 7.圈足罐（65WFM33：6） 8.Eb 型Ⅰ式陶罐（65WFM79：5）

其余 21 件罐破碎，型式不辨。

壶 45 件，分 A、B、C、D 四型。

A 型 8 件。长颈，深腹，鼓肩。分Ⅰ、Ⅱ、Ⅲ三式。

　　I式　1件。鼓腹。标本65WFM23：2，泥质红陶。敞口，圆唇，圜底，矮圈足。口径9.4、腹径16.8、底径8.5、通高15.4厘米（图三三，1；图版一〇，3）。

　　II式　5件。鼓肩。标本65WFM16：13，泥质红陶。直口，圆唇，圜底，矮圈足。口径9.5、腹径18.4、底径9.2、通高13.9厘米（图三三，2；图版一〇，4）。

图三三　屈家岭文化墓葬陶壶

1.A型I式（65WFM23：2）　2.A型II式（65WFM16：13）　3.A型III式（65WFM15：1）　4.B型III式（65WFM59：1）
5.B型V式（65WFM82：6）　6.B型II式（65WFM7：12）　7.B型I式（65WFM24：1）　8.B型III式（65WFM7：9）9.B型IV式（65WFM1：3）　10.B型IV式（65WFM82：4）

Ⅲ式　2件。鼓肩，折腹。标本65WFM15∶1，泥质红陶。敞口，圆唇，圜底，矮圈足。折腹处及下腹施2周泥贴附加堆纹。口径10.2、腹径17.4、底径8.2、通高18.1厘米（图三三，3；图版一一，1）。

B型　7件。长颈，扁腹。分Ⅰ、Ⅱ、Ⅲ、Ⅳ、Ⅴ五式。

Ⅰ式　1件。腹深。标本65WFM24∶1，泥质深灰陶。直口，圆唇，圜底，矮圈足。口径6.7、腹径8.8、底径5.9、通高10.9厘米（图三三，7；图版一二，4）。

Ⅱ式　1件。腹较深。标本65WFM7∶12，泥质灰红胎黑皮陶。直口，圆唇，圈足较高。腹中部施泥贴凸弦纹，圈足上施2个圆形镂孔。口径7.2、腹径11.2、底径7.6、通高13.6厘米（图三三，6；图版一一，2）。

Ⅲ式　2件。腹浅。标本65WFM7∶9，泥质灰红胎黑皮陶。敞口，圆唇，底微凹，矮圈足。内壁可见泥条盘筑痕，颈部施凹弦纹，圈足上施2个圆形镂孔。口径5.9、腹径8.2、底径6.4、通高11.2厘米（图三三，8；图版一一，3）。标本65WFM59∶1，泥质深灰陶。敞口，圆唇，圜底近平，矮圈足。内壁可见泥条盘筑痕。颈部凹痕模糊，下腹施泥贴凸弦纹，圈足施4个圆形镂孔。口径5.9、腹径8.6、底径5.6、通高10.6厘米（图三三，4；图版一二，3）。

Ⅳ式　2件。浅腹，最大腹径偏上。标本65WFM1∶3，泥质黑陶。敞口，圆唇，凹底，矮圈足。口径9.2、腹径8.2、底径6.4、通高11.6厘米（图三三，9；图版一二，2）。标本65WFM82∶4，泥质黑陶。直口，圆唇，凹底，矮圈足。口径7、腹径8.9、底径5.2、通高9.8厘米（图三三，10；图版一一，4）。

Ⅴ式　1件。鼓肩，折腹。标本65WFM82∶6，泥质黄胎黑皮陶。直口，尖圆唇，折腹，平底，矮圈足。口径7.4、腹径10.2、底径6、通高11.3厘米（图三三，5；彩版三，1；图版一二，1）。

C型　7件。高领。分a、b两亚型。

Ca型　4件。深腹。分Ⅰ、Ⅱ、Ⅲ三式。

Ⅰ式　1件。微鼓肩。标本65WFM24∶4，泥质灰陶。圆唇，圜底，矮圈足。下腹施1周泥贴凸弦纹。口径9.4、腹径12.8、底径8、通高14厘米（图三四，1；图版一三，3）。

Ⅱ式　2件。鼓肩。标本65WFM23∶7，夹细砂灰陶。圆唇，圜底，矮圈足。颈部施1周凹弦纹，下腹部施1周泥贴凸弦纹。口径8.1、腹径15、底径8.1、通高14厘米（图三四，3；图版一三，1）。标本65WFM4∶1，夹细砂灰陶。圆唇，圜底，矮圈足。腹残。下腹施1周泥贴凸弦纹，圈足施1周凹弦纹及4组"8"字形镂孔。口径9.8、底径10.2厘米（图三四，2）。

Ⅲ式　1件。鼓肩，折腹。标本65WFM32∶4，泥质黑衣灰陶。圆唇，圜底近平，矮圈足。折腹处施1周泥贴凸弦纹，圆足部位在3个圆形镂孔之间施3个半月形镂孔。口径

9.1、底径9.2、通高15.9厘米（图三四，4；图版一四，1）。

Cb型　3件。扁腹。分Ⅰ、Ⅱ、Ⅲ三式。

Ⅰ式　1件。腹较深。标本65WFM44：6，泥质红胎灰陶。折沿，圆唇，圜底，矮圈足。下腹部施1周泥贴凸弦纹。口径9.6、腹径16.1、底径8.7、通高14.1厘米（图三四，5；图版一三，2）。

Ⅱ式　1件。腹浅。标本65WFM30：3，泥质灰陶。折沿，圆唇，下腹内壁微内折，底近平，矮圈足。颈部施2周凹弦纹。口径5.8、腹径8.2、底径4.1、通高7.6厘米（图三四，6）。

Ⅲ式　1件。浅腹。标本65WFM16：15，泥质红胎黑皮陶。折沿，圆唇，底平，圈足残。口径7.8、残高10厘米（图三四，11）。

D型　4件。宽折沿。分a、b两亚型。

Da型　3件。折腹。分Ⅰ、Ⅱ两式。

Ⅰ式　2件。腹最大径居中。标本65WFM57：4，泥质黑陶。宽沿内凹，直口，圆唇，中腹微折，圜底，圈足较高。折腹处施1周泥贴凸弦纹。口径6、腹径8.6、底径6、通高7.8厘米（图三四，8；图版一三，4）。

Ⅱ式　1件。腹最大径偏下。标本65WFM63：6，泥质黑陶。宽沿内凹，敞口，圆唇，垂腹微折，圜底，高圈足。上腹及折腹处各施1周泥贴凸弦纹，圈足上施3组圆形镂孔，每组由3竖排镂孔组成。口径8.5、腹径16、底径11.8、通高19.3厘米（图三四，7；彩版三，3；图版一四，2）。

Db型　1件。鼓腹。标本65WFM76：1，泥质黑陶。宽沿内凹，直口，圆唇，凹底，矮圈足。口径8、腹径11、底径5.6、通高10.4厘米（图三四，10；图版一四，4）。

另有2件壶形态比较特别。标本65WFM16：4，泥质黑陶。直口，短颈，双折腹，圜底，矮圈足。下折腹处施1周泥贴凸弦纹，圈足上施2组圆形镂孔，每组2个。口径10.1、腹径12.8、底径10、通高15.8厘米（图三四，12；彩版四，1；图版一四，3）。标本65WFM46：2，泥质黑陶。敞口，长颈，圆唇，鼓腹，圜底，矮圈足。圈足上施1周菱形镂孔，每个镂孔四角各施1个半月形盲孔。口径9、腹径12.7、底径9、通高14.2厘米（图三四，9）。

其余17件壶破碎，未分型式。

豆　76件。分A、B、C、D、E五型。

A型　7件。钵形。分a、b两亚型。

Aa型　2件。高圈足。分Ⅰ、Ⅱ两式。

Ⅰ式　1件。口微敛。标本65WFM24：2，泥质灰陶。圆唇。弧腹壁上可见上下套接痕。外壁呈凹折棱。圈足上施2组圆形镂孔，一组4个，一组3个。口径12.6、底径10.4、通高15厘米（图三五，3；图版一五，4）。

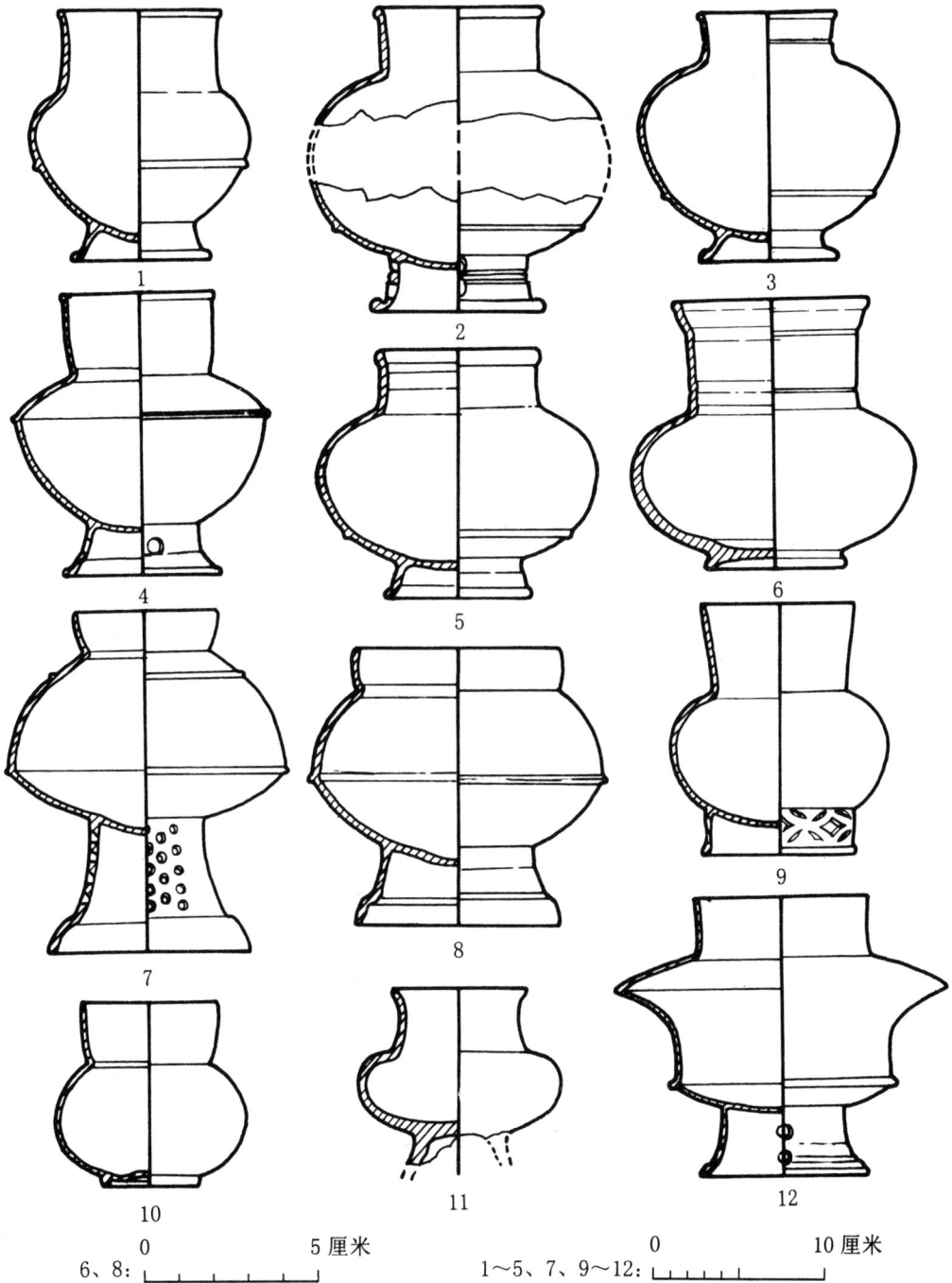

图三四 屈家岭文化墓葬陶壶

1.Ca 型Ⅰ式（65WFM24:4） 2.Ca 型Ⅱ式（65WFM4:1） 3.Ca 型Ⅱ式（65WFM23:7） 4.Ca 型Ⅲ式（65WFM32:4）
5.Cb 型Ⅰ式（65WFM44:6） 6.Cb 型Ⅱ式（65WFM30:3） 7.Da 型Ⅱ式（65WFM63:6） 8.Da 型Ⅰ式（65WFM57:4）
9. 壶（65WFM46:2） 10.Db 型（65WFM76:1） 11.Cb 型Ⅲ式（65WFM16:15） 12. 壶（65WFM16:4）

Ⅱ式　1件。敛口。标本65WFM33：7，泥质灰陶。圆唇。弧腹壁上可见上下套接痕，外壁呈凹折棱。圈足上施凹弦纹和2组圆形镂孔，每组3孔，组与组之间再施1个圆形镂孔。口径13.5、底径10.2、通高14.6厘米（图三五，1；图版一五，1）。

Ab型　3件。矮圈足，分Ⅰ、Ⅱ、Ⅲ三式。

Ⅰ式　1件。敛口。标本65WFM4：5，泥质灰陶。圆唇。弧腹壁有凹折棱，圈足上施凹弦纹。口径14、底径9.4、通高11.4厘米（图三五，2；图版一五，3）。

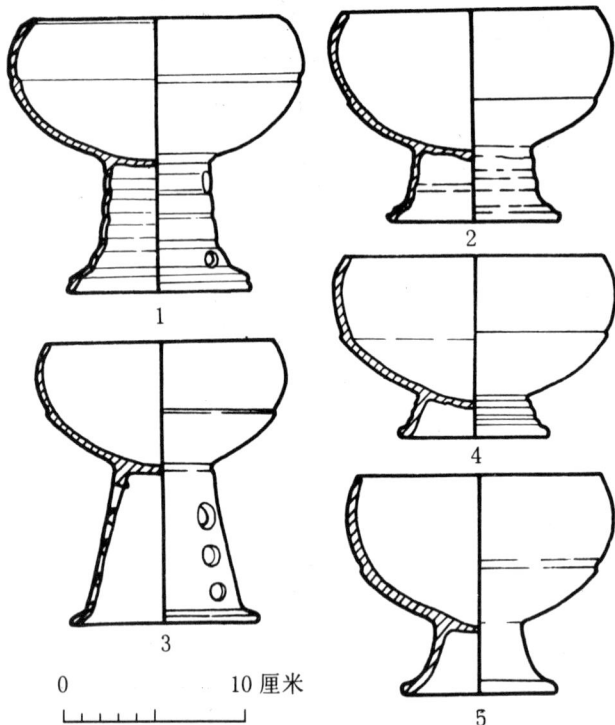

0　　　　　　10厘米

图三五　屈家岭文化墓葬陶豆

1.Aa型Ⅱ式（65WFM33：7）　2.Ab型Ⅰ式（65WFM4：5）　3.Aa型Ⅰ式（65WFM24：2）　4.Ab型Ⅱ式（65WFM46：1）　5.Ab型Ⅲ式（65WFM11：5）

Ⅱ式　1件。敛口。标本65WFM46：1，泥质灰陶。圆唇。弧腹壁可见上下套接痕，外壁处呈凹折棱。圈足施凹弦纹。口径14、底径8.2、通高9.7厘米（图三五，4；图版一五，2）。

Ⅲ式　1件。口微敛。标本65WFM11：5，泥质灰陶。圆唇。弧腹壁有上下套接痕，外壁呈凹折棱。口径13.4、底径8.6、通高11.7厘米（图三五，5）。

另2件残，未分型式。

B型　15件。罐形。分a、b、c三亚型。

Ba型　6件。鼓腹。分Ⅰ、Ⅱ、Ⅲ三式。

Ⅰ式　4件。腹深。标本65WFM9：3，泥质黑陶。仰折沿，圆唇，圜底，圈足较高。腹部施1周泥贴凸弦纹，圈足施3个圆形镂孔。口径11.9、底径9.2、通高13.6厘米（图三六，1；图版一六，1）。标本65WFM9：1，泥质黑陶。仰折沿，圆唇，圜底，圈足较高。腹部施1周泥贴凸弦纹，圈足饰3组圆形镂孔，每组2个。口径13、底径9.4、通高14.2厘米（图三六，2；图版一六，2）。标本65WFM23：5，泥质灰陶。仰折沿，圆唇，圜底，圈足较高。下腹施1周泥贴凸弦纹，圈足上施2组圆形镂孔，每组2个。口径12.9、底径8.7、通高12.6厘米（图三六，3；图版一六，3）。

Ⅱ式　1件。腹较深。标本65WFM23：3，泥质灰陶。仰折沿，圆唇，弧腹，圜底，高圈足。腹部有套接痕，呈凹折棱，圈足上施凹弦纹和3组圆形镂孔，每组3孔，另有1个圆形镂孔在两组之间。口径14、底径8.9、通高15.9厘米（图三六，5；图版一六，4）。

Ⅲ式 1件。腹浅。标本65WFM32：1，泥质灰陶。仰折沿近平，圆唇，弧腹，圜底，圈足较高。腹部有上下套接痕，外呈凹折棱，圈足上施3组圆形镂孔，每组2孔。口径12.7、底径8.3、通高11.4厘米（图三六，4；图版一七，2）。

Bb型 8件。垂腹。分Ⅰ、Ⅱ、Ⅲ三式。

Ⅰ式 2件。腹深。标本65WFM23：1，泥质灰陶。仰折沿，圆唇，垂腹微折，圜底，高圈足。内壁有泥条盘筑痕，下腹有1周凸折棱。圈足施3组圆形镂孔，每组3孔，另1个圆形镂孔在两组之间。口径14、底径9.6、通高15.6厘米（图三六，6；彩版三，4；图版一七，1）。标本65WFM4：11，泥质灰陶。仰折沿，圆唇，圜底，圈足较高。腹部有1周凹折棱，圈足施3组圆形镂孔，每组2孔。口径12.6、底径9、通高13厘米（图三六，8；图版一七，3）。

Ⅱ式 3件。腹较深。标本65WFM31：5，泥质灰陶。仰折沿，弧腹，圜底，高圈足。上腹施2周凹弦纹，下腹饰1周泥贴凸弦纹。圈足上施2组圆形镂孔，每组2个，其中上部为盲孔，两组之间有1个圆形镂孔。口径13.6、底径9.8、通高15.4厘米（图三六，7；图版一七，4）。标本65WFM45：4，泥质灰陶。仰折沿，圆唇，弧腹，圜底，高圈足。上腹部有模糊凹痕，下腹有1周凹折棱，圈足施4组圆形镂孔，每组3孔。口径14.2、底径9.3、通高14.3厘米（图三六，11；图版一八，4）。

Ⅲ式 3件。腹浅。标本65WFM45：9，泥质灰陶。仰折沿近平，圆唇，弧腹，圜底，高圈足。圈足上施2组圆形镂孔，每组2孔。口径13.2、底径9.8、通高13厘米（图三六，13；图版一八，1）。标本65WFM45：5。泥质灰陶。仰折沿近平，圆唇，弧腹，圜底，高圈足。下腹有1圈凹折棱。口径12.2、底径9.8、通高12.6厘米（图三六，14；图版一八，2）。标本65WFM30：7，泥质灰陶。仰折沿，圆唇，圜底，高圈足。下腹有1周凹折棱。圈足上施2组圆形镂孔，每组2孔，两组之间有1个圆形镂孔。口径12、底径9.2、通高12.6厘米（图三六，12）。

Bc型 1件。深弧腹。标本65WFM1：5，泥质深灰陶。仰折沿，圆唇，凹底，高圈足。下腹施2周凸弦纹，圈足上密布菱形镂孔。口径10.9、底径8.4、通高14厘米（图三六，10；图版一八，3）。

C型 4件。盂形。分Ⅰ、Ⅱ、Ⅲ三式。

Ⅰ式 1件。标本65WFM24：5，泥质灰陶。仰折沿，圆唇，束颈，鼓肩，圜底，圈足较高。圈足上施3组圆形镂孔，每组2孔。口径11、底径7.8、通高11.4厘米（图三六，17；图版一九，3）。

Ⅱ式 2件。标本65WFM58：1，泥质灰陶。折沿，圆唇，束颈，鼓肩，圜底，高圈足。腹部施凹弦纹和凹折棱，圈足施凹弦纹和3组圆形镂孔，每组2孔，另在两组镂孔之间施 1 个圆形镂孔。口径 14.4、底径 9.6、通高 12.9 厘米（图三六，15；图版一九，1）。标本 65WFM16:1，泥质灰陶。折沿似子母口，圆唇，腹最大径偏上，圜底，高圈足。下腹套接处施 1 周凹折棱，圈足施 4 组圆形镂孔，每组 3 孔。口径 14.1、底径 10.4、通高 15.8 厘米（图三六，9；图版一九，4）。

Ⅲ式　1 件。标本 65WFM59:7，泥质深灰陶。口沿微折，厚圆唇，矮圈足。腹部施 1 周泥贴凸弦纹。口径 11、底径 8、通高 10.5 厘米（图三六，16；彩版四，2；图版一九，2）。

D 型　8 件。盆形。分 a、b 两亚型。

Da 型　5 件。宽折沿。分Ⅰ、Ⅱ、Ⅲ三式。

Ⅰ式　1 件。腹较深。标本 65WFM24:13，泥质黑陶。方唇，圜底，高圈足。腹部施 2 周泥贴凸弦纹，圈足施 2 组圆形镂孔，每组 3 孔。口径 18.1、底径 10.1、通高 13 厘米（图三七，1；彩版四，3）。

Ⅱ式　3 件。腹较浅。标本 65WFM85:7，泥质黑陶。方唇，圜底，圈足较高。腹部施 2 周泥贴凸弦纹，圈足施 4 个圆形镂孔。口径 16.6、底径 10.1、通高 9.6 厘米（图三七，2；图版二〇，2）。标本 65WFM92:3，泥质黑陶。圆唇，圜底，圈足较高。腹及圈足各施 1 周泥贴凸弦纹。口径 13.8、底径 7.9、通高 8.6 厘米（图三七，3；图版二〇，1）。标本 65WFM82:1，泥质黑陶。厚圆唇，圜底，圈足较高。腹施 2 周泥贴凸弦纹。口径 18、底径 10、通高 11 厘米（图三七，4；图版二一，1）。

Ⅲ式　1 件。腹浅。标本 65WFM63:9，泥质黑陶。圆唇，底微圜，高圈足。圈足上施 1 周凸棱。口径 23.2、底径 14.9、通高 13 厘米（图三七，5；彩版四，4；图版二一，2）。

Db 型　3 件。窄折沿。分Ⅰ、Ⅱ两式。

Ⅰ式　2 件。腹深。标本 65WFM14:3，泥质灰陶。圆唇，圜底，高圈足。腹施 1 周泥贴凸弦纹，圈足施凹弦纹，已模糊。口径 14.6、底径 10.1、通高 14 厘米（图三七，6）。标本 65WFM84:1，泥质灰陶。圆唇，高圈足残。圈足施凹弦纹和圆形镂孔。口径 14、残高约 11.6 厘米（图三七，7）。

Ⅱ式　1 件。腹浅。标本 65WFM16:14，泥质灰陶。平折沿，沿面内凹，圆唇，圈足较高。腹部有模糊凹痕。口径 13.8、底径 7.3、通高 7.8 厘米（图三七，8；图版二一，3）。

E 型　3 件。簋形。分Ⅰ、Ⅱ两式。

Ⅰ式　1 件。折沿，深弧腹。标本 65WFM57:3，泥质黑陶。圆唇，圜底，圈足较高。下腹施 1 周泥贴凸弦纹。圈足施 3 组圆形镂孔，每组分别为 2 孔、3 孔和 4 孔。口径 13.8、底径 9.4、通高 12 厘米（图三七，9）。

Ⅱ式　2 件。折沿近平，腹斜。标本 65WFM38:5，泥质黑陶。圆唇，圜底，高圈足。下腹

图三六　屈家岭文化墓葬陶豆

1.Ba 型Ⅰ式（65WFM9:3）　2.Ba 型Ⅰ式（65WFM9:1）　3.Ba 型Ⅰ式（65WFM23:5）　4.Ba 型Ⅲ式（65WFM32:1）
5.Ba 型Ⅱ式（65WFM23:3）　6.Bb 型Ⅰ式（65WFM23:1）　7.Bb 型Ⅱ式（65WFM31:5）　8.Bb 型Ⅰ式（65WFM4:
11）　9.C 型Ⅱ式（65WFM16:1）　10.Bc 型（65WFM1:5）　11.Bb 型Ⅰ式（65WFM45:4）　12.Bb 型Ⅲ式
（65WFM30:7）　13.Bb 型Ⅲ式（65WFM45:9）　14.Bb 型Ⅲ式（65WFM45:5）　15.C 型Ⅱ式（65WFM58:1）
16.C 型Ⅲ式（65WFM59:7）　17.C 型Ⅰ式（65WFM24:5）

施 2 周泥贴凸弦纹。口径 16.4、底径 9.8、通高 15.6 厘米(图三七,11;图版二一,4)。标本

65WFM79：7，泥质黑陶。圆唇，圜底，圈足较高。下腹施 2 周泥贴凸弦纹。口径 16、底径 9、通高 12.8 厘米(图三七，10；图版二一 5，)。

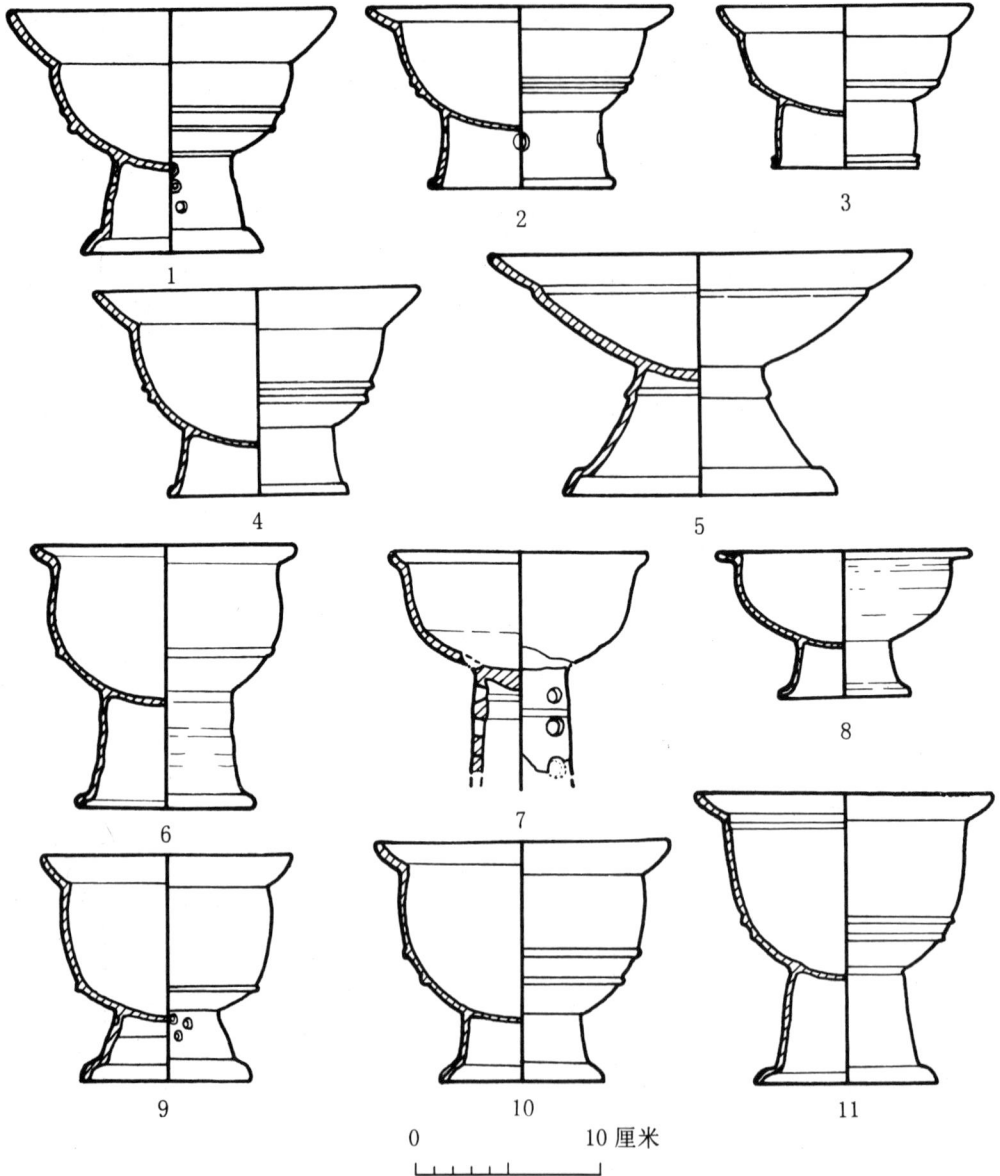

0　　　　　　　　10 厘米

图三七　屈家岭文化墓葬陶豆

1.Da 型Ⅰ式(65WFM24：13)　2.Da 型Ⅱ式(65WFM85：7)　3.Da 型Ⅱ式(65WFM92：3)　4.Da 型Ⅱ式(65WFM82：1)
5.Da 型Ⅲ式(65WFM63：9)　6.Db 型Ⅰ式(65WFM14：3)　7.Db 型Ⅰ式(65WFM84：1)　8.Db 型Ⅱ式(65WFM16：14)
9.E 型Ⅰ式(65WFM57：3)　10.E 型Ⅱ式(65WFM79：7)　11.E 型Ⅱ式(65WFM38：5)

其余 39 件豆或为圈足或残片，未分型式。

篮　15 件。分 A、B 两型。

A 型　9 件。罐形。分 a、b、c 三亚型。

Aa 型　3 件。鼓腹,最大腹径居中。分 I、Ⅱ、Ⅲ三式。变化趋势是折沿夹角渐小。

I 式　1 件。标本 65WFM89∶3,泥质黑陶。仰折沿,圆唇,矮圈足。上下腹套接处呈凹折棱,腹内壁可见泥条盘筑痕。圈足施 4 个圆形镂孔。口径 9.6、底径 7、通高 9.6 厘米(图三八,1;图版二二,1)。

Ⅱ式　1 件。标本 65WFM15∶9,泥质黑陶。仰折沿,圆唇,矮圈足。腹部施 1 周泥贴凸弦纹。圈足施 3 组圆形镂孔,每组 2 孔。口径 10.6、底径 7.6、通高 8.8 厘米 (图三八,2;图版二二,2)。

Ⅲ式　1 件。标本 65WFM16∶7,泥质黑陶。仰折沿近平,圆唇,束颈,矮圈足。下腹施 1 周泥贴凸弦纹,圈足施 3 组圆形镂孔,每组 2 孔。口径 11、底径 7.6、通高 9 厘米(图三八,3)。

Ab 型　4 件。垂腹,最大腹径偏下。分 I、Ⅱ、Ⅲ、Ⅳ四式。

I 式　1 件。腹深。标本 65WFM4∶12,泥质黑陶。仰折沿,圆唇,底微凹,矮圈足。内壁可见泥条盘筑痕。下腹施 2 周泥贴凸弦纹。口径 8.4、底径 6、通高 10 厘米 (图三八,4;图版二三,4)。

Ⅱ式　1 件。腹较深。标本 65WFM59∶4,泥质深灰陶。口残,圜底,圈足较高。下腹施 1 周泥贴凸弦纹,圈足施圆形镂孔。底径 8、残高约 10 厘米 (图三八,5)。

Ⅲ式　1 件。腹较浅。标本 65WFM66∶5,泥质黑陶。仰折沿,圆唇,圜底近平,矮圈足。下腹施 2 周泥贴凸弦纹,圈足上饰竖划纹。口径 9.1、底径 6、通高 9 厘米 (图三八,7;图版二三,5)。

Ⅳ式　1 件。浅腹。标本 65WFM66∶3,泥质红胎黑皮陶。仰折沿,尖圆唇,凹底,矮圈足。口径 5、底径 4.3、通高 5.8 厘米 (图三八,6)。

Ac 型　2 件。弧腹,最大腹径偏上。分 I、Ⅱ两式。

I 式　1 件。腹较深。标本 65WFM7∶4,泥质灰陶。仰折沿,圆唇,圜底,矮圈足。腹部有 1 周凹折棱。口径 11.4、底径 6.5、通高 10.6 厘米 (图三八,8;图版二二,3)。

Ⅱ式　1 件。腹浅。标本 65WFM21∶2,泥质灰陶。仰折沿近平,圆唇,圜底近平,矮圈足。腹部有 1 周凹折棱。口径 13.8、底径 7.3、通高 9.2 厘米 (图三八,9;图版二二,4)。

B 型　4 件。盆形。分 I、Ⅱ、Ⅲ三式。

I 式　2 件。腹深。标本 65WFM63∶2,泥质黑陶。仰折沿,圆唇,圜底,矮圈足。腹施 2 周泥贴凸弦纹,圈足施 3 周小圆形镂孔。口径 15、底径 9.6、通高 11.4 厘米(图三八,12;图版二三,2)。

Ⅱ式　1 件。腹较深。标本 65WFM79∶1,泥质黑陶。仰折沿,圆唇,圜底,矮圈足。

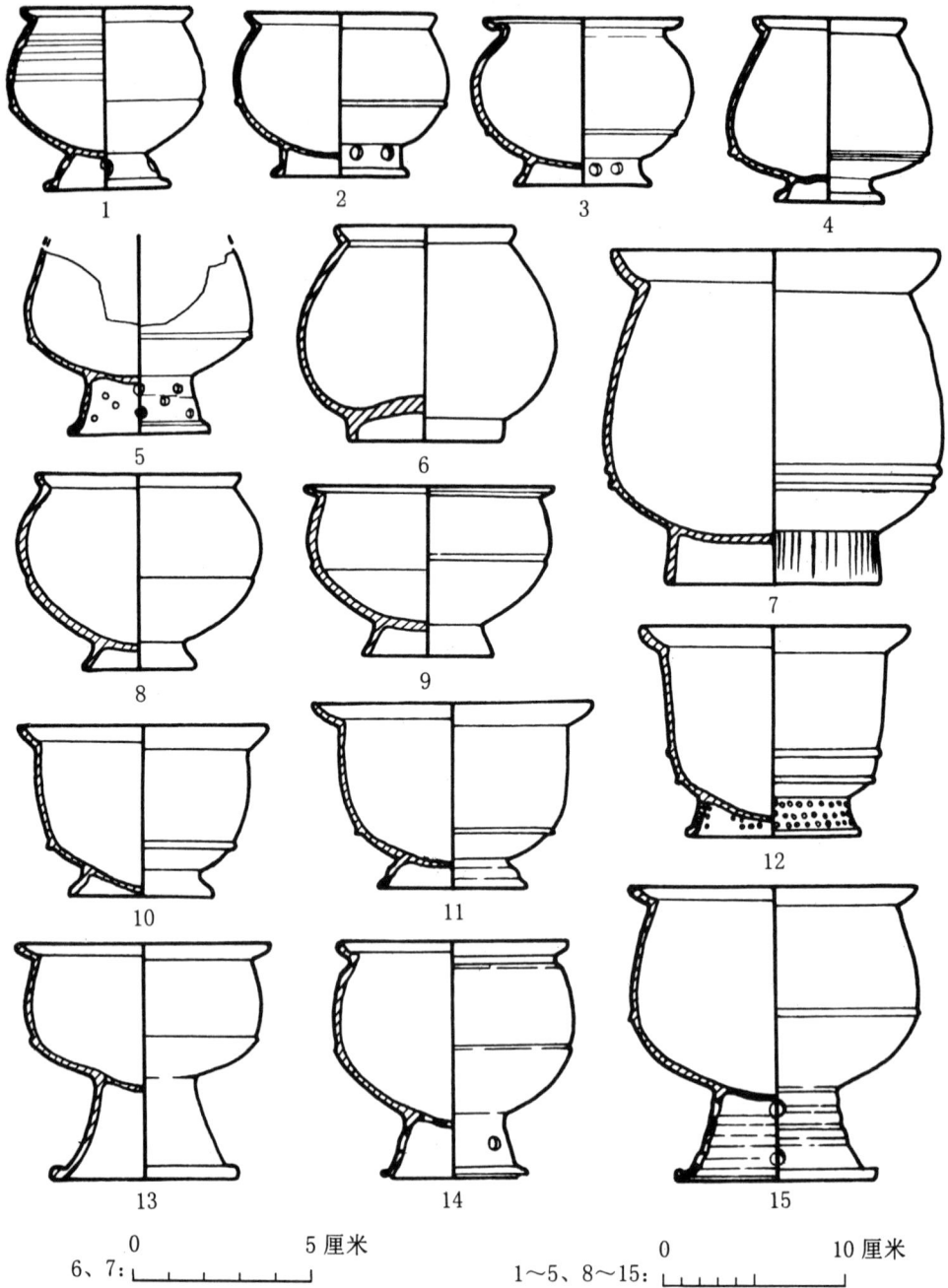

图三八　屈家岭文化墓葬陶簋和甑

1.Aa 型I式簋（65WFM89:3）　2.Aa 型II式簋（65WFM15:9）　3.Aa 型III式簋（65WFM16:7）　4.Ab 型I式簋
（65WFM4:12）　5.Ab 型II式簋（65WFM59:4）　6.Ab 型IV式簋（65WFM66:3）　7.Ab 型III式簋（65WFM66:5）
8.Ac 型I式簋（65WFM7:4）　9.Ac 型II式簋（65WFM21:2）　10.B 型II式簋（65WFM79:1）　11.B 型III式簋
（65WFM63:3）　12.B 型I式簋（65WFM63:2）　13.III式甑（65WFM7:7）　14.II式甑（65WFM30:1）　15.I式
甑（65WFM4:6）

下腹施1周泥贴凸弦纹。口径14、底径8.2、通高9.2厘米（图三八，10）。

Ⅲ式　1件。腹较浅。标本65WFM63：3，泥质黑陶。仰折沿，尖圆唇，圜底近平，矮圈足。下腹施1周泥贴凸弦纹。口径14.5、底径8.2、通高10厘米（图三八，11；图版二三，3）。

另2件残，未分型式。

甑　3件。分Ⅰ、Ⅱ、Ⅲ三式。

Ⅰ式　1件。腹深。标本65WFM4：6，泥质灰陶。仰折沿，圆唇，深弧腹，圜底，底部镂5个圆形箅孔，高圈足。腹施1周泥贴凸弦纹，圈足施凹弦纹和4组圆形镂孔，每组2孔。口径16、底径11.2、通高16厘米（图三八，15；图版二三，1）。

Ⅱ式　1件。腹较深。标本65WFM30：1，泥质灰陶。仰折沿，圆唇，束颈，深弧腹，圜底，底部有6个圆形箅孔，圈足较高。腹部有1周凹折棱，圈足施2个圆形镂孔。口径12.8、底径8.1、通高12.8厘米（图三八，14）。

Ⅲ式　1件。腹浅。标本65WFM7：7，泥质深灰陶。仰折沿，圆唇，圜底，底部戳6个圆形箅孔，高圈足。腹部施1周凹折棱。口径14.2、底径10.4、通高12.8厘米（图三八，13）。

杯　37件。分A、B、C、D四型。

A型　23件。曲腹。分a、b、c三亚型。

Aa型　9件。敞口，上腹外弧。分Ⅰ、Ⅱ、Ⅲ、Ⅳ四式。

Ⅰ式　1件。上腹浅。标本65WFM24：11，泥质灰陶。圆唇，下腹直，平底，矮圈足。曲腹处施1周凸弦纹。口径12.1、底径8、通高9.1厘米（图三九，1；图版二四，1）。

Ⅱ式　3件。上腹较浅。标本65WFM16：5，泥质黑陶。尖唇，下腹斜直，平底，矮圈足。口径12.4、底径7、通高8.8厘米（图三九，2；图版二四，2）。标本65WFM33：2，泥质灰陶。圆唇，下腹直，平底，矮圈足。口径11.4、底径8、通高9.4厘米（图三九，4；图版二四，3）。

Ⅲ式　2件。上腹较深。标本65WFM16：9，泥质黑陶。圆唇，下腹直，平底，矮圈足。口径11.6、底径6.8、通高8.8厘米（图三九，3）。

Ⅳ式　3件。上腹深。标本65WFM38：2，泥质黑陶。圆唇，下腹微弧，底微圜，矮圈足。上腹施1周泥贴凸弦纹。口径11.8、底径5.8、通高7.2厘米（图三九，5）。

Ab型　3件。敛口。分Ⅰ、Ⅱ两式。

Ⅰ式　2件。上腹浅。标本65WFM21：4，泥质灰陶。口微敛，上腹外弧，下腹斜直，底平，矮圈足。口径10.3、底径6.6、通高6.9厘米（图三九，6；图版二四，5）。

Ⅱ式　1件。上腹较深。标本65WFM16：8，泥质黑陶。敛口，尖唇，上腹外弧，下腹直，平底，矮圈足。口径9、底径6.7、通高7.8厘米（图三九，7；图版二四，4）。

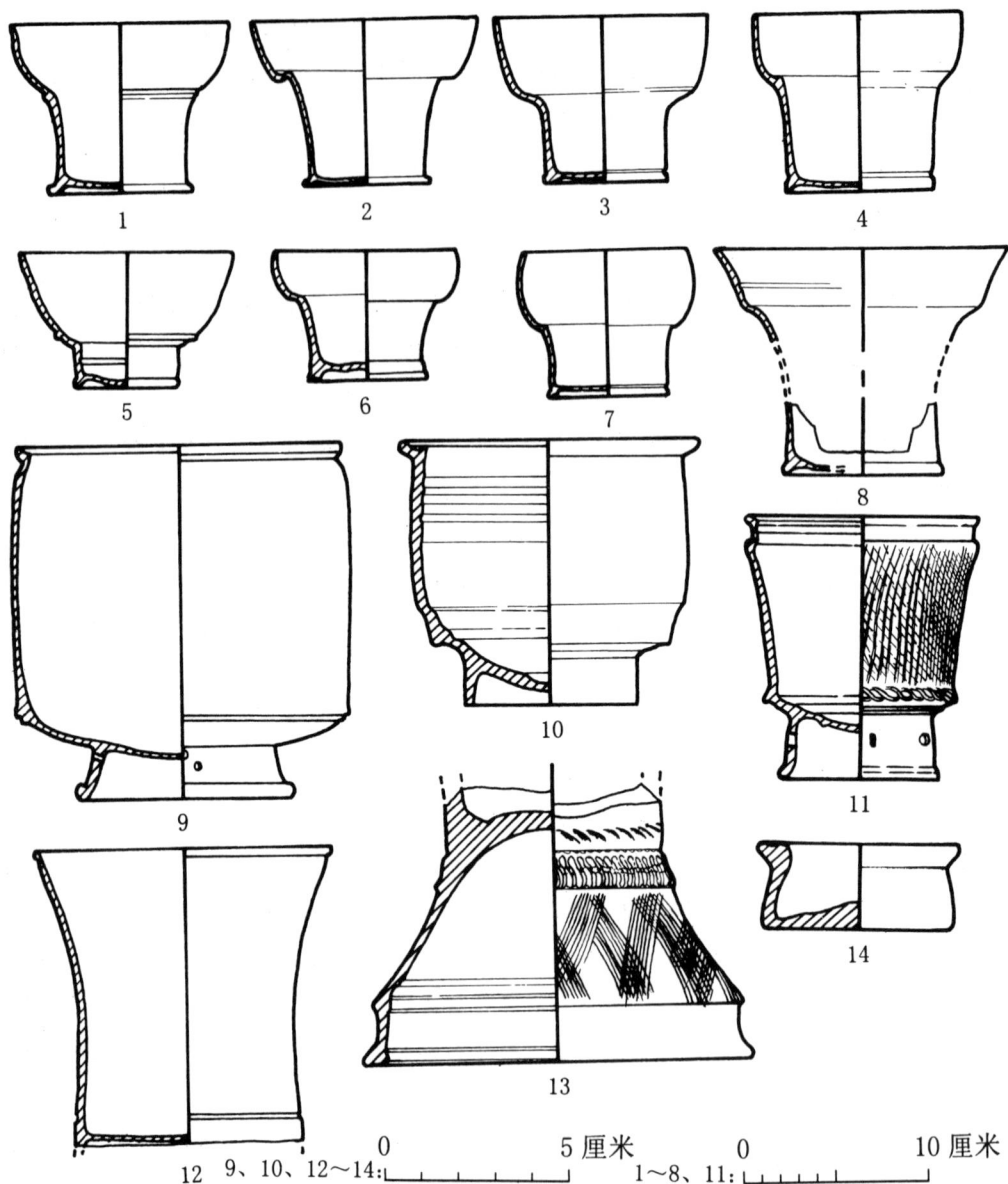

图三九　屈家岭文化墓葬陶杯

1.Aa型Ⅰ式（65WFM24：11）　2.Aa型Ⅱ式（65WFM16：5）　3.Aa型Ⅲ式（65WFM16：9）　4.Aa型Ⅱ式
（65WFM33：2）　5.Aa型Ⅳ式（65WFM38：2）　6.Ab型Ⅰ式（65WFM21：4）　7.Ab型Ⅱ式（65WFM16：8）　8.Ac
型（65WFM55：2）　9.B型Ⅰ式（65WFM85：6）　10.B型Ⅱ式（65WFM92：1）　11.B型Ⅲ式（65WFM1：4）
12.C型（65WFM29：5）　13.杯（65WFM92：2）　14.D型（65WFM44：7）

　　Ac型　1件。敞口，上腹内弧。标本65WFM55：2，泥质深灰陶。圆唇，下腹残，直
壁，矮圈足。口径16、底径8.8、残高约12厘米（图三九，8）。

　　另有10件A型杯残，未分型式。

B型　3件。仰折沿，深腹。分Ⅰ、Ⅱ、Ⅲ三式。

Ⅰ式　1件。标本65WFM85∶6，泥质黑陶。圆唇，束颈，直腹，圜底，矮圈足。下腹施1周泥贴凸弦纹，圈足施圆形镂孔，残存2组，每组3孔。口径9、底径6、通高9.5厘米（图三九，9；图版二五，3）。

Ⅱ式　1件。标本65WFM92∶1，泥质灰陶。圆唇，直腹，圜底，矮圈足。下腹有1周折棱，内壁可见泥条盘筑痕。口径8.2、底径4.7、通高7.1厘米（图三九，10；图版二五，2）。

Ⅲ式　1件。标本65WFM1∶4，泥质黑陶。圆唇，矮颈，直腹下折，圜底，矮圈足。上腹施交叉划纹，折腹处施1周附加堆纹，圈足上施4个圆形镂孔和2个戳印条纹。口径12.6、底径9、通高14厘米（图三九，11；图版二五，1）。

C型　2件。敞口，深腹。标本65WFM29∶5，泥质黑陶。圆唇外有1周凹槽，深腹内弧，平底，矮圈足残。下腹施1周凹弦纹。口径8.2、底径6.3、残高7.9厘米（图三九，12）。

D型　1件。平底。标本65WFM44∶7，泥质黑陶。平折沿，沿面内凹，浅腹，斜壁，厚底。口径5.5、底径5.2、高2.2厘米（图三九，14）。

另外8件杯残，未分型式。标本65WFM92∶2，夹细砂灰陶，仅存圈足。施交叉篦划纹、附加堆纹和戳印纹。底径10.6、残高7.4厘米（图三九，13）。

碗　48件。分A、B、C、D、E五型。

A型　2件。子母口。分Ⅰ、Ⅱ两式。

Ⅰ式　1件。口微内折。标本65WFM59∶10，泥质黑陶。圆唇，斜壁，矮圈足。圈足施凹弦纹。口径14.1、底径7.8、通高7.2厘米（图四〇，1）。

Ⅱ式　1件。口内折。标本65WFM66∶1，泥质黑陶，圆唇，斜壁，圈足较高。圈足上施2个圆形镂孔。口径15.2、底径9.2、通高8厘米（图四〇，2；图版二六，4）。

B型　1件。内折沿。标本65WFM86∶2，泥质灰陶。敛口，圆唇，斜壁，矮圈足。口径14.8、底径7.2、通高7.7厘米（图四〇，3；图版二六，1）。

C型　6件。弧壁。分Ⅰ、Ⅱ、Ⅲ三式。

Ⅰ式　1件。腹深。标本65WFM7∶5，泥质灰陶。口微敛，尖唇，矮圈足。口径11.9、底径4.9、通高6.2厘米（图四〇，4）。

Ⅱ式　4件。腹较深。标本65WFM27∶6，泥质灰胎黑皮陶。直口，圆唇，矮圈足。器表有模糊凹痕。口径13.2、底径6.2、通高7厘米（图四〇，5；图版二六，2）。标本65WFM21∶8，泥质灰陶。直口，圆唇，矮圈足。口径11.6、底径5.6、通高7厘米（图四〇，7）。

Ⅲ式　1件。腹较浅。标本65WFM21∶5，泥质灰陶。敞口，尖唇，矮圈足。口径12.6、底径5.2、通高6.1厘米（图四〇，10；图版二六，3）。

D 型　12 件。仰折沿。分 a、b 两亚型。

Da 型　8 件。斜壁。分 I、II、III、IV 四式。

I 式　1 件。腹深。标本 65WFM65：1，泥质黑陶。圆唇，折沿处有 1 周凹槽，矮圈足。口径 17、底径 6.6、通高 9.4 厘米（图四〇，9）。

II 式　4 件。腹较深。标本 65WFM55：1，泥质灰陶。圆唇，矮圈足。口径 17、底径 6.8、通高 7.2 厘米（图四〇，8；图版二七，1）。标本 65WFM93：1，夹细砂灰陶。方唇，矮圈足。口径 16.8、底径 6.8、通高 6.2 厘米（图四〇，12）。

III 式　2 件。腹较浅。标本 65WFM34：3，泥质灰胎黑皮陶。折沿近平，圆唇，矮圈足。口径 10.6、底径 4.6、通高 4.6 厘米（图四〇，6；图版二七，2）。标本 65WFM95：1，泥质灰陶。折沿近平，尖唇，矮圈足。腹有模糊凹弦痕，内壁可见泥条盘筑痕。口径 9.7、底径 4.2、通高 4.1 厘米（图四〇，11；图版二七，3）。

IV 式　1 件。平折沿下垂。标本 65WFM1：2，泥质灰胎黑皮陶。圆唇，凹底，矮圈足。口径 14.2、底径 6、通高 6 厘米（图四〇，14；图版二七，4）。

Db 型　4 件。弧壁。分 I、II 两式。

I 式　2 件。腹较深。标本 65WFM58：3，泥质灰陶。折沿近平，尖圆唇，矮圈足。口径 18.8、底径 9.2、通高 12.4 厘米（图四〇，13；图版二八，1）。

II 式　2 件。腹较浅。标本 65WFM76：5，泥质黑陶。尖圆唇，矮圈足。口径 9.3、底径 4.4、通高 5.3 厘米（图四〇，17；图版二八，2）。

E 型　2 件。敞口，斜壁。分 I、II 两式。

I 式　1 件。腹较深。标本 65WFM4：9，泥质灰陶。尖唇，圜底内凹，矮圈足。口径 13.4、底径 6.2、通高 6 厘米（图四〇，15；图版二八，3）。

II 式　1 件。腹较浅。标本 65WFM94：4，泥质灰陶。尖唇，薄胎，圜底近平，矮圈足。口径 8.9、底径 3.8、通高 4.1 厘米（图四〇，16；图版二八，4）。

其余 25 件多为碗圈足和碎片，未分型式。

器盖　22 件。分 A、B、C、D、E、F 六型。

A 型　1 件。三角纽。标本 65WFM57：2，泥质黑陶。覆钵形，圆唇，弧壁。口径 10.7、通高 4 厘米（图四一，1）。

B 型　5 件。高圈足形纽。分 a、b 两亚型。

Ba 型　1 件。覆钵形。标本 65WFM62：2，泥质黑陶。圆唇，斜壁。口径 l0.2、通高 5 厘米（图四一，3）。

Bb 型　4 件。覆碗形，折沿。分 I、II、III、IV 四式。

I 式　1 件。折沿内凹。标本 65WFM4：10，泥质灰陶。折沿，圆唇。圈足上可见泥条盘筑痕，施 3 个圆形镂孔。口径 13.2、盖纽径 4、通高 6.4 厘米（图四一，4）。

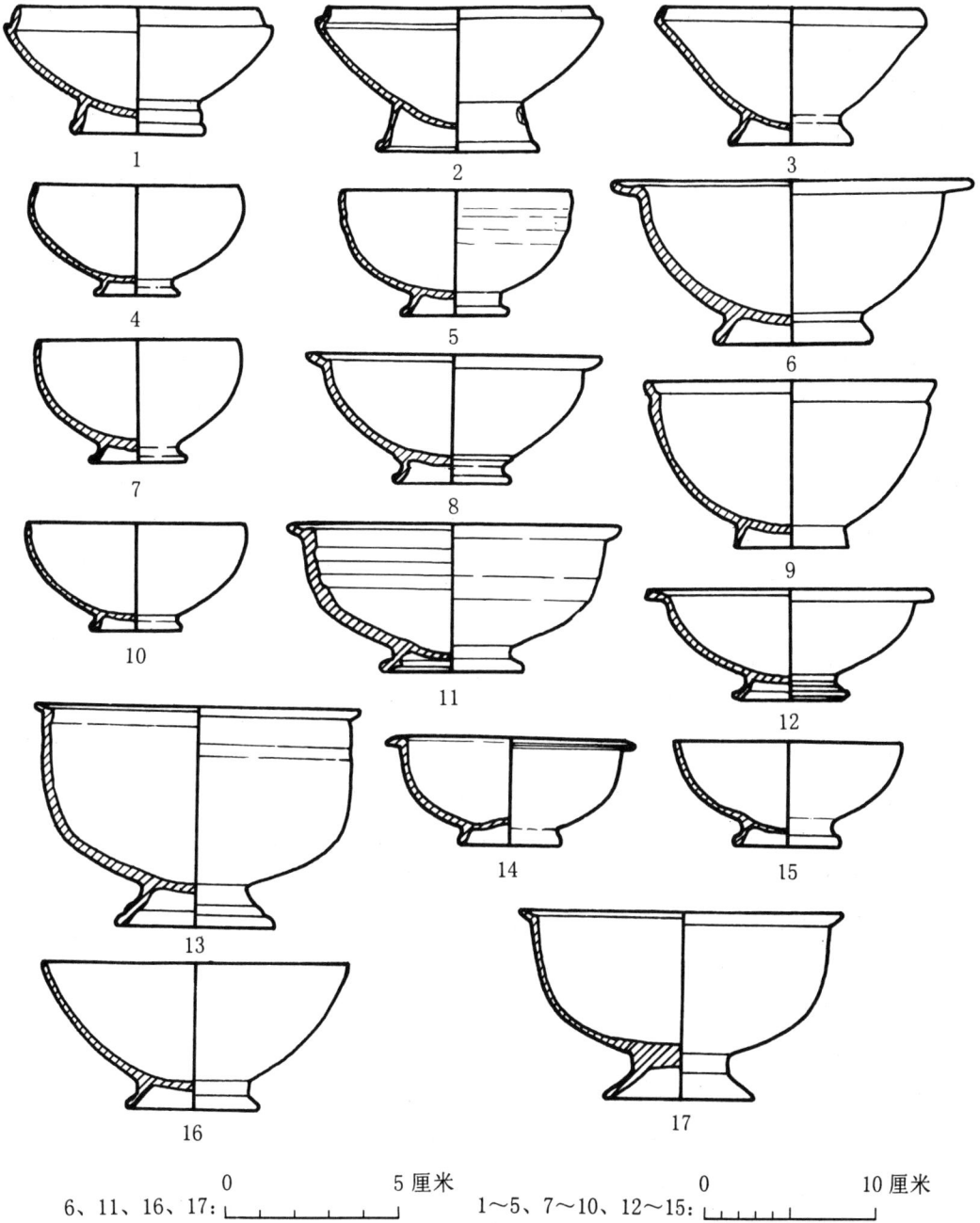

图四〇 屈家岭文化墓葬陶碗

1.A型Ⅰ式（65WFM59∶10） 2.A型Ⅱ式（65WFM66∶1） 3.B型（65WFM86∶2） 4.C型Ⅰ式（65WFM7∶5） 5.C
型Ⅱ式（65WFM27∶6） 6.Da型Ⅲ式（65WFM34∶3） 7.C型Ⅱ式（65WFM21∶8） 8.Da型Ⅱ式（65WFM55∶1） 9.Da
型Ⅰ式（65WFM65∶1） 10.C型Ⅲ式（65WFM21∶5） 11.Da型Ⅲ式（65WFM95∶1） 12.Da型Ⅱ式（65WFM93∶1）
13.Db型Ⅰ式（65WFM58∶3） 14.Da型Ⅳ式（65WFM1∶2） 15.E型Ⅰ式（65WFM4∶9） 16.E型Ⅱ式（65WFM94∶
4） 17.Db型Ⅱ式（65WFM76∶5）

Ⅱ式　1件。折沿近平。标本65WFM27：4，泥质灰陶。圆唇。口径11.6、盖纽径5.9、通高5.8厘米（图四一，9；图版二九，3）。

Ⅲ式　1件。折沿平。标本65WFM16：6，泥质灰陶。圆唇。盖纽施3组圆形镂孔，每组2孔。口径22、器盖纽径7.2、通高9.6厘米（图四一，5；图版二九，2）。

Ⅳ式　1件。折沿下垂。标本65WFM63：1，泥质黑陶。器盖盘施1周泥贴凸弦纹，盖纽施3组圆形镂孔，每组3孔。口径15.7、器盖纽径7、通高6.3厘米（图四一，6；图版二九，1）。

C型　4件。杯形纽。分Ⅰ、Ⅱ、Ⅲ三式。

Ⅰ式　1件。纽柄较直。标本65WFM89：2，泥质黑陶。盖盘折沿下垂，尖唇，弧壁。口径11.2、纽径2.6、通高3.8厘米（图四一，7；图版三〇，2）。

Ⅱ式　2件。纽柄粗，微直。标本65WFM15：6，泥质灰陶。盖盘折沿内凹，圆唇。口径9.4、纽径8、通高3.4厘米（图四一，14；图版二九，5）。标本65WFMl6：17，泥质灰陶。盖盘弧壁，厚圆唇。口径10、纽径2.6、通高2.9厘米（图四一，10）。

Ⅲ式　1件。直柄消失，敞口。标本65WFM38：7，泥质黑陶。盖盘折沿下垂，圆唇。施1周泥贴凸弦纹。口径13.6、纽径4.8、通高6厘米（图四一，8；图版二九，4）。

D型　6件。矮圈足，覆碗形。分Ⅰ、Ⅱ、Ⅲ三式。

Ⅰ式　2件。折沿内凹。标本65WFM84：2，夹细砂灰陶。尖唇，斜壁。口径5.8、纽径3、通高2.4厘米（图四一，11）。标本65WFM44：10，泥质黑陶。圆唇，斜壁。口径11.4、纽径5.2、通高4厘米（图四一，13；图版二九，6）。

Ⅱ式　2件。折沿平。标本65WFM83：2，泥质灰陶。圆唇，厚胎。口径8.3、纽径3.3、通高3.2厘米（图四一，12）。标本65WFM68：6，泥质灰陶。圆唇，斜壁。口径11.2、纽径5、通高3.7厘米（图四一，18）。

Ⅲ式　2件。折沿下垂。标本65WFM94：2，泥质灰陶。圆唇，斜壁。口径12、纽径5.4、通高3.7厘米（图四一，15）。标本65WFM64：1，泥质灰陶。圆唇，斜壁。口径12.7、纽径4.2、通高4厘米（图四一，16）。

E型　1件。卷沿。标本65WFM23：13，泥质灰陶。矮圈纽，圆唇，斜壁。口径12.8、纽径5.4、通高3.6厘米（图四一，17；图版三〇，1）。

F型　1件。柱状纽。标本65WFM1：6，泥质黑陶。纽顶平，器盖盘折沿下垂，圆唇，斜壁。口径10、纽径2.4、通高2.8厘米（图四一，2）。

其余4件器盖残破，未分型式。

钵　1件。标本65WFM23：6，泥质灰陶。敛口，圆唇，弧腹，平底。口径7.2、底径5.2、高6.4厘米（图四二，1；图版三〇，4）。

盆　1件。标本65WFM4：15，夹细砂灰陶。折沿，圆唇，弧腹，凹底。口径16、底

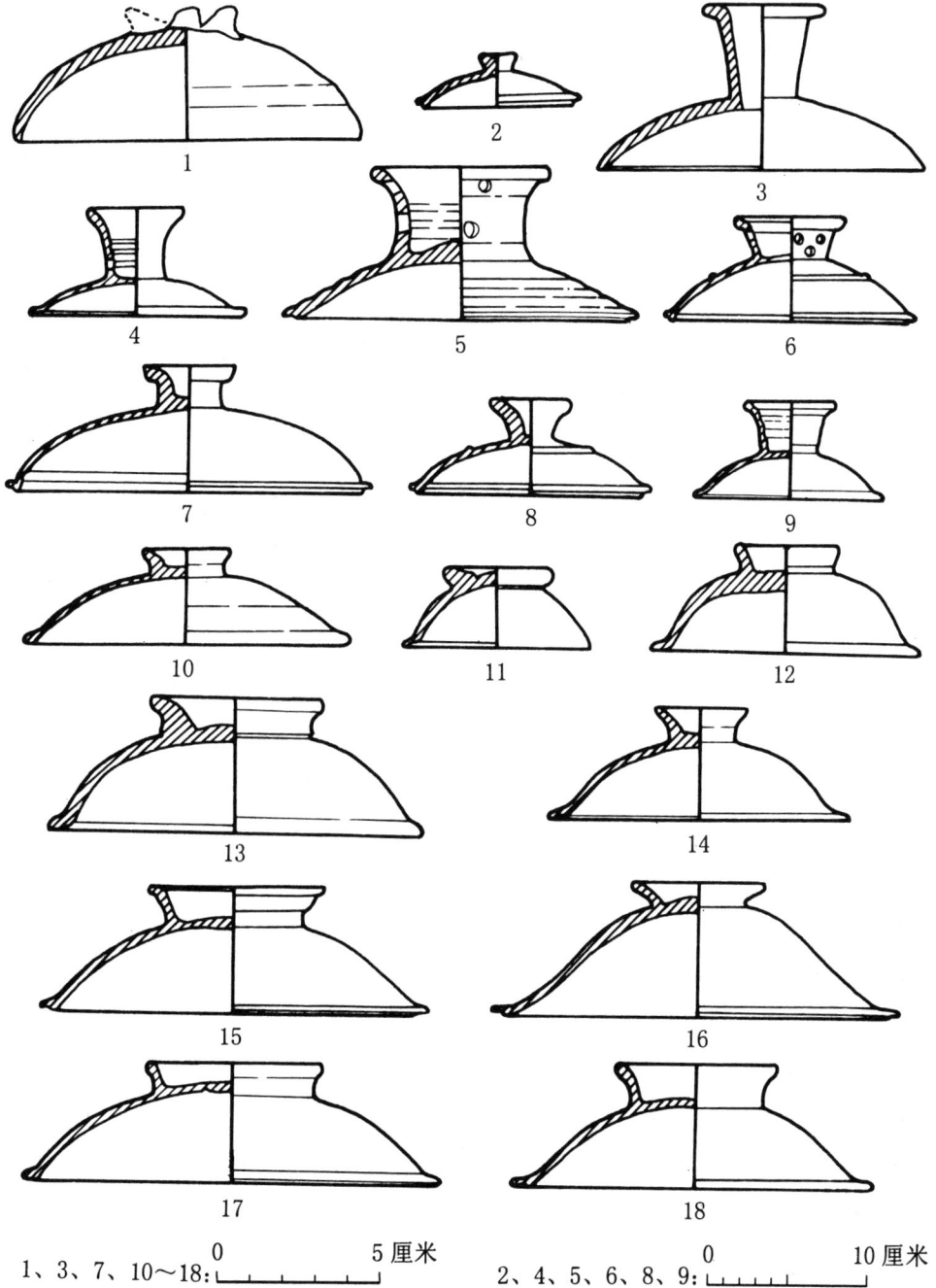

图四一　屈家岭文化墓葬陶器盖

1.A 型（65WFM57：2）　2.F 型（65WFM1：6）　3.Ba 型（65WFM62：2）　4.Bb 型Ⅰ式（65WFM4：10）　5.Bb 型Ⅲ式（65WFM16：6）　6.Bb 型Ⅳ式（65WFM63：1）　7.C 型Ⅰ式（65WFM89：2）　8.C 型Ⅲ式（65WFM38：7）　9.Bb 型Ⅱ式（65WFM27：4）　10.C 型Ⅱ式（65WFM16：17）　11.D 型Ⅰ式（65WFM84：2）　12.D 型Ⅰ式（65WFM83：2）　13.D 型Ⅰ式（65WFM44：1）　14.C 型Ⅱ式（65WFM15：6）　15.D 型Ⅲ式（65WFM94：2）　16.D 型Ⅲ式（65WFM64：1）　17.E 型（65WFM23：13）　18.D 型Ⅱ式（65WFM68：6）

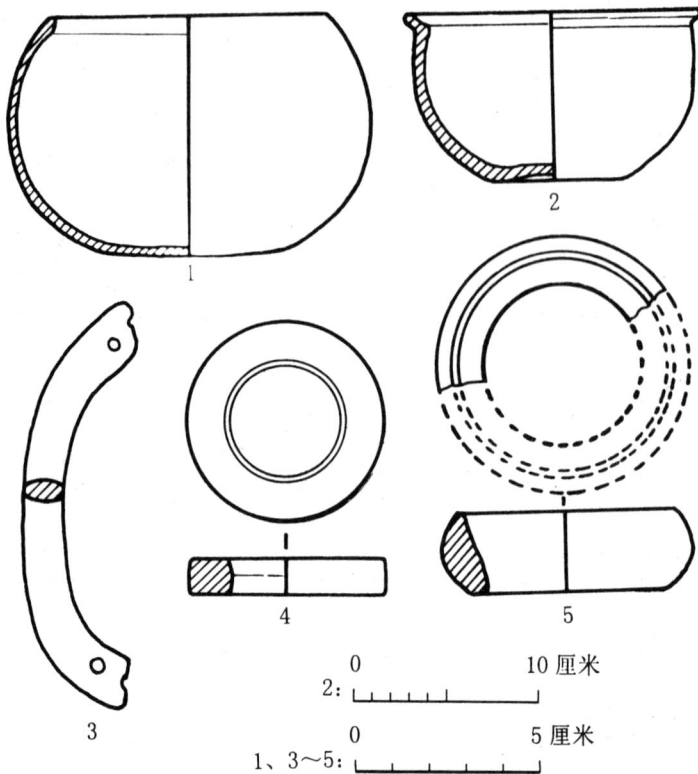

图四二　屈家岭文化墓葬陶钵和盆，玉璜和环，石环

1. 陶钵（65WFM23∶6）　2. 陶盆（65WFM4∶15）　3. 玉璜（65WFM5∶4）　4. 玉环（65WFM4∶7）　5. 石环
（65WFM23∶4）

径6.4、高9.1厘米（图四二，2；图版三〇，3）。

3. 装饰品及其他

共5件。按质地分石、玉和骨三种。

（1）石　器

石环　1件。标本65WFM23∶4，青色，残，单向钻孔。直径6、好径4.2厘米（图四二，5）。

（2）玉　器

3件。分玉环和玉璜两类。

玉环　2件。标本65WFM4∶7，白色。磨光。面平，缘直。对钻孔。直径5.4、好径3.2、厚1厘米（图四二，4；图版三一，2）。

玉璜　1件。标本65WFM5∶4，白色泛黄。器身窄长微弧，两端各有1个对钻小穿孔及1个残穿孔。长10.8、宽1.4、厚0.6、孔径0.03厘米（图四二，3；图版三一，1）。

（3）骨　器

仅1件。出自65WFM4。形制及用途不详。

三　小　结

放鹰台遗址上新石器时代的文化遗存以墓葬为主体。下面拟以墓葬的分期为准，将文化层出土遗物与之类比进行分期，并对此遗址上此类文化的文化面貌与特征和墓地结构等问题做些探讨。

(一)文化分期

1. 墓葬分期

墓葬分期的依据一是层位关系，二是随葬品类型的组合与变化关系。

放鹰台遗址 60 座新石器时代墓葬之间仅有四组墓葬存在叠压打破关系，即：

1 组：65WFM15→65WFM73（→表示叠压或打破，下同）

2 组：65WFM31→65WFM48

3 组：65WFM34→65WFM82

4 组：65WFM45→65WFM61

这四组关系表明，叠压打破与被叠压打破的墓葬之间在年代上存在相对早晚关系，从而首先提供了墓葬分期的层位学依据。

一般而言，相同型式的器类所反映的年代大体相同，同一类型的式别变化则往往反映出年代的相对早晚差异；而相同型式的器类组合出现的频率越高，其年代也越接近。所以，根据器类型式变化和组合关系进行墓葬分期是类型学研究的有效途径。放鹰台遗址新石器时代墓葬的随葬品以陶器为主体，其中鼎、罐、壶、杯、豆、碗等器类不仅数量多，而且型式变化较复杂，可作为分析的主要对象。

表二　具有叠压打破关系的墓葬的器物组合

组	墓葬	陶器型式组合
1	65WFM15	Ba 型Ⅴ式鼎、Aa 型Ⅲ式、AC 型Ⅲ式罐、A 型Ⅲ式壶、Aa 型Ⅱ式簋、C 型Ⅰ式器盖、豆
	65WFM73	Ba 型Ⅱ式鼎、碗
2	65WFM31	Ab 型Ⅳ式罐、Bb 型Ⅱ式豆、C 型Ⅱ式碗、壶
	65WFM48	D 型Ⅰ式鼎、豆
3	65WFM45	Bb 型Ⅱ式、Bb 型Ⅲ式豆、罐、壶、碗
	65WFM61	豆、碗
4	65WFM34	Ea 型Ⅲ式罐、Cb 型Ⅰ式罐、Da 型Ⅲ式碗、器盖
	65WFM82	Ea 型Ⅱ式罐、B 型Ⅳ式、B 型Ⅴ式壶、Da 型Ⅱ式豆、鼎、碗、纺轮

从表二可知，只有第1组的Ba型鼎和第4组的Ea型罐可以直接比较，第2组和第3组或墓坑残缺，器类组合不全，或虽有同类器，但不辨型式而不能直接类比。其中，Ba型Ⅱ式鼎相对早于Ba型Ⅴ式鼎，Ea型Ⅱ式罐相对早于Ea型Ⅲ式罐。

Ba型鼎出自10座墓，其逻辑排序可分为五式，与之相应的墓葬及陶器组合可归纳为表三。

表三（A）

器类型式 \ 墓葬	鼎			罐				壶				豆					
	A	Ba	Bb	Aa	Ab	Ac	Ba	A	B	Ca	Cb	Aa	Ab	Ba	Bb	C	Da
M15		Ⅴ		Ⅲ		Ⅲ		Ⅲ									
M7		Ⅳ			Ⅲ			Ⅱ	Ⅱ Ⅲ								
M11、M86 M94		ⅢⅠ	Ⅱ	Ⅱ	Ⅱ						Ⅲ		Ⅲ				
M13、M23 M44、M73	Ⅰ	Ⅱ		Ⅰ	Ⅰ	Ⅱ	Ⅰ		Ⅱ	Ⅰ				Ⅰ Ⅱ	Ⅰ		
M24		Ⅰ						Ⅰ	Ⅰ			Ⅰ				Ⅰ	Ⅰ

表三（B）

器类型式 \ 墓葬	簋		杯			甑	碗					器盖		
	Aa	Ac	Aa	Ab	D		B	C	Da	Db	E	C	D	E
M15	Ⅱ											Ⅱ		
M7		Ⅰ				Ⅲ	Ⅰ Ⅱ							
M11、M86 M94									Ⅱ			Ⅱ	Ⅲ	
M13、M23 M44、M73				Ⅰ	√		√						Ⅰ	√
M24			Ⅰ							Ⅰ				

（√表示有此类器，下同）

表三显示，Aa型罐、Ab型罐、Ac型罐、A型壶、B型壶、Ca型壶、D型器盖的逻辑排序与Ba型鼎的排序相一致，可作为进一步分析的基础。

Aa型罐涉及6座墓，其中新增3座墓。其逻辑排序可分为四式，与之相应的墓葬及陶器组合可归纳为表四。

表四

墓葬＼器类型式	鼎		罐					壶					豆					簋			杯		碗			器盖		
	A	Ba	Aa	Ac	Ba	Cb	Da	A	B	Ca	Cb	Da	Ba	Bb	C	Da	Db	Aa	Ab	B	Aa	Ab	A	B	Da	Bb	C	E
M63			IV		III	II			II						III					I / III							IV	
M15		V	III	III					III											II							II	
M86、M59、M16	II	III	II		I			II	III		III				II / III		II	III	III	I	II / III	II	I	√	II	III	II	
M23	I	II	I	II				I			II		I / II	I							I							√

表四显示，A 型鼎、Ac 型罐、A 型壶、Ab 型杯、Bb 型器盖的逻辑排序与 Aa 型罐的排序一致，且与 Ba 型鼎的排序无矛盾。

Ab 型罐涉及 7 座墓，其中新增 5 座墓。其逻辑排序可分为五式，与之相应的墓葬及陶器组合可归纳为表五。

表五

墓葬＼器类型式	鼎		罐		壶				豆			簋		杯	甑	碗			器盖	
	Ba	Bb	Ab	Ac	A	B	Ca	Cb	Aa	Ab	Bb	Ab	Ac	Aa	D	C	Db	E	Bb	D
M27		I	V														II		II	
M31、M33 M68			IV							II		II					II			II
M7	IV		III		II	II / III							I			III	I / II			
M4			II	I		II			I	I	I						I		II	I
M44	II		I					I							√					I

表五显示，Bb 型豆、Bb 型器盖、D 型器盖、甑的逻辑排序与 Ab 型罐的排序一致，且与 Ba 型鼎的排序无矛盾。

Ac 型罐涉及 4 座墓，其中新增 1 座墓。其逻辑排序可分为四式，与之相应的墓葬及陶器组合可归纳为表六。

表六

器型 类式 墓葬	鼎 A	鼎 Ba	罐 Aa	罐 Ab	罐 Ac	壶 A	壶 Ca	壶 Ab	豆 Ba	豆 Bb	簋 Aa	簋 Ab	杯 Ab	甑 Db	碗 E	器盖 Bb	器盖 C	器盖 E
M26					Ⅳ													
M15		V	III			III	III		II								II	
M23	I	II	I			II	I		II I	I			I					✓
M4				II	I		II	I	I			I	I	II	I	I		

　　表六显示，A 型壶的逻辑排序与 Ac 型罐的排序一致，且与 Ba 型鼎、Aa 型罐的排序无矛盾。其中 65WFM4、65WFM23 共存 Ca 型Ⅱ式壶、Bb 型Ⅰ式豆，它们的年代大体相同。

　　A 型壶涉及 8 座墓，其中新增 4 座墓。其逻辑排序可分三式，与之相应的墓葬及陶器组合可归纳为表七。

表七

器型 类式 墓葬	鼎 A	鼎 Ba	罐 Aa	罐 Ab	罐 Ac	罐 Ba	罐 Bb	壶 A	壶 B	壶 Ca	壶 Cb	豆 Ba	豆 Bb	豆 Db	豆 C	簋 Aa	杯 Ac	甑 Aa	碗 Ab	器盖 Bb	器盖 C	器盖 E
M15、M30		V	III		III			III					III			II			II		II	
M5、M14 M7、M16 M21	II	IV	II	III		I	✓	II	II III	III	I	I II	II	III	II I	II I	I II III	III	I II III	III	II	
M23	I	II	I			II		I		II		I II	I				I					✓

　　表七显示，A 型鼎、Bb 型豆的逻辑排序与 A 型壶的排序一致，且与 Ba 型鼎、Aa 型罐、Ac 型罐的排序无矛盾。

　　B 型壶涉及 5 座墓，其中新增 2 座墓。其逻辑排序可分五式，与之相应的墓葬及陶器组合可归纳为表八。

表八

墓葬＼器类·型式	鼎	罐			壶			豆			簋		杯	甑	碗		
	Ba	Aa	Ab	Ea	A	B	Ca	Aa	C	Da	Ab	Ac	Aa		A	C	Db
M82、M1	√			Ⅱ		Ⅴ Ⅳ			Ⅱ								
M59、M7	Ⅳ	Ⅱ	Ⅲ		Ⅱ	Ⅲ Ⅱ			Ⅲ		Ⅱ	Ⅰ			Ⅲ	Ⅰ	Ⅰ Ⅱ
M24	Ⅰ					Ⅰ	Ⅰ	Ⅰ	Ⅰ	Ⅰ	Ⅰ						Ⅰ

表八显示，C型豆、Da型豆的逻辑排序与B型壶的排序一致，且与Ba型鼎的排序无矛盾。其中65WFM7共存B型Ⅱ式、B型Ⅲ式壶，65WFM82共存B型Ⅳ式、B型Ⅴ式壶。D型器盖涉及6座墓，其中新增3座墓。其逻辑排序可分三式，与之相应的墓葬及陶器组合可归纳为表九。

表九

墓葬＼器类·型式	鼎		罐		壶	豆	杯		碗		器盖
	Ba	D	Ab	Ba	Cb	Db	Aa	D	Da	E	D
M94 M64	Ⅲ			Ⅱ					Ⅱ	Ⅱ	Ⅲ
M68 M83			Ⅳ					Ⅱ			Ⅱ
M44 M84	Ⅱ	Ⅱ	Ⅰ		Ⅰ	Ⅰ		√			Ⅰ

表九显示，D型器盖的排序与Ba型鼎、Ab型罐的排序无矛盾。

Bb型豆涉及6座墓，其中新增2座墓。其逻辑排序可分三式，与之相应的墓葬及陶器组合可归纳为表一〇。

表一〇

墓葬＼器类·型式	鼎		罐			壶			豆			簋	杯		甑	碗			器盖	
	A	Ba	Aa	Ab	Ac	A	Ca	Cb	Ab	Ba	Bb	Ab	A	Ab		C	Db	E	Bb	E
M30、M31 M45、M46				Ⅳ			Ⅲ	Ⅱ			Ⅱ Ⅲ	Ⅱ	Ⅳ	Ⅱ						
M23、M4	Ⅰ	Ⅱ	Ⅰ	Ⅱ	Ⅰ Ⅱ	Ⅰ	Ⅱ		Ⅰ	Ⅰ Ⅱ	Ⅰ	Ⅰ	Ⅰ	Ⅰ		Ⅱ	Ⅰ	Ⅰ		√

表一〇显示，Bb 型豆的排序与 Ab 型罐、A 型壶、甑的排序无矛盾。其中 65WFM45 共存 Bb 型Ⅱ式、Bb 型Ⅲ式豆。

另外，Ca 型壶涉及 4 座墓，其中新增 1 座墓，其组合关系中仅增加 Ba 型豆可作进一步排比。Ba 型豆涉及 4 座墓，其中新增 1 座墓，其组合关系中，65WFM21 与 65WFM23 虽共存 Ab 型Ⅰ式杯和 Ba 型Ⅰ式豆，但据 A 型壶的排比，65WFM21 的 A 型Ⅱ式壶、C 型Ⅲ式碗均相对晚于 65WFM23，65WFM21 的年代暂依 A 型壶的排比。A 型鼎、Ab 型杯、Bb 型器盖的逻辑排序没有增加新的墓例。C 型豆涉及 4 座墓，新增 1 座墓（65WFM58），其中 65WFM58 与 65WFM16 共存 C 型Ⅱ式豆，年代大体一致。Da 型豆涉及 5 座墓，其中新增 2 座墓，其组合关系中，Cb 型罐可作进一步排比。Cb 型罐涉及 4 座墓，其中新增 2 座墓，其组合关系中，65WFM66 与 65WFM85 共存 Db 型Ⅱ式罐和 Cb 型Ⅱ式罐，年代大体相同。Ea 型罐涉及 3 座墓，其中新增 1 座墓，没有可供进一步类比的型式。

参与上述讨论的墓葬共 38 座，占 60 座墓葬的 63.3%，且多为墓坑比较完整者。其中绝大部分器类的逻辑排序无矛盾，可以说基本上反映了这些墓葬之间的实际年代关系。虽然 Aa 型Ⅱ式簋与 Aa 型Ⅲ式簋、Cb 型Ⅱ式壶与 Cb 型Ⅲ式壶、Ⅱ式 甑与Ⅲ式甑的排序出现部分倒置现象，但从涉及其间的 B 型Ⅱ式壶、B 型Ⅲ式壶、Bb 型Ⅱ式豆、Bb 型Ⅲ式豆、C 型Ⅱ式碗多有共存的情况看，它们之间的年代应比较接近。另一方面，有些墓葬虽然在不同的器类型式排比中有早晚差别，但从其相互关联的墓葬看，它们的年代差距并不大。如 65WFM23 与 65WFM44 共存 Ba 型Ⅱ式鼎，65WFM23 与 65WFM4 共存 Ca 型Ⅰ式壶和 Bb 型Ⅰ式豆，尽管在 Ab 型罐的排比中，65WFM4 相对晚于 65WFM44，但它们的年代应大体相同，可作为同一期。65WFM16 与 65WFM7 共存 A 型Ⅱ式壶，65WFM16 与 65WFM86 共存 Aa 型Ⅱ式罐，65WFM86 又与 65WFM11 共存 Ba 型Ⅲ式罐，它们的年代也应大体相同，可作为同一期。

综上，根据层位关系与陶器形式和组合关系，上述墓葬可分为早晚三期。

一期：包括 65WFM4、65WFM9、65WFM13、65WFM23、65WFM24、65WFM44、65WFM73、65WFM84，其中 65WFM24 略早。

二期：包括 65WFM5、65WFM7、65WFM11、65WFM14、65WFM15、65WFM16、65WFM21、65WFM26、65WFM27、65WFM30、65WFM31、65WFM32、65WFM33、65WFM45、65WFM46、65WFM58、65WFM59、65WFM64、65WFM68、65WFM83、65WFM86、65WFM94。其中 65WFM15、65WFM30 略晚。

三期：包括 65WFM1、65WFM34、65WFM63、65WFM66、65WFM78、65WFM82、65WFM85、65WFM92，其中 65WFM1、65WFM34、65WFM63 略晚。

据一期、二期与三期的型式组合与特点，可把 65WFM65、65WFM89 归入一期，65WFM48、65WFM61 分别被二期的 65WFM31 和 65WFM45 打破，也归入一期。

65WFM8、65WFM55、65WFM93 可 归 入 二 期。65WFM29、65WFM38、65WFM57、65WFM76、65WFM79、65WFM95 可归入三期。

只有65WFM6、65WFM42、65WFM62、65WFM67、65WFM69、65WFM77、65WFM88、65WFM90、65WFM 91 等 9 座墓不能分期。

各期的陶器形式组合见表一一。

表一一（A）

器型类式 分期	鼎					罐												壶						簋				甑
	A	Ba	Bb	C	D	Aa	Ab	Ac	Ba	Bb	Ca	Cb	Da	Db	Dc	Ea	Eb	A	B	Ca	Cb	Da	Db	Aa	Ab	Ac	B	
三		√	√	√		IV				√	III II I	IV III I	IV III I	II I	III I	II			IV V			II I	√		IV III			III II I
二	II	III IV V	II I			III II	V VII III	III IV	II I	√								III II I	III II I	III II	III II I			III II	II I			III II
一	I	II I		III I	II I	I	II I	II I										I	I	II I				I	I			I

表一一（B）

器型类式 墓葬	豆									杯						碗						器盖						钵	盆
	Aa	Ab	Ba	Bb	Bc	C	Da	Db	E	Aa	Ab	Ac	B	C	D	A	B	C	Da	Db	E	A	Bb	C	D	E	F		
三	√				√		III II		II I	IV			III II I	√		II			IV III	II		√	IV	III			√		
二	II	III II	III II	III II			III II		II I	IV III II	II I	√				I	√	III II I	II		II		III II	II	II				
一	I	I	II I			I	I	I		I	I			√					I	II I	I	I	I	I	√			√	√

各期的陶器特征参见墓葬随葬陶器分期图（图四三）。

2. 文化层遗物分期

遗址上此时期的文化堆积层很薄，文化遗存，仅跨文化层的第 4 层至第 5 层，出土遗物虽不算多，但仍可看出两文化层中，出土陶器群的器形变化。

最下层第 5 层的陶器，器类有鼎、甑、罐、壶、豆、杯、碗、盆等，此期的鼎以小型鼎为主，其中 A 型至 F 型的凿形、鸭嘴形、凹面扁圆形、凹面扁平形等小鼎足和正面长条状侧装三角形和宽扁形鼎足，B 型矮圈足甑，A 型曲腹杯，A 型钵形豆，A 型、C 型罐，Ⅰ式折沿弧腹盆等。都具有屈家岭下层文化（亦称油子岭文化）的器形特点。在京山屈家岭（下层）、京山油子岭（一期）、钟祥六合（屈家岭文化早期）、黄冈螺蛳山（屈家岭文化早期）、麻城金罗家（相当屈家岭文化早期）、武穴鼓山（相当屈家岭文化早期）等新石器时代遗存的同类器上，都能见到与此期以上器物相同或近同的某种器形。此期文化层中出土的陶制生活用器，与遗址第二期墓葬随葬的陶制生活用器，器形特征基本一致。如文化层出土的 A 型Ⅰ式凿形鼎足，B 型Ⅰ式、B 型Ⅱ式鸭嘴形鼎足，都可见于一、二期墓葬中的小型鼎上；B 型Ⅰ式小鼎，残存的下腹至鼎足部位的器形即与遗址上二期墓葬的 Ba 型Ⅴ式小鼎的器形几乎完全一样；文化层的 A 型豆形甑与二期墓葬的Ⅰ式、Ⅲ式甑的器形基本相同；文化层的Ⅰ、Ⅱ式壶圈足与一、二期墓葬的 B 型Ⅰ式和 A 型Ⅲ式壶圈足近似；文化层的 A 型钵形豆口腹残部同于二期墓葬的 Ab 型Ⅳ式豆相同部位；T33⑤∶10 残豆圈足与二期墓葬的 Ba 型Ⅲ式豆圈足近同；文化层的 A 型Ⅱ式曲腹杯下腹残部同于二期墓葬的 Ab 型Ⅰ式杯下部。总观此文化层的陶制生活用器，从较多的小型鼎与曲腹杯、罐、壶、豆等器物组合和器形特点看，属屈家岭文化早期的屈家岭下层文化无疑，但从陶系已是以灰陶为主，黑陶数量很少等现象说明，已是屈家岭下层文化（即油子岭文化）的晚段。大致上可与遗址的第二期墓葬同期。

文化层第 4 层出土的陶制生活用器很少，器类有鼎、罐、豆、杯、盆、缸、器盖等。此文化期的杯，全为高圈足杯，未见早期的曲腹杯；已出现仰折双腹形豆，厚胎刻划菱形格纹缸，折沿盆已见折棱；陶器上纹饰的纹样较前有所增加，出现了网格划纹、菱形格刻划纹、拍印的浅篮纹等纹样，显然文化面貌已有所变化。与遗址第三期墓葬随葬的陶制生活用器的器形特征基本一致。如文化层的 D 型Ⅱ式凹面扁平形鼎足同于遗址三期墓葬的 C 型鼎上的鼎足；文化层的 B 型罐口与遗址三期墓葬 Dc 型Ⅱ式罐口器形近同；文化层的 B 型罐形豆上部与遗址三期墓葬的 Da 型Ⅱ式豆上部器形相近；文化层的 C 型Ⅰ式盆形豆上部与遗址三期墓葬的 Da 型Ⅱ式豆上部器形相近；文化层的 C 型Ⅱ式盆形豆上部与遗址三期墓葬的 Da 型Ⅲ式豆上部近同；文化层的 B 型Ⅱ式高圈足杯上部与遗址三期墓葬的 B 型Ⅲ式杯上部近同。从以上器物类比可知，第 4 层文化遗存，当与遗址上的第三期墓葬同期。总观此层文化遗物中的陶制生活用器，其 B 型罐形豆，C 型Ⅱ式盆形豆，B 型Ⅰ式、B 型Ⅱ式高圈足杯，Ⅲ式篮纹盆，厚胎菱形格刻划纹缸和 A 型、C 型器盖等器形，都具有屈家岭文化晚期偏早的器形特点，应属屈家岭文化晚期一段。

（二）文化面貌与特征

放鹰台新石器时代墓葬的形态结构相似，大体为长方形土坑竖穴墓，单人葬，墓向多为西北—东南向，头向多朝西北。但随葬品的组合与特征却存在明显的变化。其中，一期与二期墓葬具有明显的共性。

一期与二期墓葬的陶器以泥质灰陶为主，泥质黑陶其次，另有部分泥质红陶和少量夹砂、夹炭陶，流行圆形镂孔组合图案、凹弦纹及泥贴凸弦纹，有部分红衣陶和朱绘陶。陶器制作流行泥条盘筑分段套接技术。代表性器形为 A、B 型鼎，A 型罐，A、C 型壶，A、B、C 型豆，A 型簋，A 型杯，甑，C、D 型碗，B、D 型器盖。其中，一期的典型陶器组合为：A 型Ⅰ式、Ba 型Ⅰ式、Ba 型Ⅱ式、D 型鼎，Aa 型Ⅰ式、Ab 型Ⅰ式、Ac 型Ⅱ式、Ac 型Ⅰ式、Ac 型Ⅱ式罐，A 型Ⅰ式、B 型Ⅰ式、Ca 型Ⅰ式、Ca 型Ⅱ式、Cb 型Ⅰ式壶，Aa 型Ⅰ式、Ab 型Ⅰ式、Ba 型Ⅰ式、Ba 型Ⅱ式、Bb 型Ⅰ式、C 型Ⅰ式、Da 型Ⅰ式、Db 型Ⅰ式豆，Aa 型Ⅰ式、Ab 型Ⅰ式簋，Ⅰ式甑，Aa 型Ⅰ式、Ab 型Ⅰ式杯，Da 型Ⅰ式、Db 型Ⅰ式、Db 型Ⅱ式、E 型Ⅰ式碗，Bb 型Ⅰ式、C 型Ⅰ式、D 型Ⅰ式器盖。

二期的典型陶器组合为：A 型Ⅱ式、Ba 型Ⅲ式、Ba 型Ⅳ式、Ba 型Ⅴ式、Bb 型Ⅰ式、Bb 型Ⅱ式鼎，Aa 型Ⅱ式、Aa 型Ⅲ式、Ab 型Ⅲ式、Ab 型Ⅳ式、Ab 型Ⅴ式、Ac 型Ⅲ式、Ac 型Ⅳ式、Ba 型Ⅰ式、Ba 型Ⅱ式罐，A 型Ⅱ式、A 型Ⅲ式、B 型Ⅱ式、B 型Ⅲ式、Ca 型Ⅲ式、Cb 型Ⅱ式、Cb 型Ⅲ式壶，Aa 型Ⅱ式、Ab 型Ⅱ式、Ab 型Ⅲ式、Ba 型Ⅲ式、Bb 型Ⅱ式、Bb 型Ⅲ式、C 型Ⅱ式、C 型Ⅲ式、Db 型Ⅱ式豆，Aa 型Ⅱ式、Aa 型Ⅲ式、Ab 型Ⅱ式、Ac 型Ⅰ式、Ac 型Ⅱ式簋，Ⅱ式、Ⅲ式甑，Aa 型Ⅱ式、Aa 型Ⅲ式、Aa 型Ⅳ式、Ab 型Ⅱ式、A 型Ⅰ式、C 型Ⅰ式、C 型Ⅱ式、C 型Ⅲ式、Da 型Ⅱ式、E 型Ⅱ式碗，Bb 型Ⅱ式、Bb 型Ⅲ式、C 型Ⅰ式、D 型Ⅱ式、D 型Ⅲ式器盖。可见，一期与二期的绝大多数陶器均有承袭发展关系，说明它们是一脉相承、连续发展的两个发展阶段。

与一期、二期墓葬相似的遗存在京山屈家岭[①]、钟祥六合[②]、京山油子岭[③]、黄冈螺蛳山[④]、公安王家岗[⑤]、华容车轱山[⑥]、安乡划城岗[⑦]等遗址中均有发现。它们分属油子岭文化的油子岭类型、螺蛳山类型和划城岗类型[⑧]。比较而言，一期与二期墓葬在鼎、罐、壶、豆、簋、碗等器类方面的特征更接近螺蛳山类型和油子岭类型，但自身的特色也比较明显。如陶器多灰陶，陶器的制作流行泥条盘筑分段套接技术，器形方面 A 型壶、甑比较典型。另一方面，此类遗存在武汉新洲香炉山遗址[⑨]也有发现，表明一期与二期遗存存在一定的分布范围。

放鹰台遗址三期墓葬的陶器特征与一期、二期相比，出现了明显的变化。陶器多泥质黑陶，灰陶其次，不见夹炭陶，少见泥质红陶。新出现篮纹、网状篦划纹、菱形镂孔等装饰。代表性器形为：C 型鼎，C、D、E 型罐，B、D 型壶，Da、E 型豆，B 型簋，B 型杯，

D 型碗，A、B、C 型器盖。其中，新出现 C 型鼎，C、D、E 型罐，D 型壶，E 型豆，B 型
簋，B、C 型杯，A 型器盖。一期与二期的 A、D 型鼎，Ab、Ac、B 型罐，A 型、C 型壶，
Ab、Ba、Bb、C、Db 型豆，Aa、Ac 型簋，甑，Ab、Ac 型杯，B、C、E 型碗，D 型器盖等
均消失。只有 B 型鼎、Aa 型罐、B 型壶、Aa 型、Da 型豆、Ab 型簋、Aa 型杯、A 型、D
型碗、Bb 型、C 型器盖有少量残余或发展。说明三期墓葬是与一期、二期墓葬联系少而
差别大的一种新的文化遗存，其文化性质已经改变。

从三期墓葬的鼎、罐、壶、豆、杯、碗、器盖等典型器看，它与屈家岭文化的相应典
型器具有明显的共性[9]，应属于屈家岭文化范畴。不过屈家岭文化的敞口薄胎杯、彩陶
壶、彩陶纺轮等典型陶器不见于三期墓葬，而三期墓葬多泥质黑陶，少见轮制陶的特点又
与屈家岭文化有别，似乎说明三期墓葬亦存在自身的特点。但是否构成屈家岭文化的一种
新的地方类型，尚需更多材料的证实。

（三）墓地结构

放鹰台遗址新石器时代墓葬因人骨朽缺，不能进行性别、年龄等方面的鉴定，加之墓
葬残缺，随葬品组合不全等多种因素的制约，不可能对其进行深入系统的分析。但不同时
期墓地的分布，随葬品数量与种类的差异仍提供了分析墓地结构的部分线索。

在墓葬分布方面。一期墓葬主要分布在东北区的北部，其中从北往南有两组墓葬东西
成排分布，北部的一组包括 65WFM13、65WFM89、65WFM9，南部的一组包括
65WFM24、65WFM23、65WFM44、65WFM61。东南区仅存少量墓葬。二期墓葬的分布
区明显扩大，涵盖了整个墓葬的分布区，但主要分布在东北区的北部，其中从北往南有五
组墓葬东西成排分布，依次为：65WFM16、65WFM5、65WFM7、65WFM8 为一组，
65WFM55、65WFM59 为一组，65WFM26、65WFM21、65WFM45 为一组，65WFM64、
65WFM33、65WFM15、65WFM83 为一组，65WFM32、65WFM30、65WFM68 为一组。
三期墓葬的分布与二期墓葬大体相似，但主要分布在东北区的南部，其中从北往南有三组
墓葬成排分布，依次为：65WFM34、65WFM82、65WFM38、65WFM79 为一组，
65WFM1、65WFM78 为一组，65WFM66、65WFM76、65WFM29 为一组。一期、二期和
三期墓葬的分布与变化似反映出当时埋葬方面的部分规则。

在随葬品的数量方面。一期的 12 座墓葬中，随葬 11 件以上的墓有 4 座，
占 33.3%，6~10 件的墓有 3 座，占 25%，5 件以下的墓有 5 座，占 41.7%。二期的 25
座墓葬中，随葬 11 件以上的墓有 5 座，占 20%，6~10 件的墓有 8 座，占 32%，5 件
以下的墓有 12 座，占 48%。三期的 14 座墓葬中，随葬 11 件以上的墓有 1 座，占 7.1%，
6~10 件的墓有 10 座，占 71.4%，5 件以下的墓 3 座，占 21.4%。随葬品数量的变化，
主要反映了两个方面的问题。一是普遍有随葬品，特别是随葬 6~10 件的墓葬数量逐

渐增多的趋势说明当时居民的贫富差距并不大;二是随葬11件以上的墓葬数量逐渐减少的趋势,又说明当时社会财富正朝着为少数人所拥有的方向发展,贫富分化进一步加剧。

　　在随葬品的种类方面,放鹰台新石器时代墓葬中,陶纺轮与石斧、石铲等不相互共存。其中随葬陶纺轮的墓共10座,随葬石斧、石铲、石锛的墓共11座(需要说明的是,只有65WFM77在随葬石斧的同时,还见纺轮,但65WFM77的平面残缺不全,此纺轮的分布位置与石斧及其他随葬品相去甚远,是否为65WFM77的随葬品值得怀疑,可排除在外)。这种现象在长江中游地区的同时期墓地中并不鲜见。如黄冈螺蛳山、钟祥六合、安乡划城岗等遗址的墓葬中,纺轮与石斧、石铲、石锛均不共存。据螺蛳山墓葬的性别鉴定看,随葬纺轮的墓均为女性。由此可以推测,随葬石斧、石铲、石锛的墓可能为男性。那么,当时的社会已经出现了男女劳动的分工,"男耕女织"可能是其生活的真实写照。

　　另外,随葬石斧、石铲、石锛的墓葬多分布在东北区的北部,随葬纺轮的墓葬则多分布在东北区的中南部,也是放鹰台遗址新石器时代墓葬分布中值得注意的一种现象。

　　至于放鹰台新石器时代墓地所体现的社会组织和社会关系等问题,现有的材料还不能正面回答。

第二节　石家河文化

一、文化遗物

　　此期的文化层出土遗物较前期多。有石器和陶器两类,石器均为生产工具,陶器多为生活用具,也有生产工具和很少的装饰品。但均没有复原的完整器形。

　　(一)生产工具

　　多为石质工具,陶质工具很少,叙述如下:

　　1. 石　器

　　标本13件。有斧、锛、铲、刀、钻、镞等。

　　斧　4件。分Ⅰ、Ⅱ两式。

　　Ⅰ式　2件。宽体梯形斧。标本T9③:3,斧顶部残。青灰色页岩。周身磨光。双面平刃,刃部有损缺残痕。残长8.6、残端宽7、刃宽9.1、厚3.7厘米(图四四,1)。标本T50③:3,青灰色页岩。琢、磨兼制,器身留有琢痕。弧顶,双面弧刃。长12.9、上宽

5.4、刃宽 7、厚 4.1 厘米（图四四，2）。

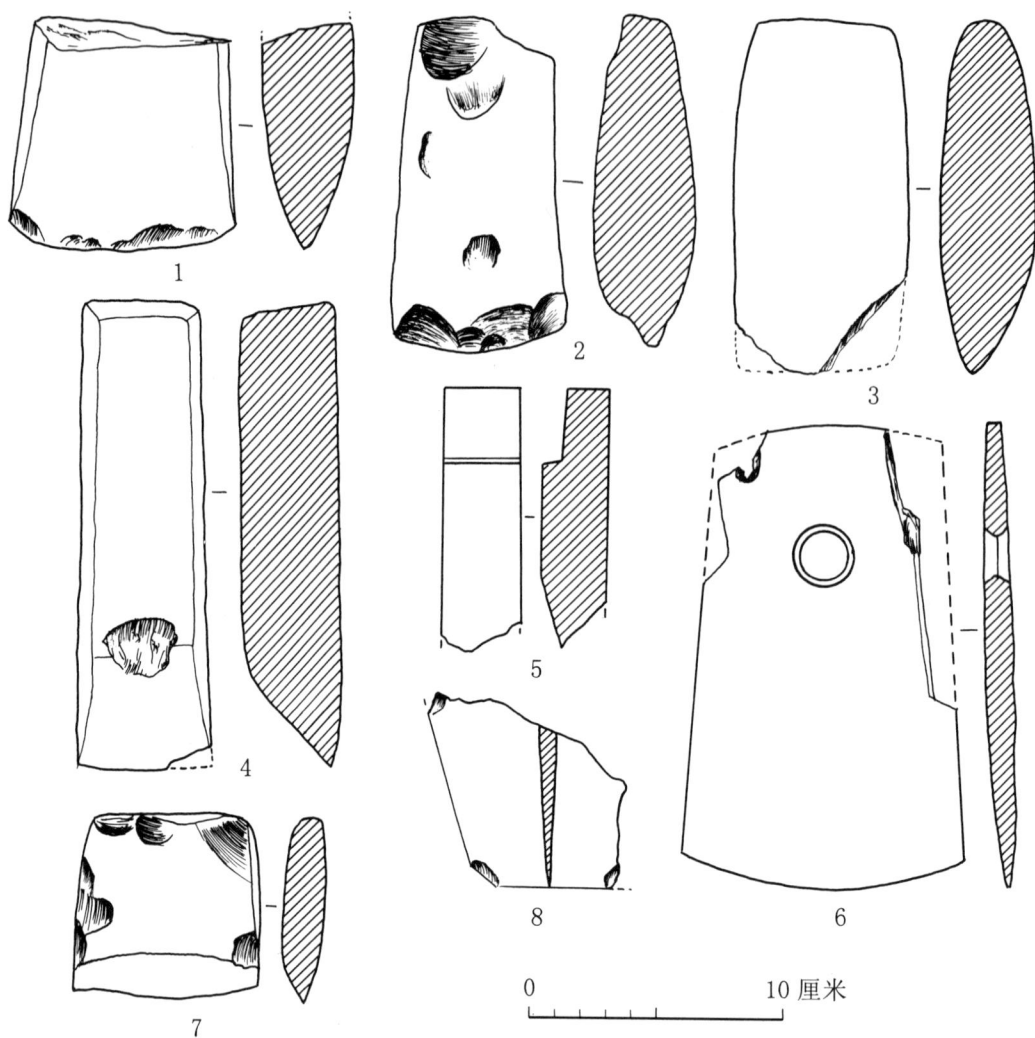

图四四　石家河文化石斧、锛、铲和刀
1. I式斧（T9③）:3　2. I式斧（T50③:3）　3. II式斧（T4③:1）　4.A型锛（T23③:1）　5.B型锛（T23③:2）
6. 铲（T2③:2）　7. I式刀（T20③:2）　8. II式刀（T53③:3）

　　II式　2件。长方形斧。标本 T4③:1，斧刃部两角残缺。青灰色页岩。周身磨光。平顶，平刃仅残存中部一小段，纵剖面中部较厚。长 13.6、宽 5.8～7、厚 2.4～4 厘米（图四四，3）。标本 T23③:4，灰色页岩。琢、磨并用，器身留有琢痕。弧顶，平刃，纵剖面中部较厚。长 9.6、宽 5.6～6.2、厚 1.6～2.8 厘米。

　　锛　2件。分 A、B 两型

　　A型　1件。长条形锛。标本 T23③:1，灰色页岩。周身磨光，器形规整。平顶，单面平刃。长 18、上宽 4、刃宽 5.3、厚 4 厘米（图四四，4）。

　　B型　1件。有段形锛。标本T23③:2,灰色页岩。周身磨光。体呈长条状,背上部起直角形段(有称高级段),平顶,刃部残。残长10、宽3、上部厚0.6、起段处厚2.6厘米(图四四,5)。

　　铲　1件。标本T2③:2,有孔石铲。铲一侧上部残缺,一侧中部以上残缺。灰色砂岩。周身磨光、器形规整。体略呈梯形,扁薄,弧顶,双面弧刃。穿孔位于铲的上部,两面钻孔。长18、顶宽9、刃宽11.2、厚1.1、孔径2.4厘米(图四四,6)。

　　刀　2件。分Ⅰ、Ⅱ两式。

　　Ⅰ式　1件。近方形刀。标本T20③:2,灰色页岩。琢、磨并用,器身留有琢痕。扁平体,平顶,双面刃,平刃微弧,刃口锋利。长7、刃宽7.4、厚1.2~1.6厘米(图四四,7)。

　　Ⅱ式　1件。倒梯形刀。标本T53③:3,刀上部及一侧大部残缺。黑色页岩。周身磨光,制作精细。体薄,上宽下窄,平刃,纵断面呈尖角形(图四四,8)。

钻　1件。标本T3③:7,褐色页岩。通体磨光,器形规整。圆柱形体从上至下渐粗,下端呈圆锥状,锥与柱体间有一凹槽。长8.9、直径1.3厘米(图四五,1)。

镞　3件。皆为树叶形,分Ⅰ、Ⅱ、Ⅲ三式。

Ⅰ式　1件。宽叶形镞。标本T42③:3,镞锋及上部残缺,铤及一侧略残。灰色页岩。周身磨光。镞身直脊,横断面呈不规则棱形,扁锥状铤。残长5.2、宽2.3厘米(图四五,2)。

Ⅱ式　1件。柳叶形镞。标本T65③:12,镞铤部残缺。青灰色页岩。周身磨光。镞身直脊,横断面呈棱形,锋尖利。残长7.2、宽1.8厘米(图四五,4)。

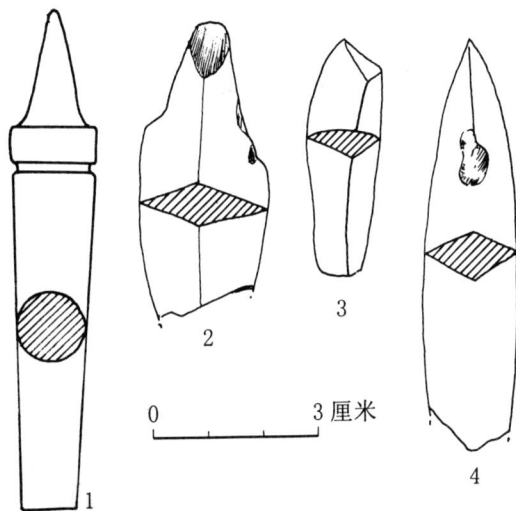

图四五　石家河文化石钻和镞

1.钻(T3③:7)　2.Ⅰ式镞(T42③:3)　3.Ⅲ式镞(T17③:1)　4.Ⅱ式镞(T65③:12)

　　Ⅲ式　1件。小叶形镞。标本T17③:1,镞锋及铤部残缺。灰色页岩。磨制,器身不甚规整。镞身一面有脊,一面平面,中脊略偏于左边,横断面呈菱形。残长4.4、宽0.85~1.6厘米(图四五,3)。

　　2.陶器

　　3件。有纺轮和网坠两种。

　　纺轮　2件。分Ⅰ、Ⅱ两式。

Ⅰ式 1件。上平面下弧面形纺轮。标本 T1③:2，泥质灰陶。中心有孔，周边弧壁。直径4.2、厚0.8厘米（图四六，1）。

Ⅱ式 1件。上、下平面形纺轮。标本 T7③:2，泥质褐黄陶。纺轮体较小，中心孔径较大，周边直壁。平面有数圈不规则的刻划纹。直径5.5、孔径1.8、厚1.1厘米（图四六，2）。

网坠 1件。标本 T29③:1，较大。夹细砂灰陶，长条形，两端圆弧呈扎束状，中段粗于两端。器两面各有一贯串全身中部的凹槽。长5.65、宽2.35厘米（图四六，3）。

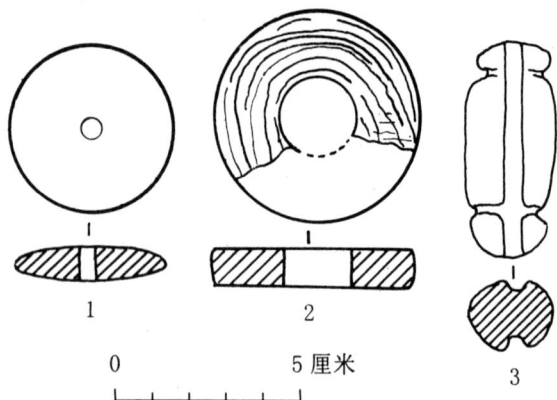

图四六 石家河文化陶纺轮和网坠
1.Ⅰ式纺轮(T1③:2) 2.Ⅱ式纺轮(T7③:2) 3.网坠(T29③:1)

（二）生活用具

全为陶器，皆为不能复原的陶器残件。夹砂陶略多于泥质陶。陶色以灰陶为多，黑陶次之（包括褐红胎或灰胎的黑皮陶在内），橙黄陶和褐黄色陶再次之，较少灰黄色陶和红陶，极少褐红色和褐灰色陶。可辨器形有鼎、罐、豆、杯、碗、盘、盆、瓮、缸、器盖和器座等。叙述如下：

鼎 13件。其中鼎口沿1件，余为鼎足。多为夹砂陶，少数泥质陶。陶色以橙黄陶为多也有灰色、褐黄色和灰黑色陶，极少灰黄色和褐红胎黑皮陶。

鼎口沿 1件。标本 T48③a:1，鼎口沿至沿下腹壁残件。夹砂灰黑陶。手制，口部经轮修。仰折沿沿面微凹，残腹斜弧壁。口径20.5厘米（图四七，10）。

鼎足 12件。分 A、B、C 三型。

A型 5件。凿形鼎足。分 Ⅰ、Ⅱ、Ⅲ、Ⅳ四式。

Ⅰ式 1件。宽凿形足。标本 T33③:1，夹砂橙黄陶。残圜底，足跟宽平。横断面呈扁弧形。足高6、宽2～2.6厘米（图四七，1）。

Ⅱ式 1件。梯体凿形足。标本 T37③:1，泥质灰陶。上窄下宽，足跟宽平。横断面较厚亦呈梯形。足高6.2、宽1.2～2.4厘米（图四七，2）。

Ⅲ式 1件。瘦凿形足。标本 T20③b:1，夹砂橙黄陶。束腰状，足跟宽平。横断面呈长方形。足高8.4、宽1.4～2厘米（图四七，7）。

Ⅳ式 2件。长条凿形侧装足。标本 T41③:2，夹砂褐黄陶。残圜底，足跟宽平。足高10、宽0.8～1.4厘米（图四七，9）。标本 T41③b:1，泥质橙黄陶。瘦直条凿形，足跟呈扁平凿状。足高 6、宽 0.8～1.2 厘米（图四七，5）。

B 型　6 件。鸭嘴形鼎足。分Ⅰ、Ⅱ、Ⅲ三式。

Ⅰ式　3 件。瘦鸭嘴形足。体较瘦，足正面中部以上起凸脊，下部至足跟扁平。标本 T53③:1，夹砂灰陶，足跟橙黄色。横断面呈尖端向上的锥体形。足高 10、宽 2～2.6 厘米（图四七，6）。标本 T63③b:1，夹砂橙黄陶。足正、背两面中部以上起脊，横断面呈多棱形。足高 9、宽 2.4 厘米（图四七，11）。标本 T59③:1，泥质灰陶，足跟橙黄色。足正、背两面中部以上起脊。横断面呈四棱形。足高 6.4、宽 2～2.4 厘米（图四七，8）。

Ⅱ式　1 件。宽鸭嘴形足。标本 T50③:1，夹砂橙黄陶。足面较宽，下部至足跟渐宽，背面中部以上起凸脊，足跟扁平微弧。横断面呈锥体形。足高 8、宽 2.4～3.4 厘米（图四七，13）。

Ⅲ式　2 件。饰按窝鸭嘴形足。体较瘦，正面起脊，下部渐宽。标本 T31③:1，夹砂灰黄陶。足跟扁弧。足中部以上饰竖行连接的 3 个按窝，侧视似花边。足高 5.6、宽 1.1～1.8 厘米（图四七，3）。标本 T30③:1，夹砂橙黄陶。足下部残，横断面呈锥体状。足上部饰竖行连接的两个按窝，侧视似花边。足残高 7.8、残宽 1.6～2 厘米（图四七，4）。

C 型　1 件。宽扁形鼎足。标本 T48③b:2，夹砂褐黄陶。足下部残，足向两面微弧。横断面呈椭圆形。足残高 9、残宽 5.6～7.8 厘米（图四七，12）。

罐　14 件。陶质以夹砂陶为主，较少泥质陶。陶色多为黑陶（其中不少是黑皮灰胎或褐红胎陶），次为灰陶和灰黑色陶，极少褐黄色陶。罐均为不能复原的口沿和口沿下腹壁残部，以折沿罐为多，极少有领罐。分 A、B、C 三型。

A 型　1 件。卷沿。标本 T48③:3，夹砂褐红胎黑皮陶，胎较厚。手制，口部经轮修。敞口，垂腹下残。口沿下饰凹弦纹 2 周。口径 12 厘米（图四八，6）。

B 型　10 件。折沿罐。分Ⅰ、Ⅱ、Ⅲ三式。

Ⅰ式　4 件。仰折沿。折沿较厚起折棱。手制，口部经轮修。标本 T59③b:2，泥质黑陶，敛口，圆唇。口径 22 厘米（图四八，1）。标本 T18③:1，夹砂黑灰陶，厚胎。敛口，圆唇。残腹上饰有横篮纹。口径 20 厘米（图四八，2）。标本 T22③:1，夹砂灰胎黑皮陶。轮制。敛口，方唇。仰折沿沿面凹弧至唇边呈勾弧状。口径 26.4 厘米（图四八，4）。标本 T59③:3，夹砂褐红胎黑皮陶。口部经轮修。敛口，方唇。口径 26.8 厘米（图四八，5）。

Ⅱ式　4 件。平折沿。标本 T59③:4，夹砂褐黄陶。轮制。口微敛，圆唇，沿面微凸弧，残腹壁微弧。腹表饰横篮纹。口径 32 厘米（图四八，8）。标本 T18③a:2，泥质灰陶，胎较薄。轮制。敞口，圆唇，沿面内凹。折沿起棱，残腹弧壁。口径 28 厘米

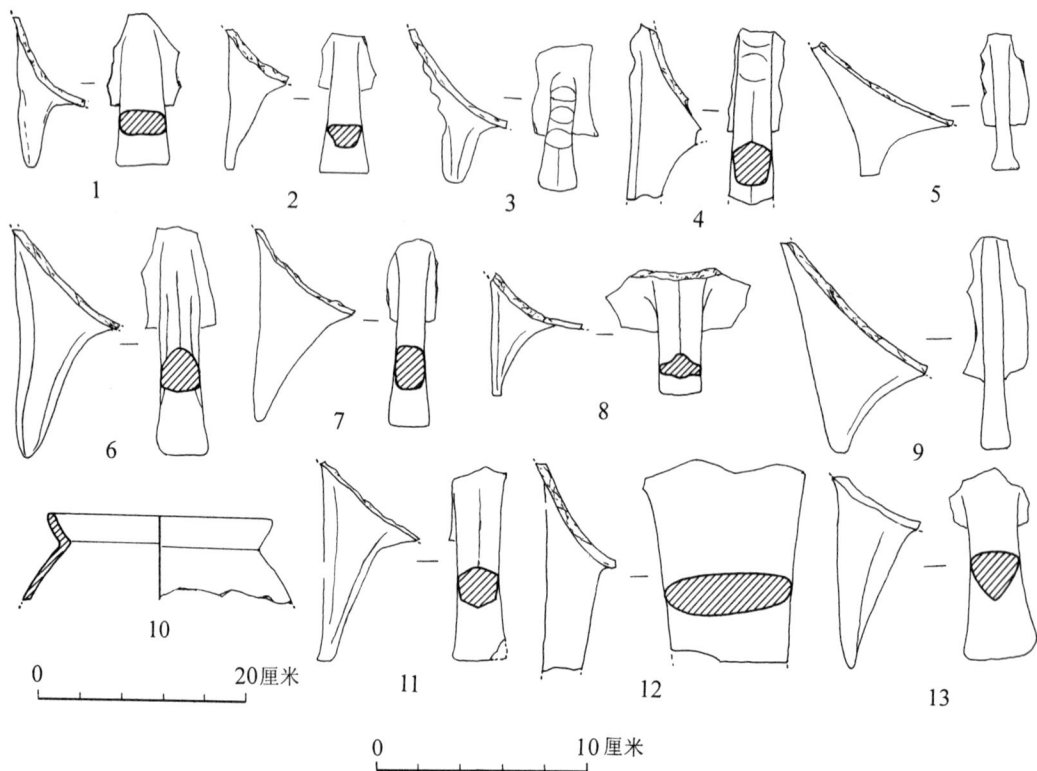

图四七　石家河文化陶鼎口沿和鼎足

1.A型Ⅰ式鼎足（T33③:1）　2.A型Ⅱ式鼎足（T37③:1）　3.B型Ⅲ式鼎足（T31③:1）　4.B型Ⅲ式鼎足（T30③:1）　5.A型Ⅳ式鼎足（T41③b:1）　6.B型Ⅰ式鼎足（T53③:1）　7.A型Ⅲ式鼎足（T20③b:1）　8.B型Ⅰ式鼎足（T59③:1）　9.A型Ⅳ式鼎足（T41③:2）　10.鼎口沿（T48③a:1）　11.B型Ⅰ式鼎足（T63③b:1）　12.C型鼎足）9T48③b:2）　13.B型Ⅱ式鼎足（T50③:1）

（图四八，7）；标本T59③:5，夹细砂黑陶。轮制。敞口，圆唇，残腹斜弧壁。口径30厘米（图四八，10）。标本T59③:6，泥质黑陶。轮制。敛口，尖圆唇，残腹斜弧壁，口径26厘米（图四八，9）。

Ⅲ式　2件。折沿沿边外翻。夹砂或泥质灰黑陶，胎较薄。轮制。敛口，小圆唇，折沿微仰有折棱。标本T18③:3，夹细砂灰黑陶。沿面微凹。口径17.6厘米（图四八，3）。标本T18③:4，泥质灰黑陶。手制，口经轮修。敛口。口径14厘米。

C型　3件。有领罐。分Ⅰ、Ⅱ两式。

Ⅰ式　2件。平折沿矮领。泥质灰陶，胎较薄。手制，口经轮修。标本T22③:2，体形较小。平折沿微仰，矮直领，斜弧肩。口径10.4厘米（图四八，12）。标本T37③:3，沿面微凸弧，矮直领，领、肩分界不太明显，溜肩下残。口径30.3厘米（图四八，13）。

　　Ⅱ式　1件。厚圆唇矮领。标本 T23③:3，夹砂灰陶。轮制，器壁上留有旋痕。唇似出沿，矮直领，溜弧肩。肩饰两周凸弦纹。口径 18 厘米（图四八，11）。

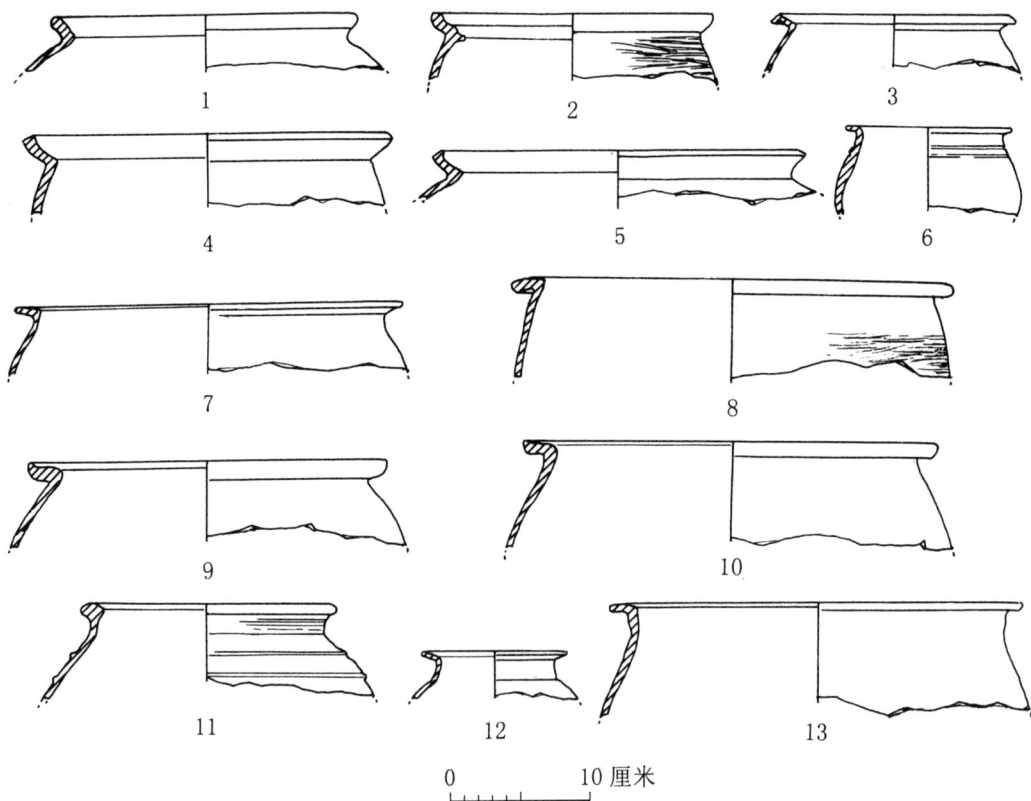

图四八　石家河文化陶罐

1.B型Ⅰ式（T59③b:2）　2.B型Ⅰ式（T18③:1）　3.B型Ⅲ式（T18③:3）　4.B型Ⅰ式（T22③:1）　5.B型Ⅰ式
（T59③:3）　6.A型（T48③:3）　7.B型Ⅱ式（T18③a:2）　8.B型Ⅱ式（T59③:4）　9.B型Ⅱ式（T59③:6）
10.B型Ⅱ式（T59③:5）　11.C型Ⅱ式（T23③:3）　12.C型Ⅰ式（T22③:2）　13.C型Ⅰ式（T37③:3）

　　豆　17件。均为豆盘和豆圈足残部，没有复原的器形。全为泥质陶。以灰陶为多，灰黑陶次之，还有少数黑陶，极少灰黄色陶。纹饰仅镂孔一种，镂孔大小不一，饰于豆圈足上。现按豆盘和豆圈足分述如下。

　　豆盘　8件。分 A、B、C 三型。

　　A型　2件。盆形豆。以沿的变化，分Ⅰ、Ⅱ两式。

　　Ⅰ式　1件。仰折沿。标本 T27③:1，灰陶。轮制，器壁上留有旋痕。敞口，圆唇，残弧腹壁下斜收。口径 26 厘米（图四九，6）。

　　Ⅱ式　1件。平折沿。标本 T27③:2，灰黑陶。轮制。敞口，方唇，口沿微仰起折棱，沿面略凹，残弧腹壁下斜收。口径 24.8 厘米（图四九，2）。

　　B型　5件。折腹豆。分Ⅰ、Ⅱ两式。

Ⅰ式 3件。深折腹。皆为轮制。标本 T23③:5，灰陶。敞口微侈，尖圆唇，盘壁斜直起折棱，下残壁急收。口径 28 厘米（图四九，3）。标本 T8③:1，黑陶。敞口，尖圆唇，形制与上同。口径 17.2 厘米（图四九，8）。标本 T30③:2，灰陶。敞口，圆唇，豆盘上直折壁，下斜弧残壁急收。口径 13.6 厘米（图四九，4）。

Ⅱ式 2件。浅折腹。标本 T25③:1，灰胎黑皮陶。手制，口部经轮修。豆盘较浅，敞口，圆唇，盘上直壁略斜，折壁处有 1 周凹槽，下斜弧残壁急收。口径 17.6 厘米（图四九，7）。标本 T40③:1，黑陶。手制，口部经轮修。敞口，尖唇，豆盘上斜壁略弧，折壁处有一周凹槽，下斜弧残壁急收。口径 19.6 厘米（图四九，5）。

C型 1件。盘形豆。标本 T17③:2，灰黄陶。手制，口部经轮修。口微敛，尖唇，斜弧壁浅盘，底以下残。口径 21.6 厘米（图四九，1）。

豆圈足 9件。分 A、B 两型。

A型 4件。喇叭形豆圈足。分Ⅰ、Ⅱ两式。

Ⅰ式 3件。矮圈足。皆为手制，器内壁留有泥条盘筑痕迹。标本 T26③:1，灰黑陶。豆圈足上尚存残圜底，足跟向外平伸。残存竖排 2 个圆形镂孔 3 组。圈足径 8、足高 4.2 厘米（图四九，11）。标本 T9③:1，灰黑陶。足跟向外平伸。圈足径 8.5、足高 4.6 厘米（图四九，10）。标本 T31③:2，灰陶。圈足上部残，足跟外撇。圈足上残存圆形镂孔 1 个。足残高 4 厘米（图四九，14）。

Ⅱ式 1件。高圈足。标本 T31③:3，灰黑陶。手制，器内壁有明显的泥条盘筑的条痕。豆圈足上尚存残盘圜底，圈足下部残，器壁从上而下向外展开呈喇叭状。圈足上部残存 3 组竖排的 2 个圆形镂孔。足残高 6.6 厘米（图四九，9）。

B型 5件。直壁豆圈足。手制后经轮修。分Ⅰ、Ⅱ两式。

Ⅰ式 3件。矮直壁圈足。标本 T37③:2，灰陶。圈足上残存豆盘圜底，矮圈足，足跟外撇起凸缘。圈足上残存大圆形镂孔 1 个。圈足径 9.8、足高 3.8 厘米（图四九，15）。标本 T17③:3，灰陶。矮圈足，足跟略撇。圈足上残存 1 组竖排上大下小的 2 个圆形镂孔，上列大镂孔两侧各有 1 个残镂孔，上下列镂孔间，各夹有 3 周凹弦纹。圈足高 3.4 厘米（图四九，16）。标本 T18③b:5，灰黑陶。矮圈足足跟外撇。残圈足上，残存 1 组两列竖行呈 3 排的 6 个小圆形镂孔，其中有 2 个镂孔未戳穿，镂孔上端饰有两周凹弦纹。圈足高 4 厘米（图四九，17）。

Ⅱ式 2件。高直壁圈足。标本 T21③:1，灰黑陶。手制，器内壁有明显泥条盘筑条痕。圈足上残存有豆盘圜底，圈足直壁下部残。圈足上残存有 3 组竖排的 3 个圆形镂孔。足残高 6 厘米（图四九，13）。标本 T53③:2，灰陶。手制。圈足上有豆盘残平底，圈足直壁中部以下残。圈足上残存有 3 组竖排的 2 个圆形镂孔，其中 1 个镂孔未戳穿。足残高 5.4 厘米（图四九，12）。

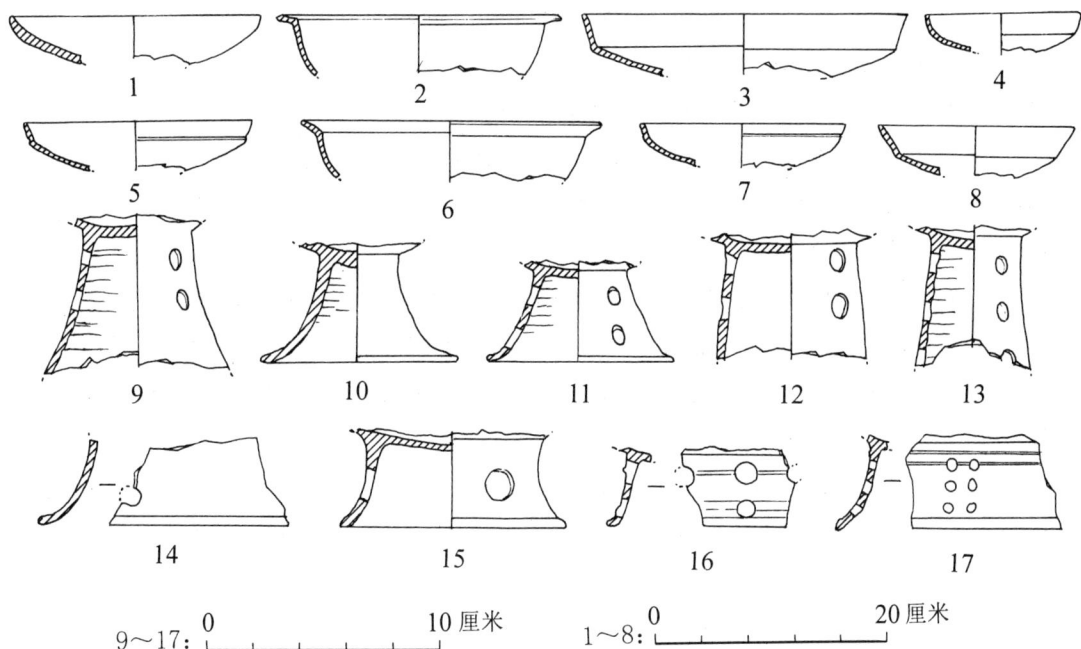

图四九　石家河文化陶豆盘和豆圈足

1.C型豆盘（T17③:2）　2.A型Ⅱ式豆盘（T27③:2）　3.B型Ⅰ式豆盘（T23③:5）　4.B型Ⅰ式豆盘（T30③:2）5.B型Ⅱ式豆盘（T40③:1）　6.A型Ⅰ式豆盘（T27③:1）　7.B型Ⅱ式豆盘（T25③:1）　8.B型Ⅰ式豆盘（T8③:1）　9.A型Ⅱ式豆圈足（T31③:3）　10.A型Ⅰ式豆圈足（T9③:1）　11.A型Ⅰ式豆圈足（T26③:1）　12.B型Ⅱ式豆圈足（T53③:2）　13.B型Ⅱ式豆圈足（T21③:1）　14.A型Ⅰ式豆圈足（T31③:2）　15.B型Ⅰ式豆圈足（T37③:2）　16.B型Ⅰ式豆圈足（T17③:3）　17.B型Ⅰ式豆圈足（T18③b:5）

杯　2件。全为高圈足杯残部。分Ⅰ、Ⅱ两式。

Ⅰ式　1件。圜底高圈足杯。标本T4③:2，泥质橙黄陶。轮制。斜弧残腹壁，圜底，直筒状高圈足残。杯身饰4～5竖道为一组的细划纹数组。残口径6.2、残圈足径3厘米（图五○，3）。

Ⅱ式　1件。平底高圈足杯。标本T33③b:2，夹细砂灰黑陶。轮制，杯内底部留有同心圆轮旋。残腹壁斜直，大平底，直筒状高圈足残。残高4.6、残圈足径3.8厘米（图五○，2）。

碗　3件。均是腹以下残部，全为泥质陶。分Ⅰ、Ⅱ两式。

Ⅰ式　1件。弧腹壁碗。标本T48③b:4，灰陶，厚胎。手制，器内壁凸凹不平。弧腹壁，圜底内中心突凸，圈足外撇。残腹径12、圈足径6.8、残高4.6厘米（图五○，1）。

Ⅱ式　2件。斜弧腹壁碗。标本T18③a:6，灰陶，厚胎。轮制。碗上部残。斜弧腹壁，圜底底部特厚，圈足外撇。圈足径16、残高9.2厘米（图五○，5）。标本

T60③a:1，黑陶。轮制。斜弧壁碗，平底，圈足极矮外撇。碗下腹残壁上饰有凸弦纹 1 周。圈足径 10、残高 5.5 厘米（图五〇，6）。

盘　3 件。为盘口至上腹和盘圈足残部。

盘口至腹残部　1 件。标本 T59③:7，含细砂灰陶，胎壁较薄。轮制，器形规整。折沿微仰起折棱，沿面略凹，敞口，圆唇，斜弧残腹壁。残腹上饰有 3 周凸弦纹。口径 24、残高 5 厘米（图五〇，7）。

盘圈足　2 件。圈足均为斜直壁，足跟外撇。标本 T53③:4，泥质灰陶。轮制。器底内壁有轮旋痕。圈足上尚存盘的残圜底。残圈足上有圆形镂孔 3 个。圈足径 10、足残高 2.8 厘米（图五〇，4）。标本 T59③:8，含细砂灰黑陶。轮制。圈足径 23.6、足残高 5 厘米（图五〇，8）。

盆　9 件。仅存盆口至上腹残部。有夹砂陶和泥质陶。陶色以黑陶居多（其中有黑皮陶），次为灰陶，还有褐红和橙红色陶。纹饰有弦纹和篮纹。以腹壁的不同，分 A、B 两型。

A 型　6 件。直腹盆。均为口沿至上腹残部。分Ⅰ、Ⅱ、Ⅲ三式。

Ⅰ式　2 件。卷沿直腹。标本 T32③:1，夹粗砂褐红陶。手制，口经轮修。侈口，圆唇，残直腹微弧。口径 28 厘米（图五〇，9）。标本 T40③:2，泥质橙红陶，胎较薄。轮制，器壁留有轮旋痕。口微侈，圆唇，残直腹壁。口径 29.6 厘米（图五〇，10）。

Ⅱ式　2 件。仰折沿直腹。标本 T18③b:7，泥质黑陶。手制，口部经轮修。口微敛，圆唇，残直腹壁微弧（图五〇，11）。标本 T10③:1，泥质灰陶，胎较厚。轮制。宽折沿，残直腹壁（图五〇，14）。

Ⅲ式　2 件。平折沿直腹。标本 T37③b:4，泥质灰胎黑皮陶，胎较厚。轮制。敞口微敛，圆唇，沿面微弧，残直腹壁。口径 31.6 厘米（图五〇，12）。标本 T18③a:8，泥质红胎黑皮陶，胎较厚。轮制。口微敛，方唇，口沿沿面略凹，残直腹壁。腹表饰有横篮纹。口径 30 厘米（图五〇，13）。

B 型　3 件。弧腹盆。均为上腹至口沿残部。分Ⅰ、Ⅱ两式。

Ⅰ式　2 件。仰折沿弧腹。标本 T50③c:2，夹砂灰陶。轮制。口微敛，方唇，折沿起棱，残弧腹壁。口径 28 厘米（图五〇，15）。标本 T59③:9，夹砂褐灰胎黑皮陶。轮制，器内壁留有轮旋痕。口微敛，方唇，折沿起棱，斜弧腹壁残。沿面有 4 周凹弦纹，腹饰横篮纹。口径 33.6 厘米（图五〇，16）。

Ⅱ式　1 件。平折沿弧腹。标本 T59③b:10，夹砂黑陶。轮制，器内壁留有轮旋痕。敞口，方唇，斜弧腹壁残。口沿沿面饰有 4 周凹弦纹（图五〇，17）。

瓮　4 件。仅有瓮口和瓮底部。多是夹砂陶，很少泥质陶。

瓮口沿　3 件。分 A、B 两型。

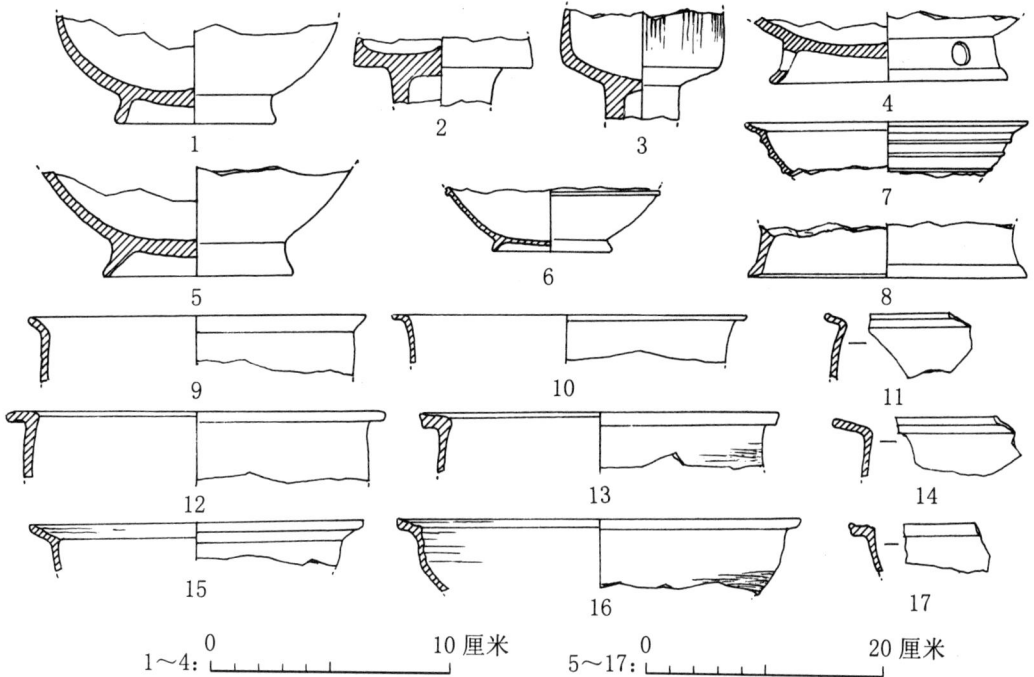

图五〇　石家河文化陶杯、碗、盘和盆

1.Ⅰ式碗（T48③b:4）　2.Ⅱ式杯（T33③b:2）　3.Ⅰ式杯（T4③:2）　4.盘圈足（T53③:4）　5.Ⅱ式碗（T18③a:6）　6.Ⅱ式碗（T60③a:1）　7.盘口至腹残部（T59③:7）　8.盘圈足（T59③:8）　9.A型Ⅰ式盆（T32③:1）10.A型Ⅰ式盆（T40③:2）　11.A型Ⅱ式盆（T18③b:7）　12.A型Ⅲ式盆（T37③b:4）　13.A型Ⅲ式盆（T18③a:8）　14.A型Ⅰ式盆（T10③:1）　15.B型Ⅰ式盆（T50③c:2）　16.B型Ⅰ式盆（T59③:9）17.B型Ⅱ式盆（T59③b:10）

A型　2件。有领瓮。分Ⅰ、Ⅱ两式。

Ⅰ式　1件。矮束颈。标本T33③a:3，泥质灰陶。颈部胎壁极厚。手制，口领经轮修。侈口，尖圆唇，溜弧肩下残。口径16.5厘米（图五一，1）。

Ⅱ式　1件。折沿斜直领。标本T37③a:5，夹砂褐黄陶。手制，口部经轮修。仰折沿沿面内凹。斜肩。口径21.2厘米（图五一，2）。

B型　1件。折沿瓮。标本T42③:1，夹砂褐灰陶，厚胎。轮制。敛口，圆唇，口沿外翻，沿面朝外（图五一，7）。

瓮圈足　1件。标本T21③:2，夹砂灰陶。手制。残弧腹壁，圜底，直圈足极矮。圈足径11.6、足高0.8厘米（图五一，4）。

缸　6件。全是缸口和缸底残部。多为夹砂陶，也有泥质陶，其中灰陶、灰黄陶多于褐黄陶和灰黑陶。纹饰有篮纹和花边装饰等。

缸口腹残部　5件。以上腹变化，分A、B、C三型。

A型　2件。直腹缸。均为口至上腹残部。分Ⅰ、Ⅱ两式。

Ⅰ式　1件。仰折沿。标本T48③:5，泥质灰黄陶。轮制。敛口，圆唇，仰折沿起棱。口径34.6厘米（图五一，8）。

Ⅱ式　1件。平折沿。标本T23③:6，夹砂灰陶，胎较厚。轮制，器壁留有轮旋痕。敛口，方唇，折沿起折棱，沿面内凹（图五一，6）。

B型　1件。斜直腹缸。标本T50③b:4，夹砂灰黑胎褐黄陶，厚胎。手制，口经轮修。口微敛，小窄沿微折似厚尖唇，沿面向内斜平。腹饰横篮纹（图五一，5）。

C型　2件。斜弧腹缸。标本T48③b:6，含细砂灰黑陶，厚胎。轮制。敛口，方唇，平折沿起棱，沿面内凹，沿下折角处内凹。口径38.4厘米（图五一，9）。标本

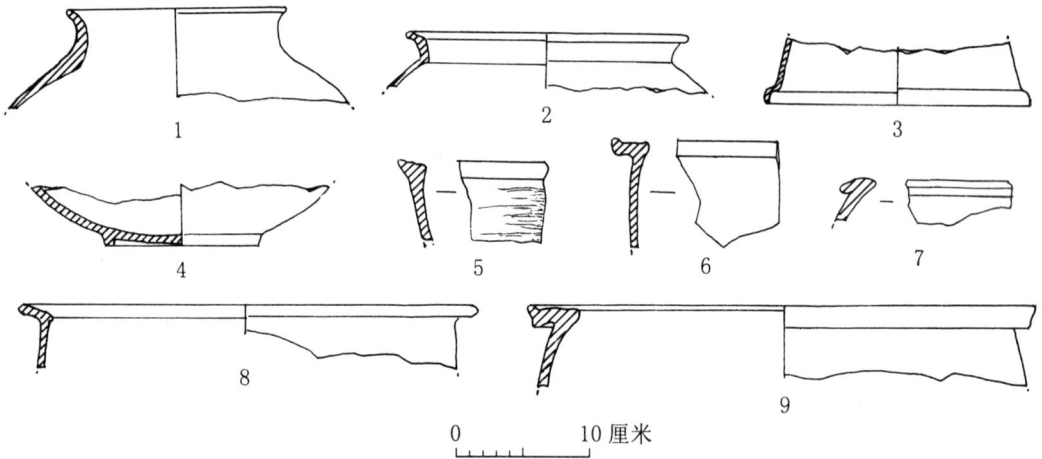

图五一　石家河文化陶瓮、器座和缸

1.A型Ⅰ式瓮口沿（T33③a:3）　2.A型Ⅱ式瓮口沿（T37③a:5）　3.器座（T34③:1）　4.瓮圈足（T21③:2）5.B型缸（T50③b:4）　6.A型Ⅱ式缸（T23③:6）　7.B型瓮口沿（T42③:1）　8.A型Ⅰ式缸（T48③:5）9.C型缸（T48③b:6）

T18③b:9，泥质灰黄陶，厚胎。轮制。敛口，方唇呈钉面形，平折沿起棱，沿上下两面内凹。口沿外缘饰有1周指窝纹花边装饰，沿面有5周凹弦纹（图五二，1）。

缸底　1件。标本T48③a:7，夹砂灰陶，厚胎。手制。缸大平底，圈足极矮呈尖齿状。足跟处饰有1周不太规则的指甲纹。圈足径9.8厘米（图五二，2）。

器盖　8件。全是盖的残件，多为盖面至口部残。以泥质陶为多，极少砂质陶。陶色灰陶较多，少有红陶和黑陶。以盖纽的变化，分A、B、C、D四型。

A型　4件。圈形纽盖，分Ⅰ、Ⅱ两式。

Ⅰ式　3件。斜壁纽。均为泥质灰陶。手制。标本T21③c:3，胎较薄。矮圈纽，盖面残。纽径5、盖残高2.4厘米（图五二，8）。标本T51③:1，盖圈纽极矮，盖面残。纽径3、盖残高1.5厘米（图五二，3）。标本T48③a:8，厚胎。圈纽下为圆柱状握

手，盖面残。纽径 4.8、盖残高 3 厘米（图五二，5）。

Ⅱ式　1 件。直壁纽。标本 T31③a:4，夹砂灰陶，胎较薄。手制。盖圈纽极矮，弧壁盖面残。盖面饰斜向划纹。纽径 3.2、盖残高 1.6 厘米（图五二，4）。

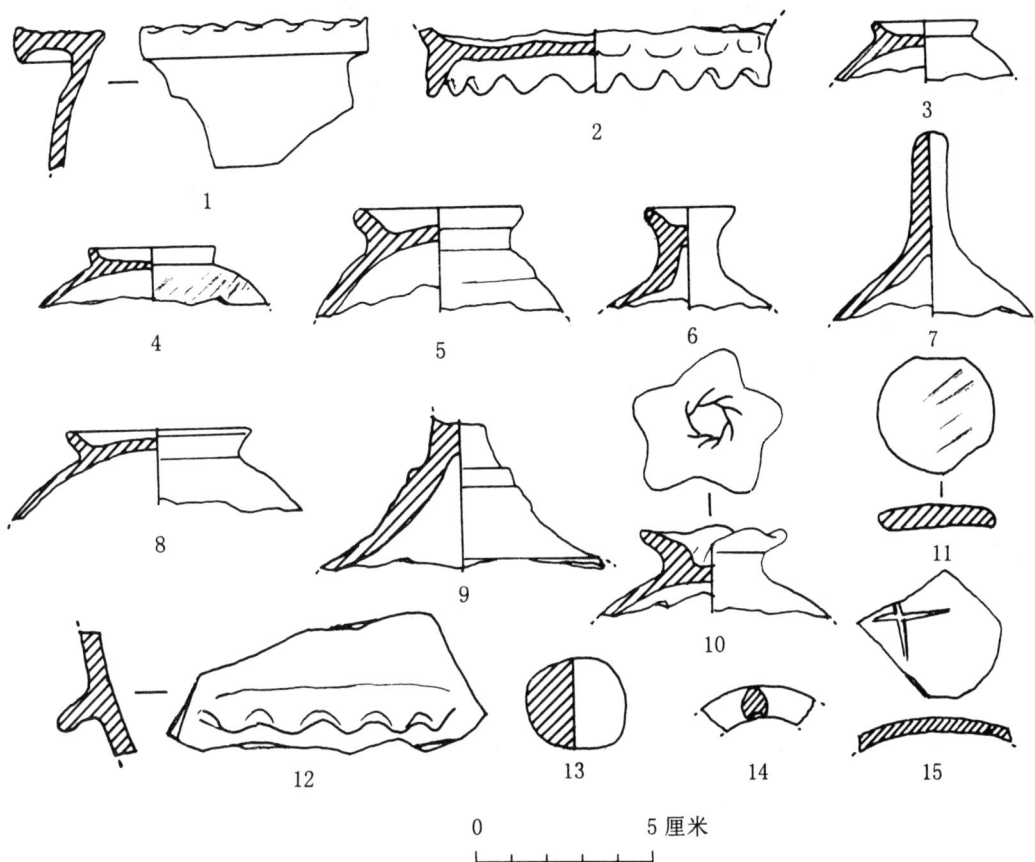

图五二　石家河文化陶缸、器盖、饼、器耳、球和环，刻划符号陶片

1.C 型缸（T18③b:9）　2. 缸底（T48③a:7）　3.A 型Ⅰ式器盖（T51③:1）　4.A 型Ⅱ式器盖（T31③a:4）
5.A 型Ⅰ式器盖（T48③a:8）　6.B 型器盖（T4③:3）　7.C 型Ⅰ式器盖（T19③:1）　8.A 型Ⅰ式器盖（T21③c:3）
9.C 型Ⅱ式器盖（T21③:4）　10.D 型器盖（T22③:4）　11. 陶饼（T33③:4）　12. 器耳（T60③:2）
13. 陶球（T18③:10）　14. 陶环（T19③:2）　15. 刻划符号陶片（T11③:43）

B 型　1 件。盅形纽盖。标本 T4③:3，泥质橙红陶，胎较厚。手制。盖纽上端为斜壁小盅形，下为筒状握手，溜弧壁盖面残。纽径 2.4、盖残高 2.8 厘米（图五二，6）。

C 型　2 件。圆柱形纽盖。均为泥质陶。分Ⅰ、Ⅱ两式。

Ⅰ式　1 件。细圆柱纽。标本 T19③:1，灰陶。手制。柱纽较高，圆弧顶，溜弧壁盖面残。纽径 1、盖残高 5.2 厘米（图五二，7）。

Ⅱ式　1 件。粗圆柱纽。标本 T21③:4，黑陶，胎较厚。手制。盖纽上部及口沿部分残，大侈口，方唇，塔式盖面近纽处呈阶状。残纽径 1.6、盖残高 4.2 厘米（图五二，9）。

D 型 1 件。花瓣形圈纽盖。标本 T22③:4，泥质灰陶，胎较厚。手制。俯视盖纽呈五瓣梅花形，瓣片外卷叠压，斜弧壁盖面残。纽径 4、残高 2.2 厘米（图五二，10）。

器座 1 件。标本 T34③:1，仅存下部。泥质黄陶。手制。残圈座斜直壁，足跟外撇呈阶状。座下径 20、残高 5 厘米（图五一，3）。

（三）装饰品与其他

1. 装饰品

仅陶环一种。

陶环 1 件。标本 T19③:2，泥质灰陶。仅存环的残段。环身扁圆，横断面呈椭圆形。残段长 3.2、肉宽 0.7 厘米（图五二，14）。

2. 其　他

3 件。有陶球、陶饼和器耳等。

陶球 1 件。标本 T18③:10，泥质灰陶。手制。球为不规则圆体，实心。素面。直径 2.8 厘米（图五二，13）。

陶饼 1 件。标本 T33③:4，夹砂灰陶。似为一残陶片磨制而成。陶饼呈不规整圆形。直径 3.3 厘米（图五二，11）。

器耳 1 件。标本 T60③:2，泥质红胎黑皮陶，厚胎。花边状横装耳，耳缘向下凹弧。耳横向长 7.3、宽 1.2 厘米（图五二，12）。

二、小　结

遗址的石家河文化堆积层较厚，出土遗物亦较下层多，虽没有能复原的完整器形，但从石制生产工具和陶制生活用具的残器上，仍能看出其文化面貌有别于下层文化遗存。此期中生活用具的器形以及出现较多的大型罐、瓮、缸类生活用具和带符号的陶器（图五二，15）等都具有石家河文化时期的器物群特征。如生产工具中的 A 型长条形锛，常见于天门石家河遗址群中的石家河文化（罗家柏岭石家河文化二期[⑩]、肖家屋脊石家河文化晚期[⑪]均出有此型锛）；B 型有段锛，已呈高级段形，较鄂东黄梅陆墩遗址，薛家岗四期文化[⑫]（相当屈家岭文化时期）的有段锛器形晚。陶制生活用具中的仰折沿鼎口，仰折沿斜弧腹盘，矮撇盘圈足，C 型 I 式柱纽器盖，II 式高圈足杯，I 式弧腹撇圈足碗，II 式斜弧腹撇圈足碗和齿状圈足缸等，都与天门罗家柏岭遗址石家河文化一期的同类器相同部位近同或近似；A 型 IV 式长条凿形鼎足和 B III 式饰按窝鸭嘴形鼎足，见于天门肖家屋脊遗址石家河文化早期中的鼎足；其中的 B 型 I 式仰折沿盆，A 型 II 式矮圈纽器盖、C 型 II 式塔形器盖，A 型 I 式仰折沿斜弧腹壁豆盘，A 型 I 式和 A 型 II 式矮、高喇叭形豆圈足以及 B 型 I 式矮直壁外撇豆圈足等，均与天门肖家屋脊遗址上石家河文化早期的同类器相同部位近同或近似；I 式高圈足杯与邓家湾[13]石家河文化早期E 型高圈足杯的相同部位近同。

类比获知，放鹰台遗址的石家河文化遗存相当于石家河文化早期，但由于其中也有极少的器物，如 B 型有段石锛，B 型 II 式仰折沿罐的沿面和 C 型厚胎平折沿缸的沿面凹弧呈勾状，II 式厚胎高圈足杯和 A 型 I 式厚胎器盖等器物的器形在年代上都显得偏晚。推断放鹰台遗址上的石家河文化，应属石家河文化的早期晚段。

第三节　结　语

一、年代推断

（一）屈家岭下层文化与屈家岭文化的年代

有关屈家岭下层文化的碳十四测定年代数据中，经树轮校正的年代有三个，分别为：京山屈家岭遗址（第三次发掘）属屈家岭文化早期的 T3② 中 M2 木炭为 3780B.C.～3382B.C.，即距今 5730～5332 年；T5⑤ 木炭为 3970B.C.～3544B.C.，即距今 5920～5494 年；黄冈螺蛳山遗址属屈家岭文化早期的 T1⑦ 牛骨为 3095B.C.～2624B.C.，即距今 5045～4574 年。遗址的一、二期墓葬随葬陶器的器形特征，与京山屈家岭第三次发掘的一批屈家岭文化早期墓葬中陶器接近，但文化层中二期陶器的陶系和少数器形显得偏晚，推断放鹰台遗址上一、二期文化遗存的绝对年代约为距今 5900～5100 年之间。放鹰台三期墓葬属屈家岭文化，屈家岭文化碳十四测定年代数据中，经树轮校正的年代有三个：京山屈家岭遗址晚一文化层为 2863B.C.～2460B.C.，即距今 4813～4410 年；晚二文化层为 2890B.C.～2460B.C.，即距今 4840～4410 年（晚一与晚二文化层数据应交换位置，可能有误）；郧县青龙泉遗址屈家岭文化晚期的 II T49③F1 木炭为 3350B.C.～2704B.C.，即距今 5300～4654 年[14]。放鹰台三期屈家岭文化遗存文化面貌偏早，其绝对年代约为距今 5100～4800 年之间。

（二）石家河文化的年代

石家河文化，可参用的碳十四测定年代数据有四个，其中经树轮校正的数据仅一个，即郧县青龙泉遗址（青龙泉三期）I T3③ 木炭为 2251B.C.～2148B.C.，即距今

4501～4098 年[15]；肖家屋脊遗址上石家河文化早期，碳十四测定年代数据有四个，均未经树轮校正，T204H42 木炭为距今 4560±80、4285±100 年；H434 木炭为距今 4410±100 年；T1319H98 木炭为 4135±70 年[16]。放鹰台遗址的石家河文化遗存偏早，参照以上数据，推断其绝对年代约在距今 4500～4200 年之间。

二、新石器时代文化地域特色

屈家岭文化和石家河文化，均发源于汉水流域的中游地区，位居长江南岸的放鹰台遗址的新石器时代文化与汉水中游的同时期文化关系密切，但由于它处在长江与汉水交汇处的江汉平原东部，同时接受和融汇了东面邻近地区向西发展的新石器时代文化因素，所以，放鹰台遗址的屈家岭下层文化与屈家岭文化，在文化面貌上，与汉水以东螺蛳山类型的屈家岭下层文化比较接近。放鹰台一至三期墓葬出土的陶生活用具，除具有汉水中游地区屈家岭下层文化的小型鼎、簋、曲腹杯、深腹豆和屈家岭文化的双腹豆、高圈足杯、高领罐等同类器形外，该遗址的地域特色是壶、罐类器较多，陶器器壁上多有突棱也有折棱。这些都与长江下游太湖和杭州湾地区基本同期的新石器时代文化有类似之处。与屈家岭下层文化时期基本相当的崧泽类型文化，"壶开始盛行，壶的颈部一般较长，有扁腹、圆腹、垂腹、折腹多种"；"各种陶器器壁上折棱或突棱相当普遍。"[17] 放鹰台墓葬的 8 种器物组合中，每一组合中都有壶类器，多为长颈壶，壶的腹部变化亦较多，有扁弧腹、圆弧腹、垂腹、折腹等多种，只是在器形上有自己的特色而已；放鹰台的簋、豆、壶腹部多有突棱，少数罐腹上也有突棱，部分壶腹还有折棱。遗址中的石家河文化，其主流同于汉水中游的石家河类型，在东面薛家岗文化和良渚文化的影响下，其文化面貌亦与相邻的鄂东地区同期文化类型比较接近。遗址上此时期出现了同于良渚文化的呈直角阶状有段锛[18]，还出现受良渚文化影响的器物，诸如较多的折腹豆等器形，这些器形在江汉地区，常见于鄂东罗田庙山岗[19]、武穴鼓山[20]、黄梅陆墩等遗址的同期文化遗存中。

在融汇了邻近地区相关文化因素的放鹰台新石器时代文化，具有一些自己特有的器形，如屈家岭下层文化与屈家岭文化中的 A 型Ⅰ式、A 型Ⅱ式长颈壶形鼎，C 型Ⅰ式、C 型Ⅱ式、C 型Ⅲ式豆形甑，双折腹壶，B 型Ⅴ式折腹壶，A 型Ⅲ式、Ca 型Ⅲ式、Da 型Ⅱ式折棱壶，B 型Ⅳ式大口长颈小扁弧腹壶和较多的高领扁弧腹中、小型罐等一批不见于同期其他类型的新器形，形成了明显的自身特色，呈现出一个新的文化类型。此类遗存，在武汉市郊新洲香炉山遗址的屈家岭下层文化中也有发现[21]，表明放鹰台一至二期墓葬为代表的屈家岭下层文化遗存，存在一定分布范围，可能是屈家岭下层文化的一种新的地方类型，建议称之为放鹰台类型。

第三章 西周文化遗存

第一节 文化遗迹

放鹰台遗址上的西周文化层，分布范围较大，除东北部和中部的少数探方外，几乎遍及整个遗址上层，文化堆积不甚丰富，平均厚度为 0.6 米。发现有坑形遗迹、灰坑、灰沟等（图五三）。

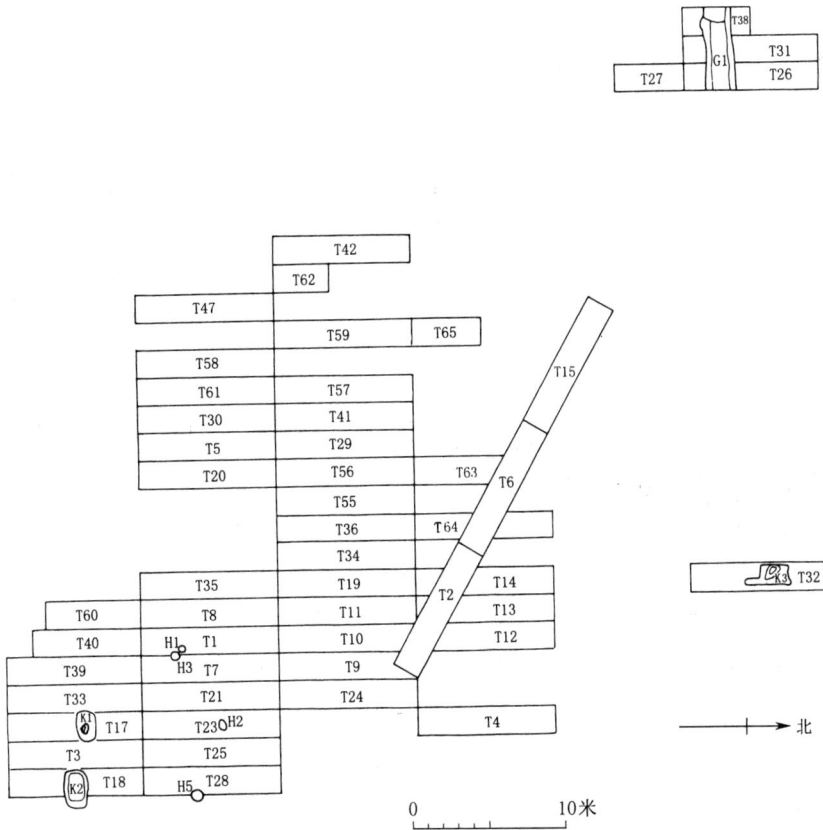

图五三 西周遗迹分布图

一、坑形遗迹

共发现 3 处，分别编号为 65WFK1、65WFK2 和 65WFK3，65WFK1 和 65WFK2 位于发掘区的东南部，相距仅 2 米许。65WFK3 位于发掘区中部，在距 65WFK1 以北约 50 米处。

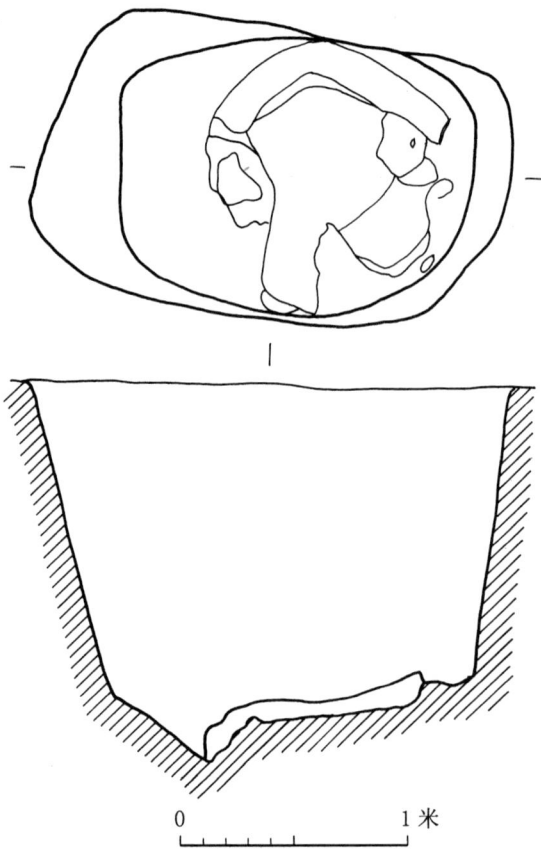

北 ↑

65WFK1　位于 T17 中部。开口于第 2 层之下，打破第 3 层及生土层。65WFK1 平面呈不规则方形，底部不规整,残存有曲尺状红烧土遗迹，红烧土厚 0.06 米。遗迹开口长 2.1、宽 1.24、深 1.58 米（图五四）。

65WFK2　位于 T18 中部。开口于第 2 层之下，打破第 3 层及生土层，上部被宋墓打破。平面呈圆角长方形，坑壁较陡。填土上部为灰黑色，下部为红斑褐黄土。开口长 2.75、宽 1.90 米，底长 2.2、宽 1.55 米，深 1.06 米（图五五，1）。

65WFK3　位于 T32 中部。开口于第 2 层下，打破生土层。平面呈"刀"字形，形制特殊，底部呈阶梯状。分上、中、下三层：第一层呈曲尺状，口部长 3.45～2.15、宽 1.6～0.55 米；第二层呈不规则椭圆形，长径为 1.15、短径 0.8 米；第三层呈长方形，底部长 0.3、宽 0.15 米。整个坑深 1.28 米（图五五，2）。

0　　　　　　　1 米

图五四　65WFK1 平、剖面图

二、灰　坑

共发现 4 个，分别编号为 65WFH1、65WFH2、65WFH3 和 65WFH5，形状有椭圆

形和圆形两种，皆位于发掘区东南部，其中 65WFH1 和 65WFH3 相邻并列在一起，间距为 0.3 米。

椭圆形灰坑仅 65WFH2 一个。位于 T23 中部，开口于第 2 层浅下，打破第 3 层及生土层。平面呈不规则椭圆形，锅状圜底。口径最大径 4.36、最小径 3.18 米，底径最大径 2.22、最小径 1.18 米，深 0.95~1.4 米（图五五，3）。

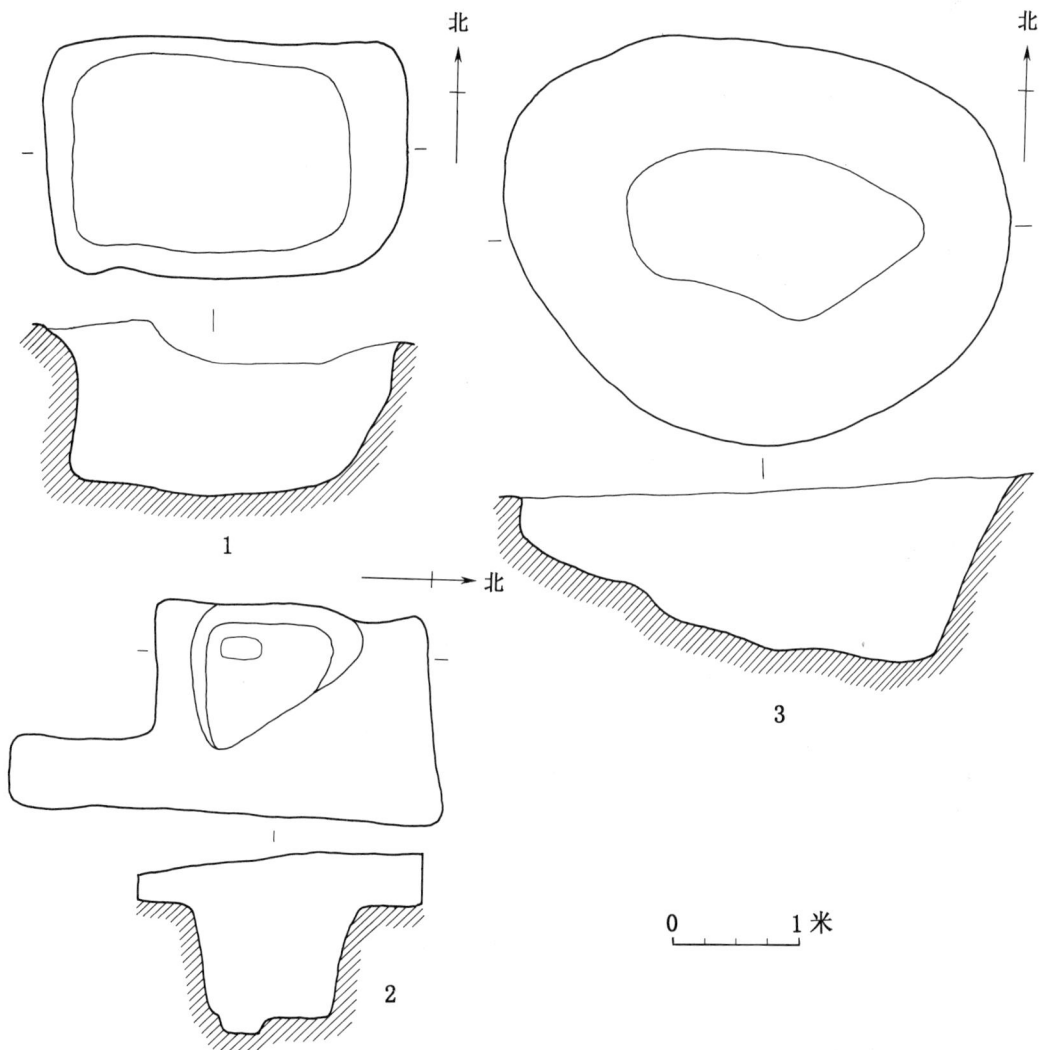

图五五　65WFK2、65WFK3、65WFH2 平、剖面图
1.65WFK2 平、剖面图　　2.65WFK3 平、剖面图　　3.65WFH2 平、剖面图

圆形灰坑有 65WFH1、65WFH3 和 65WFH5 三个。以 65WFH5 为例，位于 T28 中部，开口于第 2 层下，打破生土层。平面为圆形，斜壁，平底微圜。口径 0.9、底径 0.5、深 0.65 米（图五六）。

0   50厘米

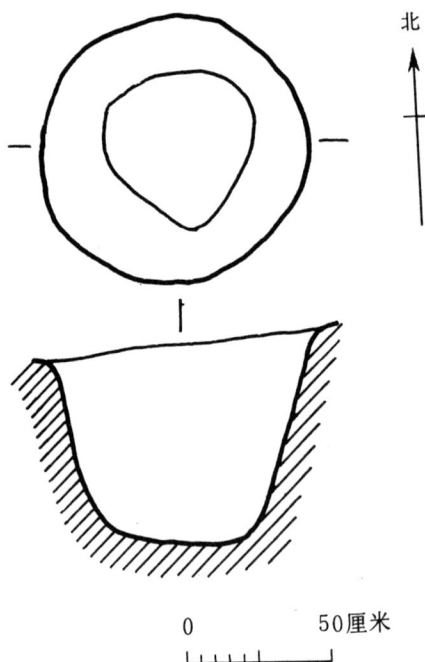

图五六　65WFH5 平、剖面图

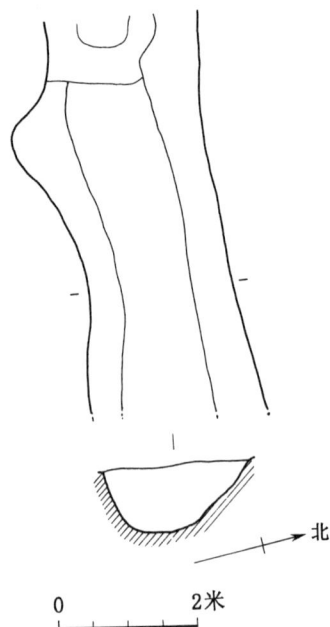

0   2米

图五七　65WFG1 平、剖面图

三、灰　沟

仅发现一处，位于发掘区的西部，未完整揭露。

G1 位于 T26、T31、T38 南部，呈东西走向。因发掘面积所限，东西两端均未到头。沟开口于第 2 层下，打破第 3 层。距地表 0.4 米，已揭出部分长 6 米，口宽 2.1、底宽 1、深 1 米。呈缓坡状斜壁，不甚规整，沟底较平。沟内填有褐黄土及红烧土等，土质松而杂质多。出土陶片不多（图五七）。

第二节　文化遗物

西周文化堆积层与遗迹中的出土遗物，可分为生产工具、生活用具、装饰品及其他三大类。

一、生产工具

标本 37 件。按质料可分为石、陶、铜器三种。

（一）石　器

标本 17 件。多数通体磨光，少数只经过简单的粗略加工。石料多为石灰岩、砂岩和页岩。器形有斧、锛、镰、刀、钻、饼及未加工完成的石料等。

石斧　4 件。均两面磨光。根据平面形状，分 A、B、C 三型。

A 型　1 件。呈上窄下宽的不规则梯形，较厚。标本 T29②:2，灰色页岩磨制。顶呈尖状，双面刃，刃部略斜。残长 13.8、上宽 1.6、刃宽 6.4、厚 4.3 厘米（图五八，1）。

B 型　2 件。呈长方形。分 I、II 两式。

I 式　1 件。标本 T39②:4，灰色页岩磨制。斜顶，双面直刃，刃口部分残缺。长 11.8、刃宽 5.6、厚 3 厘米（图五八，3）。

II 式　1 件。标本 65WFH2:4，灰色页岩磨制。顶部呈弧形，双面平刃，刃微弧。长 9.5、上宽 5.4、刃宽 6.2、厚 2.6 厘米（图五八，6）。

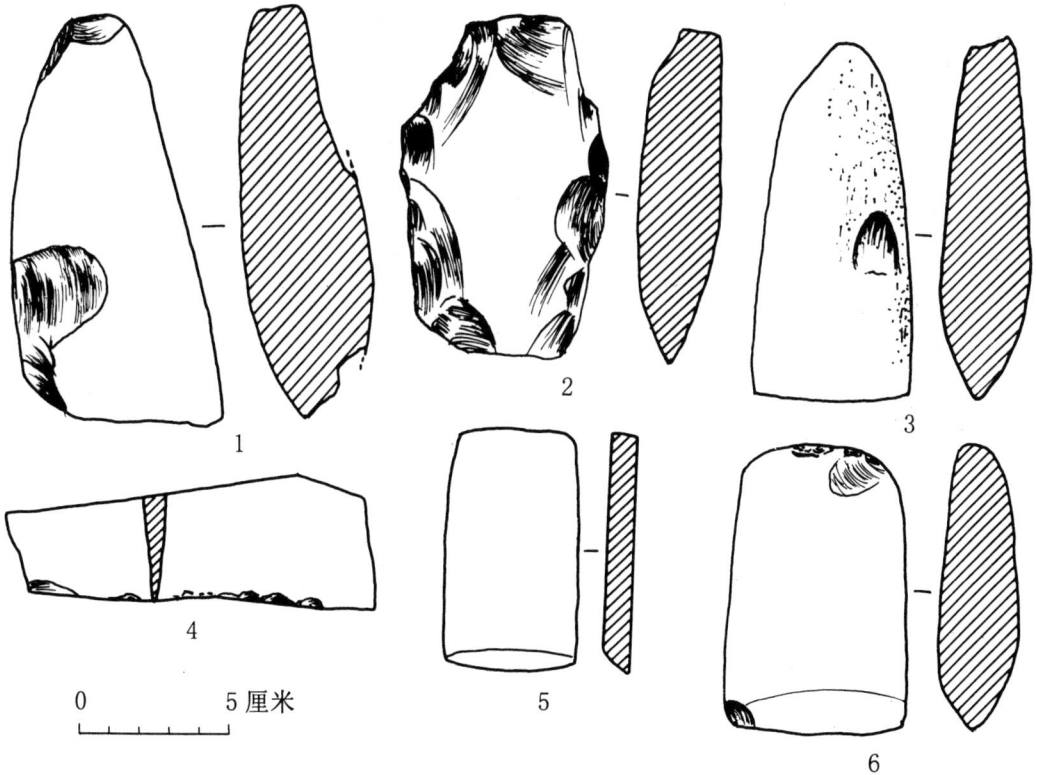

图五八　西周石斧、锛和镰

1.A 型石斧（T29②:2）　　2.C 型石斧（T51②:3）　　3.B 型 I 式石斧（T39②:4）　　4.C 型石镰（65WFK2:6）

5.B 型 I 式石锛（T19②:3）　　6.B 型 II 式石斧（65WFH2:4）

C 型　1 件。标本 T51②：3，有肩石斧。体表残损严重，灰色页岩磨制。弧刃。残长 11、上部残宽 4、刃部残宽 5.2、厚 2.6 厘米（图五八，2）。

石锛　5 件。两面磨光，根据器形，分 A、B、C 三型。

A 型　1 件。标本 T37②：3，灰色砂岩磨制。呈薄体长方形。平顶略弧，单面平刃。长 6.1、上宽 1.6、刃宽 2.4、厚 0.6 厘米（图五九，1）。

B 型　3 件。长方形。分 I、II、III 三式。

I 式　1 件。标本 T19②：3，灰色砂岩磨制。锛面平直，形体较薄，平顶，单面刃，刃部微弧。长 8、宽 3.8、刃宽 4.3、厚 0.9 厘米（图五八，5）。

II 式　1 件。标本 T20②：3，灰色砂岩磨制，制作精细。体稍厚，弧顶，单面刃呈弧状。长 6.2、上宽 2、刃宽 3.5、厚 1.7 厘米（图五九，2）。

III 式　1 件。标本 T33②：4，青灰色石灰岩磨制，加工精细。形状扁平稍薄，平顶，直背微弧折，单面刃微弧。长 5、宽 2.3、厚 1.4 厘米（图五九，3）。

C 型　1 件。标本 65WFK2：5，灰色页岩磨制。平面近方形，平顶微弧，背面略弧。长 3.9、上宽 3.2、刃宽 3.6、厚 1.1 厘米（图五九，4）。

石镰　3 件。分 A、B、C 三型。

A 型　1 件。标本 65WFH2：13，灰色页岩磨制。单面刃，刃、锋及前部已残，背呈弧形，握手处呈新月形。残长 8.4、宽 3.1、厚 0.3 厘米（图五九，6）。

B 型　1 件。标本 T33②：7，黑色页岩磨制。平面呈三角状，凹弧刃。长 10.5、宽 4.6、厚 0.9 厘米（图五九，5）。

C 型　1 件。标本 65WFK2：6，青灰色页岩磨制。锋及前段已残，残余部分近长方形，背部平直，刃口斜直，横断面呈三角形。残长 11.6、宽 3.4 厘米（图五八，4）。

石饼　1 件。标本 T3②：8，青灰石磨制，通体磨光，似用卵石加工而成。正面呈圆形，断面呈椭圆形。直径 4.8 厘米（图五九，7）。

另有 4 件加工过的石料。

（二）陶　器

标本 9 件。有纺轮、网坠和陶拍三种。

纺轮　4 件。以泥质褐红陶、灰陶为主。分 A、B、C 三型。

A 型　1 件。体形较薄。标本 65WFH5：30，泥质红陶。断面近似梭形。直径 4.3、孔径 0.4、厚 0.5 厘米（图六〇，4）。

B 型　1 件。体呈枣核形，较厚。标本 T31②：2，泥质灰陶。一面略凹，一面鼓弧，周边呈尖角形。直径 4.4、孔径 0.4、厚 1.7 厘米（图六〇，2）。

C 型　2 件。体呈算珠形。较厚。分 I、II 两式。

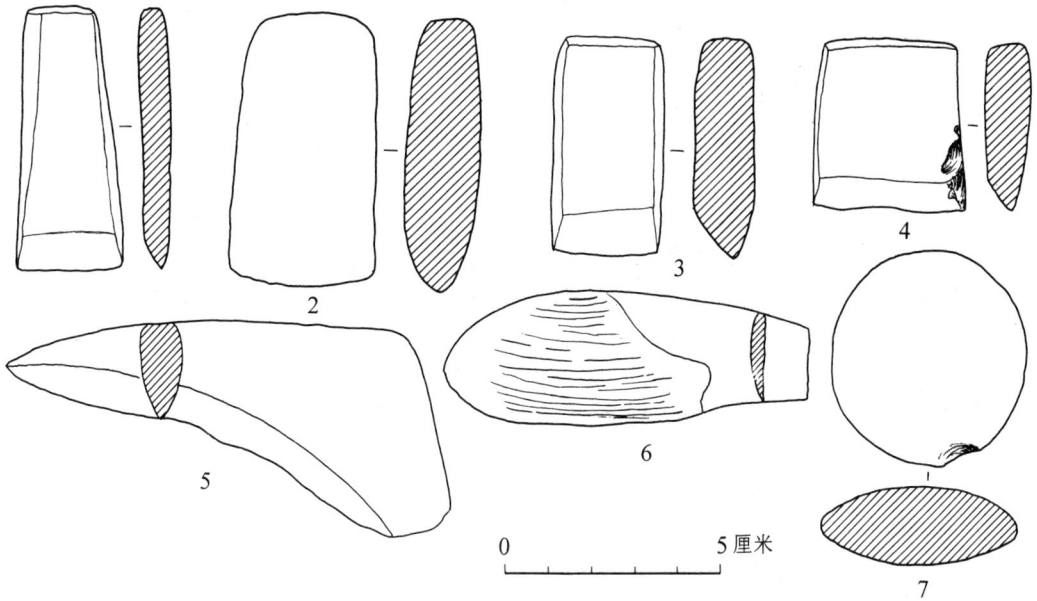

图五九　西周石锛、镰和饼

1.A 型石锛（T37②∶3）　　2.B 型 II 式石锛（T20②∶3）　　3.B 型 III 式石锛（T33②∶4）　　4.C 型石锛（65WFK2∶5）
5.B 型石镰（T33②∶7）　　6.A 型石镰（65WFH2∶13）　　7.石饼（T3②∶8）

　　I 式　1 件。周边呈钝角状。标本 T60②∶1，泥质褐陶。直径 3.8、孔径 0.3、厚 2.6 厘米（图六〇，3）。

　　II 式　1 件。周边呈鼓弧形。标本 T23②∶1，泥质灰陶。两面均饰有 5 圈弦纹。直径 4.2、孔径 0.7、厚 3.1 厘米（图六〇，1）。

　　网坠　4 件。均手工捏制。分 A、B 两型。

　　A 型　1 件。平面近长橄榄形。标本 T42②∶2，泥质褐陶。弧背，背中部横贯一较窄的凹槽。长 5.9、宽 1.1、厚 1 厘米（图六〇，7）。

　　B 型　3 件。器体两面中部各横贯一凹槽，两端呈扎束状。分 I、II、III 三式。

　　I 式　1 件。体近方形。标本 T20②∶16，夹砂褐陶。横置凹槽一窄一宽。长 2.1、宽 1.6、厚 1.3 厘米（图六〇，8）。

　　II 式　1 件。体呈长方形。标本 T29②∶39，夹砂褐陶。横置凹槽一窄一宽。长 3、宽 1.75、厚 1.1 厘米（图六〇，6）。

　　III 式　1 件。体近方形，两面呈弧状。标本 T29②∶41，两面凹槽宽且深，两端顶面较平。长 3.6、宽 3、厚 1.5～2.3 厘米（图六〇，5）。

　　陶拍　1 件。体呈长方形。标本 65WFH5∶2，夹砂灰褐陶。手制。拍面较平，拍背正中有一桥形纽。素面。长 7.6、宽 3 厘米（图六〇，9）。

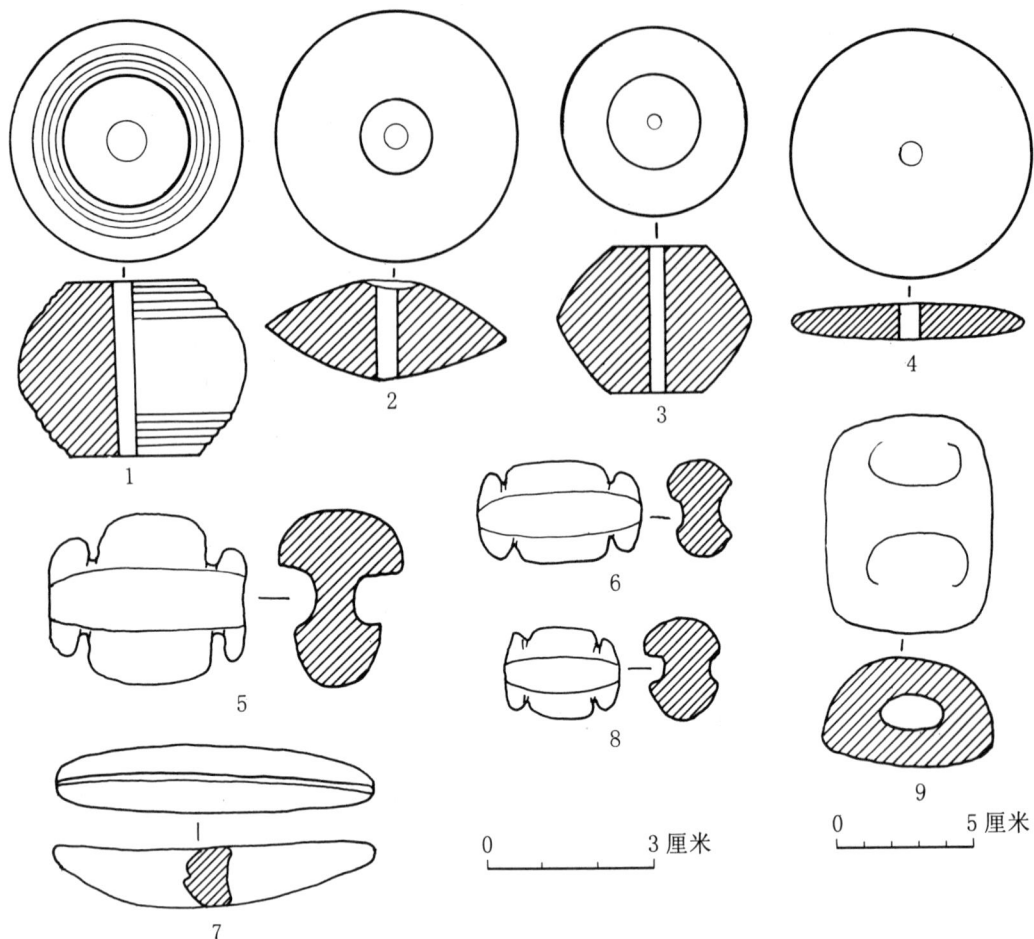

图六○ 西周陶纺轮、网坠和拍

1.C 型Ⅱ式纺轮（T23②:1） 2.B 型纺轮（T31②:2） 3.C 型Ⅰ式纺轮（T60②:1） 4.A 型纺轮（65WFH5:30）
5.B 型Ⅲ式网坠（T29②:41） 6.B 型Ⅱ式网坠（T29②:39） 7.A 型网坠（T42②:2） 8.B 型Ⅰ式网坠
（T20②:16） 9.陶拍（65WFH5:2）

（三）青铜器

标本 11 件。为镞、削刀、鱼钩等小件。

镞 5 件。以有无燕尾形倒锋分为 A、B 两型。

A 型 1 件。T18②:1，锋尖残，两翼较宽，无倒锋。铤剖面为圆形。残长 5.3 厘米（图六一，1）。

B 型 4 件。分Ⅰ、Ⅱ、Ⅲ、Ⅳ四式。

Ⅰ式 1 件。标本 T3②:36，长脊圆弧，两翼略弧较短，翼尾较长呈燕尾状，铤横断面为棱形，两翼表饰 S 纹。通长 5.4、翼宽 1.7 厘米（图六一，2）。

Ⅱ式　1件。标本 T42②:7，菱形长脊，铤为菱形，锋及一侧翼大部分残。残长 5、残宽 1.7 厘米（图六一，3）。

Ⅲ式　1件。标本 65WFH5:20，两翼较窄，短脊凸弧向后渐宽，翼尾长于铤，菱形铤较短且已残。通长 4.4、翼宽 1.7 厘米（图六一，4）。

Ⅳ式　1件。标本 T47②:2，锋尖残，前端较厚，菱形脊，两翼略呈弧状，圆形长铤。残长 5.8、翼宽 1.6 厘米（图六一，5）。

削刀　3件。呈长条刀状。以有无环首分为 A、B 两型。

A 型　2件。分Ⅰ、Ⅱ两式。

Ⅰ式　1件。刀尖斜弧。标本 65WFK3:1，长弧刃，背微曲，长柄略弧，背脊厚于柄部。通长 17.8、宽 2.2、柄长 7.6、柄宽 1.5、厚 0.4 厘米（图六一，7）。

Ⅱ式　1件。弧形刀尖。标本 T33②:31，弧刃直背，长直柄。通长 14.9、宽 1.9、柄长 5.7、柄宽 1、厚 0.25 厘米（图六一，8）。

B 型　1件。角形刀尖。标本 T42②:8，平刃，直背，直柄，柄端圆圈环首残断。残长 15、宽 2.2、柄残长 5.2、柄宽 1.1、厚 0.15 厘米（图六一，9）。

雕刻器　1件。标本 T10②:37，长条形，两端皆残，截面呈梯形。残长 8.6、宽 0.4 厘米（图六一，6）。

鱼钩　2件。以粗细的不同分为 A、B 两型。

A 型　1件。标本 T60②:5，两端残，仅存一带弯的长柄，柄上端有一小凹槽，柄横断面呈六边形（图六一，10）。

B 型　1件。标本 T21②:17，仅残存钩弯，呈弧曲钩状，截面呈扁圆形（图六一，11）。

二、生活用具

全为陶器。在出土的陶片中，大部分残存或明显可辨器形者数量不多，可修复的更少。

根据 T3、T7、T17、T18、T21、T23、T25、T28、T33、T39 等 10 个探方出土的西周陶片统计结果来看，陶质以夹砂灰褐陶最为常见，夹砂红褐陶、黄红褐陶及黑陶、灰陶次之；泥质陶则以红陶、灰陶和黑陶多见。器物的纹饰，以绳纹为主，其次为凹弦纹、附加堆纹、竖线条纹、戳印纹及按窝纹等。在鬲、甗、罐等器物的颈部，常饰抹平绳纹；而在鬲、罐等器物的肩、腹部，则饰间断绳纹；凹弦纹主要饰在器物的肩、腹部；附加堆纹主要饰在鬲、罐、尊等器物的上腹部，在附加堆纹上常有压印绳纹；在豆圈足及部分器盖上有镂孔；指窝纹则主要饰在甗腰部。

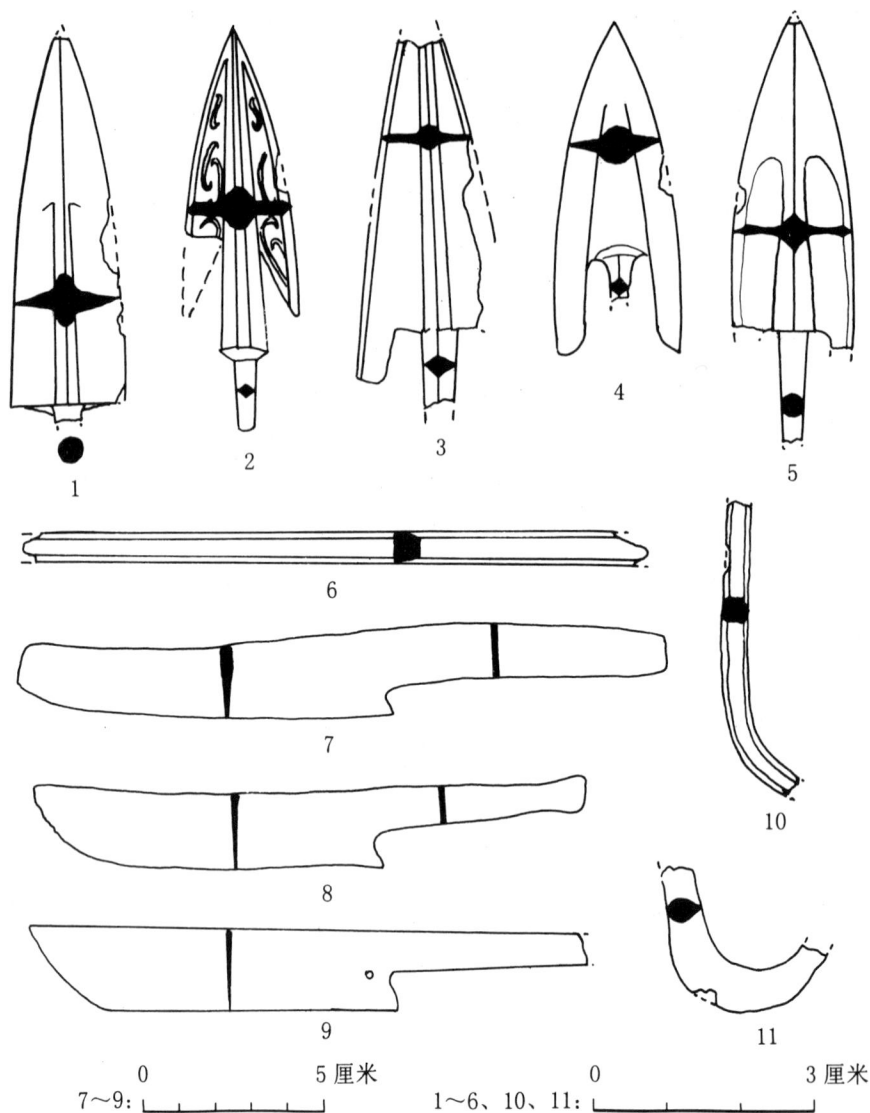

图六一　西周铜镞、削刀、雕刻器和鱼钩

1.A 型铜镞（T18②:1）　　2.B 型Ⅰ式铜镞（T3②:36）　　3.B 型Ⅱ式铜镞（T42②:7）　　4.B 型Ⅲ式铜镞（65WFH5:20）
5.B 型Ⅳ式铜镞（T47②:2）　　6.雕刻器（T10②:37）　　7.A 型Ⅰ式削刀（65WFK3:1）　　8.A 型Ⅱ式削刀
（T33②:31）　　9.B 型削刀（T42②:8）　　10.A 型鱼钩（T60②:5）　　11.B 型鱼钩（T21②:17）

　　器物的制作方法，有手制与轮制两种，以轮制为主，也有手制成型后再加以慢轮修整等；但鬲足、錾手、瓿腰等部位常用分制贴接的方法制作。

　　出土的主要器物有鼎、鬲、瓿、盆、豆、罐、瓮、钵、盂、尊、簋、圈足碗、器盖、两孔陶器等。标本共 210 件。

　　鼎　14 件。多为夹砂灰陶和褐红陶。基本能复原者仅 1 件，其余为口沿残片及鼎足。均侈口，多饰绳纹及弦纹，少数饰有竖线纹，在少数鼎足的跟部饰戳印纹。据其特点可分为 A、B 两型。

A 型　10 件。大侈口鼎。颈略束，溜肩。分Ⅰ、Ⅱ、Ⅲ、Ⅳ、Ⅴ五式。

Ⅰ式　2 件。沿略向外翻卷，束颈。标本 T41②：6，夹砂褐红陶。尖圆唇，溜肩。肩腹部饰间断绳纹。口径 32 厘米（图六二，1）。标本 T11②：9，夹砂黑衣红陶。方唇较厚，溜肩。肩饰凹弦纹 2 周，腹饰间断绳纹。口径 26.8 厘米（图六二，8）。

Ⅱ式　2 件。卷沿，束颈。标本 T5②：5，夹砂褐红陶。圆唇，唇沿有 1 道凹槽，腹微鼓。肩腹部饰间断绳纹。口径 22.8 厘米（图六二，7）。标本 T3②：29，夹砂褐灰陶。圆唇较厚，唇沿有 1 道凹槽。颈部饰抹平绳纹，肩腹部饰交错绳纹（图六二，14）。

Ⅲ式　1 件。颈略束。标本 T41②：10，夹砂黑衣红陶。尖圆唇，弧腹微鼓。肩腹部饰间断绳纹。口径 20 厘米（图六二，9）。

Ⅳ式　2 件。沿略外折，腹壁较直。标本 65WFK2：34，夹砂褐红陶。圆唇，斜直腹壁。口沿下饰交错绳纹，腹饰间断绳纹，上压弦纹。口径 28 厘米（图六二，5）。标本 T33②：29，夹砂灰陶。颈微束，弧腹壁。肩腹部饰间断绳纹。口径 24.6 厘米（图六二，3）。

Ⅴ式　3 件。腹壁较直，颈微束。标本 65WFK2：33，夹砂褐红陶。方唇，直腹壁微弧，底近平。上腹饰竖绳纹，上压弦纹，下腹部饰拍印的不规则绳纹。口径 20 厘米（图六二，10）。标本 T11②：5，夹砂褐红陶。圆唇，腹微弧。唇下饰抹平绳纹，颈部饰弦纹，上腹饰间断绳纹。口径 22 厘米（图六二，6）。标本 T33②：21，夹砂褐红陶。方圆唇较厚，腹微弧。腹饰交错间断绳纹。口径 27.2 厘米（图六二，2）。

B 型　4 件。小侈口罐形鼎。束颈，溜肩。分Ⅰ、Ⅱ、Ⅲ三式。

Ⅰ式　1 件。沿向外翻卷。标本 T2②：12，夹砂灰陶。方唇较厚，唇外附贴泥条，溜圆肩。颈饰凸弦纹 1 周，肩饰间断绳纹。口径 14.8 厘米（图六二，12）。

Ⅱ式　2 件。沿略外卷。标本 65WFK2：31，夹砂褐红陶。方圆唇，溜肩鼓腹。肩腹部饰间断绳纹。口径 22 厘米（图六二，4）。标本 T41②：2，泥质黑衣红陶。方唇，广肩。肩饰凹弦纹，腹饰间断绳纹。口径 16 厘米（图六二，11）。

Ⅲ式　1 件。卷沿，短束颈，溜肩。标本 T33②：28，夹细砂褐红陶。圆唇，腹微弧。肩饰凹弦纹 1 周，腹饰间断绳纹（图六二，13）。

鼎足　5 件。锥状足。手制痕迹明显。分 A、B、C 三型。

A 型　3 件。高锥足。分Ⅰ、Ⅱ、Ⅲ三式。

Ⅰ式　1 件。尖锥状刻槽足，足、腹相接痕迹明显。标本 T21②：12，夹砂褐黄陶。足跟上部近裆处饰绳纹。残高 9.8 厘米（图六三，5）。

Ⅱ式　1 件。乳头状刻槽足。上粗下细。标本 H2：9，夹砂褐红陶。足呈尖锥状。

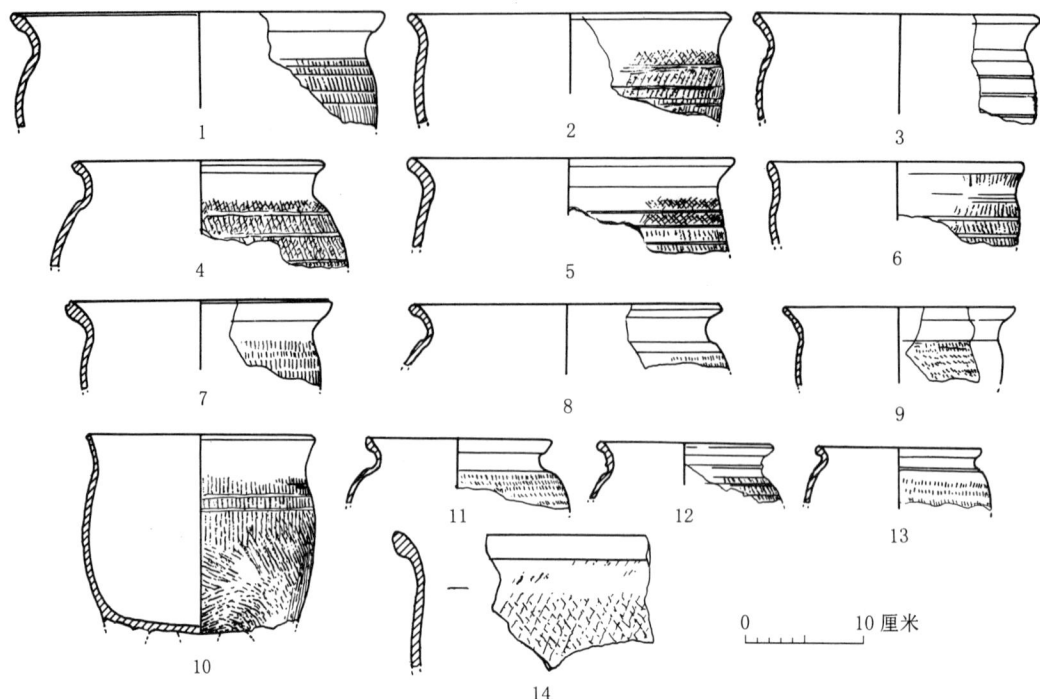

图六二　西周陶鼎

1.A型Ⅰ式（T41②:6）　2.A型Ⅴ式（T33②:21）　3.A型Ⅳ式（T33②:29）　4.B型Ⅱ式（65WFK2:31）
5.A型Ⅳ式（65WFK2:34）　6.A型Ⅴ式（T11②:5）　7.A型Ⅱ式（T5②:5）　8.A型Ⅰ式（T11②:9）
9.A型Ⅲ式（T41②:10）　10.A型Ⅴ式（65WFK2:33）　11.B型Ⅱ式（T41②:2）　12.B型Ⅰ式（T2②:12）
13.B型Ⅲ式（T33②:28）　14.A型Ⅱ式（T3②:29）

高 9 厘米（图六三，2）。

　　Ⅲ式　1件。尖锥状足。标本 T3②:19，夹砂红褐陶。截面呈不规则六边形。满饰绳纹。高 12.6 厘米（图六三，1）。

　　B型　1件。圆柱形有榫足。标本 T29②:18，夹砂褐红陶。足较高，足尖残，截面呈圆形，足残断处可见接榫。素面。残高 9 厘米（图六三，3）。

　　C型　1件。有榫鼎足。标本 T21②:24，夹砂红陶。破断面露有与器底接合的榫头，泥条状榫头从插至足底。足表饰足绳纹（图六三，4）。

　　鬲　30件。器形完整者仅 2件。均夹砂陶，多为黑皮褐红陶，也有部分褐黄陶及灰陶。可分 A、B、C 三型。

　　A型　3件。直口鬲。按有流和无流分为 a、b 两亚型。

　　Aa型　1件。矮直口带盖鬲。标本 T3②:1，夹砂褐红陶。鼓腹直口领，分裆稍平，柱状足，浅足窝，有一柱状冲天流。盖为子母口，握手呈塔状。上腹饰切绳纹，腹中部饰附加堆纹，下饰间断绳纹，盖面饰刻划三角形纹饰。口径 13.6、腹径 28.8、通高 34、

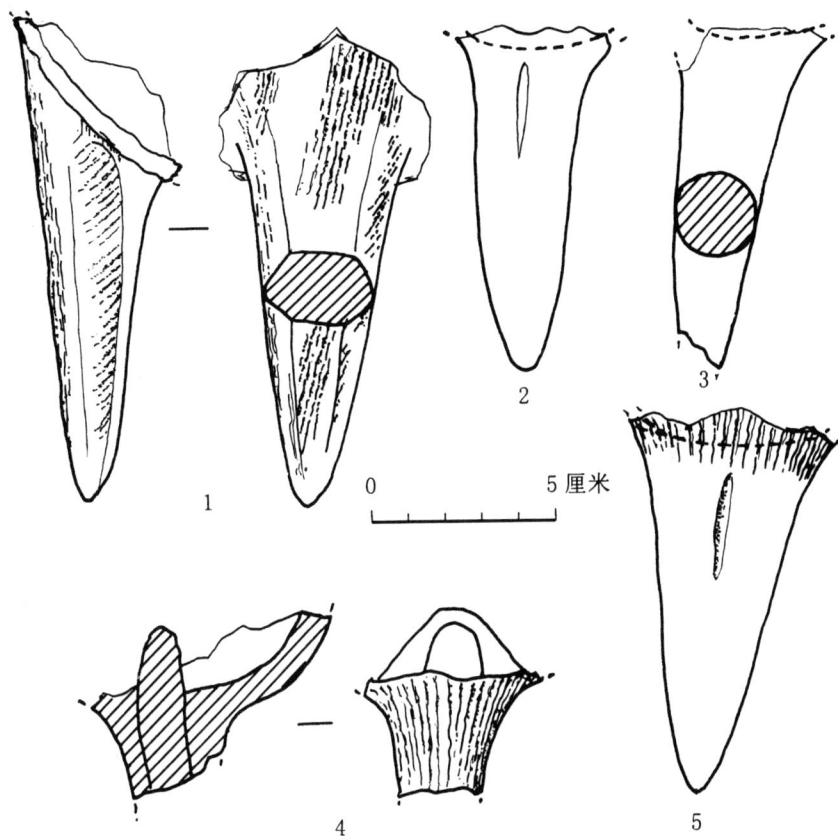

图六三　西周陶鼎足

1.A型Ⅲ式（T3②:19）　　2.A型Ⅱ式（H2:9）　　3.B型（T29②:18）　　4.C型（T21②:24）　　5.A型Ⅰ式（T21②:12）

档高9.6厘米（图六四，1，彩版四，5；图版三二，1、2）。

Ab型　2件。直口领，广溜肩鬲。标本65WFH2:16，夹砂黑皮灰陶。方圆唇，肩饰不规则绳纹。口径14厘米（图六四，10）。标本T17②:33，夹砂黑皮灰陶，口略直，方圆唇。肩饰凹弦纹。口径12.8厘米（图六四，7）。

B型　3件。小口鬲。按有鋬和无鋬分为a、b两亚型。

Ba型　2件。小口束颈窄肩鬲。均侈口，沿略卷，深腹。分Ⅰ、Ⅱ两式。

Ⅰ式　沿微卷，束颈，弧腹，口径小于腹径。标本T11②:15，夹砂褐红陶。圆唇，窄肩，弧腹偏上。腹饰弦纹、绳纹。口径12厘米（图六四，12）。

Ⅱ式　1件。沿外卷，束颈，弧腹壁，口径小于腹径。标本T11②:4，夹砂黑陶。圆唇，窄弧肩，弧腹偏上。肩饰凹弦纹2周，腹饰切绳纹。口径12厘米（图六四，5）。

Bb型　1件。小口束颈带鋬鬲。沿外卷，溜肩鼓腹下收。标本T11②:39，夹砂黑

陶。侈口，沿略外翻，方圆唇，束颈，溜肩，深弧腹。腹上部按有 1 个竖置的鸡冠状
錾。肩饰凹弦纹 5 周，腹上部饰切绳纹，下部饰交错绳纹。口径 21.6 厘米（图六四，
8）。

C 型　24 件。大口鬲。按束颈有肩、束颈无肩、短颈分为 a、b、c 三亚型。

Ca 型　13 件。大口束颈有肩鬲。大侈口或外侈，束颈，溜弧肩或广肩。分Ⅰ、
Ⅱ、Ⅲ、Ⅳ、Ⅴ、Ⅵ六式。

Ⅰ式　1 件。沿外翻卷。标本 65WFH2：17，夹砂褐陶。尖唇较薄，唇沿内侧有数
周凹弦纹。器体制作粗糙，素面无纹。口径 28 厘米（图六四，6）。

Ⅱ式　3 件。沿外卷。标本 65WFH2：19，夹砂灰陶。尖圆唇，沿外翻，广肩。肩

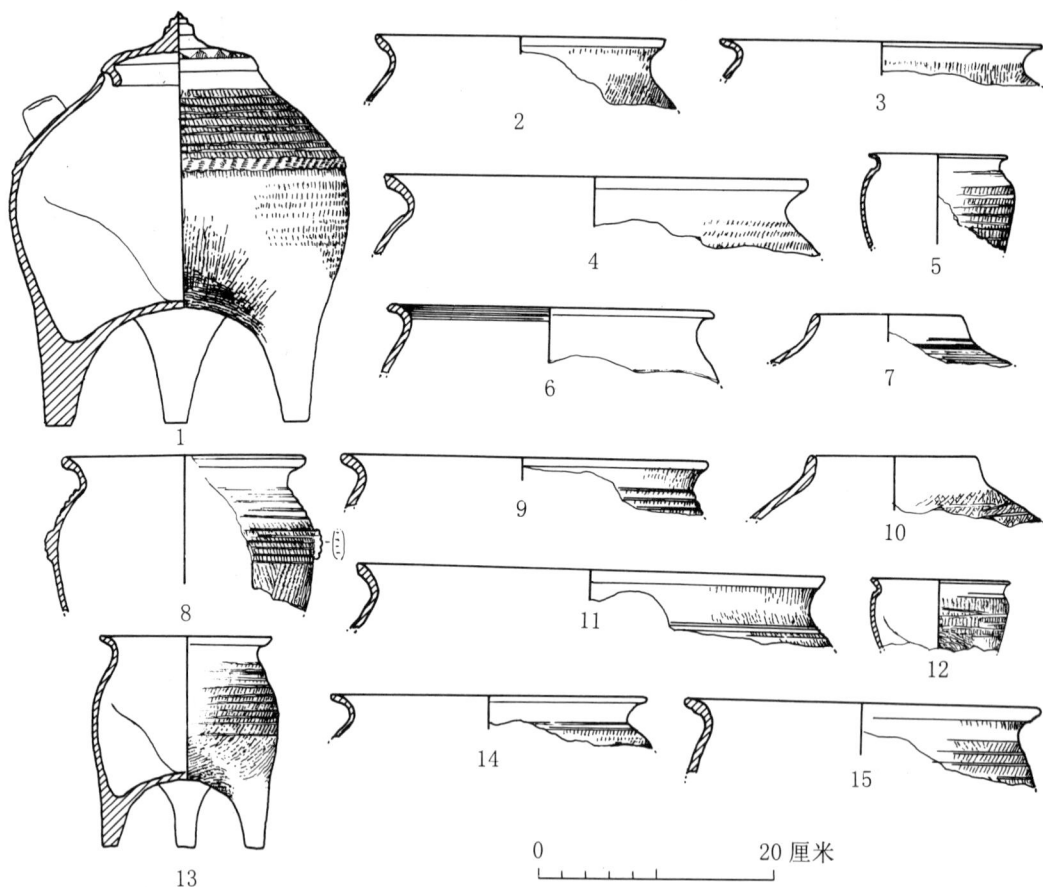

图六四　西周陶鬲

1．Aa 型（T3②：1）　2．Ca 型Ⅳ式（T23②：15）　3．Ca 型Ⅱ式（65WFH1：2）　4．Ca 型Ⅱ式（65WFH2：19）
5．Ba 型Ⅱ式（T11②：4）　6．Ca 型Ⅰ式（65WFH2：17）　7．Ab 型（T17②：33）　8．Bb 型（T11②：39）
9．Ca 型Ⅲ式（65WFK2：21）　10．Ab 型（65WFH2：16）　11．Ca 型Ⅳ式（T11②：29）　12．Ba 型Ⅰ式（T11②：
15）　13．Ca 型Ⅲ式（T11②：1）　14．Ca 型Ⅱ式（65WFH2：15）　15．Ca 型Ⅴ式（T29②：7）

饰间断绳纹。口径 36 厘米（图六四，4）。标本 65WFH1：2，夹砂黑皮灰陶。方唇，广肩。肩饰交错绳纹。口径 27.2 厘米（图六四，3）。标本 65WFH2：15，夹砂灰陶。尖圆唇，弧肩。肩饰凹弦纹、间断绳纹。口径 27.2 厘米（图六四，14）。

Ⅲ式 2 件。沿略外卷。标本 T11②：1，夹砂褐陶。圆唇，束颈，弧裆，三柱状足。颈饰抹平绳纹，绳纹上压凹弦纹 2 周，形成切绳纹，下腹饰交错绳纹，足饰绳纹。口径 15、腹径 16、高 17.6、裆高 5.6 厘米（图六四，13；图版三三，1）。标本 65WFK2：21，夹砂黑皮灰陶。方唇，溜肩。颈饰抹平绳纹，肩饰切绳纹。口径 31.2 厘米（图六四，9）。

Ⅳ式 2 件。卷沿略外翻。标本 T23②：15，夹砂灰陶。尖圆唇，溜肩。颈饰抹平绳纹，肩饰交错绳纹。口径 24.8 厘米（图六四，2）。标本 T11②：29，夹砂灰陶。尖圆唇较厚，大侈口，广肩，颈饰绳纹，肩饰切绳纹。口径 40 厘米（图六四，11）。

Ⅴ式 3 件。卷沿外翻，颈略束。标本 T19②：9，夹砂黑皮灰陶。尖唇较厚，唇面略内凹，束颈。颈下饰凹弦纹 2 周，腹上部饰间断绳纹、附加堆（压印绳）纹。口径 25.6 厘米（图六五，1）。标本 T29②：7，夹砂灰陶，圆唇较厚。口沿下饰抹平绳纹，颈下饰切绳纹。口径 20 厘米（图六四，15）。标本 T33②：14，夹砂灰陶，沿略外折，圆唇较厚，溜肩。唇下饰抹平绳纹，腹上部饰交错绳纹。口径 26.4 厘米（图六五，3）。

Ⅵ式 2 件。卷沿外翻，束颈。标本 65WFK2：16，夹砂灰陶。圆唇较厚。颈下饰绳纹。口径 24 厘米（图六五，4）。标本 T12②：7，夹砂灰陶。尖圆唇较厚，沿内有 1 道浅凹槽，广肩。肩饰凹弦纹。口径 34 厘米（图六五，12）。

Cb 型 8 件。大口束颈无肩鬲。大侈口，卷沿，束颈，鼓腹或斜弧腹壁。分Ⅰ、Ⅱ、Ⅲ、Ⅳ、Ⅴ、Ⅵ六式。

Ⅰ式 2 件。口外侈。标本 T36②：2，夹砂黑皮灰陶。圆唇，沿外饰抹平绳纹，颈饰凹弦纹夹绳纹，腹饰附加堆纹（压印绳纹），下腹饰间断绳纹。口径 26.4 厘米（图六五，5）。标本 T8②：2，夹细砂黑皮灰陶。尖圆唇。沿下饰抹平绳纹，腹部饰细绳纹，中部压有 1 周附加堆纹（压印绳纹）（图六五，6）。

Ⅱ式 2 件。沿略翻卷。标本 65WFK1：19，夹砂黑皮灰陶。圆唇略外翻。颈饰绳纹，腹饰绳纹。口径 24 厘米（图六五，8）。标本 T10②：15，夹砂灰陶。尖圆唇。沿外饰绳纹，颈下饰绳纹。口径 16 厘米（图六五，10）。

Ⅲ式 1 件。卷沿外翻。标本 65WFK2：24，夹砂灰陶。圆唇较厚，颈略束。沿下饰绳纹，腹饰间断绳纹。口径 28 厘米（图六五，9）。

Ⅳ式 1 件。折沿略外翻。标本 T11②：21，夹砂灰褐陶。大折沿，尖圆唇，直腹壁微弧。沿下饰抹平绳纹，腹上部饰附加堆纹（压印绳纹），腹饰切绳纹（图六五，2）。

Ⅴ式 1 件。沿略折。标本 T1②：9，夹砂灰陶。尖圆唇，颈略束，腹壁微弧。素面无纹饰。口径 29.6 厘米（图六五，7）。

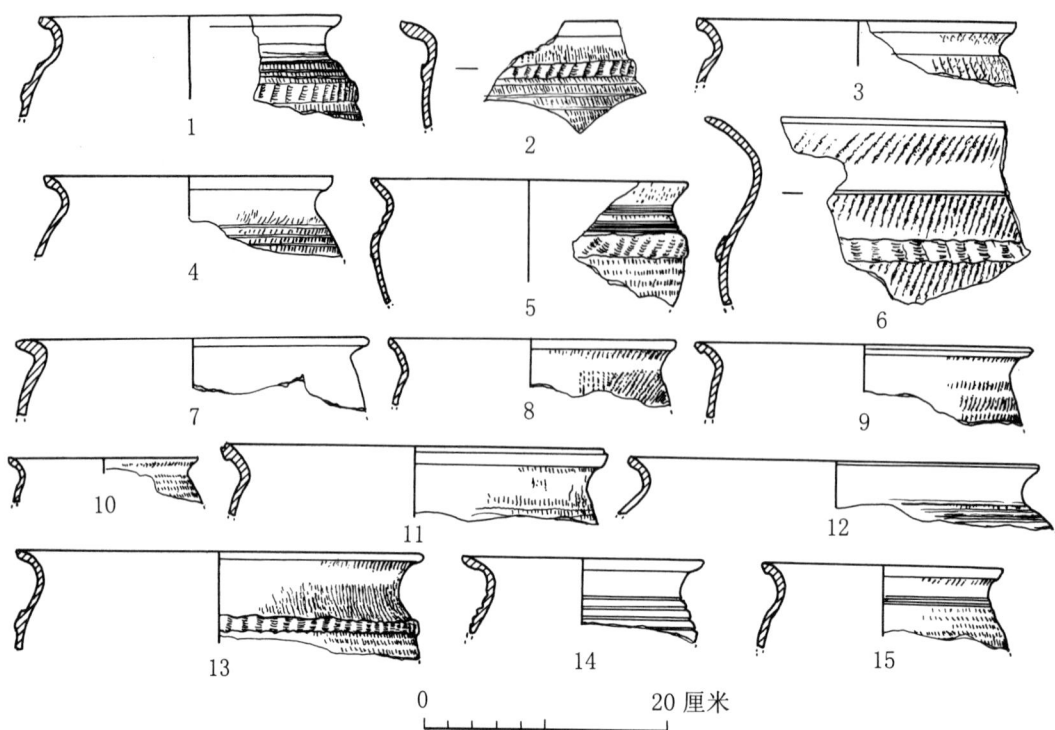

图六五　西周陶鬲

1.Ca 型 V 式（T19②:9）　2.Cb 型 Ⅳ 式（T11②:21）　3.Ca 型 V 式（T33②:14）　4.Ca 型 Ⅵ 式（65WFK2:16）
5.Cb 型 Ⅰ 式（T36②:2）　6.Cb 型 Ⅰ 式鬲（T8②:2）　7.Cb 型 V 式（T1②:9）　8.Cb 型 Ⅱ 式（65WFK1:19）
9.Cb 型 Ⅲ 式（65WFK2:24）　10.Cb 型 Ⅱ 式（T10②:15）　11.Cb 型 Ⅵ 式（T16②:2）　12.Ca 型 Ⅵ 式（T12
②:7）　13.Cc 型 Ⅰ 式（65WFK2:9）　14.Cc 型 Ⅱ 式（T11②:22）　15.Cc 型 Ⅲ 式（T33②:11）

Ⅵ式　1件。折沿外翻。标本 T16②:2，夹砂灰陶。方唇，子母口，斜弧腹壁。沿下颈部饰抹平绳纹，腹饰切绳纹。口径 32 厘米（图六五，11）。

Cc 型　3件。大口短颈鬲。大口外侈，沿外翻卷，束弧颈，鼓腹。分Ⅰ、Ⅱ、Ⅲ三式。

Ⅰ式　1件。沿略外翻卷。标本 65WFK2:9，夹砂褐陶。尖唇。唇下饰抹平绳纹，颈部饰绳纹，颈下饰1周附加堆纹（压印绳纹）。口径 34 厘米（图六五，13）。

Ⅱ式　1件。卷沿略外翻。标本 T11②:22，夹砂褐陶。尖圆唇，卷沿外侈。颈下饰凹弦纹数周。口径 20 厘米（图六五，14）。

Ⅲ式　1件。卷沿外翻。标本 T33②:11，夹砂黑皮褐红陶。尖圆唇较厚，大卷沿，溜肩。唇沿下饰抹平绳纹，颈饰凹弦纹，颈下饰不规则间断绳纹。口径 20 厘米（图六五，15）。

鬲足　29件。以夹砂褐陶为主，也有黄褐陶、灰陶及黑皮陶。多数表面饰绳纹，也有部分表面有明显的刀削加工痕迹。依足窝的深浅及实足跟的高矮，可分为 A、B、C、D、E 五型。

A 型 3 件。乳头状鬲足，足窝深。分Ⅰ、Ⅱ、Ⅲ三式。

Ⅰ式 1 件。大乳头状。标本 T11②：27，夹砂灰陶。通体饰绳纹（图六六，1）。

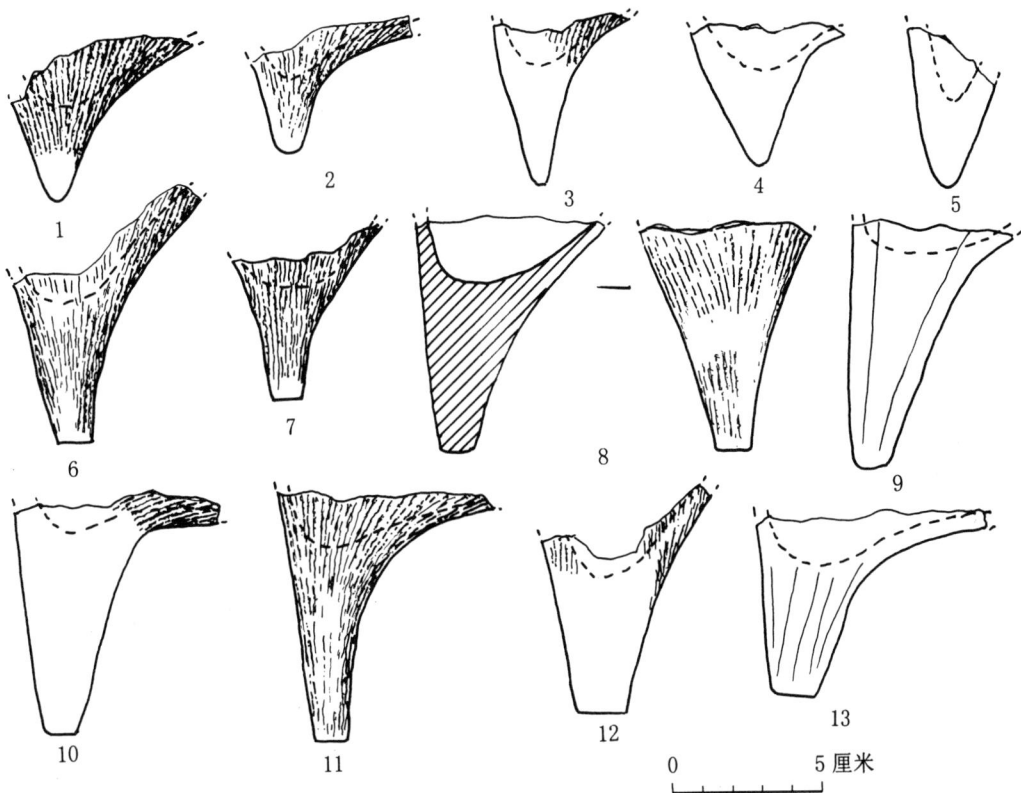

图六六 西周陶鬲足

1. A 型Ⅰ式（T11②：27） 2. A 型Ⅱ式（T34②：1） 3. A 型Ⅲ式（65WFK2：8） 4. B 型Ⅰ式（T7②：12）
5. B 型Ⅱ式（T7②：6） 6. C 型Ⅰ式（65WFH2：10） 7. C 型Ⅰ式（T33②：25） 8. C 型Ⅱ式（T3②：31）
9. C 型Ⅲ式（T6②：2） 10. C 型Ⅲ式（T41②：4） 11. Da 型（65WFH2：22） 12. Db 型Ⅰ式（T7②：7）
13. Db 型Ⅰ式（T11②：6）

Ⅱ式 1 件。乳头状矮足。标本 T34②：1，夹砂灰陶。通体饰绳纹（图六六，2）。

Ⅲ式 1 件。乳头状高足，足窝较深。标本 65WFK2：8，夹砂灰陶，实足较前两式高，近裆处饰绳纹（图六六，3）。

B 型 2 件。尖锥状矮鬲足，深足窝。分Ⅰ、Ⅱ两式。

Ⅰ式 1 件。锥状足较细，足窝较深。标本 T7②：12，夹砂褐灰陶。素面（图六六，4）。

Ⅱ式 1 件。锥状足较粗，足窝较深。标本 T7②：6，夹砂红褐陶，足表可见明显的砂粒（图六六，5）。

C型　5件。截锥状鬲足，深足窝。分Ⅰ、Ⅱ、Ⅲ三式。

Ⅰ式　2件。足窝较深，实足较矮，足跟较细。通体饰绳纹。标本 65WFH2∶10，夹砂褐红陶（图六六，6）。T33②∶25，夹砂褐红陶。矮足（图六六，7）。

Ⅱ式　1件。足窝稍深，实足较粗。标本 T3②∶31，夹砂褐黄陶。通体满饰绳纹（图六六，8）。

Ⅲ式　2件。足窝浅，高实足。标本 T41②∶4，夹砂褐陶。上部近裆处饰绳纹，底部平面饰绳纹（图六六，10）。标本 T6②∶2，夹砂灰陶。足跟微弧。足身有明显的削痕，上部近裆处饰绳纹（图六六，9）。

D型　18件。圆柱状鬲足。按细高平足、粗矮平足和粗柱微蹄足分 a、b、c 三亚型。

Da型　1件。细高柱状鬲足。标本 65WFH2∶22，夹砂灰陶。柱足稍显细高。通体饰绳纹（图六六，11）。

Db型　12件。粗柱状鬲足，足窝深浅不一。分Ⅰ、Ⅱ、Ⅲ、Ⅳ四式。

Ⅰ式　2件。足窝较深，粗实足。标本 T7②∶7，夹砂褐陶。足下部微显削痕，近裆处饰绳纹（图六六，12）。标本 T11②∶6，夹砂灰陶。弧裆较平，足表素面，有明显的削痕（图六六，13）。

Ⅱ式　2件。足窝较浅，实足较高。标本 T10②∶9，夹砂褐灰陶。足较粗。足身遍饰绳纹（图六七，1）。标本 T11②∶3，夹砂褐红陶。实足较粗，足表面凸凹不平，有明显的削痕。足饰拍印绳纹，足跟底面饰细绳纹（图六七，4）。标本 65WFK1∶38，夹砂黑皮陶。足下端渐细，足表可见削痕。足近裆处饰绳纹（图六七，3）。

Ⅲ式　3件。实足跟较高。标本 65WFK1∶25，夹砂褐红陶。足身有削痕。近裆处饰绳纹（图六七，16）。标本 65WFH5∶13，夹砂红陶。足柱状。足身素面，足上部近裆处饰细绳纹（图六七，6）。标本 65WFK1∶18，夹砂褐黄陶。足跟近裆处饰绳纹（图六七，7）。

Ⅳ式　4件。足跟略外撇。标本 T19②∶11，夹砂褐黄陶。粗矮柱足。通体饰绳纹，足底部平面饰绳纹（图六七，2）。标本 T11②∶18，夹砂红陶。柱状足较高，陶胎含有明显砂粒。上部近裆处饰绳纹（图六七，15）。标本 T20②∶15，夹砂灰陶。粗柱状撇足。有明显的削痕，上部近裆处饰绳纹，足部平面亦饰绳纹（图六七，11）。标本 T11②∶7，夹砂灰陶。粗柱状撇足极矮，足有明显削痕。上部近裆处饰绳纹（图六七，13）。

Dc型　5件。粗柱状鬲足，足跟微平，近似疙瘩状。分Ⅰ、Ⅱ、Ⅲ三式。

Ⅰ式　1件。足跟稍高。标本 65WFK1∶28，夹砂灰陶。近似疙瘩状足跟。满饰绳纹（图六七，9）。

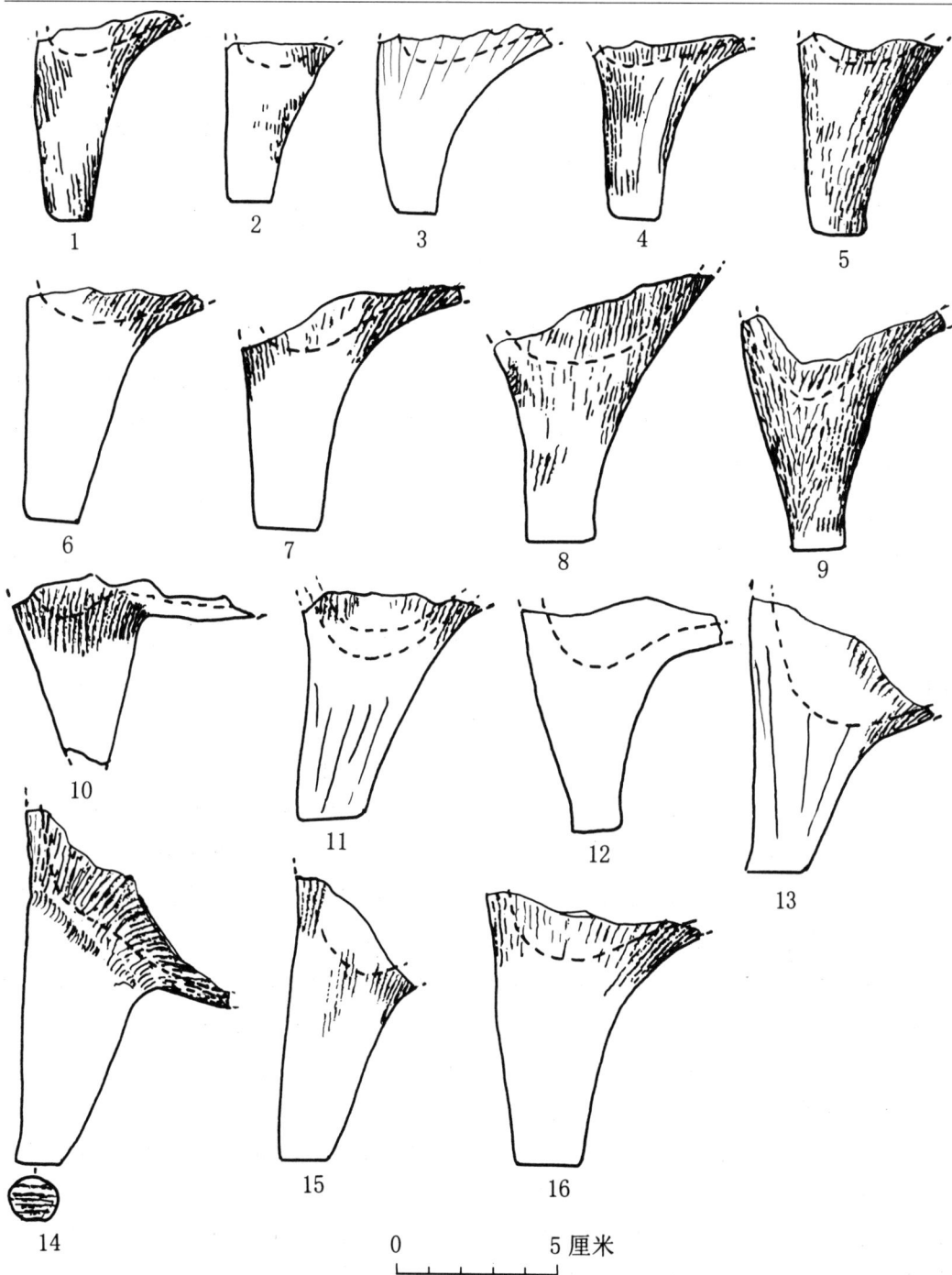

图六七　西周陶鬲足

1.Db 型Ⅱ式（T10②:9）　2.Db 型Ⅳ式（T19②:11）　3.Db 型Ⅱ式（65WFK1:38）　4.Db 型Ⅱ式（T11②:3）
5.Dc 型Ⅲ式（T13②:2）　6.Db 型Ⅲ式（65WFH5:13）　7.Db 型Ⅲ式（65WFK1:18）　8.Dc 型Ⅱ式（T10②:10）
9.Dc 型Ⅰ式（65WFK1:28）　10.Dc 型Ⅲ式（T33②:20）　11.Db 型Ⅳ式（T20②:15）　12.Dc 型Ⅲ式（T52②:3）
13.Db 型Ⅳ式（T11②:7）　14.E 型（T19②:8）　15.Db 型Ⅳ式（T11②:18）　16.Db 型Ⅲ式（65WFK1:25）

Ⅱ式 1件。柱状实足较高，足窝略浅。标本 T10②:10，夹砂褐黄陶。足跟作疙瘩状。通体饰绳纹，足底平面亦饰绳纹（图六七，8）。

Ⅲ式 3件。浅足窝，实足较高。标本 T52②:3，夹砂褐黄陶。足跟较细呈疙瘩状。足身素面，足跟底面饰绳纹（图六七，12）。标本 T13②:2，夹砂褐灰陶。足跟微外伸。通体饰绳纹，足跟底面饰绳纹（图六七，5）。标本 T33②:20，夹砂褐红陶。足下端残断。足跟上部近腹处饰戳印纹（图六七，10）。

E型 1件。尖锥体高足。标本 T19②:8，夹砂褐黄陶。表面可见手指捏痕，足跟上部饰绳纹，足跟底面亦饰绳纹（图六七，14）。

甗 25件。以带护耳的口沿、腰为明显特征。从发现的器形看，多为侈口、束颈、束腰的连体甗。除1件残存甗的下部带箅外，余皆为口沿、甗腰及附件。现分口沿、甗腰及甗錾等部位叙述。

甗口沿 2件。均侈口，束颈，饰绳纹或间断绳纹。分A、B两型。

A型 1件。尖圆唇，卷沿。标本 T29②:6，夹砂褐红陶。颈部两侧有对称小圆穿孔，穿孔外附一半圆形护耳（图六八，1）。

B型 圆唇，口略外侈。标本 T19②:10，夹砂灰陶。颈部有对称小圆穿孔，穿孔外附一半圆形护耳（图六八，4）。

甗腰及下部 5件。分A、B、C、D四型。

A型 2件。细束腰。部分腰上有指压捏痕。分Ⅰ、Ⅱ两式。

Ⅰ式 1件。细腰。标本 T11②:42，夹砂灰陶。仅存鬲部，斜弧腹，高弧裆，粗柱足下残。腰部素面，甗下腹上半部饰间断绳纹，下部饰交错绳纹（图六八，6）。

Ⅱ式 1件。仅存腰部，细束腰。标本 T11②:14，夹砂黑陶。腰内弧较大。上腹饰交错绳纹，下腹饰交错绳纹、间断绳纹和凹弦纹（图六八，8）。

B型 1件。粗束腰。标本 T11②:40，夹砂灰陶。箅部明显，腰外壁附贴有加固的泥条1周，弧裆，柱状平足。满饰绳纹、交错绳纹，足底亦饰绳纹（图六八，7）。

C型 1件。粗直筒腰。标本 T41②:7，泥质褐陶。箅部明显，腰外有明显的指压痕。饰交错绳纹（图六八，10）。

D型 1件。器形较小。标本 T41②:1，夹砂褐红陶。上部残，仅在箅面周边留有一圈残痕可辨是一上下连体的甗。有箅孔8个，甗下部为鬲体，鼓腹矮分裆稍平，矮柱足残。上腹满饰切绳纹，下腹饰竖绳纹，裆为斜绳纹。腹径10.1、残高10.4、裆高3.1厘米（图六八，9；彩版四，6；图版三三，2）。

甗錾 3件。按方形和弧角方形分A、B两型。

A型 2件。方形錾。标本 T20②:14，夹砂褐陶。饰绳纹。长5.6、宽4.7、厚3厘米（图六八，3）。标本 T11②:30，夹砂灰褐陶。錾微上弧。饰绳纹。长4.8、宽

5.2、厚2.8厘米（图六八，2）。

B型　1件。弧角方形鏊。标本T3②：21，夹砂灰褐陶。体作弧角方形，微弧，一面粗糙，一面光滑，有明显的手制指痕。长4.2、宽4.2、厚1.4厘米（图六八，5）。

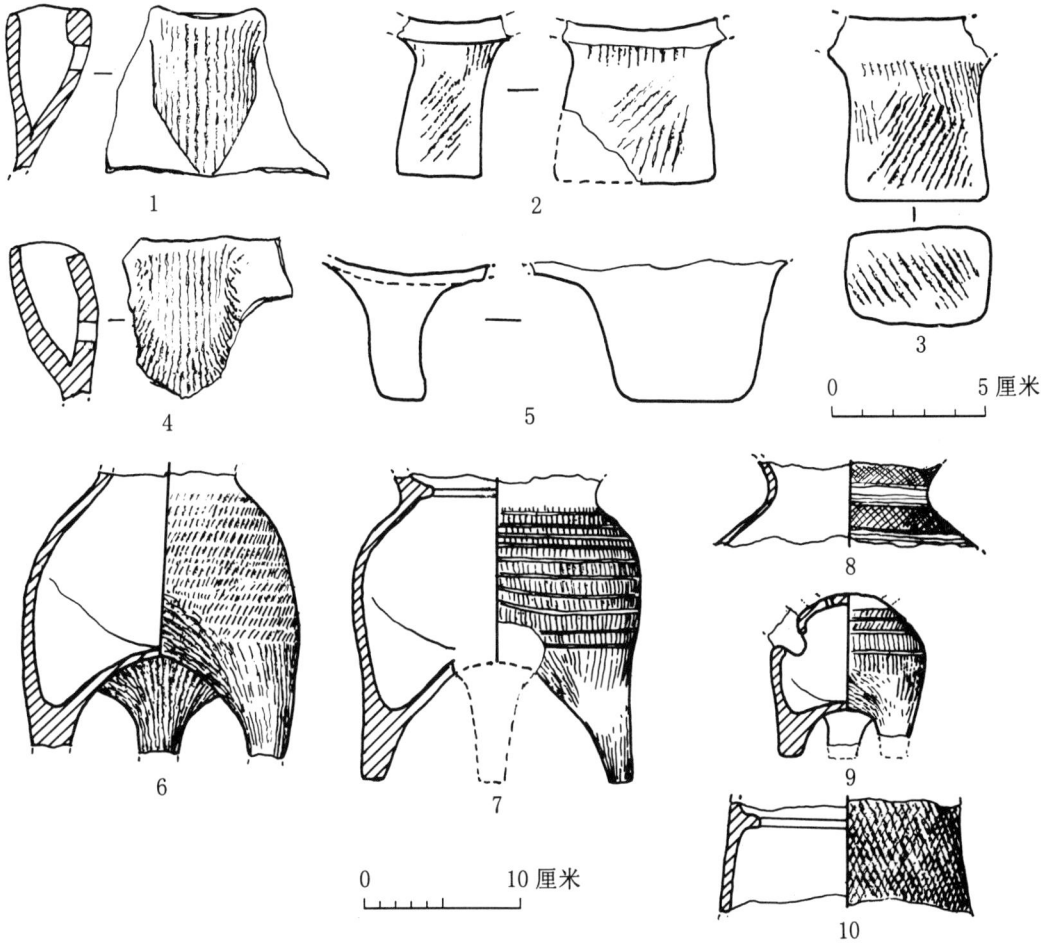

图六八　西周陶甑

1.A型甑口沿（T29②：6）　2.A型甑鏊（T11②：30）　3.A型甑鏊（T20②：14）　4.B型甑口沿（T19②：10）
5.B型甑鏊（T3②：21）　6.A型I式甑腰（T11②：42）　7.B型甑腰（T11②：40）　8.A型II式甑腰（T11②：14）
9.D型甑腰（T41②：1）　10.C型甑腰（T41②：7）

甑足　15件。柱状足。以足径之粗细分为A、B两型。

A型　6件。细柱状足。分I、II、III三式。

I式　2件。高实足，平足跟。标本T29②：13，夹砂褐黄陶。足窝稍深，足径较细。通体饰绳纹，足底平面亦饰绳纹（图六九，2）。标本65WFK1：15，夹砂红陶。略呈柱状（图六九，5）。

Ⅱ式　2件。实足较高，足底部略呈弧形。标本 T41②:8，夹砂褐黄陶。细高柱足，足跟呈弧形。足身素面，近裆处饰绳纹，足底平面亦饰绳纹（图六九，3）。标本 65WFK1:30，夹砂褐黄陶。细高柱足，足窝浅。通体饰绳纹（图六九，4）。

Ⅲ式　2件。细柱形足，足跟似疙瘩状，足窝稍浅。标本 T11②:28:夹砂灰陶。足跟略外撇，似疙瘩状（图六九，1）。标本 T36②:4，夹砂褐灰陶。足底部近似疙瘩状，足身有明显削痕。近裆处饰绳纹，足底平面饰绳纹（图六九，6）。

B型　9件。粗柱状足。分Ⅰ、Ⅱ两式。

Ⅰ式　6件。足较粗大，足底平面饰绳纹。标本 T10②:29，夹砂灰陶。实足较粗，足窝较深。近裆处饰绳纹（图六九，13）。标本 T29②:17，夹砂灰陶。通体饰绳纹（图六九，15）。标本 T21②:6，夹砂灰陶。足近裆处饰绳纹（图六九，14）。标本 T10②:32，夹砂褐红陶。足近裆处饰绳纹（图六九，7）。标本 65WFK2:18，夹砂褐陶。深足窝。足身素面，有明显的削痕，足上部近裆处饰绳纹，足跟底面亦饰绳纹（图六九，10）。标本 65WFK1:14，夹砂灰陶。足身隐约有刮削痕。通体饰绳纹，足底平面亦饰绳纹（图六九，8）。

Ⅱ式　3件。粗柱足外撇。标本 65WFH2:29，夹砂褐陶。足窝稍浅。足身饰绳纹，足底平面亦饰绳纹（图六九，9）。标本 65WFK1:17，夹砂灰陶。浅足窝，足跟略呈蹄状。足身素面，有明显的削痕（图六九，11）。标本 65WFK2:17，夹砂褐陶。浅足窝，足底部略似蹄状。足身饰绳纹，有削痕，底部平面亦饰绳纹（图六九，12）。

盆　9件。侈口卷沿，束颈，均为腹以上残片。多为泥质灰陶，少数夹砂陶。分A、B两型。

A型　4件。鼓弧腹。分Ⅰ、Ⅱ、Ⅲ三式。

Ⅰ式　2件。侈口卷沿。标本 T12②:4，泥质黑皮褐陶。大卷沿，鼓腹。沿下饰凹弦纹，腹饰间断绳纹，腹中部饰附加堆纹。口径28、最大腹径30.4厘米（图七〇，1）。标本 T3②:24，泥质灰陶。方唇，唇沿外附贴泥条1周成厚沿，鼓腹下残。颈部饰抹平绳纹，腹部饰间断绳纹。口径30.4厘米（图七〇，2）。

Ⅱ式　1件。口沿略卷。标本 T3②:28，泥质灰陶。圆唇，圆鼓腹。腹部饰凹弦纹4周。口径28厘米（图七〇，5）。

Ⅲ式　1件。卷沿侈口。标本 65WFH2:8，泥质灰陶。圆唇较厚，鼓腹下残。颈下饰凹弦纹4周，下腹饰间断绳纹。口径24.8厘米（图七〇，7）。

B型　5件。折弧腹。分三式。

Ⅰ式　2件。侈口，沿略卷。标本 65WFH2:7，泥质灰褐陶。圆唇，侈口，卷沿。折弧腹下残。沿下饰细绳纹和凹弦纹数周，腹饰间断绳纹。口径32、最大腹径33.2厘米（图七〇，8）。标本 T18②:19，夹砂褐陶。尖圆唇，卷沿，弧腹。通体饰间断绳纹。口

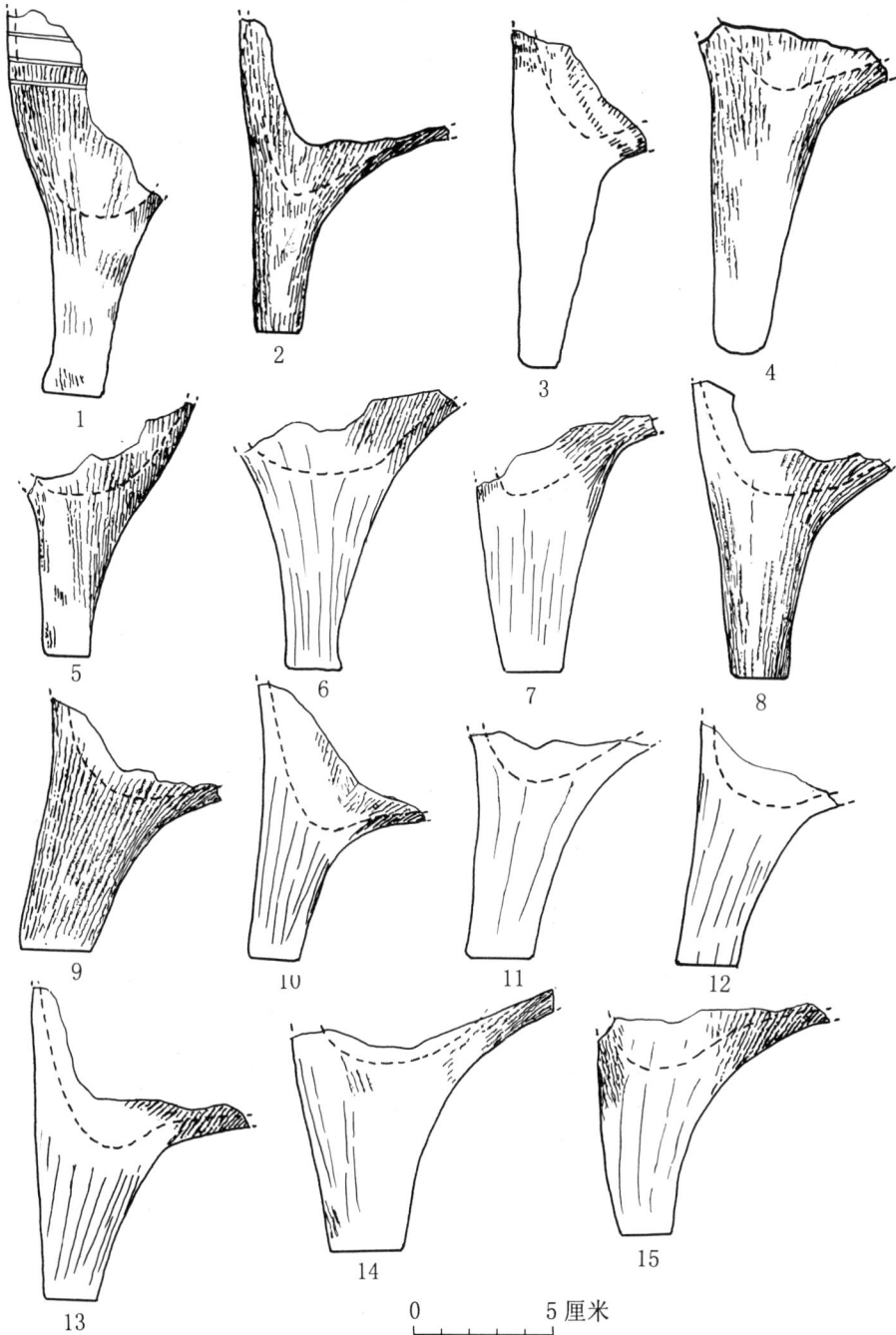

图六九　西周陶鬲足

1.A型Ⅲ式（T11②：28）　2.A型Ⅰ式（T29②：13）　3.A型Ⅱ式（T41②：8）　4.A型Ⅱ式（65WFK1：30）
5.A型Ⅰ式（65WFK1：15）　6.A型Ⅲ式（T36②：4）　7.B型Ⅰ式（T10②：32）　8.B型Ⅰ式（65WFK1：14）
9.B型Ⅱ式（65WFH2：29）　10.B型Ⅰ式（65WFK2：18）　11.B型Ⅱ式（65WFK1：17）　12.B型Ⅱ式
（65WFK2：17）　13.B型Ⅰ式（T10②：29）　14.B型Ⅰ式（T21②：6）　15.B型Ⅰ式（T29②：17）

径26厘米（图七○，9）。

Ⅱ式　2件。侈口，大卷沿。标本65WFH2：33，泥质灰陶。方唇，大侈口，折弧腹下残。腹部饰间断绳纹、附加堆纹（压印绳纹）。口径32、最大腹径31.2厘米（图七○，3）。标本T33②：9，夹砂黑皮陶。尖圆唇，大侈口，鼓腹微折下残。沿下饰绳纹，肩饰凹弦纹，下腹饰间断绳纹。口径30、最大腹径27.2厘米（图七○，6）。

Ⅲ式　1件。侈口略敛。标本T23②：6，夹细砂灰陶。圆唇，弧腹微折。上腹饰斜行细绳纹，中腹饰1周戳印纹，下腹饰绳纹。口径32.8、最大腹径32.8厘米（图七○，4）。

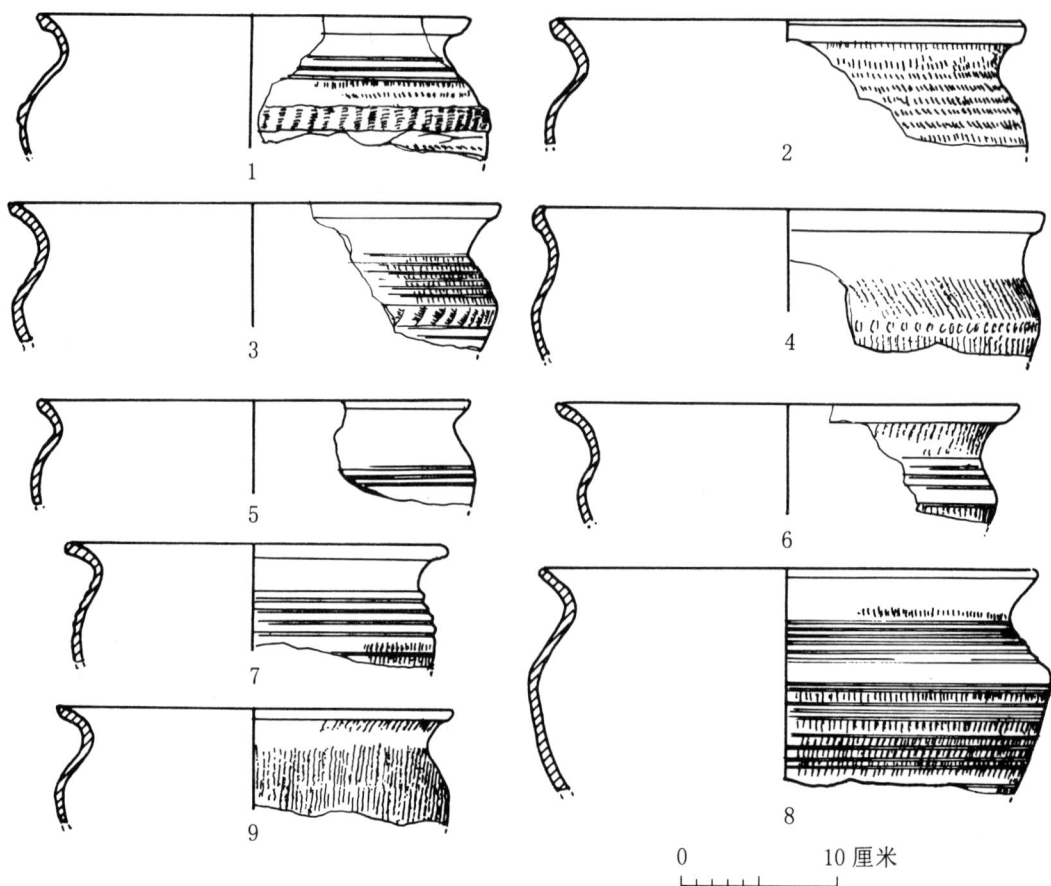

0　　　　　　　10厘米

图七○　西周陶盆

1.A型Ⅰ式（T12②：4）　2.A型Ⅰ式（T3②：24）　3.B型Ⅱ式（65WFH2：33）　4.B型Ⅲ式（本T23②：6）
5.A型Ⅱ式（T3②：28）　6.B型Ⅱ式（T33②：9）　7.A型Ⅲ式（65WFH2：8）　8.B型Ⅰ式（65WFH2：7）
9.B型Ⅰ式（T18②：19）

豆　标本36件，但仅复原4件。以泥质灰陶为主，褐色陶及黑皮陶次之。按豆、豆盘与豆圈足分述如下。

豆　4 件。可分 A、B 两型。

A 型　2 件。折盘喇叭形圈足豆。分 I、II 两式。

I 式　1 件。标本 65WFH2：3，泥质灰陶。侈口圆唇，折壁深盘。喇叭状高圈足。圈足座上饰绳纹，豆盘内有放射形暗纹。口径 19.8、底径 14、盘深 3.6、高 16 厘米（图七一，4；图版三四，1）。

II 式　1 件。标本 65WFH2：2，泥质灰陶。圆唇，口微敛，折壁深盘。喇叭状矮圈足，圈足座上饰绳纹。口径 13.6、盘径 14、盘深 3.4、底径 10.6、高 10.4 厘米（图七一，2；图版三四，4）。

B 型　折盘筒形圈足豆。分 I、II 两式。

I 式　1 件。筒形高圈足。标本 65WFH2：12，泥质黑皮灰陶。直口略敛，方唇，盘稍深。唇外有凸弦纹 3 周，豆座上饰细绳纹。口径 20.6、底径 12、盘深 3.4、高 17.2 厘米（图七一，1；图版三四，3）。

II 式　1 件。筒形矮圈足。标本 65WFH2：21，泥质灰陶。直口，方唇，盘稍深，唇外饰凸弦纹 1 周。口径 14、底径 9、盘深 2.8、高 9.2 厘米（图七一，3；图版三四，2）。

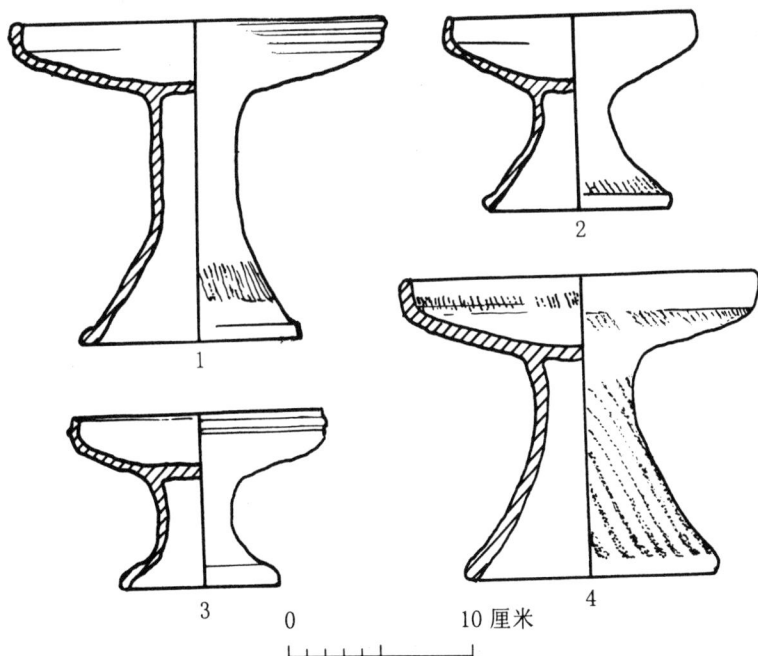

图七一　西周陶豆

1.B 型 I 式（65WFH2：12）　　2.A 型 II 式（65WFH2：2）　　3.B 型 II 式（65WFH2：21）　　4.A 型 I 式（65WFH2：3）

豆盘　18件。依口和腹的变化，分A、B、C、D四型。

A型　2件。侈口弧壁豆盘。分Ⅰ、Ⅱ两式。

Ⅰ式　1件。盘较深。标本65WFH2：11，泥质灰陶。尖圆唇，侈口，粗圈足残。盘外壁饰凹弦纹3周。口径16厘米（图七二，15）。

Ⅱ式　1件。盘稍深。标本T24②：1，夹细砂黑陶。方唇，直侈口，细圈足残。唇外饰凹弦纹2周。口径20厘米（图七二，5）。

B型　敛口弧壁豆盘。分Ⅰ、Ⅱ、Ⅲ、Ⅳ、Ⅴ、Ⅵ六式。

Ⅰ式　1件。深盘，弧度较大。标本65WFH5：5，泥质黑衣灰陶。方唇略内斜，口略敛，斜弧壁。口径23.2厘米（图七二，16）。

Ⅱ式　1件。深盘，弧度较小。标本65WFK1：32，泥质黑陶。方唇，口略敛，弧壁。口径20.4厘米（图七二，4）。

Ⅲ式　2件。盘较深。标本T13②：1，泥质黑陶。方唇，口略敛，弧盘壁。唇外饰凹弦纹3周。口径20厘米（图七二，17）。标本T18②：27，泥质黑衣灰陶。方唇，口微敛，弧壁。唇外饰凹弦纹4周。口径22.4厘米（图七二，14）。

Ⅳ式　1件。盘稍深。标本65WFH2：5，泥质灰陶。圆唇，斜弧壁。圜底，盘外壁饰点状绳纹、弦纹。口径18.4厘米（图七二，6）。

Ⅴ式　1件。浅盘。标本T10②：36，泥质黑陶。尖圆唇，粗圈足残。口径18.4厘米（图七二，8）。标本T11②：25，泥质褐灰陶。尖圆唇，细圈足残。口径16.8厘米（图七二，9）。

Ⅵ式　1件。盘较浅。标本65WFK1：4，泥质黑皮灰陶，厚胎。尖圆唇，口微敛，弧壁平底。口径22厘米（图七二，13）。

C型　5件。侈口折壁豆盘。分Ⅰ、Ⅱ、Ⅲ、Ⅳ四式。

Ⅰ式　1件。深盘。标本T37②：5，泥质灰陶。方圆唇，侈口，盘略折似碗状，圜底残。口径20厘米（图七二，11）。

Ⅱ式　1件。盘较深。标本65WFK1：24，泥质黑陶。方唇，直口，弧盘壁，圜底残。唇外饰凹弦纹3周。口径15.2厘米（图七二，12）。

Ⅲ式　2件。浅盘。标本65WFK1：27，泥质灰陶。方唇，底微圜。口径21.2厘米（图七二，10）。标本T29②：8，泥质灰陶。方唇，折盘显折棱。饰有2周凹弦纹。口径23厘米（图七二，1）。

Ⅳ式　1件。盘较浅。标本T24②：3，泥质褐陶。方唇，侈口，直壁微折，圜底，细圈足残。唇外饰凹弦纹2周。口径19.8厘米（图七二，7）。

D型　3件。敛口弧壁豆盘。分Ⅰ、Ⅱ两式。

Ⅰ式　2件。盘稍深。标本T40②：6，泥质灰陶。方唇，口微敛，折壁圜底。唇外饰弦纹 2 周。口径 15.2 厘米（图七二，3）。标本 T2②:14，泥质黑陶。方唇，盘呈折直角，平底残。唇外饰凹弦纹 3 周（图七二，18）。

Ⅱ式　1 件。浅盘。标本 T29②:15，泥质灰陶。方唇，盘呈折直角，平底残。唇外饰凹弦纹 2 周。口径 18 厘米（图七二，2）。

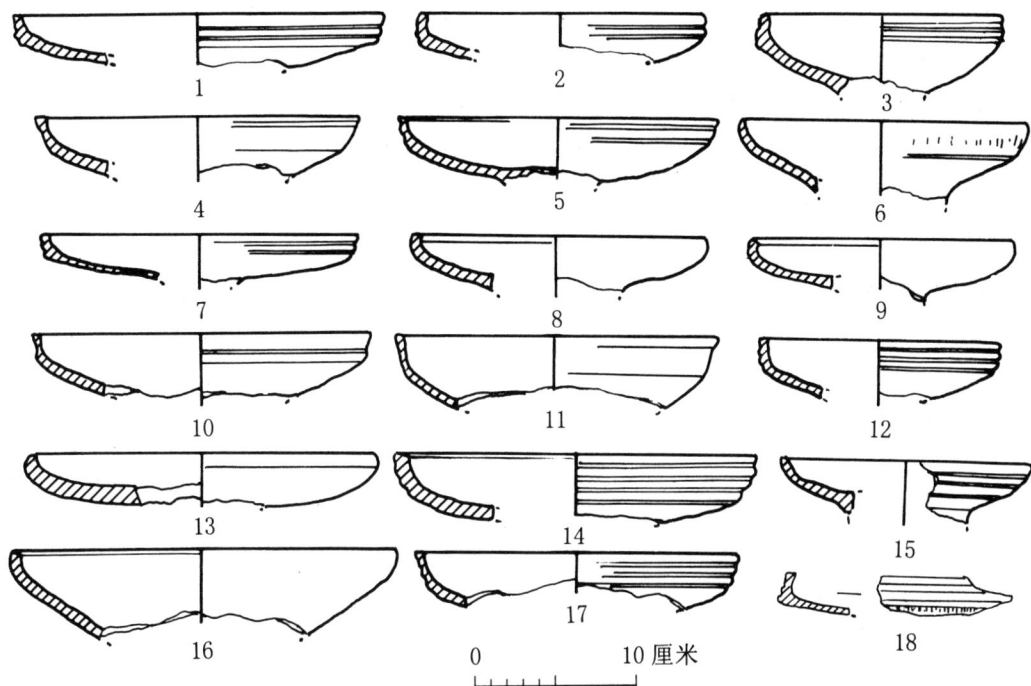

图七二　西周陶豆盘

1.C 型Ⅲ式（T29②:8）　2.D 型Ⅱ式（T29②:15）　3.D 型Ⅰ式（T40②:6）　4.B 型Ⅱ式（65WFK1:32）
5.A 型Ⅱ式（T24②:1）　6.B 型Ⅳ式（65WFH2:5）　7.C 型Ⅳ式（T24②:3）　8.B 型Ⅴ式（T10②:36）9.B
型Ⅴ式（T11②:25）　10.C 型Ⅲ式（65WFK1:27）　11.C 型Ⅰ式（T37②:5）　12.C 型Ⅱ式（65WFK1:24）
13.B 型Ⅵ式（65WFK1:4）　14.B 型Ⅲ式（T18②:27）　15.A 型Ⅰ式（65WFH2:11）　16.B 型Ⅰ式
（65WFH5:5）　17.B 型Ⅲ式（T13②:1）　18.D 型Ⅰ式（T2②:14）

豆圈足　14 件。可分 A、B、C 三型。

A 型　3 件。喇叭形豆圈足。分Ⅰ、Ⅱ两式。

Ⅰ式　2 件。高圈足。标本 T3②:17，泥质灰陶。残盘底微圜，座呈喇叭状。圈足中部有 1 周凹弦纹（图七三，1）。标本 T10②:31，泥质灰陶。盘残，深圜底，圈足下部残。盘与圈足分制特征明显（图七三，14）。

Ⅱ式　1 件。圈足稍高。标本 T11②:26，泥质灰陶。座呈喇叭状，柄稍长（图七三，5）。

B 型　10 件。筒形豆圈足。按其高矮可分为 a、b、c 三亚型。

Ba 型　3 件。高圈足。依圈足的粗细变化可分为Ⅰ、Ⅱ两式。

Ⅰ式　1 件。圈足粗直较高。标本 T37②：7，夹细砂黑皮褐红陶，厚胎。粗圈足较高，圈足上有明显的削痕（图七三，2）。

Ⅱ式　2 件。粗圈足稍高，深圜底盘残。标本 T23②：11，泥质褐陶，胎略厚。豆柄中部微鼓。饰绳纹（图七三，4）。标本 T23②：21，泥质黑皮灰陶。胎略厚（图七三，7）。

Bb 型　4 件。圈足稍高。依其粗细可分为Ⅰ、Ⅱ、Ⅲ三式。

Ⅰ式　1 件。粗直筒形圈足稍高。标本 T9②：8，泥质灰陶。粗圈足上有对称的长方形镂孔，镂孔上下饰凹弦纹数周。从圈足内部观察，为泥条盘筑法制作（图七三，6）。

Ⅱ式　1 件。细圈足稍高。标本 T20②：12，夹细砂黑皮褐黄陶。豆柄上粗下细。表饰绳纹，有明显的刮削痕（图七三，8）。

Ⅲ式　2 件。粗圈足稍高。标本 T3②：22，泥质灰陶。圈足下部斜伸成座状。饰绳纹。座径 12.8 厘米（图七三，3）。标本 T11②：23，泥质灰陶。圈足残（图七三，11）。

Bc 型　3 件。矮圈足。依其粗细可分为Ⅰ、Ⅱ、Ⅲ三式。

Ⅰ式　1 件。粗圈足较矮。标本 T10②：11，泥质黑陶，胎稍厚。圈足表面凸凹不平，手制痕迹明显（图七三，10）。

Ⅱ式　1 件。细直圈足较矮。标本 T24②：6，泥质黑陶。镂孔呈不规则椭圆形。圈足饰绳纹，中部饰凹弦纹 1 周（图七三，12）。

Ⅲ式　1 件。筒形圈足较矮。标本 65WFH1：1，泥质灰陶。圈足下部向外平伸成座状（图七三，13）。

C 型　1 件。覆杯状豆圈足。标本 T21②：9，泥质黑皮灰陶。盘残，座呈覆杯状，矮粗，足下部外撇。圈足径 8、高 5.6 厘米（图七三，9）。

罐　标本 27 件。皆是有领罐，仅 1 件基本能复原，其余多为口沿及底部残片。多侈口，束颈。依口沿变化分 A、B、C、D 四型。

A 型　5 件。大口高领罐。多为口沿残片。分Ⅰ、Ⅱ、Ⅲ、Ⅳ四式。

Ⅰ式　1 件。束颈较高。标本 65WFH2：35，夹砂灰陶。圆唇，侈口，束颈，鼓腹下缓收，平底。领下腹部饰绳纹。口径 12、腹径 16.4、底径 6、高 16.2 厘米（图七四，1；图版三三，3）。

Ⅱ式　2 件。喇叭形高领。标本 T24②：2，夹砂黑皮灰陶。尖圆薄唇。颈饰戳印纹及细线凹弦纹。口径 18 厘米（图七四，15）。标本 T25②：3，夹砂灰褐陶。尖薄唇。颈部饰凹弦纹。口径 20.8 厘米（图七四，13）。

Ⅲ式　1 件。斜高领略外折。标本 T18②：20，泥质红陶，外红内灰。尖圆唇，广圆肩。唇上有凹弦纹 1 周，颈饰抹平绳纹，肩饰凹弦纹、间断绳纹。口径 20.8、颈径

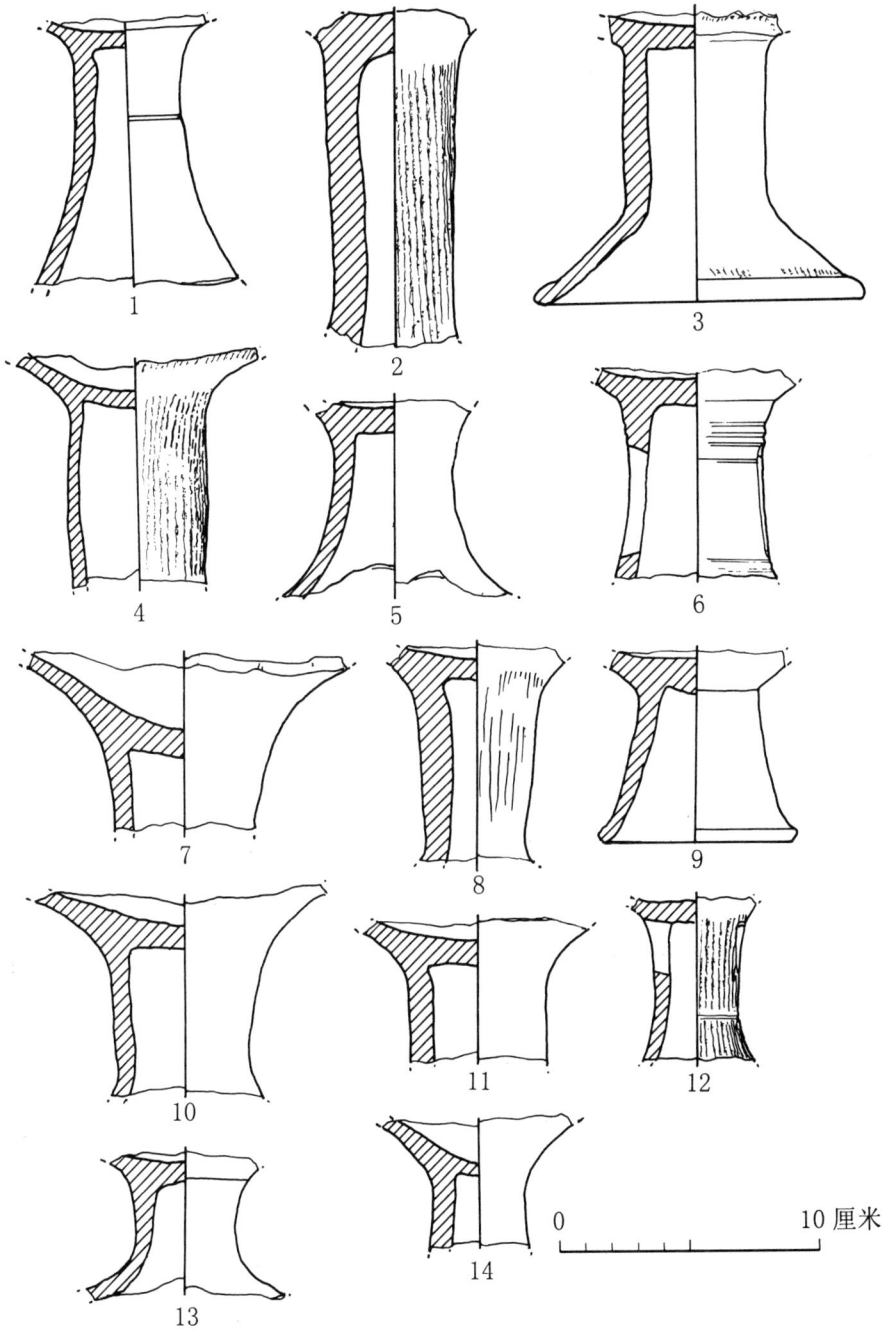

图七三　西周陶豆圈足

1.A型Ⅰ式（T3②:17）　　2.Ba型Ⅰ式（T37②:7）　　3.Bb型Ⅲ式（T3②:22）　　4.Ba型Ⅱ式（T23②:11）
5.A型Ⅱ式（T11②:26）　6.Bb型Ⅰ式（T9②:8）　7.Ba型Ⅱ式（T23②:21）　8.Bb型Ⅱ式（T20②:12）
9.C型（T21②:9）　10.Bc型Ⅰ式（T10②:11）　11.Bb型Ⅲ式（T11②:23）　12.Bc型Ⅱ式（T24②:6）
13.Bc型Ⅲ式（65WFH1:1）　14.A型Ⅰ式（T10②:31）

16.8厘米（图七四，6）。

Ⅳ式　1件。斜高领，敛口。标本T2②：13，泥质黑皮灰陶。尖圆唇。在沿下饰抹平绳纹，肩饰凹弦纹5周，腹饰间断绳纹（图七四，16）。

B型　4件。小口高领罐。均为口沿残片。分Ⅰ、Ⅱ、Ⅲ三式。

Ⅰ式　1件。高领，直口略敛。标本T28②：12，泥质黑皮灰陶。圆唇。领饰间断绳

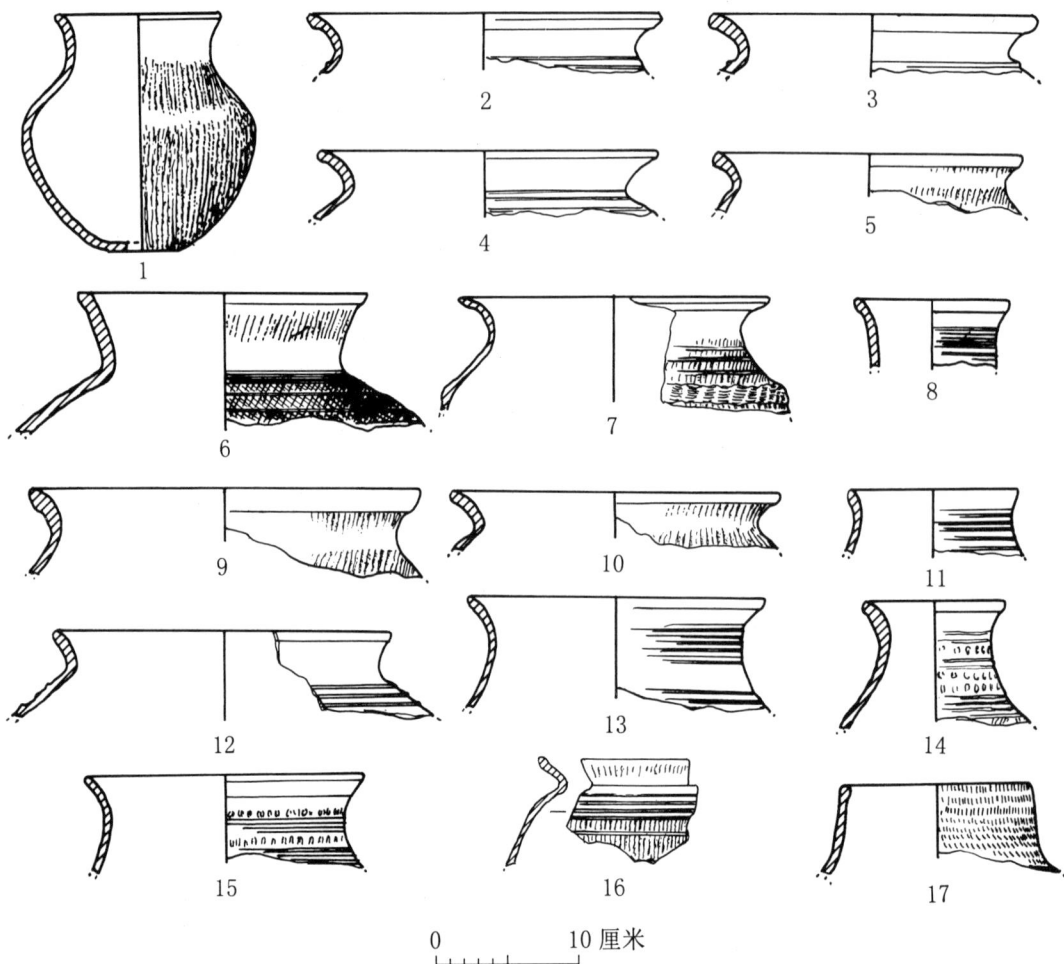

0　　　　　　　10厘米

图七四　西周陶罐

1.A型Ⅰ式（65WFH2：35）　2.C型Ⅲ式（T23②：20）　3.C型Ⅲ式（T18②：13）　4.C型Ⅲ式（T33②：17）
5.C型Ⅲ式（T23②：17）　6.A型Ⅲ式（T18②：20）　7.C型Ⅰ式（T13②：3）　8.B型Ⅲ式（T40②：3）
9.C型Ⅱ式（T17②：35）　10.C型Ⅲ式（T19②：7）　11.B型Ⅱ式（T29②：19）　12.C型Ⅳ式（T7②：13）
13.A型Ⅱ式（T25②：3）　14.B型Ⅲ式（T18②：22）　15.A型Ⅱ式（T24②：2）　16.A型Ⅳ式（T2②：13）
17.B型Ⅰ式（T28②：12）

纹。口径 13.6 厘米（图七四，17）。

Ⅱ式　1 件。斜高领，口略侈。标本 T29②：19，泥质灰陶。尖圆唇。颈饰凹弦纹（图七四，11）。

Ⅲ式　2 件。喇叭形小口。细颈较高。标本 T18②：22，夹砂灰陶。圆唇，束颈。颈饰由凹弦纹和圆窝纹组成的装饰纹带。口径 10 厘米（图七四，14）。标本 T40②：3，夹砂黑皮灰陶。侈口，圆唇，高直领，束颈。颈饰凹弦纹。口径 11.2 厘米（图七四，8）。

C 型　8 件。大口矮领罐。均为口沿残片。分Ⅰ、Ⅱ、Ⅲ、Ⅳ四式。

Ⅰ式　1 件。喇叭形束颈，厚沿。标本 T13②：3，泥质褐红陶。大侈口，矮束颈，折肩。通体饰间断绳纹，折肩处饰附加堆纹（压印绳纹）。口径 22、最大腹径 24.8 厘米（图七四，7）。

Ⅱ式　1 件。侈口，颈微束。标本 T17②：35，夹砂黑衣红陶。扁圆唇，厚沿，溜肩。颈部饰抹平绳纹，肩饰绳纹。口径 28 厘米（图七四，9）。

Ⅲ式　5 件。卷沿，束颈。标本 T23②：20，泥质黑皮灰陶。圆唇较厚，束颈，斜肩。颈饰抹平绳纹，肩饰凹弦纹。口径 24.8 厘米（图七四，2）。标本 T18②：13，泥质黑皮灰陶。方圆唇，沿微卷，斜肩。肩饰凸弦纹。口径 23.2 厘米（图七四，3）。标本 T33②：17，泥质灰陶。圆唇稍厚，斜肩。肩饰凹弦纹。口径 24 厘米（图七四，4）。标本 T19②：7，泥质灰陶。圆唇略厚，沿面有 1 周凹槽，弧肩。饰绳纹。口径 23.2 厘米（图七四，10）。标本 T23②：17，泥质灰陶。方唇较厚，束颈，溜肩。颈饰抹平绳纹，肩饰细绳纹。口径 21.6 厘米（图七四，5）。

Ⅳ式　1 件。斜束颈。标本 T7②：13，夹砂褐红陶，外红内灰。方圆唇，斜领略束，斜肩。肩饰 3 周凸弦纹。口径 24 厘米（图七四，12）。

D 型　10 件。小口矮领罐。均为口沿残片。分Ⅰ、Ⅱ、Ⅲ、Ⅳ、Ⅴ五式。

Ⅰ式　2 件。侈口，斜领，束颈。标本 T18②：7，泥质灰陶。方唇，溜弧肩。唇下饰抹平绳纹，肩饰绳纹。口径 16 厘米（图七五，5）。标本 T25②：8，夹细砂黑衣红陶。方唇，唇面有 1 周凹槽，广肩。颈饰抹平绳纹，肩饰间断绳纹。口径 18.4 厘米（图七五，8）。

Ⅱ式　2 件。口略外侈，斜领，颈弧束。标本 T10②：33，泥质黑衣灰陶。尖圆唇，溜肩。肩饰 2 周凹弦纹及间断绳纹。口径 16 厘米（图七五，4）。标本 T23②：18，泥质灰陶。圆唇，颈饰抹平绳纹，肩饰绳纹。口径 16 厘米（图七五，2）。

Ⅲ式　2 件。卷弧矮领。标本 T24②：4，泥质黑衣红陶。尖唇，矮束领，折弧腹下残。腹饰间断绳纹。口径 18、最大腹径 26.8 厘米（图七五，7）。标本 T23②：2，泥质灰陶。口部残，折弧腹，下腹弧收，平底略内凹。底径 10.6、最大腹径 23.8、残高 21

厘米（图七五，10）。

Ⅳ式　2件。侈口，斜领，唇外有带状厚口缘。标本 T17②:20，夹砂黑皮灰陶。尖圆唇，口外侈，溜肩。颈饰凸弦纹 1 周。口径 16.8 厘米（图七五，3）。标本 T42②:4，泥质黑皮灰陶。方唇，广弧肩。肩饰绳纹。口径 18 厘米（图七五，9）。

Ⅴ式　2件。侈口，束颈弧折。标本 T10②:26，夹砂黑皮灰陶。圆唇较厚，侈口，溜肩。肩饰凹弦纹数周。口径 18 厘米（图七五，6）。标本 T18②:15，夹砂灰陶。尖圆唇较厚，广肩。颈部饰绳纹，肩饰间断绳纹。口径 16 厘米（图七五，1）。

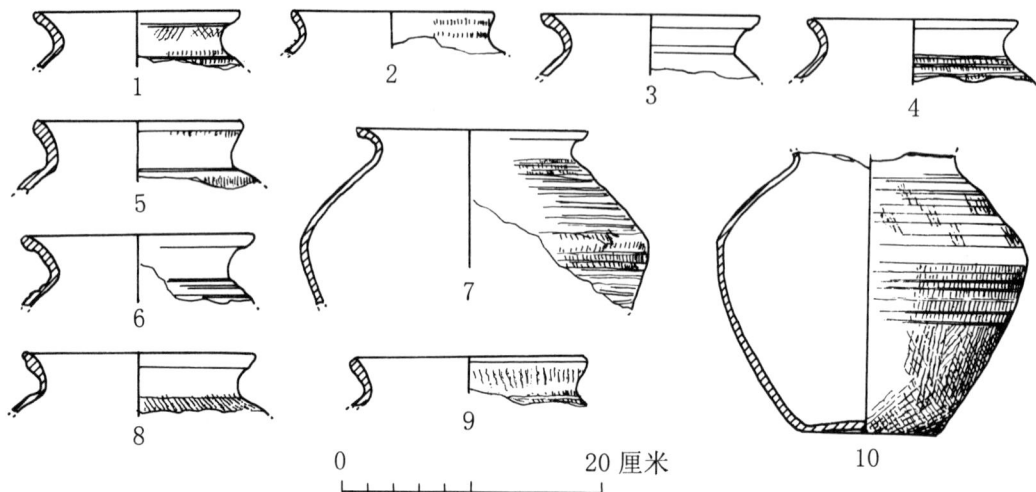

图七五　西周陶罐

1.D型Ⅴ式（T18②:15）　2.D型Ⅱ式（T23②:18）　3.D型Ⅳ式（T17②:20）　4.D型Ⅱ式（T10②:33）
5.D型Ⅰ式（T18②:7）　6.D型Ⅴ式（T10②:26）　7.D型Ⅲ式（T24②:4）　8.D型Ⅰ式（T25②:8）　9.D型Ⅳ式（T42②:4）　10.D型Ⅲ式（T23②:2）

瓮　8件。均侈口，束颈，饰绳纹、弦纹、附加堆纹等纹饰。依领的变化分 A、B 两型。

A 型　3件。直领瓮。分Ⅰ、Ⅱ、Ⅲ三式。

Ⅰ式　1件。高直领，厚折沿，溜肩。标本 T5②:4，泥质灰陶。小折沿（图七六,1）。

Ⅱ式　1件。直领略高，直口，溜圆肩。标本 T5②:7，夹砂灰陶。方唇，卷沿。颈饰凹弦纹，肩饰凸弦纹。口径 14 厘米（图七六，4）。

Ⅲ式　1件。矮直领，小折沿，斜肩。标本 T18②:30，泥质红陶。方唇，沿略折，斜溜肩。肩部饰细绳纹、附加堆纹。口径 22.4 厘米（图七六，7）。

B 型　5件。束领瓮。分Ⅰ、Ⅱ、Ⅲ三式。

Ⅰ式　1件。喇叭口状高领。标本 T39②:10，泥质灰陶。圆唇较厚。领饰竖行划纹，肩饰间断绳纹。口径 17.6 厘米（图七六，6）。

Ⅱ式　2件。侈口，高束领。标本 T23②:5，泥质灰陶。方唇，溜肩。颈、肩部饰凹弦纹、细绳纹。口径22.8厘米（图七六，3）。标本T21②：10，夹砂黑皮灰陶。束领较高，广肩。颈、肩部饰凹弦纹。口径25.6厘米（图七六，8）。

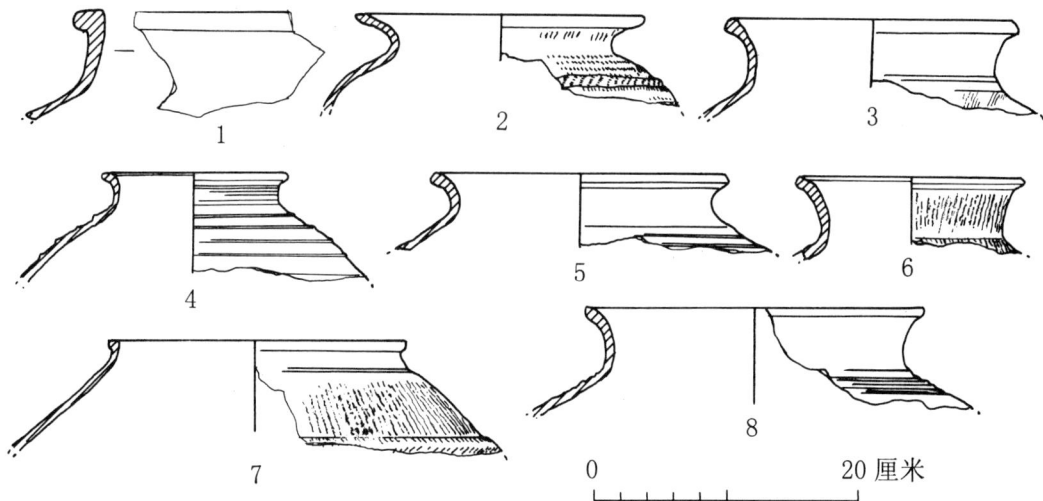

图七六　西周陶瓮

1.A型I式（T5②：4）　　2.B型Ⅲ式（65WFH2：23）　　3.B型Ⅱ式（T23②：5）　　4.A型Ⅱ式（T5②：7）　　5.B型Ⅲ式（65WFH5：7）　　6.B型I式（T39②：10）　　7.A型Ⅲ式（T18②：30）　　8.B型Ⅱ式（T21②：10）

Ⅲ式　2件。束领较矮。标本65WFH2：23，泥质黑陶。尖圆唇，大侈口，圆弧肩，腹以下残。颈饰抹平绳纹，肩饰附加堆纹（压印绳纹），肩腹部饰间断绳纹。口径22厘米（图七六，2）。标本65WFH5：7，泥质灰陶。方唇，广肩。颈饰细绳纹，肩饰间断绳纹。口径22.4厘米（图七六，5）。

钵　10件，能复原的有5件。均鼓腹斜收，平底。依口腹特征可分A、B、C三型。

A型　5件。敛口折腹钵。依腹部变化分Ⅰ、Ⅱ、Ⅲ三式。

Ⅰ式　1件。敛口，折腹。折腹偏上，下斜收，平底。标本T22②：2，泥质红陶。尖圆唇。下腹饰绳纹。口径8、底径6.6、腹径11、高5.4厘米（图七七，1；图版三五，1）。

Ⅱ式　3件。敛口，弧折腹。最大腹径偏上。标本65WFH2：24，夹砂灰陶。方唇，下腹弧收。平底内凹。上腹部饰凹弦纹，下腹饰交错绳纹，底部饰涡纹。口径12.1、腹径14、底径6.8、高7.2厘米（图七七，2；图版三五，2）。标本65WFH2：26，泥质黑陶。方唇，腹斜收。腹上部饰凹弦纹，腹饰竖行绳纹。口径17.6厘米（图七七，10）。标本T11②：43，夹细砂灰陶。圆唇，下腹残，弧收。肩饰凹弦纹，下腹饰竖线绳纹。口径12厘米（图七七，6）。

Ⅲ式　1件。敛口，腹微折。标本T21②：16，夹砂褐黄陶。圆唇，上腹微折，下腹壁略直渐斜收，底残。腹饰间断绳纹。口径22.4厘米（图七七，7）。

B型　4件。敛口圆腹钵。分Ⅰ、Ⅱ两式。

Ⅰ式　2件。敛口，圆鼓腹。最大腹径偏上。标本 T39②:29，夹砂褐陶。尖圆唇，下腹壁弧收，平底略残。腹饰间断绳纹。口径 9.6、底径 4.8、腹径 11、高 6.4 厘米（图七七，3；图版三五，4）。标本 T7②:8，泥质黑衣灰陶。方唇，唇面向内近垂直状，腹圆鼓。上腹饰凹弦纹 6 周，下腹饰绳纹。口径 20 厘米（图七七，9）。

Ⅱ式　2件。敛口，弧腹，腹斜弧收。标本 T39②:28，夹砂灰陶。平底略残。上腹饰间断绳纹，下腹饰交错绳纹。口径 10、腹径 13.6、底径 7.4 厘米（图七七，4）。标本 T25②:9，夹砂黑衣灰陶。方唇较厚，腹残斜弧收。腹饰凹弦纹及竖行绳纹。口径 12、腹径 18、残高 6.4 厘米（图七七，8）。

C型　1件。直口直腹钵。标本 T8②:24，泥质灰陶。圆唇较厚，腹中部直折，下急收，平底残。下腹饰绳纹。口径 10.6、底径 5、高 4.8 厘米（图七七，5）。

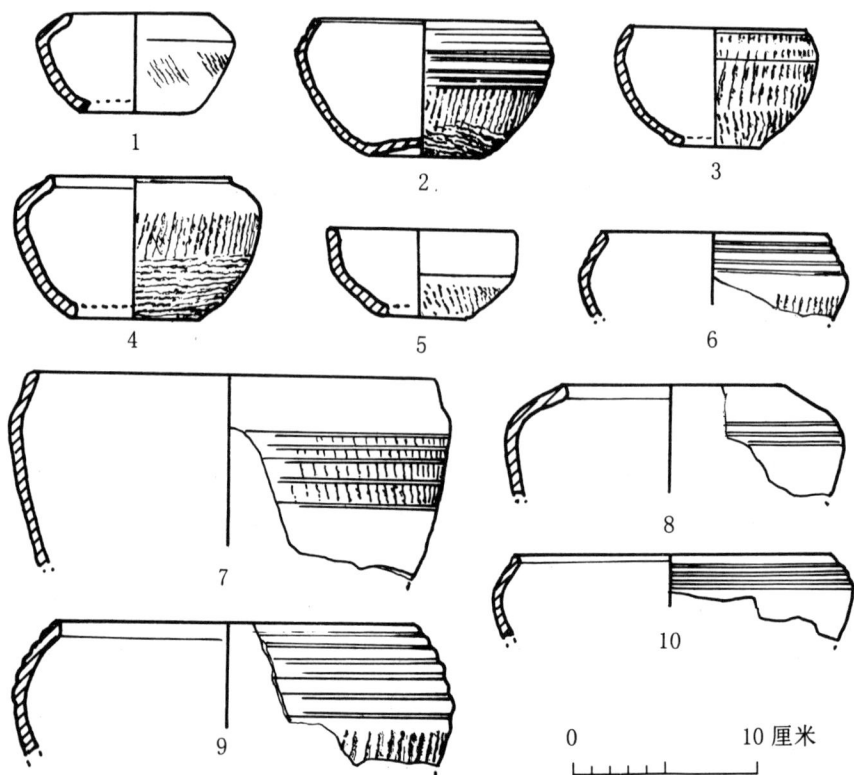

图七七　西周陶钵

1.A型Ⅰ式（T22②:2）　2.A型Ⅱ式（65WFH2:24）　3.B型Ⅰ式（T39②:29）　4.B型Ⅱ式（T39②:28）　5.C型（T8②:24）　6.A型Ⅱ式（T11②:43）　7.A型Ⅲ式（T21②:16）　8.B型Ⅱ式（T25②:9）　9.B型Ⅰ式（T7②:8）　10.A型Ⅱ式（65WFH2:26）

盂　2件，基本完整者仅1件。依口、腹变化，分A、B两型。

A型　1件。卷沿，折腹，腹径大于口径。标本65WFH2:32，泥质灰陶。圆唇，折腹下收，平底。腹饰切绳纹，下腹饰交错绳纹。口径19.6、底径8.8、最大腹径24.1、高18.2厘米（图七八，1；图版三五，3）。

B型　1件。大侈口，卷沿，口径大于腹径。标本T17②:34，泥质黑衣红褐陶。尖圆唇，束颈，下部残。沿下饰绳纹。口径22厘米（图七八，4）。

尊　4件。仅存器口部分或器口至腹上部，分A、B两型。

A型　2件。大卷沿厚胎尊。标本T4②:4，泥质灰陶。方唇外侈，直腹壁，腹中部以下残。腹饰凹弦纹及间断绳纹（图七八，16）。标本T7②:14，夹砂黑皮灰陶。腹壁斜直，腹下部残。沿下饰抹平绳纹，上腹饰凹弦纹及绳纹、附加堆纹（压印绳纹）（图七八，17）。

B型　2件。卷沿薄胎尊。标本T21②:15，泥质灰陶。尖圆唇，腹壁微弧。颈部饰不规则凹弦纹。口径32厘米（图七八，6）。标本65WFH2:19，泥质黑陶。仅存口沿，侈口，尖圆唇。唇沿有1周凹弦纹，沿下饰细绳纹。口径25.6厘米（图七八，2）。

簋口沿　3件。均侈口，弧腹。分A、B两型。

A型　2件。侈口，宽带状口缘。标本T3②:25，夹砂红陶。尖唇较厚，鼓腹下残。沿下饰间断绳纹，腹中部饰附加堆纹（压印绳纹），下腹饰绳纹。口径24.8、最大腹径25厘米（图七八，5）。标本T17②:29，泥质黑皮灰陶。尖圆唇，弧腹。腹饰间断绳纹。口径24厘米（图七八，8）。

B型　1件。侈口，沿略外卷，宽带状口缘，口径小于腹径。标本T11②:16，夹砂灰陶。卷沿，鼓腹。沿下饰凹弦纹，腹饰绳纹。口径24厘米（图七八，3）。

簋圈足　3件。分A、B两型。

A型　2件。直壁簋圈足。分Ⅰ、Ⅱ两式。

Ⅰ式　1件。圈足直壁外撇。标本T18②:37，泥质灰陶。足跟微撇平伸。圈足径15.2厘米（图七八，12）。

Ⅱ式　1件。圈足直壁，足跟外撇似喇叭口状。标本T36②:1，泥质灰陶。底部饰绳纹。圈足径19.2厘米（图七八，13）。

B型　1件。圈足斜壁外撇。标本T3②:14，泥质灰陶。轮制痕迹明显。圜底略平，圈足外撇，足跟呈阶梯状（图七八，7）。

圈足碗　2件。圜底，喇叭状圈足。标本65WFH2:17，泥质褐黄陶。圈足径8.8厘米（图七八，14）。标本T23②:23，泥质灰黑陶。底圈足径7.2厘米（图七八，15）。

器盖　3件。均为圈纽，弧形壁。分A、B、C三型。

A型　1件。斜圈纽极矮。标本T18②:28，泥质黑皮灰陶。盖面弧形，似覆盘状。高5.2、口径13、纽径5.2厘米（图七八，10；图版三三，4）。

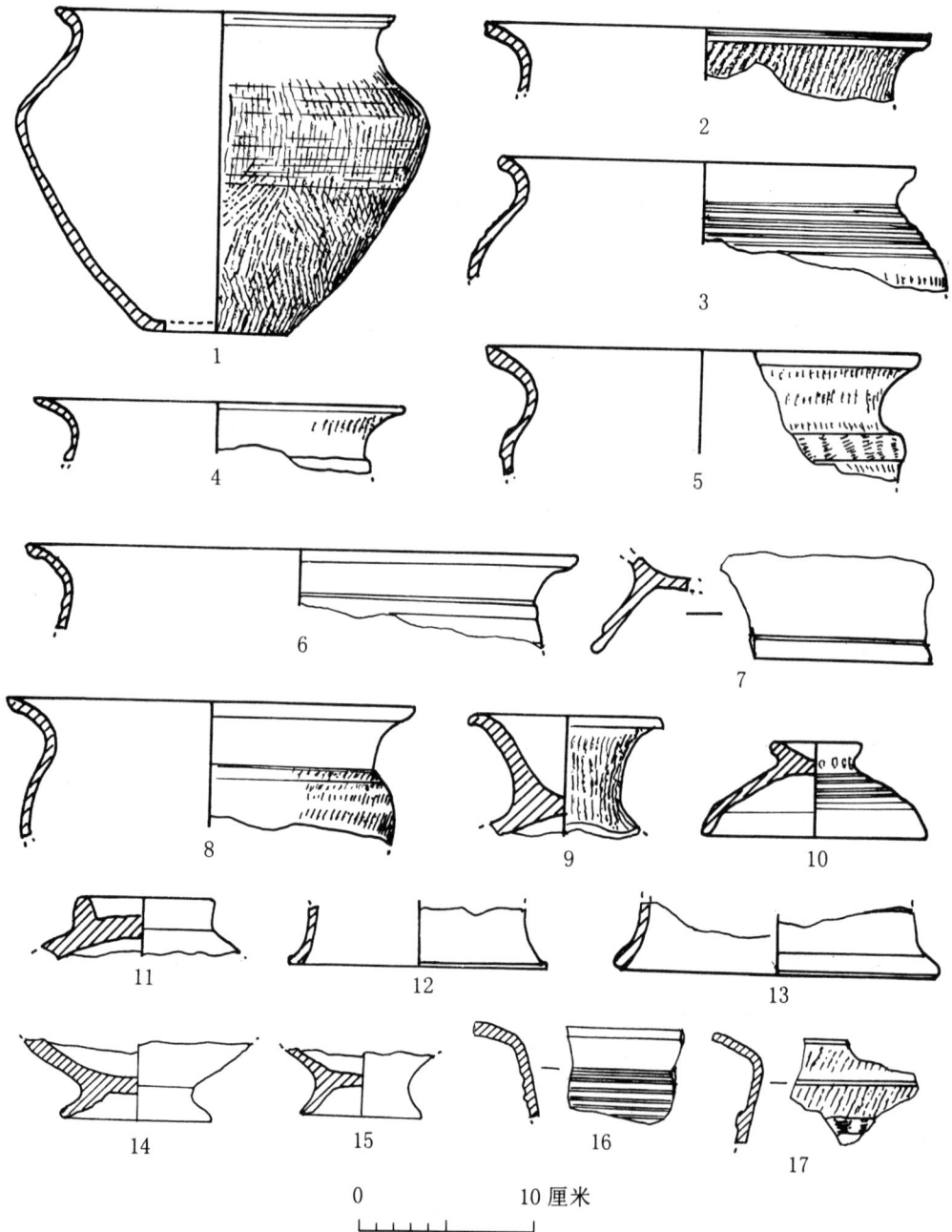

图七八　西周陶盂、尊、簋、碗和器盖

1.A型盂(65WFH2:32)　2.B型尊(65WFH2:19)　3.B型簋口沿(T11②:16)　4.B型盂(T17②:34)　5.A型簋口沿(T3②:25)　6.B型尊(T21②:15)　7.B型簋圈足(T3②:14)　8.A型簋口沿(T17②:29)　9.C型器盖(T24②:5)　10.A型器盖(T18②:28)　11.B型器盖(T9②:13)　12.A型Ⅰ式簋圈足(T18②:37)　13.A型Ⅱ式簋圈足(T36②:1)　14.圈足碗(65WFH2:17)　15.圈足碗(T23②:23)　16.A型尊(T4②:4)　17.A型尊(T7②:14)

B型　1件。矮直圈纽。标本 T9②:13，泥质灰陶。直壁，直壁纽较矮，弧形盖面大部分残。纽径 8 厘米（图七八，11）。

C型　1件。杯状高纽。标本 T24②:5，夹砂黄褐陶。侈口，尖唇，喇叭形高纽，盖面已残。纽径 11.2 厘米（图七八，9）。

三、装饰品及其他

（一）陶　器
标本 8 件。有陶饼、陶环、陶球和两孔器四种。

陶饼　3件。分 A、B、C 三型。

A型　1件。不规则形，体厚。标本 T36②:36，泥质灰陶。周边直壁，形体较小。直径 2.4、厚 1.6 厘米（图七九，2）。

B型　1件。圆形，体较厚。标本 T27②:1，泥质灰陶。制作不甚规整。周边直壁微弧。直径 3.3、厚 1.2 厘米（图七九，1）。

C型　1件。圆形，体薄。标本 T35②:1，泥质灰陶。周边直壁，表面凸凹不平。直径 5、厚 0.3 厘米（图七九，6）。

陶环　1件。标本 T22②:1，断面呈圆形。泥质灰陶。环壁较细。直径 8.2（图七九，7）。

陶球　1件。实心圆球。标本 T25②:1，泥质褐陶。表面饰由同心圆及多个圆点组成的花瓣形图案。直径 3.2 厘米（图七九，4）。

两孔器　1件。体近长方形。标本 65WFH3:1，夹砂灰陶。一端略残，较厚，中间有 2 个大圆孔孔径 1.6 厘米（图七九，3）。

（二）青铜器
标本 2 件。

镈　1件。标本 T33②:33，残，仅存中部。圆筒状，一端略粗，上有平行两箍状。外径 5、壁厚 0.7 厘米（图七九，5）。

另有残铜器 1 件，形制及用途不详。

（三）玉　器
标本 5 件。

玉环　2件。分 A、B 两型。

A型　1件。标本 T9②:4，青灰色软玉。光滑圆润。残断，仅剩其中一截，横断面呈扁圆三角形。环径 0.5 厘米（图七九，8）。

B 型　1 件。标本 T35②:3，圆润光滑，呈晶体状。残，横断面呈扁圆形。环径 1.1 厘米（图七九，9）。

玉璧　1 件。标本 T3②:9，白色软玉，磨制光滑。直径 3.2、孔径 0.85、厚 0.45 厘米（图七九，12）。

玉饰　2 件。标本 T25②:14，翠绿色软玉，磨制光滑。体呈珠状，中间有一小穿孔。直径 1、孔径 0.3、长 1.5 厘米（图七九，10）。标本 T50②:5，白色软玉，光滑。仅存一残段，呈扁圆形，有一小穿孔。长约 3、孔径 0.2 厘米（图七九，11）。

第三节　结　语

放鹰台遗址上层的西周文化堆积不是太厚，出土遗物也不甚丰富，揭露的遗迹单位亦不多，涉及西周遗迹与遗物的地层关系几乎未见到，给西周文化的分期带来一定困难。根据邻近地区已报道的资料以及从陶器特征所反映的南北文化因素分析，似可以看出放鹰台遗址的西周文化面貌并不单一，还是有着相对的早晚之别。下面从放鹰台遗址出土的西周遗物入手，结合湖北地区相关的发现，做一些讨论。

一、年代推断

从陶器的陶质来看，夹砂陶与泥质陶比例相当，几乎各占半数，夹砂陶稍多一点。从陶色来看，灰陶比例较高，约占总数的 40%，黑陶次之，占 30% 左右。从器类方面看，鬲残片较多，在能够辨出器形的陶片中，鬲片占 25%，其他可辨器形还有鼎、甗、盆、豆、罐、钵、盂、尊、簋、碗、器盖、拍、纺轮、网坠、饼、环、球等。此外还有相当一部分陶片难以辨出器形，给器类统计带来一定困难。从纹样方面看，绳纹是最主要的纹饰，占半数以上，多是以粗绳纹为多，占统计陶片总数的 22%，间断绳纹、细绳纹也占有一定比例，其他装饰纹样还有附加堆纹、弦纹、篮纹和戳印纹、刮削纹等。

从器物形态比较，A 型 Ⅱ 式鼎，卷沿，束颈，腹微鼓，唇沿有一凹槽，肩腹部饰间断绳纹，其器物特点与江陵荆南寺[22]、沙市周梁玉桥遗址[23]所出西周初期同类器风格相似。A 型 Ⅴ 式鼎，方唇，直腹壁微弧，底近平，饰不规则绳纹，与武汉市郊黄陂盘龙城杨家湾 H6[24]出土的一种鬲风格有相似之处。A 型鬲足、Ca 型大口高领罐与黄陂鲁台山 H1 下层[25]西周初期遗物的风格相似。A 型 Ⅰ 式鬲足与枣阳毛狗洞[26] A 型鬲的尖足无多大差异，A 型鬲的形制及纹饰明显具有商末周初的时代特点。A 型 Ⅰ 式高领罐，侈口，圆

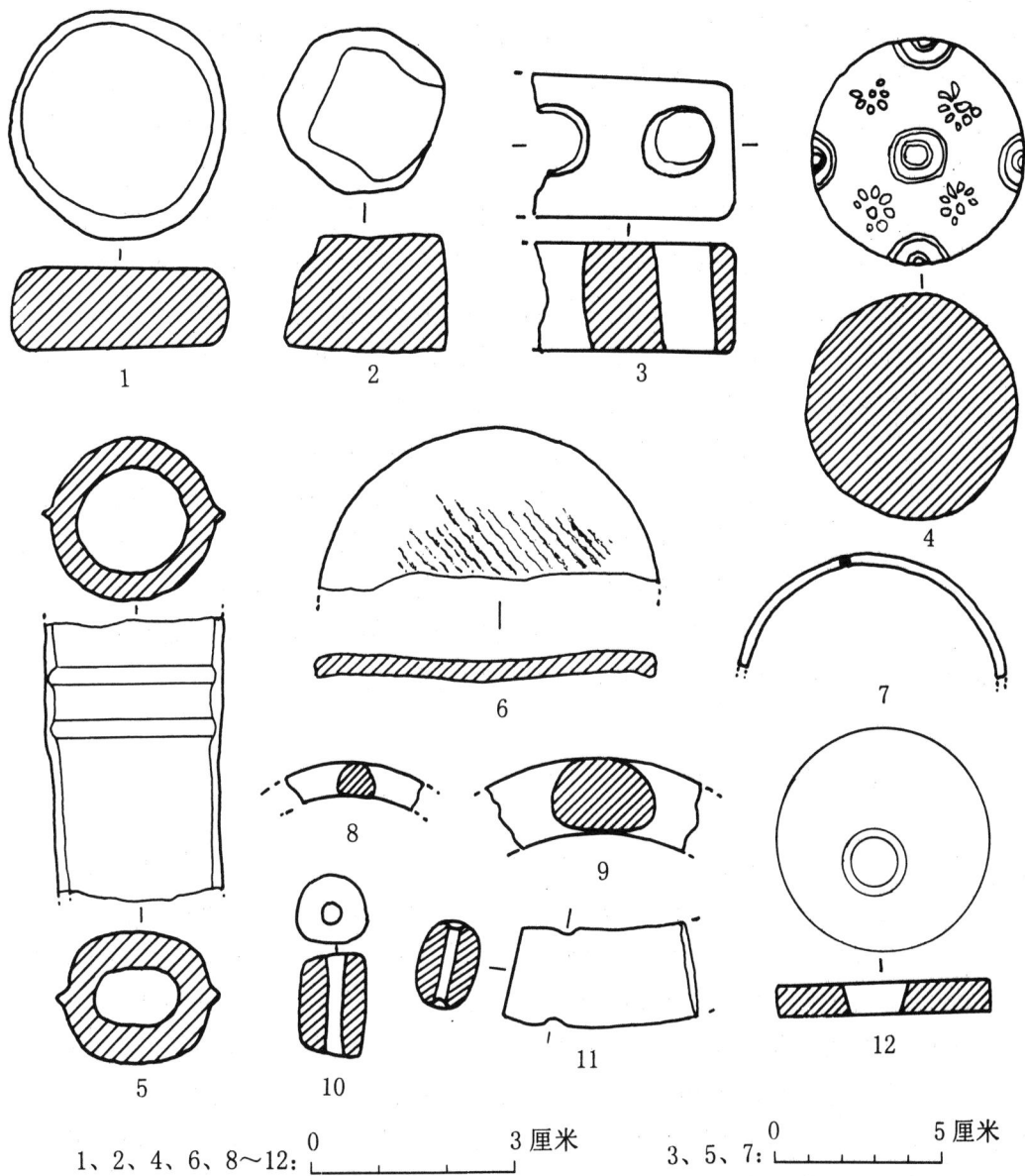

图七九　西周陶饼、球和两孔器，铜镈，玉环、璧和饰

1.B型陶饼（T27②：1）　2.A型陶饼（本 T36②：36）　3.两孔器（65WFH3：1）　4.陶球（T25②：1）
5.铜镈（T33②：33）　6.C型陶饼（T35②：1）　7.陶环（T22②：1）　8.A型玉环（T9②：4）　9.B型玉环（T35②：
3）　10.玉饰（T25②：14）　11.玉饰（T25②：15）　12.玉璧（T3②：9）

唇，鼓腹下收，其形态特征与黄陂鲁台山西周前期的罐风格相似。而A型Ⅰ式豆，座
呈大喇叭状，其形态特征与孝感聂家寨[27]西周初期同类器风格相似。

此外，C型大口鬲，尖唇，束颈；B型敛口弧壁盘较浅的豆盘、C型侈口折壁豆盘
等分别与襄阳真武山[28]、枣阳毛狗洞以及沣西张家坡[29]等遗址西周中期遗存中的同类器

风格相同。Ca 型 V 式鬲、Cb 型 I 式鬲与汉川乌龟山㉚遗址出土的西周陶鬲都是在上腹部贴附 1 周压印的附加堆纹，其器腹上的装饰风格基本相同。Bb 型 III 式豆圈足、B 型甗鋬与罗田庙山岗㉛西周陶器中的豆柄和器耳相似，B 型 II 式钵与庙山岗 I 式钵也多有相似。

对比有较为明确层位关系的新州阳逻香炉山遗址㉜，放鹰台遗址西周文化遗存年代大约相当于香炉山遗址西周遗存的早、中期。与发现了大型木构建筑而著名的蕲春毛家嘴㉝西周早期遗存相比，放鹰台遗址西周陶器的陶质、陶色、器形以及纹饰等与毛家嘴出土的陶器颇有近似，其中的鼎、鬲与毛家嘴极为相似。据此分析，放鹰台遗址西周文化遗存的年代大约可以早到毛家嘴遗址西周遗存的早期。

香炉山、鲁台山、毛家嘴遗址的年代，已有较多的研究认定属西周早期，特别是鲁台山的墓葬因有记事铭文而使其年代更为确切，放鹰台遗址周代文化遗物与它们有着诸多相似，说明其年代可以到西周早期。另外，有些器形与乌龟山、庙山岗某些周代遗存中同类器有相似的风格，说明放鹰台遗存延续的时代可能到了西周中期。但与香炉山遗址的西周晚期遗存相比，放鹰台遗址周代文化遗物的整体风格似乎没有晚到西周晚期，因此，放鹰台遗址周代文化遗存年代的下限应为西周中期。

二、文化因素分析

放鹰台遗址周代文化遗存在器类组合及纹饰方面与中原、关中地区同期遗存相比，皆无多大不同，只是在陶质、陶色方面略有差异，可以说是以鬲、甗和绳纹装饰风格为代表的中原周文化因素在江汉地区的反映，我们认为应纳入周文化系统。在湖北地区，西周文化又表现出有鄂东、鄂中和鄂西三种区域特点（或称为三个大的类型），江汉平原及其以西的荆州、宜昌属鄂西区；黄冈地区的巴河以东的长江沿岸包括江南的黄石、大冶，南至幕阜山，北到大别山为鄂东区；黄冈地区的巴河以西，汉水中下游以东、以北及随枣走廊包括孝感地区以及武汉市辖区在内属鄂中区。此三个区域都发现了多处属于西周时期的古文化遗址。放鹰台遗址在地理位置上属于鄂东南，是鄂东区和鄂中区的结合地带，因地处武汉市区而归于鄂中区，又因位于长江以南而与鄂东区的东南片较为接近。所以西周时期文化遗存具有鄂中区和鄂东区的同期文化因素，但更多地则是与鄂中区的发现相同，而与鄂西区的西周文化遗存特点迥然有别，如放鹰台遗址出土的主要器类都在鄂中区大量见到，带榫鼎、刻槽鬲、带护耳的甗等在鄂东区比较常见，而在鄂中少见、鄂西则不见。

鄂西地区的西周早、中期文化类型以沙市周梁玉桥为代表。此类型遗址出土陶器以夹砂红陶为主，泥质灰陶次之。纹饰以方格纹为主，绳纹、弦纹、附加堆纹次之。器类以鼎为主，还有鬲、簋、尊、罐、豆等，小口鼓腹的釜形鼎最具有代表性。它与湖南澧水流域的青铜文化有着十分密切的关系。

鄂东地区的西周早中期文化类型以蕲春毛家嘴为代表，此类型遗址出土陶器以红褐陶和橙黄陶为主，并有一定数量的硬（釉）陶。纹饰主要有绳纹、条纹、弦纹、方格纹、附加堆纹、云雷纹等。以切绳纹和切条纹为主要特征。有别于中原地区的陶器有带鋬鬲、刻槽鬲、护耳甗、长方形镂孔豆和带榫头的鼎足等。与邻近的江西、安徽两省的同时期文化相似。

鄂中地区的西周早中期文化类型以新州阳逻香炉山为代表，放鹰台西周时期文化遗存应属此类型。此类型主要的遗址还有黄陂鲁台山、大悟吕王城等，此类型遗址出土陶器以夹砂红、褐陶为主，泥质和夹砂灰陶次之，还有少量的泥质黑皮陶。纹饰以绳纹为主，还有弦纹、方格纹、附加堆纹，流行切绳纹。主要器类有鬲、甗、罐、盆、豆、钵、盂、簋等。与中原西周文化的联系似更为密切。

放鹰台遗址西周文化遗存，在陶质陶色、纹饰及器类组合方面，皆与阳逻香炉山遗址的同时期遗存最为相近。然而，遗址中的 B 型带鋬鬲，刻槽鼎足，Ⅰ、Ⅱ式护耳甗，B 型厚胎豆柄，长方形镂孔豆，B 型枣核状纺轮等，常见于湖北大冶上罗村[34]、阳新和尚垴[35]、黄石铜绿山[36]、蕲春毛家嘴、浠水砚池山[37]、黄州陈家墩[38]以及江西九江神墩[39]等商周遗址中，这些遗物常被看作是古越文化的代表。遗物中的小口鬲和采用包制方法制作的鬲足，特别是所出的鼎和鬲，不但足高，而且成型方法相似，通常被认为与早期楚文化遗物相关。

放鹰台遗址出土的陶鼎，几乎未见完整器，只有 1 件形制稍显完整一些。以鼎口沿区分，可分为 A 型大侈口鼎和 B 型敞口微侈的罐形鼎，鼎足式样有锥足和截锥足之分。陶鬲形制比较复杂，按口沿分有直口鬲、小口鬲和大口鬲，按鬲足分有乳头状足、尖锥足、截锥足和柱状足四种，另外，还有刻槽鬲足和有榫鬲足。较有特色的是其中一件较完整的 Aa 型鬲，直口，带盖，管状冲天流，分裆稍平，柱状足，盖呈塔状，造型很奇特，其下半身与"周式鬲"无多大差别，上半身则别具一格，应是一件南北文化交融后出现的作品。C 型Ⅱ式鬲有削痕的截锥状足，D 型鬲微蹄足（疙瘩鬲足）等也都体现出不同文化类型的特征。

甗的口沿上有穿，并带有护耳，具有明显的地方特色；其中的 1 件残甗下部，形体及容积都很小，腹径仅 10.1 厘米，小箅孔和短流这种造型以往未曾见过。此外，陶豆、罐等器也都表现出自己的文化特征。

西周时期，中原周王朝对江汉地区的控制使得地处湖北中部的武汉市境亦成为西周文化的势力范围，因此放鹰台遗址的西周时期文化内涵亦可归于周文化系统。但又由于放鹰台遗址地处长江之南，因此更多地保留了一些地方特色。

第四章　宋代墓葬

在放鹰台遗址发掘范围内共发现宋代墓葬43座（图八〇）。均为小型土坑竖穴墓，平面呈长方形或梯形。墓内填土多为灰褐色，有的夹杂有较多的红烧土碎块或颗粒；在

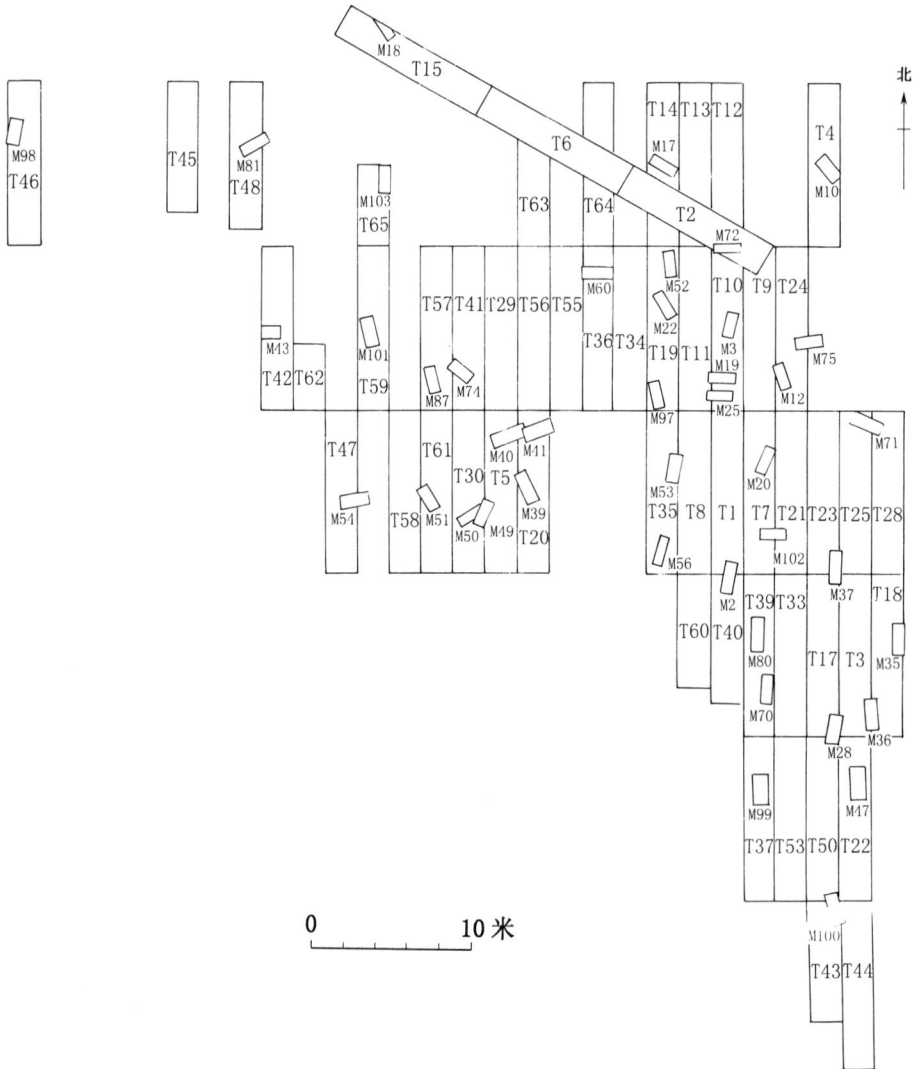

图八〇　宋代墓葬分布图

墓底常有炭化腐烂物，呈灰黑色；一些墓葬，如65WFM20有棺木等简单的葬具，部分墓葬在死者的头部放置板瓦或灰砖。

墓葬的随葬品，一般较少，每墓随葬1~3件陶瓷器和少量铜钱，少数墓内随葬有铜镜，也有个别空墓未见一物。

第一节　墓葬形制

分长方形和梯形两类。

长方形墓葬　共29座。以65WFM20、65WFM96、65WFM60、65WFM70为例。

65WFM20　墓向22°，位于T1及T7间。开口于第1层白灰土下，部分被65WFM19叠压打破，并打破第2层。长2.2、宽0.8、深0.85米。在墓底保存有腐朽的残棺痕，残棺宽0.55、高0.15米，长度不清。墓内随葬陶双系瓶。

65WFM60　墓向86°，位于T36中南部。开口于第1层下，打破生土。墓底前部呈阶梯状。长1.9、宽0.7、深0.9米。墓内随葬黑瓷广口罐及铜钱数枚，铜钱散布在墓中各处(图八一)。

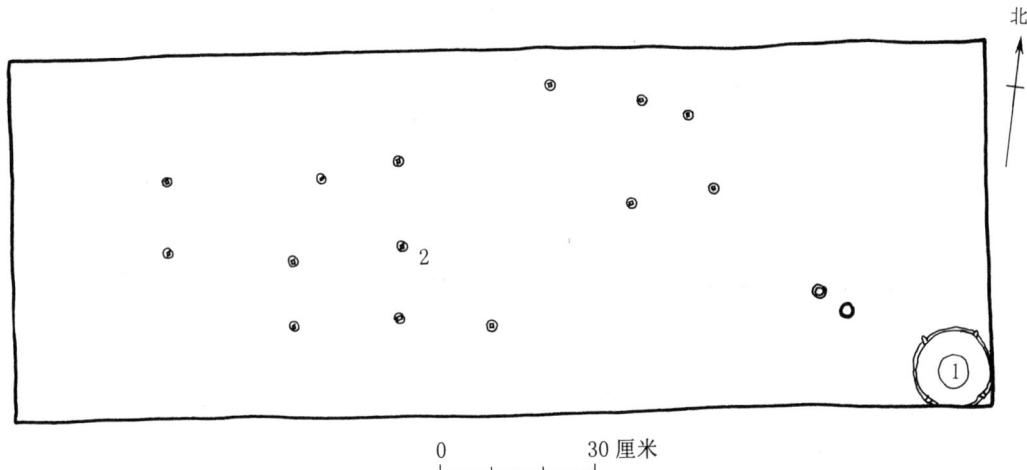

北

0　　　　　30 厘米

图八一　65WFM60平面图

1. 黑瓷广口罐　　2. 铜钱

65WFM70　墓向4°，位于T39中南部。开口于第1层灰白土下，打破第2层及第3层。墓长1.9、宽0.8、深1.4米。在墓圹前部，有由6块灰色板瓦组成的简单头枕。墓内随葬陶橄榄瓶1件（图八二）。

65WFM96　墓向360°，位于T16南部。开口于第1层白灰土下，打破第2层及生

北 ←─┼─

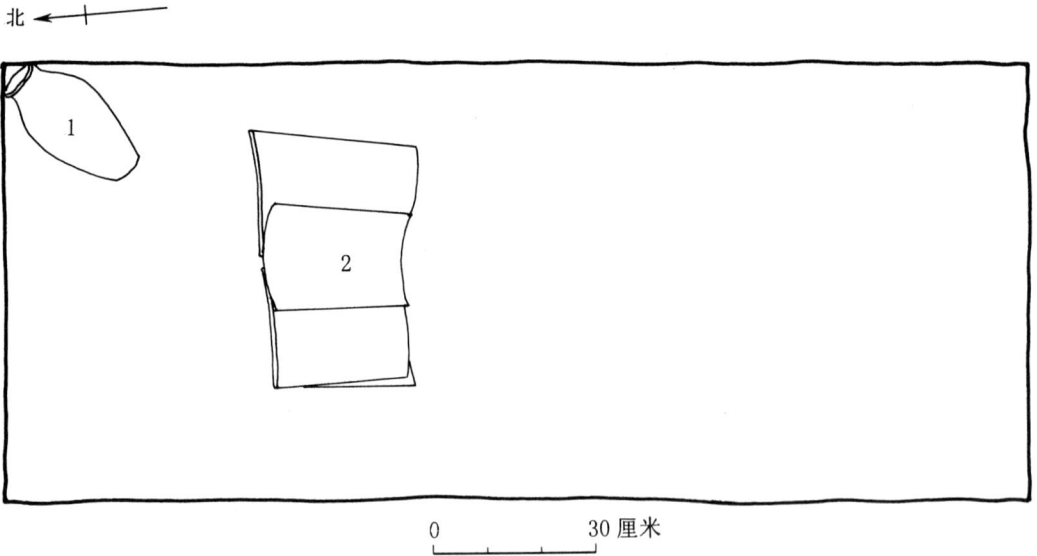

0   30 厘米

图八二　65WFM70 平面图

1. 釉陶橄榄瓶　2. 板瓦

土。墓底前部呈阶梯状。长 1.9、宽 0.75、深 0.95 米。墓内随葬陶带流壶。

梯形墓葬　共 14 座。分规则梯形和不规则梯形两种。

规则梯形　以 65WFM47、65WFM50 为例。

65WFM47　墓向 357°，位于 T22 中北部。开口于第 1 层灰白土下，打破第 3 层。墓长 1.8、北宽 0.65、南宽 0.55、深 0.90 米。墓内随葬陶短颈瓶、双系瓶及铜钱。

北
↗
┼

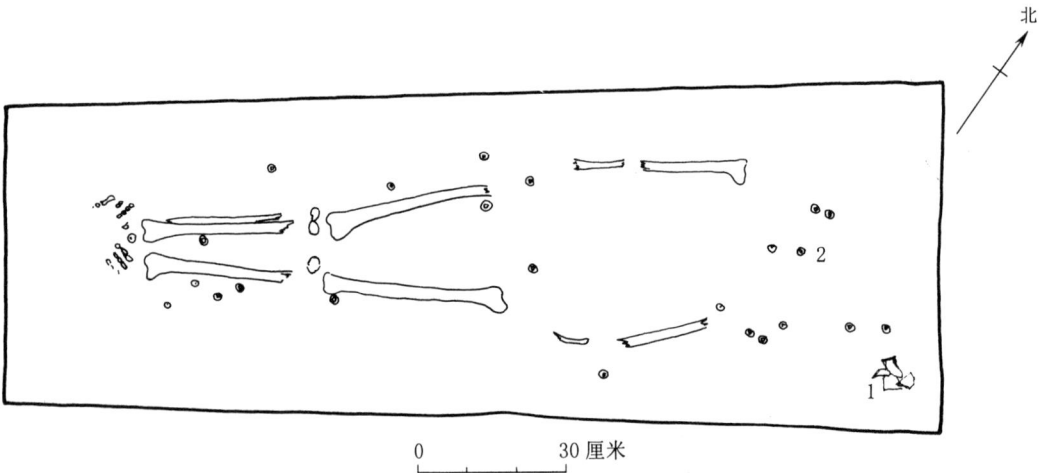

0   30 厘米

图八三　65WFM50 平面图

1. Ⅱ式釉陶双系瓶　2. 铜钱

65WFM50　墓向 55°，位于 T30 中部。开口于第 1 层灰白土下，打破第 3 层。墓长 1.92、北宽 0.7、南宽 0.6、深 1.35 米。随葬陶双系瓶，在墓底可见人骨架残痕及散布各处的铜钱（图八三）。

不规则梯形　以 65WFM19、65WFM3 为例。

65WFM3　墓向 24°，位于 T10 中部。开口于第 1 层灰白土下，打破第 2 层及生土层。墓长 2.3、北宽 1.42、南宽 1.2、深 0.95 米。墓内散见数枚铁棺钉。墓内随葬有陶橄榄瓶、短领圆腹罐及铜钱（图八四）。

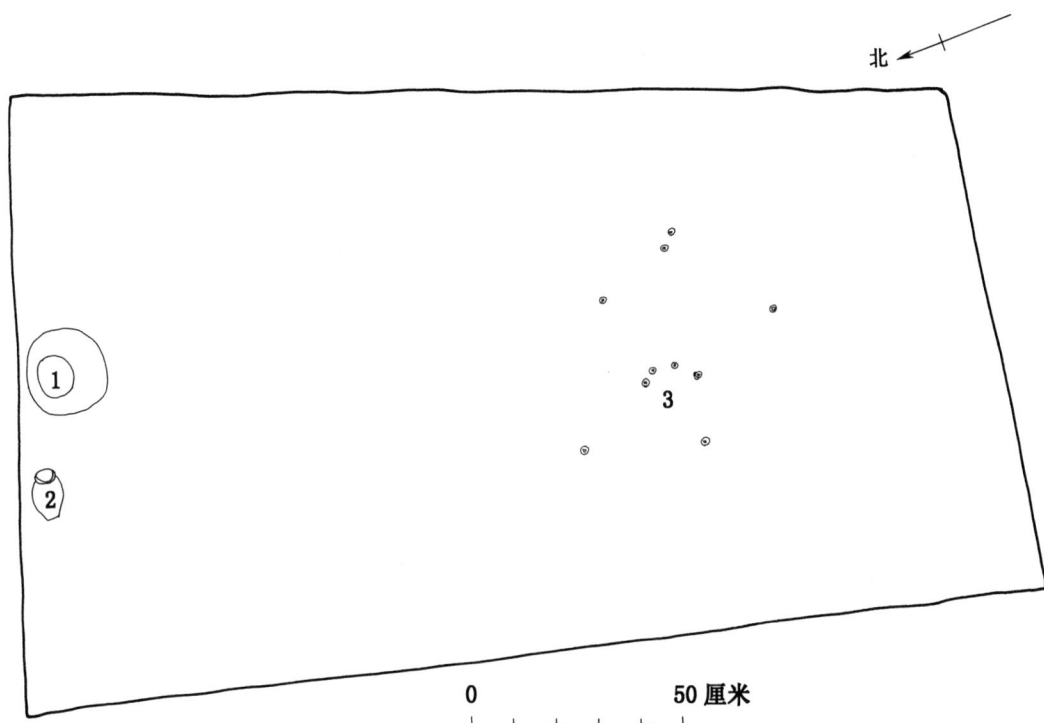

图八四　65WFM3 平面图

1. 釉陶橄榄瓶　2. I 式釉陶短领圆腹罐　3. 铜钱

65WFM19　墓向 90°，位于 T1 中部。开口于第 1 层灰白土下，打破第 2 层、65WFM20 及生土层。墓长 2.25、北宽 0.64、南宽 0.6、深 1 米。墓内随葬黑瓷碗。

第二节　出土遗物

墓葬出土的遗物，可分为釉陶器、青白瓷器、黑瓷器、陶器和铜器等五类。计有陶、瓷质地的罐、壶、瓶、碗，铜镜和铜钱等。

一、釉陶器

完整及可复原的共 38 件，计有束颈罐、短领直腹罐、短领圆腹罐、带流罐、双耳壶、带流壶、四系瓶、双系瓶、短颈瓶、长颈瓶、橄榄瓶等。

束颈罐　1 件。标本 65WFM40：1，褐色胎，施酱褐色釉不及底。直口，尖圆唇，束颈。折沿下斜，溜肩，鼓腹下收，平底。口径 6.8、底径 8、最大腹径 10、高 10.6 厘米（图八五，4；图版三六，1）。

短领直腹罐　2 件。短直领，溜圆肩，鼓腹下收。分Ⅰ、Ⅱ两式。

Ⅰ式　1 件。标本 65WFM54：1，褐红色胎，酱褐色釉已脱落。方唇，折沿略平，口略敛，圆肩。下腹饰五道凹弦纹。口径 6、底径 6.8、最大腹径 10、高 10 厘米（图八五，3；图版三六，3）。

Ⅱ式　1 件。标本 65WFM12：1，褐色胎，酱褐色釉不及底。尖唇，斜唇缘，口略敛，溜肩，腹微鼓，假圈足底略内凹。口径 9.2、底径 6.8、最大腹径 13.2、高 15.6 厘米（图八五，12；图版三六，2）。

短领圆腹罐　4 件。直口，短领，溜肩，鼓腹下收，施酱褐色釉不及底。分Ⅰ、Ⅱ、Ⅲ三式。

Ⅰ式　1 件。标本 65WFM3：2，褐红色胎，釉已脱落。方唇，广肩，鼓腹，平底略内凹。口径 9.2、底径 7.8、最大腹径 15.2、高 10.8 厘米（图八五，1；图版三六，4）。

Ⅱ式　2 件。酱褐色釉略泛黄。口略敛，外折沿，假圈足底略内凹。标本 65WFM28：2，沿内侧略凹。灰白色胎，胎上可见明显的轮制痕迹。口径 11.6、底径 6、最大腹径 14.8、高 10.4 厘米（图八五，2）。标本 65WFM103：1，肩圆鼓。口径 12.8、底径 8.8、最大腹径 18.4、高 11.2 厘米（图八五，5；图版三七，1）。

Ⅲ式　1 件。标本 65WFM39：2，褐色胎，酱褐色釉略泛黄。尖圆唇，外折沿。溜肩，扁圆腹，假圈足底略内凹。口径 10、底径 6、最大腹径 14、高 9.4 厘米（图八五，7；图版三七，2）。

垂腹罐　1 件。标本 65WFM98：1，褐色胎，酱褐色釉已脱落。斜口，尖圆唇，沿略外折，溜肩，垂腹下收，假圈足底略内凹。口径 9.6、底径 6、最大腹径 11.2、高 10 厘米（图八五，8）。

带流罐　2 件。褐色胎，酱褐色釉略泛黄，釉已脱落。尖圆唇，侈口，溜肩，垂腹，肩部有一泥条捺制的环状鋬，与鋬相对处有一侈口流。分Ⅰ、Ⅱ两式。

Ⅰ式　1 件。标本 65WFM35：1，颈略束，沿外折，平底。口径 8.8、底径 6、最大腹径 10.6、高 10 厘米（图八五，6；图版三七，3）。

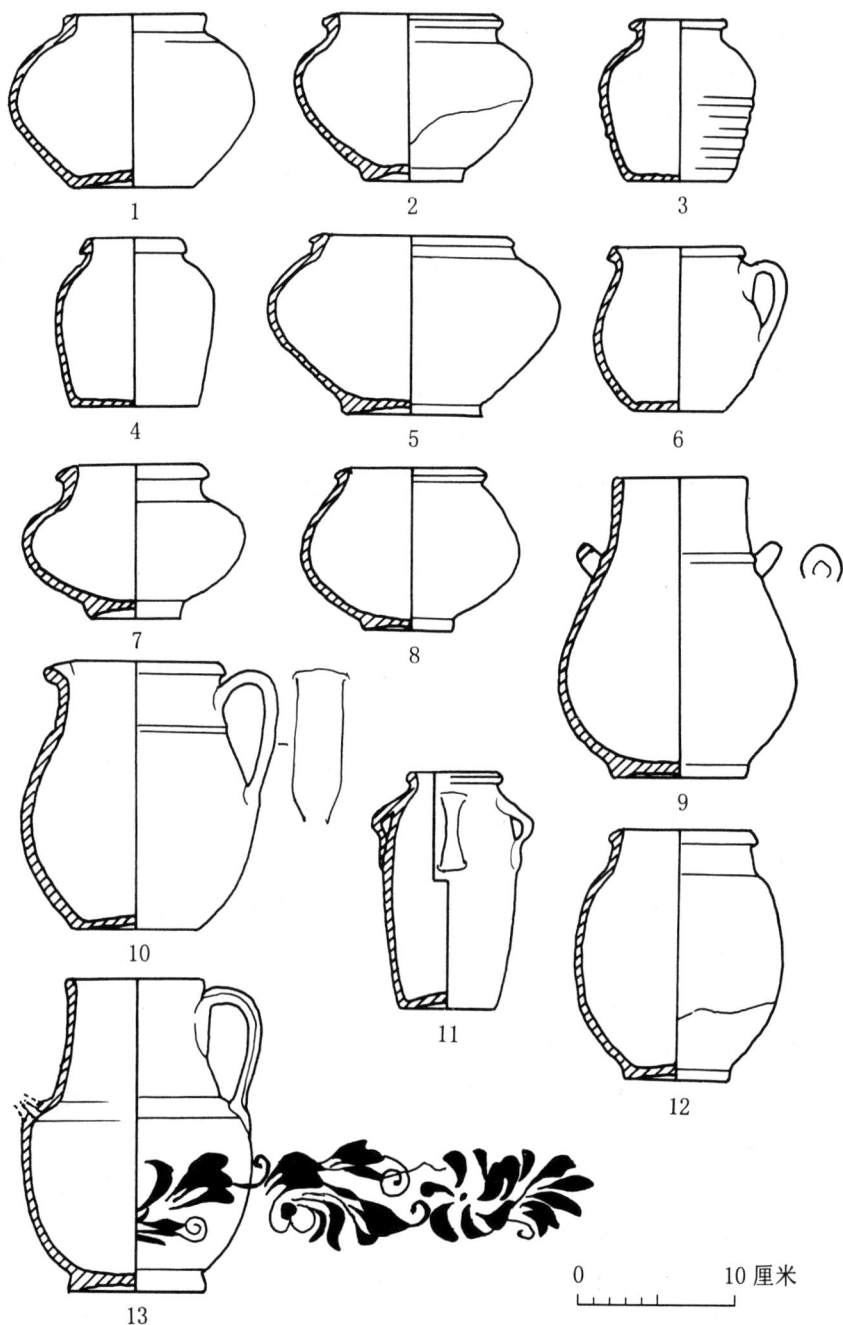

图八五　宋代墓葬釉陶罐、壶和瓶

1.Ⅰ式短领圆腹罐（65WFM3∶2）　2.Ⅱ式短领圆腹罐（65WFM28∶2）　3.Ⅰ式短领直腹罐（65WFM54∶1）
4.束颈罐（65WFM40∶1）　5.Ⅱ式短领圆腹罐（65WFM103∶1）　6.Ⅰ式带流罐（65WFM35∶1）　7.Ⅲ式短
领圆腹罐（65WFM39∶2）　8.垂腹罐（65WFM98∶1）　9.双耳壶（65WFM41∶1）　10.Ⅱ式带流罐
（65WFM51∶1）　11.Ⅰ式四系瓶（65WFM49∶1）　12.Ⅱ式短领直腹罐（65WFM12∶1）　13.带流壶
（65WFM96∶1）

Ⅱ式　1件。标本 65WFM51：1，斜唇缘，直颈，平底略内凹。在颈部饰凹弦纹 1 周。口径 10.8、底径 8、最大腹径 14.8、高 16.8 厘米（图八五，10；图版三七，4）。

双耳壶　1件。标本 65WFM41：1，褐色胎，酱褐色釉略泛黄，釉不及底。方圆唇，直口，溜肩，垂腹，平底略内凹。肩部饰 1 周凸弦纹，弦纹上附有 2 个相对称的泥条横耳。口径 8.4、底径 8.4、最大腹径 15.2、高 18.8 厘米（图八五，9；图版三八，2）。

带流壶　1件。标本 65WFM96：1，圆唇，直口，长颈，折肩，腹略鼓，假圈足底略内凹。肩部有一泥条鋬自肩连于颈部，与鋬对称处有一流，流已残。腹饰草叶纹。口径 8.4、底径 8.4、最大腹径 14.4、高 19.6 厘米（图八五，13；图版三八，1）。

四系瓶　2件。褐色胎，酱褐色釉不及底。束颈，溜肩，直腹下收，平底内凹。肩部有 4 个两两相对的泥条竖耳。分Ⅰ、Ⅱ两式。

Ⅰ式　1件。标本 65WFM49：1，圆唇。口径 6、底径 6.4、高 14.6 厘米（图八五，11；图版三九，4）。

Ⅱ式　1件。标本 65WFM36：1，尖唇，唇沿外翻。下腹可见明显泥条盘筑痕迹。口径 7.2、底径 8、高 29.2 厘米（图八六，1）。

双系瓶　16件。直口，尖唇，唇沿外翻。溜肩，鼓腹下收，平底略内凹。肩部有 2 个相对称的泥条竖耳。分Ⅰ、Ⅱ两式。

Ⅰ式　5件。标本 65WFM20：1，深褐色胎，酱褐色釉不及底。肩饰 3 周凹弦纹，最大腹径在中上部。口径 9.6、底径 10.4、最大腹径 17.6、高 31.6 厘米（图八六，6；图版三九，1）。

Ⅱ式　11件。标本 65WFM102：1，褐黄色胎，酱褐色釉略泛黄，釉不及底。腹圆鼓，最大腹径在中部。口径 7.6、底径 9.6、最大腹径 18.4、高 34.2 厘米（图八六，7；图版三九，2）。

短颈瓶　2件。体呈梅瓶状，褐色胎，酱黄色釉不及底。尖唇，沿外卷，溜肩，鼓腹下收，最大腹径在中部偏上。平底略内凹。分Ⅰ、Ⅱ二式。

Ⅰ式　1件。标本 65WFM47：1，圆唇外侈，短直颈。口径 11.2、底径 9.2、最大腹径 20、高 30 厘米（图八六，2）。

Ⅱ式　1件。标本 65WFM10：1，方唇，平沿略外折，短颈，口略敛，广肩。口径 8.4、底径 8.8、最大腹径 18、高 30.4 厘米（图八六，5；图版三九，3）。

长颈瓶　2件。尖唇，沿外卷。溜肩，鼓腹下收，最大腹径在中部偏上。标本 65WFM37：2，尖圆唇，沿外翻卷。高颈，肩略折。口径 8、底径 7.6、最大腹径 14.8、高 26.4 厘米（图八六，3）。

橄榄瓶　4件。中腹粗，两端细，形似橄榄。标本 65WFM3：1，褐色胎，酱褐色釉不及底，釉色略泛黄。尖圆唇下斜，溜肩鼓腹下收，平底略凹。口径 6.4、底径 8、最大腹径 14、高 25 厘米（图八六，4）。

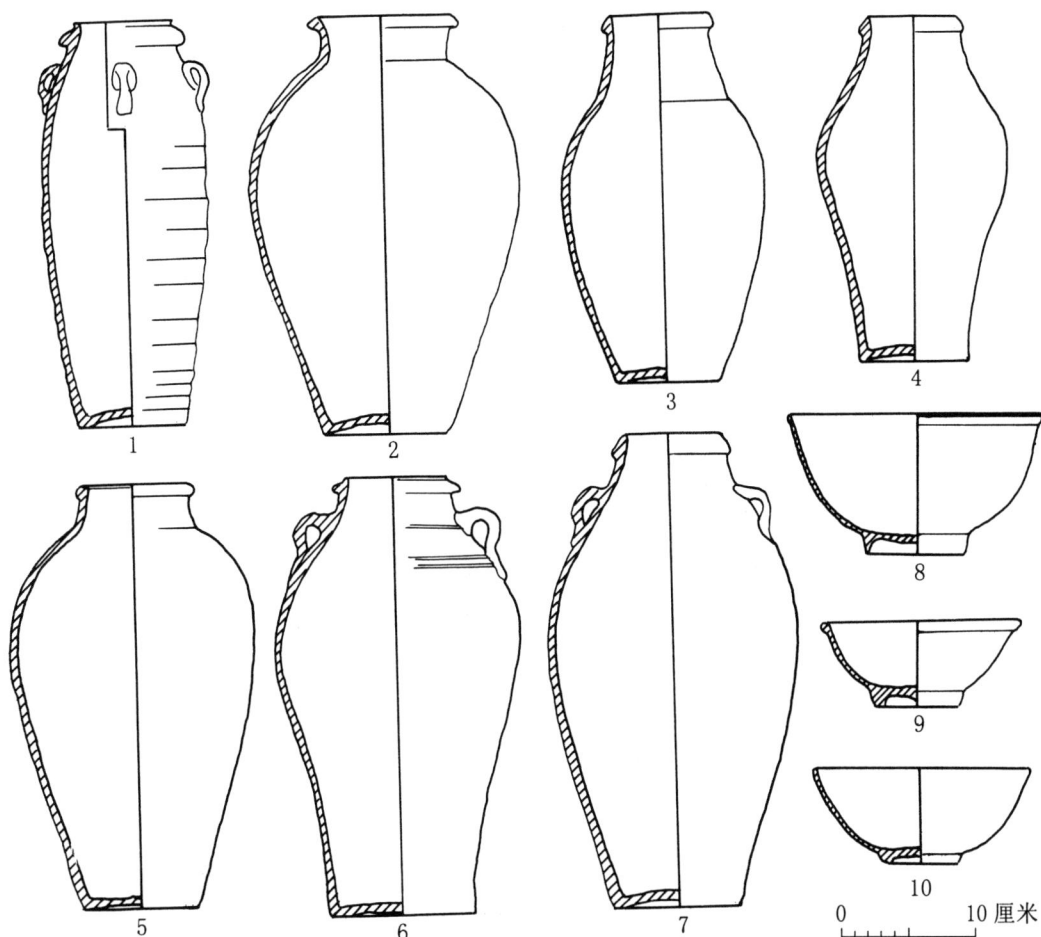

图八六　宋代墓葬釉陶瓶和青瓷碗

1. Ⅱ式四系瓶（65WFM36：1）　　2. Ⅰ式短颈瓶（65WFM47：1）　　3. 长颈瓶（65WFM37：2）　　4. 橄榄瓶
（65WFM3：1）5. Ⅱ式短颈瓶（65WFM10：1）　　6. Ⅰ式双系瓶（65WFM20：1）　　7. Ⅱ式双系瓶（65WFM102：1）
8. Ⅰ式碗（65WFM28：1）　　9. Ⅱ式碗（65WFM74：1）　　10. Ⅲ式碗（65WFM2：2）

二、青瓷器

发现 3 件碗。灰白色胎，内外施釉，外釉不及底。均斜壁，浅圈足。分Ⅰ、Ⅱ、Ⅲ三式。

Ⅰ式　1件。标本 65WFM28：1，施浅绿色釉。胎较厚，尖圆唇，圈足底较矮。碗内壁饰草叶纹。口径 18.8、底径 7.2、高 10 厘米（图八六，8；图版四〇，1、2）。

Ⅱ式　1件。标本 65WFM74：1，施青白色釉。圆唇较厚，圈足稍高。口径 14.8、底径 6.4、高 6.2 厘米（图八六，9）。

Ⅲ式　1件。标本 65WFM2：2，施白色釉，口部无釉。尖唇，高圈足。口径 16、底径 5.6、高 6.8 厘米（图八六，10；图版三八，3）。

三、黑瓷器

共 7 件。灰黄色胎，胎质较细。黑釉，釉质细润，釉色明亮。计有广口罐、束颈罐、碗等。

广口罐　1件。标本 65WFM60：1，口沿部内外施釉，外釉不及底。直口，圆唇，高领折肩，在肩部有 4 个两两相对的竖耳。垂腹下收，假圈足底略内凹。口径 14、底径 10、高 16.4 厘米（图八七，1；图版三八，4）。

束颈罐　1件。标本 65WFM101：1，口部内外施釉，外釉不及底。尖圆唇，斜唇缘，束颈，溜肩，鼓腹下收，平底略内凹。下腹饰凹弦纹 1 周。口径 6.8、底径 7.2、最大腹径 10.4、高 11.2 厘米（图八七，2）。

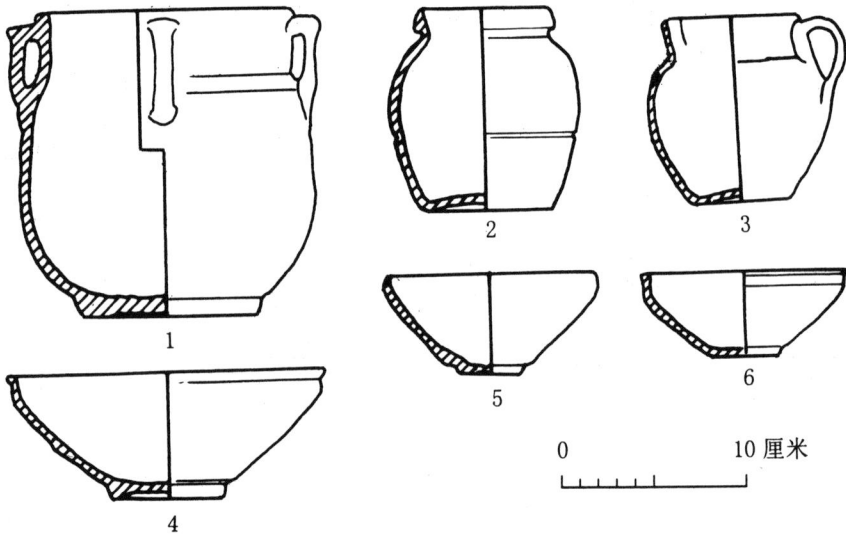

图八七　宋代墓葬黑瓷罐和碗，陶罐

1. 黑瓷广口罐（65WFM60：1）　2. 黑瓷束颈罐（65WFM101：1）　3. 陶带流罐（65WFM53：1）　4. Ⅲ式黑瓷碗（65WFM99：1）　5. Ⅰ式黑瓷碗（65WFM25：2）　6. Ⅱ式黑瓷碗（65WFM100：1）

碗　5件。内外施釉，外釉不及底。均斜壁，圈足。分Ⅰ、Ⅱ、Ⅲ三式。

Ⅰ式　3件。口略敛。标本 65WFM25：2，尖圆唇，浅圈足。口径 11.6、底径 3.2、高 5.4 厘米（图八七，5；图版三九，6）。

Ⅱ式　1件。标本 65WFM100：1，口略直，圆唇，饼状圈足。唇外饰凹弦纹 1 周。口径 9.2、底径 3.4、高 4.6 厘米（图八七，6）。

Ⅲ式　1件。标本 65WFM99：1，直口，圆唇，圈足。唇外饰凹弦纹 1 周。口径

17.6、底径6、高6.8厘米（图八七，4；图版三九，5）。

四、陶　器

仅1件。

红陶带流罐。标本65WFM53：1，尖圆唇，口略外侈，颈略束，圆肩，肩部有一泥条捻制的半环状鋬，与鋬相对处有一侈口流，鼓腹下收，平底内凹。口径7.2、颈径6.8、底径5、最大腹径10、高10厘米（图八七，3）。

五、铜　器

仅发现有铜镜和铜钱。

铜镜　2件。均为湖州镜。标本65WFM22：1，平面呈荷叶边状，背面周边起棱，桥形纽。镜铭："湖州真石家，念二叔照子。"直径13.2厘米（图八八，1；图版四〇，4）。标本65WFM35：1，圆形，带柄，薄胎。镜铭："湖州真石家，念二叔照子。"直径7.5、柄长6.3、柄宽1.1～1.6厘米（图八八，2；图版四〇，3）。

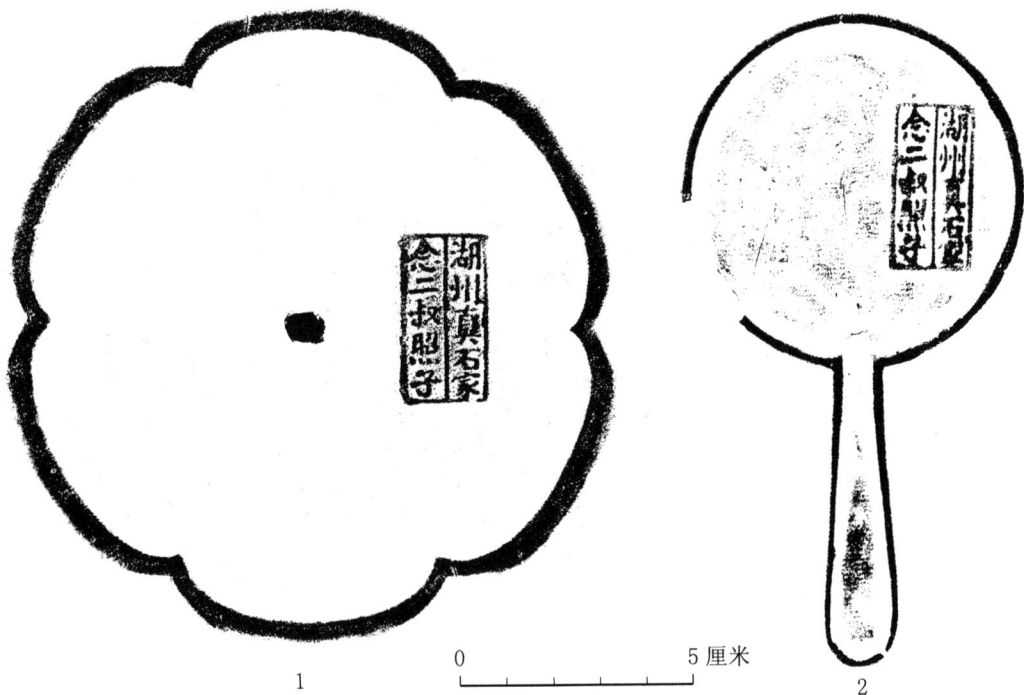

图八八　宋代墓葬铜镜

1. 铜镜（65WFM22：1）　2. 铜镜（65WFM35：1）

铜钱　出土数量较多,均为年号钱。计有开元通宝、太平通宝、祥符元宝、庆历重宝、嘉祐通宝、治平元宝、元丰通宝、元祐通宝、绍圣元宝、元符通宝、圣宋元宝、大观通宝、政和通宝等。

开元通宝　钱文楷书,对读。出自65WFM60,廓径2.35、穿宽0.75厘米(图八九,1)。

太平通宝　钱文楷书,对读。出自65WFM80,廓径2.4、穿宽0.6厘米(图八九,2)。

祥符元宝　钱文楷书,旋读。出自65WFM60,廓径2.5、穿宽0.7厘米(图八九,3)。

庆历重宝　钱文楷书,对读。出自65WFM35,廓径2.9、穿宽0.7厘米(图八九,4)。

嘉祐通宝　钱文楷书,对读。出自65WFM97,廓径2.3、穿宽0.7厘米(图八九,5)。

治平元宝　钱文楷书,对读。出自65WFM72,廓径2.3、穿宽0.6厘米(图八九,6)。

元丰通宝　钱文行书,旋读。出自65WFM60,廓径2.4、穿宽0.8厘米(图八九,7)。

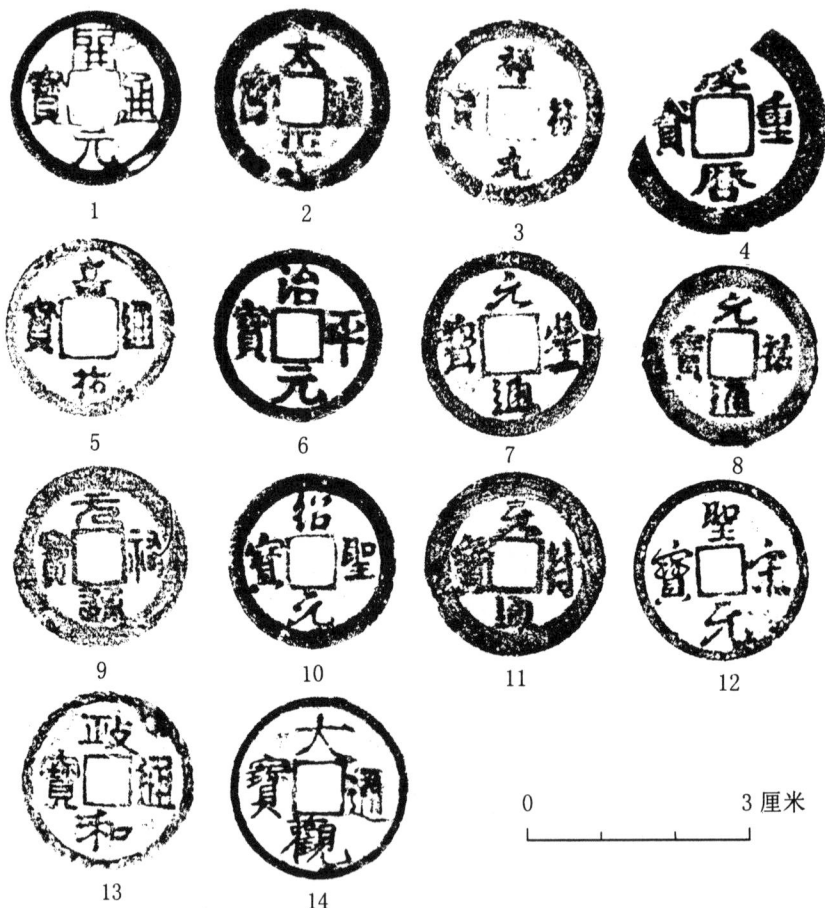

图八九　宋代墓葬铜钱

1.开元通宝　2.太平通宝　3.祥符元宝　4.庆历重宝　5.嘉祐通宝　6.治平元宝　7.元丰通宝　8.元祐通宝　9.元祐通宝　10.绍圣元宝　11.元符通宝　12.圣宋元宝　13.大观通宝　14.政和通宝

元祐通宝　钱文行书,旋读。出自 65WFM60,廓径 2.4、穿宽 0.7 厘米(图八九,8)。

元祐通宝　钱文篆书,旋读。出自 65WFM60,廓径 2.4、穿宽 0.7 厘米(图八九,9)。

绍圣元宝　钱文行书,旋读。出自 65WFM97,廓径 2.3、穿宽 0.7 厘米(图八九,10)。

元符通宝　钱文行书,旋读。出自 65WFM72,廓径 2.5、穿宽 0.6 厘米(图八九,11)。

圣宋元宝　钱文行书,旋读。出自 65WFM97,廓径 2.4、穿宽 0.6 厘米(图八九,12)。

大观通宝　钱文瘦金体,对读。出自 65WFM60,廓径 2.4、穿宽 0.6 厘米(图八九,13)。

政和通宝　钱文楷书,对读。出自 65WFM60,廓径 2.4、穿宽 0.65 厘米(图八九,14)。

第三节　结　语

放鹰台遗址发掘的宋代墓葬,皆为小型竖穴土坑墓,墓圹比较狭小且简陋。最大的墓如 65WFM18 长仅 2.34、宽 1.06 米;65WFM3 长 2.3、宽 1.2～1.42 米;最小的墓如 65WFM75 长不过 1.58、宽 0.6 米,仅能容身。从墓葬形制规模看,平面皆为长方形和梯形的土坑墓。可辨清的葬式皆为仰身直肢,头枕 3 块布纹板瓦的现象比较普遍。从有的墓圹内残余的铁质棺钉分析,部分墓葬曾使用了棺木等简单的葬具。多数墓葬仅 1 件随葬品,这样的墓在已发现的 43 座墓中占了 33 座,少数墓葬随葬 1～3 件釉陶器或粗瓷器。随葬品多放置头部,部分墓葬仅以铜钱随葬。这些情况表明,上述墓葬的墓主生前的身份地位不高,可能是生活在社会底层的平民百姓。

武汉市境及周边地区,已发现的宋代墓葬为数不多,见诸报道的也只是砖室和石室墓,土坑墓的材料相对较少。在武昌青山、汉阳十里铺、东西湖柏泉等地发掘的宋代墓葬以及江夏、黄陂、英山的几例宋墓材料为我们了解本地宋代墓葬的情况提供了参考。

1983 年,湖北省孝感博物馆在武汉市以西的安陆县城东蒋家山[40]发掘了一百多座宋代墓葬。从发掘报告反映出的情况看,放鹰台宋墓与蒋家山宋墓中出土的陶瓷器有着许多的相似之处,如放鹰台Ⅱ式短领直腹罐 (65WFM12∶1) 和蒋家山 C 型Ⅲ式假圈足罐 (M47∶1)、英山郭家湾[41]宋墓的瓜棱罐形制相似;Ⅱ式短领圆腹罐 (65WFM28∶2) 与蒋家山 A 型Ⅰ式假圈足罐 (M14∶1) 形制相似;Ⅰ式带流罐 (65WFM35∶1) 与隶属武汉市江夏区斧头湖窑址群的杨家獬窑址[42]所出 B 型带流罐的风格相似;Ⅱ式带流罐 (65WFM51∶1) 与蒋家山Ⅱ式带流罐 (M158∶4) 形制相似;Ⅰ式双系瓶与蒋家山Ⅲ式双耳瓶 (FM30∶1) 形制相似;Ⅱ式双系瓶与蒋家山Ⅰ式双耳瓶 (M23∶3) 形制相似;Ⅰ式瓷碗与蒋家山 B 型Ⅱ式釉陶碗 (M53∶1) 形制相似,黑瓷广口罐与蒋家山Ⅱ式四系罐 (M132∶1) 形制相似;Ⅰ式黑瓷碗与蒋家山Ⅰ式釉陶碗 (M187∶4) 的形制相似。放鹰台宋墓中出土的两面铜镜 (65WFM22∶1、65WFM35∶1) 与蒋家山铜镜 (M41∶5) 的形状虽不同，但铭记却相同，均为"湖州真石家，念二叔照子"，说明它们均为湖州石家的铜镜；湖州石家的铜镜在全国各地广有出土，以南方各省为多，如浙江诸暨南宋董康嗣夫妇墓[43]，福建三明市岩前村南宋壁画墓[44]，江苏南京南郊宋墓[45]，湖北罗田汪家桥宋墓[46]等均出土此类镜，这类铜镜出现于北宋晚期，流行于南宋时期。

墓内出土器物的釉呈酱褐色略泛黄，为明显的宋代风格特征。圆腹罐、短颈瓶造型丰满，双系瓶鼓腹较大，这些特点，与今武汉市江夏区斧头湖宋代窑址[47]所出同类器的风格相同。而黑瓷器均为黄灰色胎，釉色莹亮，釉质细润，与江西吉安地区吉州窑的产品风格相似[48]。在可辨识的铜钱中，除开元通宝外，其余均为北宋时期，年代最晚的为政和通宝（公元1111年），这表明这批墓的下葬年代不早于北宋政和年间，其具体年代约为北宋中晚期至南宋时期。

武昌放鹰台遗址地处今武汉市武昌区水果湖西岸，此地在北宋末隶属鄂州江夏县，州治与县治均在今武昌蛇山附近。墓内随葬的瓷器，多数可能是今武汉市江夏区斧头湖和梁子湖沿岸一带民窑的产品。这批宋墓的发掘，为了解武汉市郊瓷窑址的烧造时间、生产水平以及研究宋代民窑等方面提供了一批实物资料。

注　释

① 屈家岭考古发掘队：《屈家岭遗址第三次发掘》，《考古学报》1992年1期。

② 荆州地区博物馆等：《钟祥六合遗址》，《江汉考古》1987年2期。

③ 湖北省荆州地区博物馆：《湖北京山油子岭新石器时代遗址的试掘》，《考古》1994年10期。

④ 湖北省黄冈地区博物馆：《湖北黄冈螺蛳山遗址墓葬》，《考古学报》1987年3期。

⑤ 湖北省荆州地区博物馆：《湖北王家岗新石器时代遗址》，《考古学报》1984年2期。

⑥ 湖南省岳阳地区文物工作队：《华容车辘山新石器时代遗址第一次发掘简报》，《湖南考古辑刊》3期。

⑦ 湖南省博物馆：《安乡划城岗新石器时代遗址》，《考古学报》1983年4期。

⑧⑨ 孟华平：《长江中游史前文化结构》，长江文艺出版社，1997年。

⑩ 湖北省文物考古研究所、中国社会科学院考古研究所：《湖北石家河罗家柏岭新石器时代遗址》，《考古学报》1994年2期。

⑪ 湖北省荆州博物馆等：《肖家屋脊》，文物出版社，1999年。

⑫ 中国社会科学院考古研究所：《湖北黄梅陆家墩新石器时代墓葬》（图七，8），《考古》1991年6期。

⑬ 湖北省荆州博物馆、北京大学考古系：《天门邓家湾遗址1987年春发掘简报》，《江汉考古》1993年1期。

⑭⑮ 中国社会科学院考古研究所：《中国考古学碳十四年代数据集（1965～1991）》，文物出版社，1992年。

⑯ 北京大学考古学系碳十四实验室：《碳十四年代测定报告（一〇）》，《文物》1996年6期。

⑰ 中国社会科学院考古研究所：《长江流域的新石器时代文化》，《新中国的考古发现与研究》，文物出版社，1984年。

⑱ 上海市文物管理委员会：《福泉山》第74页（图五八，2），文物出版社，2000年。

⑲ 湖北省文物考古研究所等：《湖北罗田庙山岗遗址发掘报告》，《考古》1994年9期。

⑳ 湖北省京九铁路考古队等：《武穴鼓山》，科学出版社，2001年。

㉑ 武汉大学历史系考古教研室等:《湖北新洲香炉山遗址（南区）发掘简报》,《江汉考古》1993 年第 1 期。

㉒ 荆州地区博物馆、北京大学考古系:《湖北江陵荆南寺遗址第一、二次发掘简报》,《考古》1989 年 8 期。

㉓ 沙市市博物馆:《湖北沙市周梁玉桥遗址试掘简报》,《文物资料丛刊》第 10 辑。

㉔ 湖北省文物考古研究所:《盘龙城》,文物出版社,2001 年。

㉕ 湖北省博物馆等:《湖北黄陂鲁台山两周遗址与墓葬》,《江汉考古》1982 年 2 期。

㉖ 襄樊市博物馆:《湖北枣阳毛狗洞遗址调查》,《江汉考古》1988 年 3 期。

㉗ 孝感地区博物馆 、孝感市博物馆:《湖北孝感聂家寨遗址发掘简报》,《江汉考古》1994 年 2 期。

㉘ 湖北省文物考古研究所:《湖北襄樊真武山周代遗址》,《考古学集刊》第 9 辑,1995 年。

㉙ 中国科学院考古研究所:《沣西发掘报告》,文物出版社,1962 年。

㉚ 湖北省文物考古研究所:《汉川乌龟山西周遗址试掘简报》,《江汉考古》1997 年 2 期。

㉛ 湖北省文物考古研究所、黄冈地区博物馆、罗田县文管所:《湖北罗田庙山岗遗址发掘报告》,《考古》1994 年 9 期。

㉜ 香炉山考古队:《湖北武汉市阳逻香炉山遗址考古发掘纪要》,《南方文物》1993 年 1 期。

㉝ 中国科学院考古研究所湖北发掘队:《湖北蕲春毛家嘴西周木构建筑》,《考古》1962 年 1 期。

㉞ 黄石市博物馆:《大冶上罗村遗址试掘》,《江汉考古》1983 年 4 期。

㉟ 咸宁地区博物馆、阳新县博物馆:《阳新和尚垴遗址调查简报》,《江汉考古》1984 年 4 期。

㊱ 黄石市博物馆:《铜绿山古矿冶遗址》,文物出版社,1999 年。

㊲㊳黄冈地区博物馆:《湖北黄冈巴水流域部分古文化遗址》,《考古》1995 年 10 期。

㊴ 江西省文物工作队、九江市博物馆:《江西九江神墩遗址发掘简报》,《江汉考古》1987 年 4 期。

㊵ 湖北省孝感市博物馆:《安陆市蒋家山宋墓发掘报告》,《鄂东北考古报告集》,湖北科学技术出版社,1996 年。

㊶ 黄冈地区博物馆、英山县博物馆:《湖北英山三座宋墓的发掘》,《考古》1993 年 1 期。

㊷ 武汉市文物考古研究所、武汉市江夏区博物馆:《武汉市江夏区杨家瑙窑址发掘简报》,《江汉考古》2001 年 2 期。

㊸ 方志良:《浙江诸暨南宋董康嗣夫妇墓》,《文物》1988 年 11 期。

㊹ 福建省博物馆、福建三明市文物管理会:《福建三明市岩前村南宋壁画墓》,《考古》1995 年 10 期。

㊺ 南京市博物馆、南京市雨花区文物管理会:《南京南郊宋墓》,《文物》2001 年 8 期。

㊻ 罗田县文物管理所:《罗田汪家桥宋墓发掘记》,《江汉考古》1985 年 2 期。

㊼ 武汉地方志编纂委员会:《武汉市志·文物志》,武汉大学出版社,1990 年。

㊽ 蒋玄佁:《吉州窑——剪纸纹样贴印的瓷器》,文物出版社,1958 年。

附表一

新石器时代墓葬统计表

墓号	位置	方向	形状	尺寸(米)	随葬品	分期	备注
1	T1	西北－东南			Da型IV式罐、B型IV式罐、B型III式罐、Ca型II式壶、B型III式壶、F型器盖、Da型IV式碗	三	平面残缺,有人骨朽痕
4	T2、T13	西北－东南	长方形	2.1×0.55~0.63－0.05~0.07	Ac型I式罐、Ab型II式壶、Ca型II式壶、B型IV式罐、A型I式杯、Ab型I式豆、Bb型I式豆、Ab型II式壶、Bb型I式壶、Db型I式碗、E型I式碗、I式甑、盆、A型石铲、玉璜、Bb型石铲	一	有人骨朽痕
5	T2				A型II式碗、Bb型石铲	二	有人骨朽痕
6	T2				罐、Ba型石铲	二	有人骨朽痕
7	T6	西北－东南			Ba型IV式罐、Ab型III式壶、A型III式壶、B型II式壶、B型III式壶、A型II式杯、豆2、Ac型II式壶、C型II式碗、C型II式甑、III式甑、B型石铲	二	有人骨朽痕
8	T6				罐、Aa型壶、杯、Ba型I式豆、石磨	一	
9	T6				罐、壶、杯、Ba型I式豆、陶片	二	
11	T3、T18	南偏西15°		1.76×0.68	Bb型II式罐、Ba型III式壶、Ab型III式豆、杯、Ac型纺轮	二	有人骨朽痕
13	T13				Ba型II式罐、Ba型III式壶、A型I式碗	一	
14	T6				A型I式壶、Db型I式碗	二	
15	T10	北偏西30°	长方形	2.2×0.82~0.91－0.42	Ba型V式罐、B型I式壶、鼎、Aa型III式罐、器盖、A型II式罐、Aa型III式壶、豆2、Aa型II式壶、Ac型I式铧	二	被M25打破,打破M73,有人骨朽痕
16	T12、T13	南偏东31°	长方形	1.85×0.54~0.6－0.16~0.22	A型II式罐、Aa型III式罐、Ba型II式罐、C型II式碗、Cb型III式壶、Aa型II式壶、C型II式器盖、Db型II式碗、Aa型II式甑、Bb型III式豆、C型石铲、B型石铧	二	有人骨朽痕
21	T11、T19	西北－东南	长方形		Bb型II式罐、罐、Aa型壶、C型III式碗、Ab型II式壶、Ac型II式罐、Ba型II式罐、Ac型II式壶、C型II式罐	二	平面残缺
23	T11、T19	西北－东南	长方形	2.2×0.52~0.59－0.11~0.21	A型II式鼎、Ba型II式鼎、鼎、Ac型II式罐、Aa型II式壶、Ca型I式壶、A型II式豆、Bb型II式壶、E型器盖、Ad型纺轮、石环	二	有人骨朽痕
24	T10	西北－东南	长方形	1.7×0.66~0.7－0.04	Ba型II式鼎、罐2、B型II式壶、Ca型I式壶、II式豆、豆、Da型II式碗、Aa型I式碗、陶片、C型纺轮	一	有人骨朽痕
26	T10、T11	北偏西26°	长方形	1.7×0.58~0.63－0.04~0.07	鼎、Ac型II式罐、豆、甑、Ba型石铲	二	有人骨朽痕
27	T19	西北－东南	长方形	1.62×?－0.1~0.07	Bb型II式罐、鼎、Ab型V式罐、A型V式杯、杯3、Bb型II式器盖、C型II式碗、C型II式武碗、碗2、陶片	二	有人骨朽痕
29	T17、T33	北偏西44°	长方形	1.64×0.5－0.1	Da型I式罐、Dc型II式碗、碗	三	有人骨朽痕

续附表一

墓号	位置	方向	形状	尺寸(米)	随葬品	分期	备注
30	T7、T21	西北-东南			A型Ⅲ式壶、Cb型Ⅱ式壶2、Bb型Ⅱ式壶、豆、Ⅱ式瓿	二	平面不清,有人骨朽痕
31	T12	西北-东南			Ab型Ⅳ式罐、壶2、Bb型Ⅱ式碗	二	打破M48,有人骨朽痕
32	T21	西北-东南	长方形	1.67~1.7×0.46~0.48-0.14~0.16	Ca型Ⅲ式壶、Ba型Ⅲ式碗	二	
33	T9	西北-东南		1.7×0.44~0.5-0.15~0.17	Ab型Ⅳ式罐3、Aa型Ⅱ式杯、A型Ⅳ式豆、豆、纺轮、玉环	二	有人骨朽痕
34	T7、T21	西北-东南		1.6×0.5~0.57-0.17~0.23	Cb型Ⅰ式罐、器盖、Da型Ⅲ式碗、碗	三	打破M82,有人骨朽痕
38	T21、T23	西北-东南	长方形	1.8×0.6~0.62-0~0.15	C型鼎、Db型Ⅲ式罐、罐、壶、Aa型Ⅲ式杯、E型Ⅱ式豆、C型Ⅰ式器盖、碗	三	平面残缺
42	T11				鼎、豆、碗		
44	T19	西北-东南	长方形	2×0.6-0.1~0.26	Ba型Ⅱ式鼎、Ab型Ⅰ式罐、罐、Cb型Ⅰ式器盖、D型Ⅰ式器盖、碗、豆、D型杯、Ac型纺轮	一	有人骨朽痕
45	T34、T19	西北-东南	长方形	1.8×0.7-0.1	罐2、壶2、Bb型Ⅰ式豆2、碗	二	打破M61,有人骨朽痕
46	T7、T21	北偏西50°	长方形	1.8×0.6	壶、Aa型Ⅳ式碗、Ab型Ⅱ式豆	二	有人骨朽痕
48	T12	西北-东南	长方形		D型Ⅰ式豆、鼎、鼎2	二	被M31打破,有人骨朽痕
55	T34	北偏西18°	长方形	1.9×0.6~0.65-0.1	B型Ⅱ式鼎、Ac型杯、豆2、Da型Ⅲ式碗、碗、陶片3	二	有人骨朽痕
57	T19、T34	西北-东南	长方形	2×0.6-0.45~0.66	B型Ⅱ式鼎、Da型Ⅰ式壶、E型Ⅰ式豆、A型器盖碗、陶片3	三	平面残缺,有人骨朽痕
58	T22、T50	西北-东南	长方形		C型Ⅱ式豆、豆、Db型Ⅰ式碗	二	有人骨朽痕
59	T34、T36、T64	西北-东南	长方形	1.9×0.6-0.3	Aa型Ⅳ式壶、罐2、A型Ⅲ式壶、B型Ⅲ式壶、杯、C型Ⅲ式壶、豆、Ab型Ⅲ式豆、豆、A型Ⅱ式簋、A型Ⅰ式碗、碗、陶片、Ad型纺轮	二	有人骨朽痕
61	T34		长方形	1.7×?	豆、豆、Ba型器盖碗	二	被M45打破,平面残缺
62	T34				罐、豆、Ba型器盖碗		
63	T14、T19	西北-东南	长方形	2.3×0.6-0.14	Aa型Ⅲ式罐、Cb型Ⅰ式罐、Da型Ⅱ式壶、Da型Ⅱ式壶、壶、B型Ⅰ式簋、B型Ⅱ式簋、Bb型Ⅰ式豆、Da型Ⅲ式豆、豆、豆、Da型Ⅲ式器盖、碗	三	有人骨朽痕
64	T9	西北-东南	长方形	1.7×0.6	A型Ⅰ式杯、杯、豆、D型Ⅲ式器盖、碗	二	有人骨朽痕
65	T25、T28	西北-东南	长方形	1.75×0.54~0.58-0.17~0.3	Da型Ⅰ式碗	一	有人骨朽痕

续附表一

墓号	位置	方向	形状	尺寸(米)	随葬品	分期	备注
66	T3、T17	西北-东南	长方形	?×0.65-0.1	Cb型II式、Db型II式罐、杯、Ab型II式簋、A型II式碗、A型IV式簋、A型II式碗、Ab型纺轮	三	平面残缺，有人骨杩痕
67	T34	西北-东南	长方形	1.70×0.6-0.1	鼎、罐2、杯、豆2	二	被M72打破，有人骨杩痕
68	T1、T8	北偏西50°	长方形	1.5×0.52	鼎、Ab型IV式碗、罐、壶、Aa型II式杯、A型杯、豆2、D型II式器盖、碗		平面残缺，有人骨杩痕
69	T7、T9	西北-东南	长方形	?×0.6-0.1	豆、簋	一	被M15打破，有人骨杩痕
73	T7、T9、T10	北偏西58°	长方形	1.7×0.55-0.1~0.2	Ba型II式鼎、B型鼎、鼎、碗4	三	
76	T17	西北-东南	长方形	1.7×0.6-0.15	Da型III式罐、Db型II式罐、A型杯、A型豆、Db型II式碗、器盖		
77	T21、T33、T7、T39				豆2、碗3、B型纺轮、石斧2		
78	T39	西北-东南	长方形	?×0.6	Ea型II式罐、豆2、A型杯、C型杯、Aa型纺轮	三	平面残缺
79	T23	西北-东南	长方形	?×0.6	Eb型I式罐、Db型I式罐、Da型IV式壶、E型II式豆、B型II式簋	三	平面残缺
82	T21	西北-东南	长方形	1.8×0.6-0.35	鼎、Ea型II式罐、B型II式碗、B型V式壶、Da型II式碗、Ac型纺轮	三	被M34打破
83	T11、T10	西北-东南	长方形	?×0.6	鼎、壶、D型II式罐、A型杯、Db型I式罐、B型杯、D型I式豆、豆	二	被M25、M72打破
84	T22		长方形	?×0.6-0.15	D型II式鼎、A型碗、Db型I式罐、D型I式器盖	一	平面残缺
85	T53	东北-西南	长方形	?×0.58-0.16	Cb型II式罐、Db型II式罐、Eb型II式罐、Dc型纺轮、B型II式杯、Da型II式罐2、B型II式碗、Aa型纺轮	三	平面残缺
86	T59	东北-西南	长方形	?×0.5	Ba型III式罐、A型II式碗、B型碗、Da型II式碗、陶片	三	平面残缺
88	T64	东北-西南	长方形	?×0.6	壶2、陶片2	二	平面残缺
89	T64	西北-东南	长方形	1.3×0.5	Aa型I式罐、C型I式器盖、陶片	一	平面残缺
90	T64	西北-东南			鼎2		
91	T65				鼎、豆2、陶片、石斧		
92	T59、T65	西北-东南	长方形	1.6×0.5-0.15	Db型III式罐、B型II式杯、杯、Da型II式豆、A型II式豆、陶片	三	平面残缺
93	T65	西北-东南			Da型II式碗	二	有人骨杩痕
94	T65	西北-东南			Ba型III式罐、Ba型II式罐、A型III式碗、D型II式器盖、Da型II式碗、E型II式碗	二	平面残缺
95	T65	西北-东南			Ca型III式罐、Da型II式碗	三	平面残缺

附表二　　　　　　　　西周遗迹统计表

单位	位置	形状	尺寸（米）	出土遗物
K1	T17 中部	不规则长方形	2.1×1.57－1.58	Cb 型Ⅱ式鬲、Db 型Ⅱ式鬲足、Db 型Ⅲ式鬲足 2、Dc 型Ⅰ式鬲足、A 型Ⅰ式甗足、A 型Ⅱ式甗足、B 型Ⅰ式甗足、B 型Ⅱ式甗足、B 型Ⅱ式豆盘、B 型Ⅵ式豆盘、C 型Ⅱ式豆盘、C 型Ⅲ式豆盘
K2	T18 中部	不规则长方形	2.75 × 1.90 － 1.06	C 型石锛、C 型石镰、A 型Ⅳ式鼎、A 型Ⅴ式鼎、B 型Ⅱ式鼎、Ca 型Ⅲ式鬲、Ca 型Ⅵ式鬲、Cb 型Ⅲ式鬲、Cc 型Ⅰ式鬲、A 型Ⅲ式鬲足、Cb 型Ⅲ式鬲、B 型Ⅰ式甗足、B 型Ⅱ式甗足
K3	T32 南部	“刀”字形	3.45～2.15×1.6 ～0.55－1.5	A 型Ⅰ式铜削刀
G1	T26、T31、T38		6×2.1－1	
H1	T1 南部	圆形	直径 0.9	Bc 型Ⅲ式豆圈足、Ca 型Ⅱ式鬲
H2	T23 中部	椭圆形	长径 4.46，短径 3.18，深 0.95～ 1.4	B 型Ⅱ式石斧、A 型石镰、A 型Ⅱ式鼎足、Ab 型鬲足、Ca 型Ⅰ式鬲、Ca 型Ⅱ式鬲 2、C 型Ⅰ式鬲足、Da 型鬲足、B 型Ⅱ式甗足、A 型Ⅲ式盆、B 型Ⅰ式盆、B 型Ⅱ式盆、A 型Ⅰ式豆、A 型Ⅱ式豆、B 型Ⅰ式豆、B 型Ⅱ式豆、A 型Ⅰ豆盘、B 型Ⅳ式豆盘、A 型Ⅰ式罐、B 型Ⅲ式瓮、A 型Ⅱ式钵 2、A 型盂、圈足碗、B 型尊
H3	T1、T7	圆形	直径 0.9	两孔器
H5	T28	圆形	直径 0.9、深 0.65	Ⅲ式铜镞、Db 型Ⅲ式鬲足、B 型Ⅰ式豆盘、B 型Ⅲ式瓮、陶拍、A 型纺轮

附表三　　　　　　　　　　　　　宋代墓葬统计表

墓号	位置	方向	尺寸（米）	葬式	随葬品	备注
M2	T1、T40	12°	2.12×0.8-0.4		Ⅰ式釉陶双系瓶、Ⅲ式青瓷碗	
M3	T10	24°	2.3×1.2-0.95		釉陶橄榄瓶、Ⅰ式釉陶短领圆腹罐、太平通宝、开元通宝、元丰通宝	
M10	T4	318°	3×0.94-0.4		Ⅱ式釉陶短颈瓶	
M12	T9、T24	340°	1.9×0.78-0.38		Ⅱ式釉陶短领直腹罐	
M17	T14	107°	1.75×0.88-0.38		釉陶长颈瓶	
M18	T15	326°	2.34×1.06-1.52		Ⅱ釉陶双系瓶	
M19	T1	90°	2.25×0.64-1		Ⅰ式黑瓷碗	打破 M20
M20	T7	22°	2.2×0.8-0.85		Ⅰ式釉陶双系瓶	被 M19 打破
M22	T19	330°	1.7×0.55-3		铜镜	
M25	T10、T11	92°	1.7×0.65-3		Ⅰ式釉陶双系瓶、Ⅰ式黑瓷碗	
M28	T17	11°	1.8×0.6-0.3		Ⅱ式釉陶短领圆腹罐、Ⅰ式青瓷碗	
M35	T18	360°	1.8×0.77-0.38		Ⅰ式釉陶带流罐、铜镜、庆历重宝	
M36	T3、T18	349°	1.9×0.7-0.1		Ⅱ式釉陶四系瓶	
M37	T23	360°	2.1×0.77-0.4		釉陶长颈瓶、Ⅰ式黑瓷碗	
M39	T20	332°	2.1×0.7-0.36		Ⅲ式釉陶短领圆腹罐	
M40	T5、T20	52°	1.8×0.7-0.36		釉陶束颈罐、釉陶橄榄瓶	被 M41 打破
M41	T20	61°	1.68×0.75-0.55		釉陶双耳壶	打破 M40
M43	T42	90°	3×0.8-0.2		Ⅱ式釉陶双系瓶 2	
M47	T22	357°	1.8×0.65-0.9		Ⅰ式釉陶短颈瓶、Ⅰ式釉陶双系瓶、铜钱已锈蚀	
M49	T5、T30	25°	1.7×0.65-0.1		Ⅰ式釉陶四系瓶	被 M50 打破
M50	T30	55°	1.9×0.7-1.35	仰身直肢	Ⅱ式釉陶双系瓶、圣宋元宝、开元通宝	打破 M49
M51	T61	337°	1.8×0.8-0.4		Ⅱ式釉陶带流罐	
M52	T19	350°	2×0.7-0.15		Ⅱ式釉陶双系瓶	
M53	T35	12°	1.85×0.8-0.4		釉陶带流罐	

续附表三

墓号	位置	方向	尺寸（米）	葬式	随葬品	备注
M54	T47	78°	1.9×0.7−0.2		Ⅰ式釉陶短领直腹罐	
M56	T35	18°	2.2×0.65−0.13		Ⅱ式釉陶双系瓶	
M60	T36	86°	1.9×0.7−0.9		黑瓷广口罐、开元通宝、元丰通宝、大观通宝、绍圣元宝、祥符元宝、元祐通宝、政和通宝	
M70	T39	4°	1.9×0.8−1.4		釉陶橄榄瓶	
M71	T25、T28	282°	1.3×0.6−0.65	仰身直肢	Ⅱ式釉陶双系瓶	
M72	T2	270°	1.78×0.79−0.42		Ⅱ式釉陶双系瓶、治平元宝、元符通宝	
M74	T41	318°	1.8×0.6−0.25	仰身直肢	Ⅱ式青瓷碗	
M75	T24	260°	1.58×0.6−0.52		Ⅱ式釉陶双系瓶	
M80	T39	360°	2.45×0.82−0.5		Ⅰ式釉陶双系瓶、太平通宝	
M81	T48	65°	2×0.7−0.36		Ⅱ式釉陶双系瓶	
M87	T57	345°	2×0.7−0.15		釉陶橄榄瓶	
M96	T16	360°	1.9×0.75−0.95		釉陶带流壶	
M97	T19	348°	2.1×0.71−0.45	仰身直肢	嘉祐通宝、圣宋元宝、绍圣元宝	
M98	T46	12°	1.85×0.8−？		釉陶垂腹罐	
M99	T37	353°	1.9×0.8−0.75		Ⅲ式黑瓷碗	
M100	T43、T50	340°	1.82×0.7−0.52		Ⅱ式黑瓷碗	
M101	T59	347°	1.98×0.83−0.46		黑瓷束颈罐	
M102	T7、T21	272°	1.85×0.77−0.75		Ⅱ式釉陶双系瓶	
M103	T65	360°	1.95×0.76−0.65		Ⅱ式釉陶短领圆腹罐	

附　录

武昌放鹰台遗址 1997 年发掘报告

武汉市博物馆

一、前　言

　　放鹰台遗址位于湖北省武汉市武昌区水果湖街区内，现在是一处高出周围地区 5～7 米的椭圆形台地。它依山傍水，地势环境十分优越。它的东面和北面濒临水果湖（东湖的港汊），南面和西面与洪山北麓相连。它的顶部东南较高，西北稍低，形成三级相对平坦的台阶，现布满茂密的松树和低矮的灌木（图一，见正文图三）。

　　放鹰台遗址发现于 1956 年[①]，1959 年武汉市人民委员会公布为市级文物保护单位，1965 年曾由原湖北省博物馆进行发掘[②]。1997 年，因湖北省地方志办公室基建工程需要，武汉市博物馆从 4～7 月对放鹰台遗址进行了全面考古勘探和第二次考古发掘。该项工作得到湖北省地方志办公室、湖北省老干部活动中心、武昌区文化局和水果湖街文化站等单位支持和帮助，武汉大学历史系考古专业部分师生也参加了发掘工作。

　　此次发掘共布置 5×5 米的探方 21 个，加上局部扩方，揭露面积近 550 平方米。发现新石器时代、周代和宋代墓葬 65 座，灰坑 28 个，灰沟 3 条，出土完整和可复原的陶、瓷、玉、石、铜质文物 400 余件。

二、文化遗存堆积及分期

　　遗址现存面积约 1 万平方米。由于历年平整土地及建造房屋，其顶部及北麓、西麓均遭一定程度的损坏。此次根据基建工程需要，将整个遗址分为 3 个发掘区。A 区位于遗址东南端，布置探方 2 个，编号为 T1708、T1808。B 区位于遗址中部，布置探方 8 个，编号为 T1110、T1111、T1311～T1313、T1415、T1416、T1218。局部位置扩方。C 区位于遗址西部，布置探方 11 个，编号为 T0318～T0322、T0418、T0421、T0422、T0326、T0426、T0822。局部位置扩方（图二）。

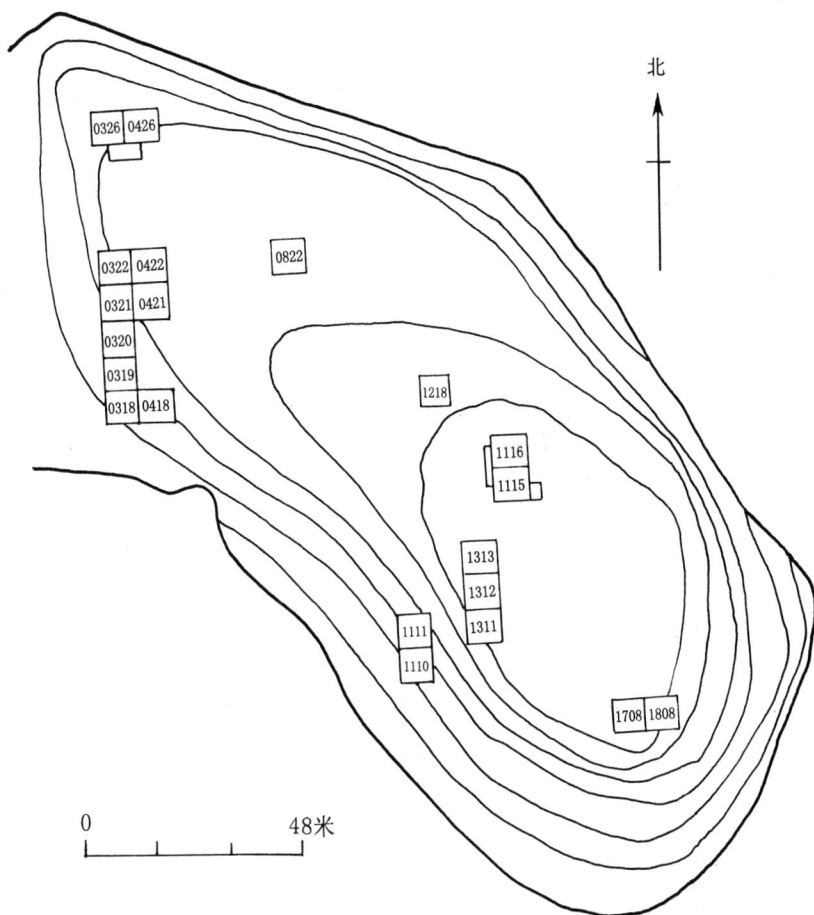

图二　放鹰台遗址1997年发掘探方位置及分区示意图

A区文化遗址存堆积较厚，大约在1.2～1.8米左右，最厚处可达2.7米。以T1708北壁地层剖面为例（图三，A）。

第1层　黄土，松软。厚0.5～1.2米。根据土质土色的细小变化及包含物可分为3小层。

第1a层　黄色土，质地松软。厚0.1～0.3米。包含现代铁钉、瓦片。

第1b层　灰黄色土，质地松软。厚0.3～0.4米。包含现代砖瓦、瓷片。

第1c层　黑黄色土，质地松软。厚0.25～0.5米。包含宋代瓷片、铜币。97WFH18开口于此层下。

第2层　黑灰色土，掺杂红烧土渣和木炭渣，质地稍疏松。厚0～0.5米。包含大量两周陶片。97WFM44开口于此层下。

第3层　褐色土，掺杂一些红烧土块，质地较硬。厚0.15～0.25米。包含较多新石器时代陶片。97WFH25 开口于此层下。

第 3 层以下为黄褐色生土。

B 区文化遗存堆积厚 0.7～0.8 米左右，局部可达 1.8 米。以 T1311 南壁剖面为例（图三，B）。

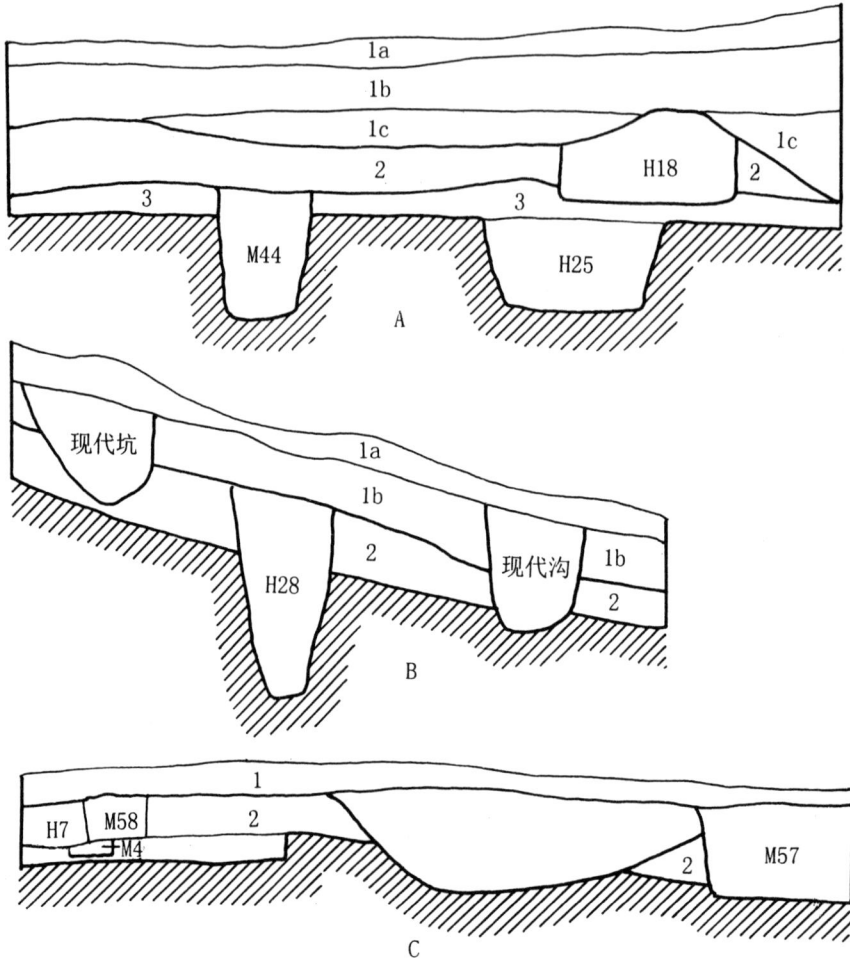

图三　T1708、T1311、T0321 剖面图

A.T1708 北壁剖面图　B.T1311 南壁剖面图　C.T0321 东壁剖面图

第 1 层　黄土，松软。厚 0.5～0.6 米。根据土质土色细微变化可分为两小层。

第 1a 层　黄色土，土色松软。厚 0.1～0.2 米。包含现代塑料、瓷片。有些现代沟、坑开口于此层下。

第 1b 层　灰黄土，土质松软。厚 0.2～0.4 米。包含现代砖瓦。97WFH28 开口于此层下。

第 2 层　褐色土，掺杂一些红烧土块，土质较硬。厚 0.3～0.4 米。包含较多新石器时代陶片。

第2层以下是黄褐色生土。

C区文化遗存堆积厚0.5～0.7米左右，最厚处约有1米。以T0321东壁剖面为例（图三，C）。

第1层　黄色土，土质松软。厚0.1～0.2米。包含现代砖瓦、瓷片。97WFM57、97WFM58、97WFH5、97WFH7等单位开口于此层下。

第2层　黑灰色土，掺杂红烧土渣和木炭渣，土质较疏松。厚0.2～0.3米。包含大量西周陶片。97WFM4开口于此层下。

第2层以下是黄褐色生土。

根据土质土色对比：A区第1a层与B区第1a层、C区第1层相当；A区第1b层与B区第1b层相当；A区第2层与C区第2层相当；A区第3层与B区第2层相当。A区第1c层不见于B、C区；A区第2层不见或少见于B区；A区第3层不见或少见于C区。

放鹰台遗址的文化遗存大致可分为三期。第一期为新石器时代。以97WFH25、T1708第3层、M44、T1311第2层、97WFH28和M4等单位为代表。生活遗存主要分布在A区和B区，墓葬主要分布在B区和C区。第二期为周代，以T1708第2层、97WFH18、T0321第2层、97WFH7和97WFH5等单位为代表。目前多见于A区和C区，B区周代遗存较少，可能与后人损毁幅度较大相关。第三期为宋代，以T1708第1c层、97WFM57、97WFM58等单位为代表，该期遗存主要是墓葬，散布于整个台地（图四）。

三、新石器时代文化遗存

新石器时代遗存分布范围广，遗迹、遗物丰富，是本遗址的主要部分。

（一）遗　迹

主要清理发掘33座墓葬、10个灰坑和1条灰沟。

1. 墓　葬

均为矩形竖穴土圹，多数墓葬填土为黄褐土，少数墓葬专门充填红烧土。骨骸多已腐烂，有的墓葬残余部分骨骸和牙齿，墓主人系单人仰身直肢。随葬品一般是几件至十几件的小型陶质冥器，有的也随葬一些实用陶器或纺轮、石锛、石钺等生产工具，个别墓葬还随葬十余个猪下颌骨。根据墓葬平面形状分成两型。

A型　狭长矩形。25座。

97WFM46位于T0421方西北角，开口于第2层下，被97WFM58、97WFM45打破，并打破97WFM31。竖穴土圹，残长2.5、宽0.75、深0.32米。填黄褐土。墓主

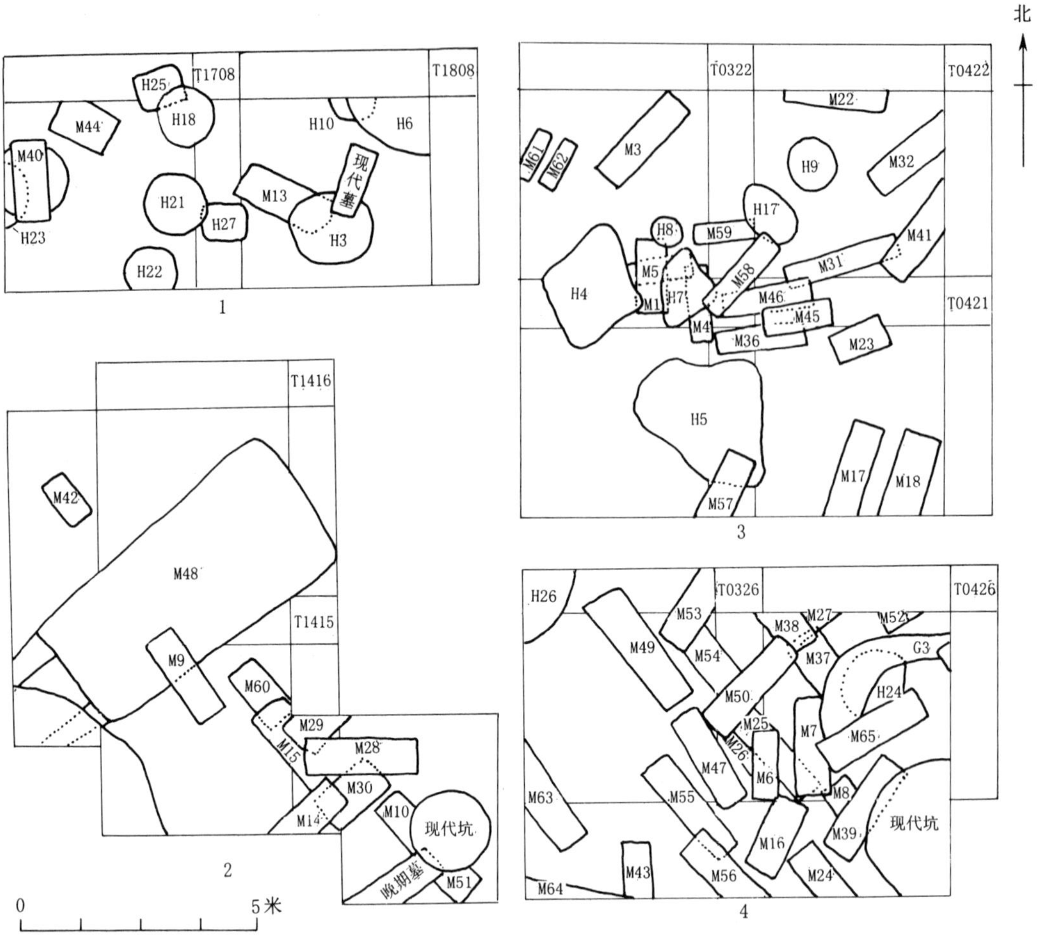

图四　放鹰台遗址遗迹分布图（局部）

1.A区平面图　2.B区T1415、T1416平面图　3.C区T0321、T0322、T041、T042平面图　4.C区T0326、T0426平面图

骨骼较粗大，约为成年男性。随葬陶器18件，主要属小型冥器（图五）。

97WFM13位于T1808西部，开口于第2层下，打破第3层。竖穴土圹，坑壁较直。东端被晚期遗存扰乱破坏，残长2.1、宽1、深0.3米。用大量的红烧土块充填，墓主骨骸已经腐烂，随葬品只剩3件陶器（图六）。

B型　宽短矩形。8座。

97WFM30位于T1415东部扩方处，开口于第1层下，被97WFM28、97WFM147打破。竖穴土圹，填黄褐土。长1.5、宽0.9、现深0.2米。墓室南部遗留着一片炭灰烬和一堆猪下颌骨，可辨识者达11个个体，墓室北部残余2件陶器（图七）。

97WFM44位于T1707西北部，开口于第2层下，打破第3层。竖穴土圹，圹壁较

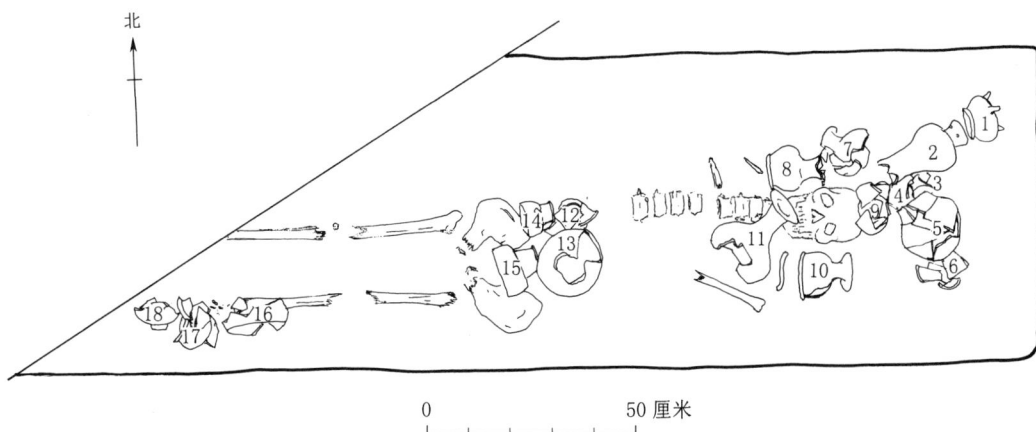

图五　97WFM46 平面图

1.A 型Ⅲ式小凿形足鼎　2.A 型Ⅱ式圈足壶　3.A 型Ⅲ式豆　4.C 型Ⅱ式碗　5.B 型Ⅱ式圈足壶　6.壶　7.A
型Ⅲ式豆　8.A 型Ⅲ式豆　9.A 型Ⅲ式平底壶　10.B 型Ⅱ式碗　11.C 型豆　12.B 型Ⅰ式圈足壶　13.A 型Ⅲ
式平底壶　14.Ⅰ式罐形杯　15.Ⅱ式曲腹杯　16.A 型Ⅲ式豆　17.A 型Ⅱ式豆　18.B 型Ⅲ式碗

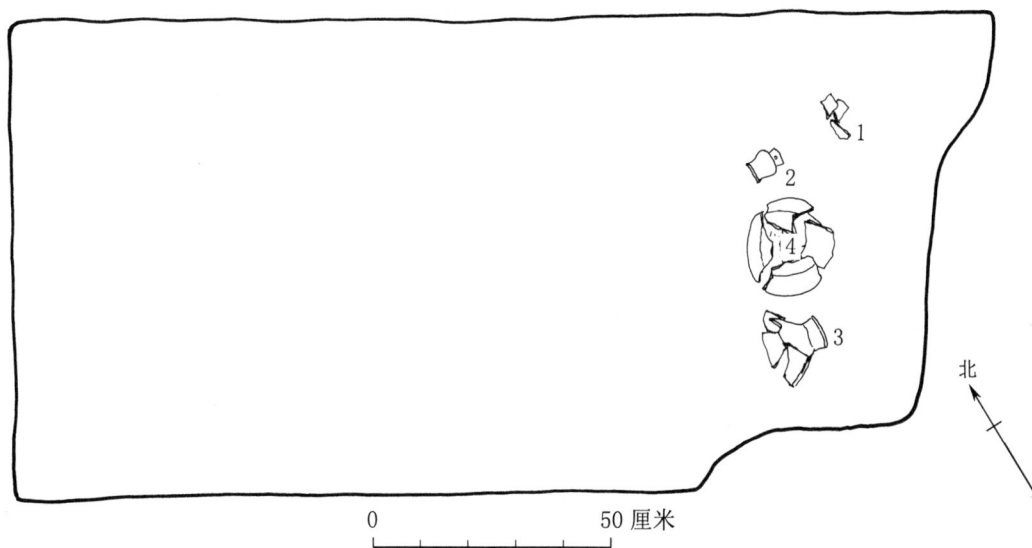

图六　97WFM13 平面图

1.陶片　2.Ⅲ式高柄杯　3.Ⅲ式曲腹杯　4.D 型Ⅱ式碗

直，上部用大量的红烧土块填充，下部填灰土。长 1.4、宽 1、深 0.8 米。尸骸仅剩少
许骨渣，随葬 3 件陶器（图八）。

　2.灰　坑

　一般为竖穴土坑式，平底。多数坑的填土为掺杂红烧土块的灰黑土，包含丰富陶片
等遗物；少数坑的填土为灰绿土，包含遗物少。

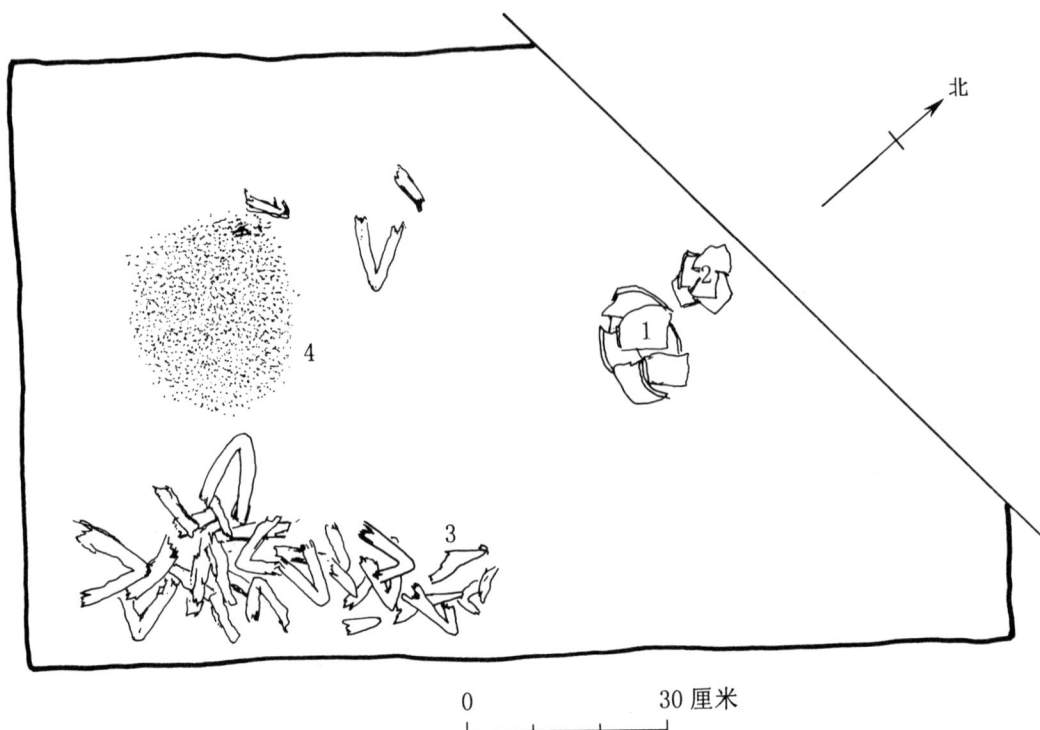

图七　97WFM30 平面图

1. A 型鼎　2. A 型圈足壶　3. 猪下颌骨　4. 黑灰

A 型　圆或椭圆形。7 个。

97WFH28 位于 T1311 方南部,开口于第 1 层下,打破第 2 层。坑口平面呈圆形,坑壁向内斜收,平底。口径 1.4、底径 0.9、深 1.2 米。填土为夹杂大量红烧土块的灰黑土(图九,1)。

B 型　圆角矩形。3 个。

97WFH27 位于 T1708 东隔梁内,开口于第 3 层下,打破生土。坑口平面呈圆角矩形,坑壁略向内斜收,平底。坑口长 1.2、宽 0.8 米,坑底长 1、宽 0.6、深 1.2 米。填土为灰黑色,掺杂部分红烧土块(图九,2)。

3. 灰　沟

97WFG2 位于 T1313 中部,开口于第 1 层下,打破第 3 层。平面呈不规则弯月形,沟壁向内斜收,圜底。填灰黑色土,系在自然低洼地上堆积垃圾而成。现长 1.1、宽 0.4、深 0.2 米(图九,3)。

(二) 遗　物

根据质地分为石器和陶器两类。

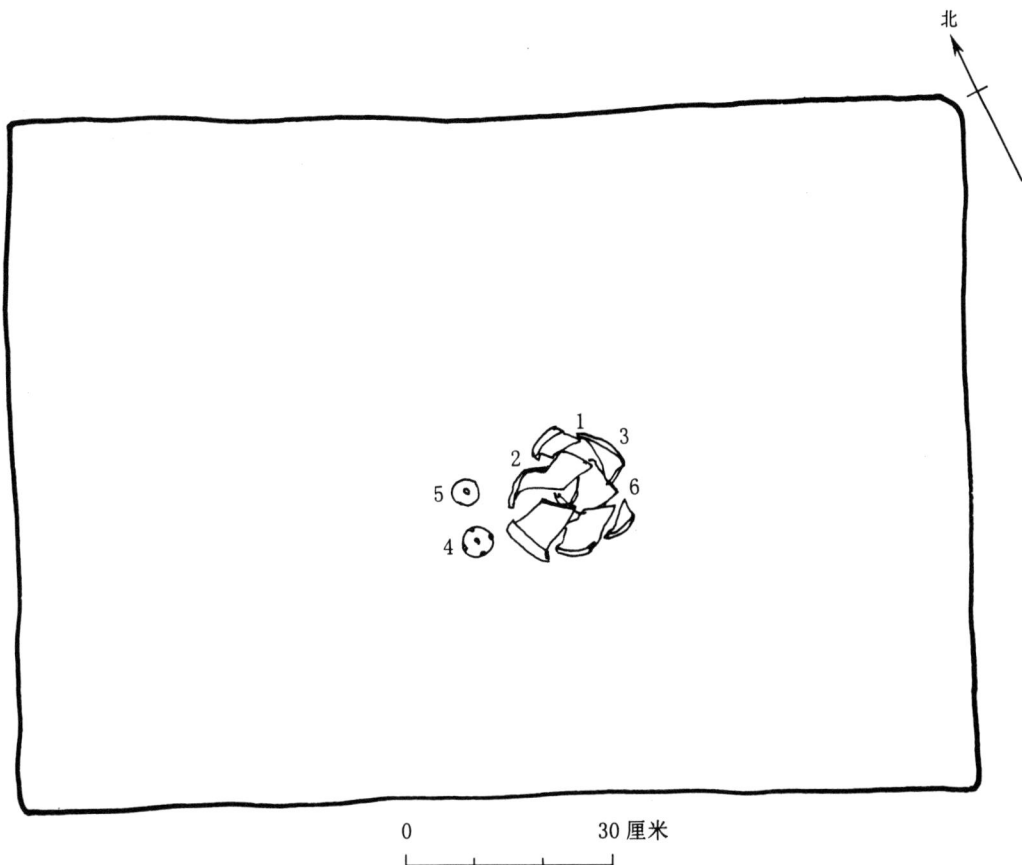

北

0　　　　　　　30 厘米

图八　97WFM44 平面图

1.D 型纺轮　2. 陶球　3.Ⅱ式扁腹罐　4. 陶球　5.B 型Ⅰ式纺轮　6. 盆　7. 石球

1. 石　器

标本 22 件。一般通体磨光，其中不乏制作精细之器。也有一些石器只经过简单加工。石料常见砂岩、石灰岩、板岩、角页岩和卵石。器形有斧、锛、凿、钺、球和饼，部分器物采用了双面对钻的钻孔技术。

斧　3 件。标本 97WFH26②:21，正面呈长方形，正锋，直刃，顶部有打击痕。长 11.1、宽 7、厚 3.2 厘米（图一○，3）。

锛　2 件。根据正面的形状分两型。

A 型　狭长矩形。1 件。标本 T1415②:1，偏锋，直刃，磨制精美。长 14、宽 4.5、厚 3 厘米（图一○，4）。

B 型　等腰梯形。1 件。标本 97WFM25:3，偏锋，直刃，中部钻单孔，磨制精美。长 7.6、顶部宽 4.5、刃部宽 6.2、厚 1.6 厘米（图一○，6）。

凿　4 件。标本 97WFM10:8，平面略呈方形，偏锋，直刃。长 3.5、宽 3.3、厚 1

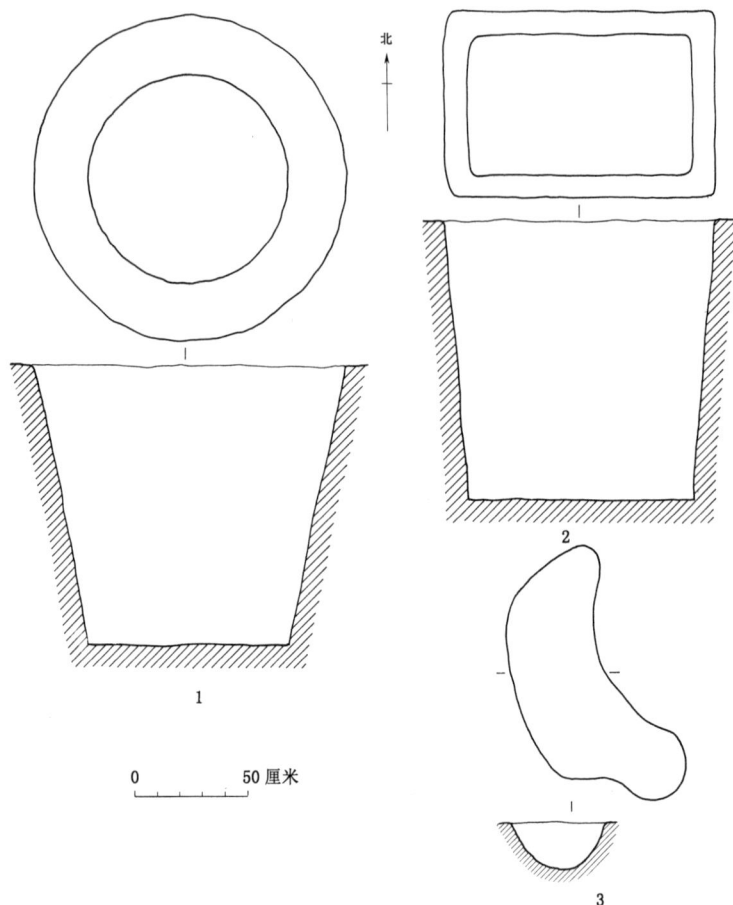

图九　97WFH28、97WFH27、97WFG2平、剖面图

厘米（图一〇，5）。标本97WFG2：7，平面呈梯形，偏锋，直刃，磨制光滑。长3.5、顶部宽2、刃部宽2.8、厚0.5厘米。标本97WFM16：11，是用废旧石锛改制而成，平面呈矩形，偏锋，直刃，右缘残留半个钻孔。长6.8、宽3.4、厚1.3厘米（图一〇，2）。

钺　1件。标本97WFM49：6，平面略呈梯形，正锋，弧刃，中部钻单孔。长15.8、顶部宽12、刃部宽13.5、厚1.3厘米（图一〇，1）。

石球　1件。标本97WFM44：7，在完整光滑的椭圆卵石正、背面各对打磨出两个椭圆形平面。用途不详，暂名石球。长径10、短径7厘米（图一〇，7）。

石饼　11件。先从卵石上打剥出石片，再简单敲打加工成圆形石饼。大小不等，用途不明。标本97WFH28：19，直径7、厚2厘米（图一〇，8）。标本97WFG2：19，直径3.5、厚1.2厘米（图一〇，9）。

2.陶　器

可复原和明显可辨形制的陶器共计226件。以泥质陶为主，常见黑、灰和红黑色；

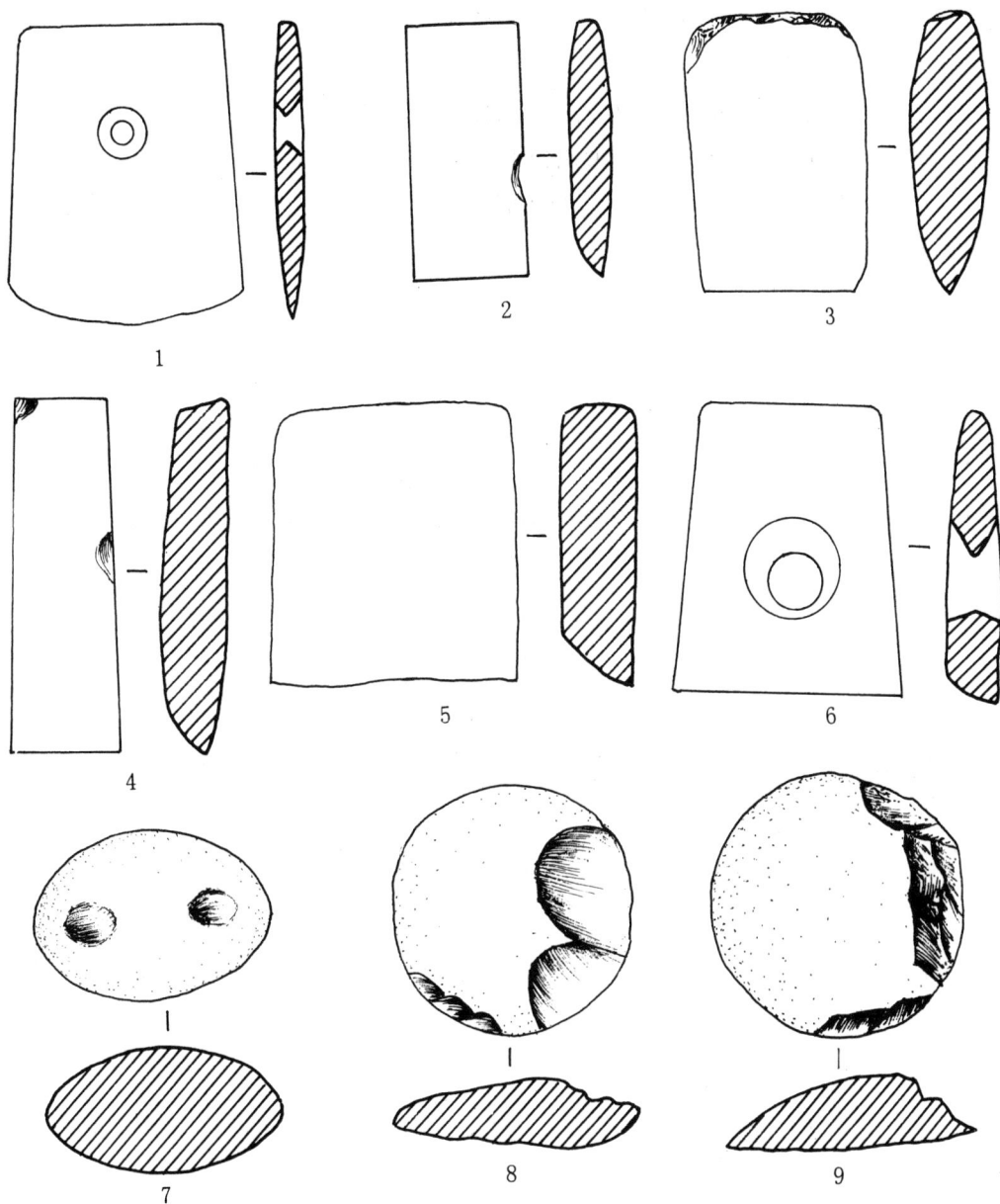

图一〇　放鹰台遗址新石器时代石钺、凿、斧、锛、球、饼

1.钺（97WFM49：6）　2.凿（97WFM16：11）　3.斧（97WFH26②：21）　4.A型锛（T1415②：1）　5.凿（97WFM10：8）　6.B型锛（97WFM25：3）　7.球（97WFM44：7）　8.饼（97WFH28：19）　9.饼（97WFG2：19）（1为1/4，2、6、8为1/2，3、4、7为1/3，5、9为1/1）

夹砂陶略少，常见褐色和灰色。器表一般为素面，也常见弦纹、圆形或三角形镂孔、戳印纹、按压的附加堆纹和篮纹，少数器物表面磨光后施红陶衣，个别器物在红陶衣上绘黑彩。多使用泥条盘筑法和慢轮加工。圈足器发达，也常见三足器和平底器。圈足和三

足采用分制粘接。主要器形有鼎、豆、壶、碗、钵、曲腹杯、高柄杯、罐、三足盘、器盖、纺轮、陶球和陶环。

鼎　21件。根据足部形态分为A、B、C、D、E五型。

A型　小凿形足。9件。按照形制分Ⅰ、Ⅱ、Ⅲ、Ⅳ四式。

Ⅰ式　2件。标本97WFM5：1，夹砂褐陶。窄沿，束颈较高，深腹。通高8.1、最大腹径9.3厘米（图一一，1）。

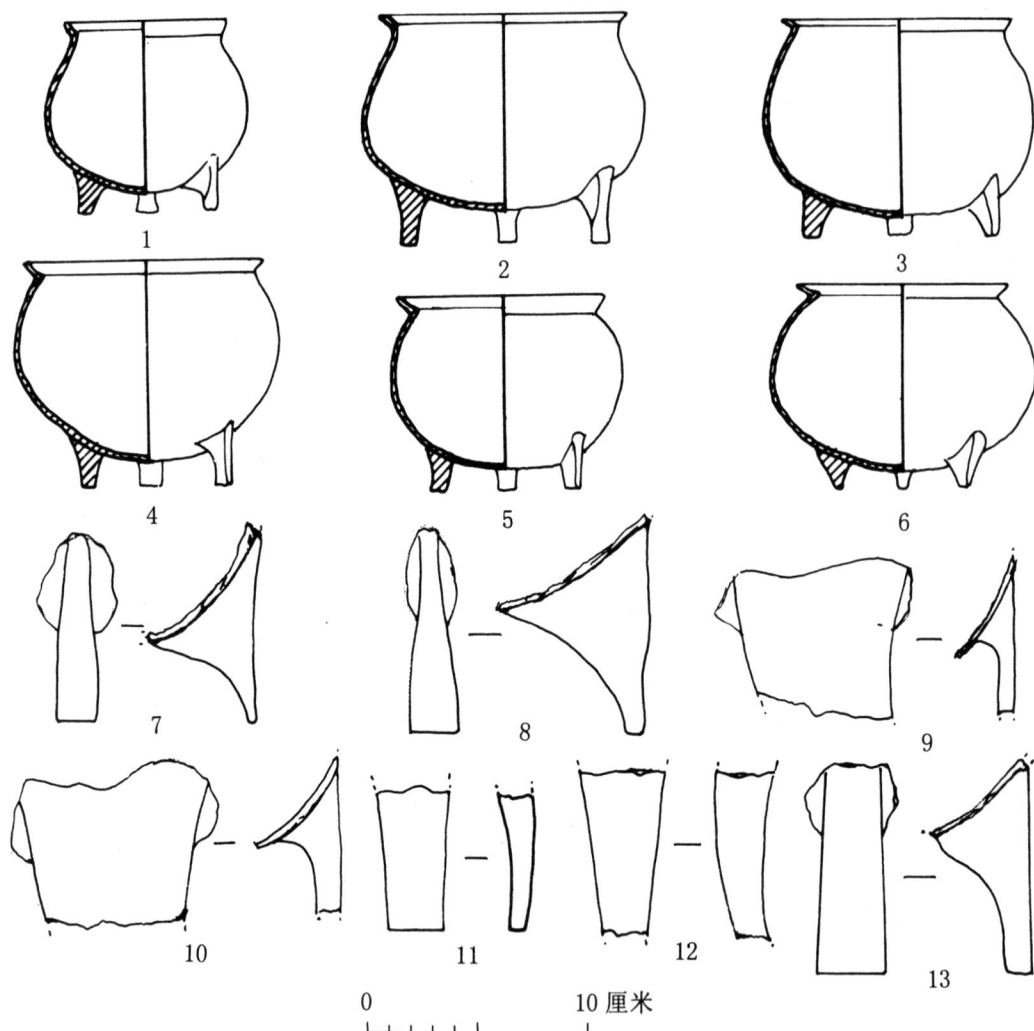

0　　　　　　10厘米

图一一　放鹰台遗址新石器时代陶鼎足

1.A型Ⅰ式（97WFM5：1）　2.A型Ⅱ式（97WFM51：1）　3.A型Ⅱ式（97WFM37：10）　4.A型Ⅲ式（97WFM59：2）　5.A型Ⅲ式（97WFM46：1）　6.A型Ⅳ式（97WFM7：2）　7.B型（T1708③：13）　8.B型（97WFH27：12）　9.C型（97WFH26②：11）　10.C型（97WFH27：13）　11.C型（97WFH28：18）　12.D型（97WFH25：12）　13.E型（97WFH26②：12）

Ⅱ式　3件。沿稍宽，沿面略凹，束颈稍短，深腹。标本97WFM51：1，夹砂灰褐陶。通高10.4、最大腹径13.5厘米（图一一，2）。标本97WFM37：10，为夹砂褐陶，通高9.7、最大腹径12.8厘米（图一一，3）。

Ⅲ式　3件。沿较宽，沿面内凹，束颈，腹稍浅。标本97WFM46：1，泥质黑陶。通高8.4、最大腹径10.5厘米（图一一，5）。标本97WFM59：2，夹砂褐陶。通高10.2、最大腹径12厘米（图一一，4）。

Ⅳ式　1件。宽沿内凹，束颈，腹较浅，小凿形足更接近小侧装三角形足。标本97WFM7：2，夹砂褐陶。通高9.3、最大腹径12厘米（图一一，6）。

B型　4件。侧装三角形足（鸭嘴足）。仅见鼎足，无完整器物。标本97WFH27：12，夹砂红褐陶。足身较宽厚。足高6.3厘米（图一一，8）。标本T1708③：13，夹砂红褐陶。足身略窄薄。足高8.6厘米（图一一，7）。

C型　3件。宽平足。仅见鼎足，无完整器物。标本97WFH27：13，夹砂红褐陶，足身较宽厚。残高7厘米（图一一，10）。标本97WFH26②：11，夹砂红褐陶。足身略窄薄。残高9.2厘米（图一一，9）。

D型　3件。椭圆柱足。仅见鼎足，无完整器物。标本97WFH25：12，夹砂褐陶。足身较圆。残高7.5厘米（图一一，12）。标本97WFH28：18，夹砂红褐陶。足身略扁。残高6厘米（图一一，11）。

E型　侧装长方柱足（大凿形足）。2件。仅见鼎足，无完整器物。标本97WFH26②：12，夹砂褐陶。足高9.4厘米（图一一，13）。

豆　27件。根据口部形态分A、B、C、D、E五型。

A型　侈沿豆。21件。束颈侈沿。按照形制分Ⅰ、Ⅱ、Ⅲ、Ⅳ四式。

Ⅰ式　4件。侈沿较窄，鼓腹较圆。标本97WFM37：1，泥质灰黄陶。窄沿圆腹，圈足较矮。通高10.5、最大腹径10.7厘米（图一二，2）。标本97WFM47：9，泥质灰黄陶。窄沿，鼓腹略扁，圈足稍高，有4列12个圆形小镂孔。通高12.1、最大腹径13.4厘米（图一二，3）。

Ⅱ式　6件。腹壁略斜，下腹部饰1周弦纹。标本97WFM31：3，泥质灰黑陶。窄沿鼓腹，腹壁略斜。圈足较高，装饰3组24个圆形小镂孔。通高13.6、最大腹径12厘米（图一二，4）。标本97WFM36：2，为泥质黑陶。鼓腹略扁，腹壁略斜，圈足稍矮，装饰6个圆形镂孔。通高11、最大腹径11.8厘米（图一二，7）。

Ⅲ式　7件。侈沿较宽，沿面略内凹，腹壁较斜。标本97WFM46：3，泥质灰黑陶。腹壁斜而较鼓。圈足较高，装饰6个圆形镂孔。通高13.5、最大腹径13厘米（图一二，6）。标本97WFM45：3，泥质黄陶。鼓腹略扁，腹壁略斜。圈足稍矮，装饰6个圆形镂孔。通高10.6、最大腹径12.9厘米（图一二，8）。

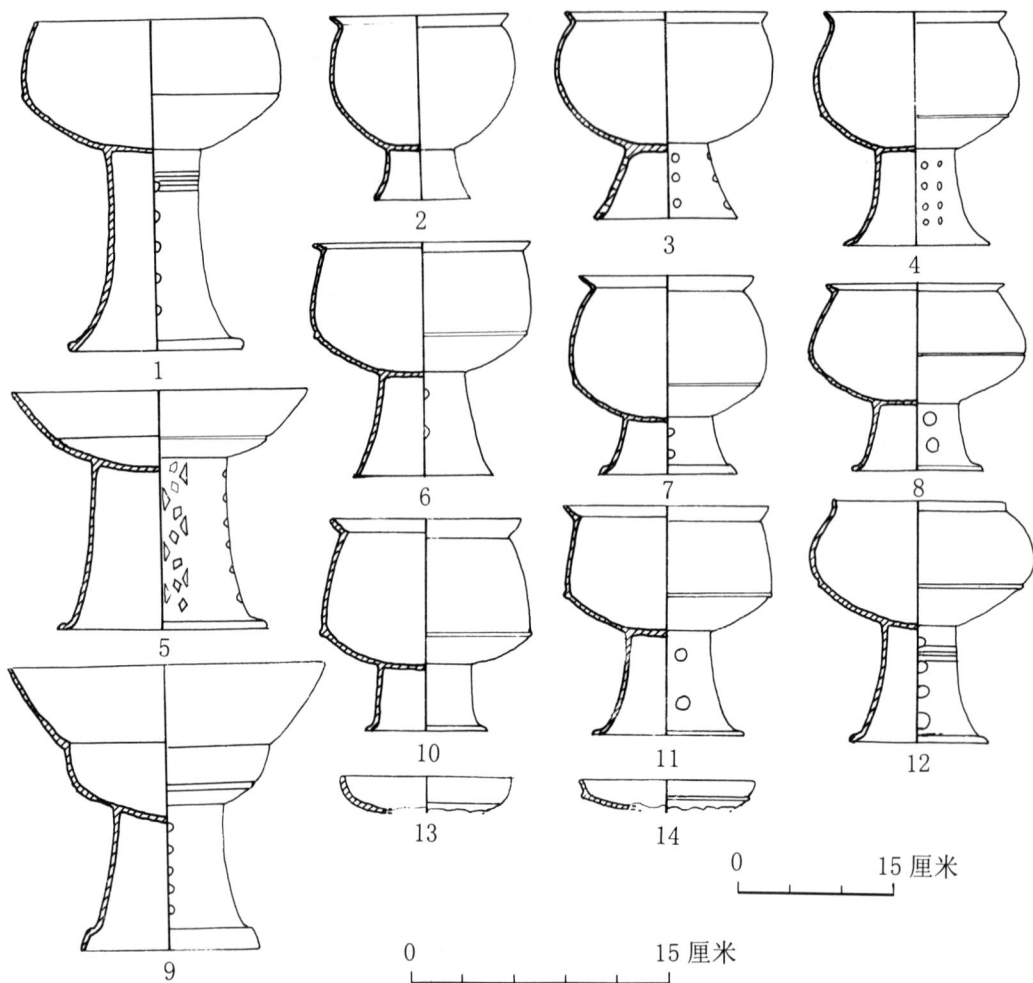

图一二　放鹰台遗址新石器时代陶豆

1.C 型（97WFM46：11）　 2.A 型Ⅰ式（97WFM37：1）　 3.A 型Ⅰ式（97WFM47：9）　 4.A 型Ⅱ式（97WFM31：3）

5.D 型Ⅰ式（97WFM60：1）　 6.A 型Ⅲ式（97WFM46：3）　 7.A 型Ⅱ式（97WFM36：2）　 8.A 型Ⅲ式（97WFM45：3）

9.D 型Ⅱ式（97WFM60：6）　 10.A 型Ⅳ式（97WFM7：5）　 11.A 型Ⅳ式（97WFM38：2）　 12.B 型

（97WFM10：5）　 13.E 型（97WFH27：16）　 14.E 型（97WFG2：11）

　　Ⅳ式　4件。宽沿内凹，上腹斜壁，下腹弦纹处形成折腹。标本 97WFM7：5，泥质黑陶。上腹斜壁稍鼓，下部折腹内收。圈足较矮。通高 12.4、最大腹径 12 厘米（图一二，10）。标本 97WFM38：2，泥质灰陶。上腹腹壁外斜，下腹折腹内收。圈足较高，装饰 6 个圆形镂孔。通高 13.6、最大腹径 12 厘米（图一二，11）。

　　B 型　卷沿豆。1件。敛口，小卷沿。标本 97WFM10：5，泥质黄陶。鼓腹略扁，饰弦纹 1 周。圈足较高，装饰弦纹和圆形镂孔。通高 13.7、最大腹径 13.6 厘米（图一二，12）。

C 型　敛口豆。1 件。敛口尖唇。标本 97WFM46：11，泥质黄陶。鼓腹较圆，饰弦纹 1 周。高圈足，装饰弦纹和圆形镂孔。通高 19、最大腹径 15 厘米（图一二，1）。

D 型　敞口双腹豆。2 件。敞口，腹部折成双腹。根据形制分 Ⅰ、Ⅱ 两式。

Ⅰ式　1 件。双腹较浅。标本 97WFM60：1，泥质黑陶。敞口，腹壁较斜，大圈足。装饰有圆形、三角形和菱形镂孔。通高 13.5、口径 17 厘米（图一二，5）。

Ⅱ式　1 件。双腹较深。标本 97WFM60：6，泥质黑陶。敞口，腹壁较鼓，双腹较深。下腹饰弦纹，高圈足上装饰圆形镂孔。通高 16.5、口径 18.7 厘米（图一二，9）。

E 型　折盘豆。2 件。豆盘折腹内收。未见完整器。标本 97WFH27：16，泥质黄褐陶。直口，折腹，豆盘略深。口径 17、残高 3 厘米（图一二，13）。标本 97WFG2：11，泥质黄陶。口稍敞，折腹处起突棱，豆盘稍浅。口径 17、残高 3 厘米（图一二，14）。

圈足壶　26 件。根据口部和腹部形态分为 A、B、C 型。

A 型　小口、细长颈。4 件。按照形制分 Ⅰ、Ⅱ 两式。

Ⅰ式　2 件。鼓腹略扁。标本 97WFM37：2，泥质黄陶。小口微敞，腹略浅，小圈足。通高 11.5、最大腹径 9.3 厘米（图一三，2）。

Ⅱ式　2 件。鼓腹略圆。标本 97WFM46：2，泥质灰黄陶。敞口长颈，腹略深，矮圈足。装饰 4 个圆形镂孔。通高 18、最大腹径 12.5 厘米（图一三，1）。

B 型　短颈。10 件。按照形制分 Ⅰ、Ⅱ 两式。

Ⅰ式　6 件。鼓腹略扁，腹较浅。标本 97WFM37：7，泥质黄陶。敞口，鼓腹略扁，小圈足。通高 9、最大腹径 9 厘米（图一三，8）。标本 97WFM37：3，泥质黄陶。直口矮颈，鼓腹较扁，饰弦纹 1 周。圈足稍高，装饰 8 个圆形镂孔。通高 8.6、最大腹径 8 厘米（图一三，3）。

Ⅱ式　4 件。圆鼓腹，腹较深。标本 97WFM46：5，泥质红褐陶。直口矮颈，丰肩圆鼓腹。腹饰弦纹，矮圈足饰弦纹。通高 14.3、最大腹径 16.6 厘米（图一三，20）。

C 型　粗颈大口。12 件。按照形制分 Ⅰ、Ⅱ 两式。

Ⅰ式　8 件。鼓腹较圆。标本 97WFM24：2，泥质黑陶。敞口，颈稍长，平底接小圈足。通高 10.1、最大腹径 7 厘米（图一三，9）。标本 97WFM60：2，泥质黑陶。口稍敞，颈较长，平底接小圈足。通高 12.8、最大腹径 10.5 厘米（图一三，11）。标本 97WFM25：6，泥质红黄陶。敞口，颈较长，圜底接矮圈足。通高 13、最大腹径 8.4 厘米（图一三，7）。

Ⅱ式　4 件。鼓腹尖突。标本 97WFM55：1，泥质黑陶。敞口长颈，下腹饰弦纹。平底接矮圈足。通高 14.8、最大腹径 12.3 厘米（图一三，6）。标本 97WFM49：2，泥质黑陶。口稍敞，长颈，下腹饰弦纹。尖圜底接矮圈足。通高 14、最大腹径 11.2 厘米（图一三，15）。

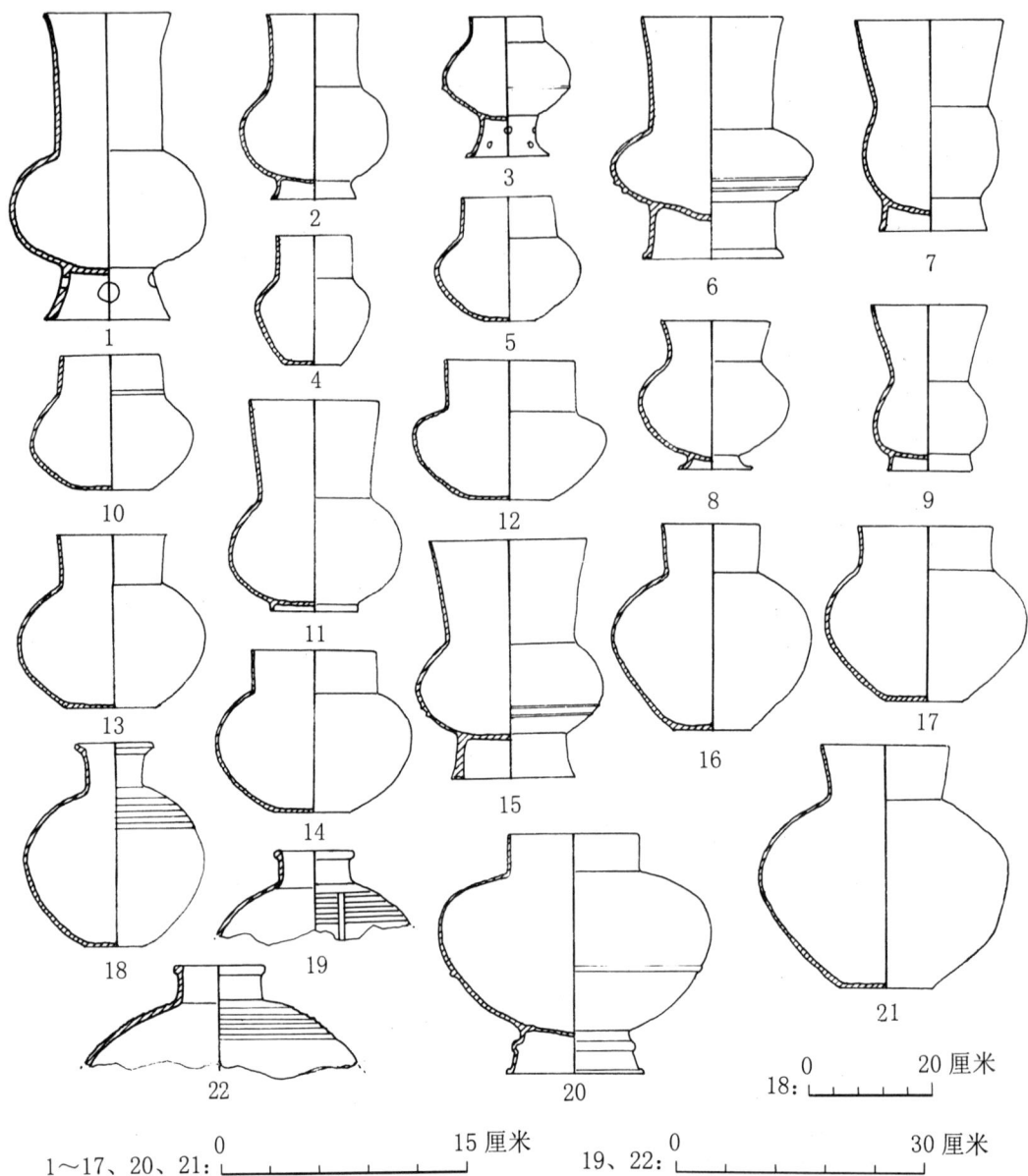

图一三　放鹰台遗址新石器时代壶

1.A型Ⅱ式圈足壶（97WFM46:2）　　2.A型Ⅰ式圈足壶（97WFM37:2）　　3.B型Ⅰ式圈足壶（97WFM37:3）
4.A型Ⅱ式平底壶（97WFM16:9）　　5.A型Ⅰ式平底壶（97WFM8:3）　　6.C型Ⅱ式圈足壶（97WFM55:1）
7.C型Ⅰ式圈足壶（97WFM25:6）　　8.B型Ⅰ式圈足壶（97WFM37:7）　　9.C型Ⅰ式圈足壶（97WFM24:2）
10.A型Ⅰ式平底壶（97WFM36:4）　　11.C型Ⅰ式圈足壶（97WFM60:2）　　12.A型Ⅰ式平底壶（97WFM47:6）
13.A型Ⅱ式平底壶（97WFM5:2）　　14.A型Ⅱ式平底壶（97WFM1:2）　　15.C型Ⅱ式圈足壶（97WFM49:2）
16.A型Ⅲ式平底壶（97WFM59:1）　　17.A型Ⅱ式平底壶（97WFM31:4）　　18.B型Ⅰ式平底壶（97WFM15:1）
19.B型Ⅲ式平底壶（97WFH28:17）　　20.B型Ⅱ式圈足壶（97WFM46:5）　　21.A型Ⅲ式平底壶（97WFM46:
13）　22.B型Ⅱ式平底壶（97WFH27:11）

平底壶　15 件。根据口部形态分成 A、B 两型。

A 型　口部较直。12 件。按照形制分Ⅰ、Ⅱ、Ⅲ三式。

Ⅰ式　5 件。扁腹较浅。标本 97WFM47∶6，泥质黄陶。直口短颈，扁腹平底，通高 8、最大腹径 12 厘米（图一三，12）。标本 97WFM36∶4，泥质灰黄陶。口微敛，短颈，腹较扁，平底。通高 8、最大腹径 9.5 厘米（图一三，10）。标本 97WFM8∶3，泥质灰陶。口微敛，矮颈，腹较扁。通高 7.6、最大腹径 9 厘米（图一三，5）。

Ⅱ式　4 件。鼓腹稍扁，腹稍深。标本 97WFM1∶2，泥质黄褐陶。直口矮领，口较大。通高 10、最大腹径 12.1 厘米（图一三，14）。标本 97WFM31∶4，泥质灰黄陶。直口矮颈，口较大。通高 10.7、最大腹径 12.7 厘米（图一三，17）。标本 97WFM5∶2，泥质黄陶。口微敞，短颈。通高 10.6、最大腹径 11.9 厘米（图一三，13）。标本 97WFM16∶9，泥质灰陶。直口，颈稍长，腹部略凸突。通高 7.9、最大腹径 7.3 厘米（图一三，4）。

Ⅲ式　3 件。鼓腹较圆，腹较深。标本 97WFM59∶1，泥质黄陶。小口矮领，丰肩。通高 12.6、最大腹径 12 厘米（图一三，16）。标本 97WFM46∶13，泥质黄陶。敞口短颈，丰肩。通高 14.4、最大腹径 15.3 厘米（图一三，21）。

B 型　窄沿。3 件。按照形制分Ⅰ、Ⅱ、Ⅲ三式。

Ⅰ式　1 件。侈沿。标本 97WFM15∶1，泥质黄褐陶。口微敞，矮颈丰肩，鼓腹较圆，平底。肩部饰弦纹。通高 32.8、最大腹径 29.7 厘米（图一三，18）。

Ⅱ式　1 件。平沿。标本 97WFH27∶11，泥质黄陶。直口矮领，丰肩。肩饰弦纹。残高 13.2 厘米（图一三，22）。

Ⅲ式　1 件。小卷沿。标本 97WFH28∶17，泥质灰陶。口微敞，矮领，丰肩。肩饰弦纹。残高 10.8 厘米（图一三，19）。

碗　24 件。根据口部和腹部形态分 A、B、C、D 四型。

A 型　侈沿碗。8 件。敞口侈沿。按照形制分Ⅰ、Ⅱ、Ⅲ三式。

Ⅰ式　3 件。窄沿，沿面较平。标本 97WFM8∶4，泥质黄陶。鼓腹，腹壁略斜，圈足稍高。下腹饰弦纹。通高 8.9、最大腹径 13.4 厘米（图一四，10）。

Ⅱ式　2 件。侈沿较宽，沿面略内凹。标本 97WFM14∶3，泥质黑陶。腹壁斜而略鼓，下腹弦纹处略呈折腹，圜底接矮圈足。通高 10、最大腹径 13 厘米（图一四，11）。

Ⅲ式　3 件。宽沿，沿面内凹。标本 97WFG2∶4，泥质黑陶。腹壁斜而略鼓，圜底接矮足。下腹饰弦纹。通高 11.3、口径 15.6 厘米（图一四，14）。

B 型　直口碗。7 件。按照形制分Ⅰ、Ⅱ、Ⅲ三式。

Ⅰ式　2 件。鼓腹较深。标本 97WFM37∶9，泥质黄陶。直口尖唇，矮圈足。通高 7.6、口径 11.2 厘米（图一四，3）。标本 97WFM16∶14，泥质黄陶。口微敛，矮圈足。

通高 6.3、口径 8.4 厘米（图一四，2）。

Ⅱ式　3件。腹略鼓，稍浅。标本 97WFM36：7，泥质灰黄陶。上部腹壁稍直，矮圈足。通高 7.4、口径 12.1 厘米（图一四，7）。标本 97WFM1：1，泥质红黄陶。口微敛，小圈足。通高 6.1、口径 12 厘米（图一四，4）。标本 97WFM46：18，泥质黄陶。口微敛，矮圈足。通高 7.4、口径 12.4 厘米（图一四，9）。

Ⅲ式　2件。腹稍鼓，腹壁向内斜收。标本 97WFM46：16，泥质黄陶。口微敞，小圈足。通高 6.4、口径 12.9 厘米（图一四，6）。标本 97WFM54：2，泥质黑陶。直口，小圈足。通高 6.4、口径 12.7 厘米（图一四，8）。

C 型　折沿碗。3件。按照形制分Ⅰ、Ⅱ、Ⅲ三式。

Ⅰ式　1件。折沿较窄。标本 97WFM36：1，泥质灰黄陶。平折沿，腹略鼓，小圈足。通高 7.2、口径 14.4 厘米（图一四，13）。

Ⅱ式　1件。折沿略宽。标本 97WFM46：4，泥质灰黄陶。斜折沿，小圈足。通高 7.2、口径 14 厘米（图一四，5）。

Ⅲ式　1件。折沿较宽。标本 97WFM55：3，泥质黑陶。平折沿略外斜，圜底接矮圈足。通高 4.8、口径 7.2 厘米（图一四，1）。

D 型　6件。敞口双腹碗。按照形制分Ⅰ、Ⅱ两式。

Ⅰ式　4件。腹壁较斜，双腹较浅。标本 97WFM7：1，泥质黑陶。大敞口，斜腹，小圈足。通高 8.4、口径 26.6 厘米（图一四，17）。标本 97WFM55：4，泥质黑陶。大敞口，斜腹，矮圈点。通高 10、口径 20.7 厘米（图一四，16）。

Ⅱ式　2件。腹壁略鼓，双腹较深。标本 97WFM13：4，泥质黑陶。敞口，腹较鼓，下部残。残高 9.3、口径 19.5 厘米（图一四，18）。

钵　4件。敛口，口沿内折。按照形制分成Ⅰ、Ⅱ两式。

Ⅰ式　2件。腹壁稍斜。标本 97WFM16：10，泥质黄陶。鼓腹，腹壁略斜。圜底接矮圈足。通高 7.9、最大腹径 13 厘米（图一四，15）。

Ⅱ式　2件。腹壁较斜。标本 97WFM25：5，泥质黑陶。腹壁较斜，圜底接小圈足。通高 7.8、口径 16 厘米（图一四，12）。

曲腹杯　14件。按照形制分Ⅰ、Ⅱ、Ⅲ三式。

Ⅰ式　4件。上腹较浅，下腹外鼓。标本 97WFM31：7，泥质黑陶。直口，下腹略外鼓，圈足极矮，类似平底。通高 8.4、口径 10 厘米（图一五，2）。标本 97WFM31：1，泥质黑陶。敞口，下腹外鼓较大，小圈足。通高 8.2、口径 11.5 厘米（图一五，1）。标本 97WFM47：8，泥质黄陶。形体较大，敞口，下腹略外鼓，矮圈足。通高 12.4、口径 16.2 厘米（图一五，17）。

Ⅱ式　6件。上腹略深，下腹较直。标本 97WFM46：15，泥质黑陶。直口，矮圈

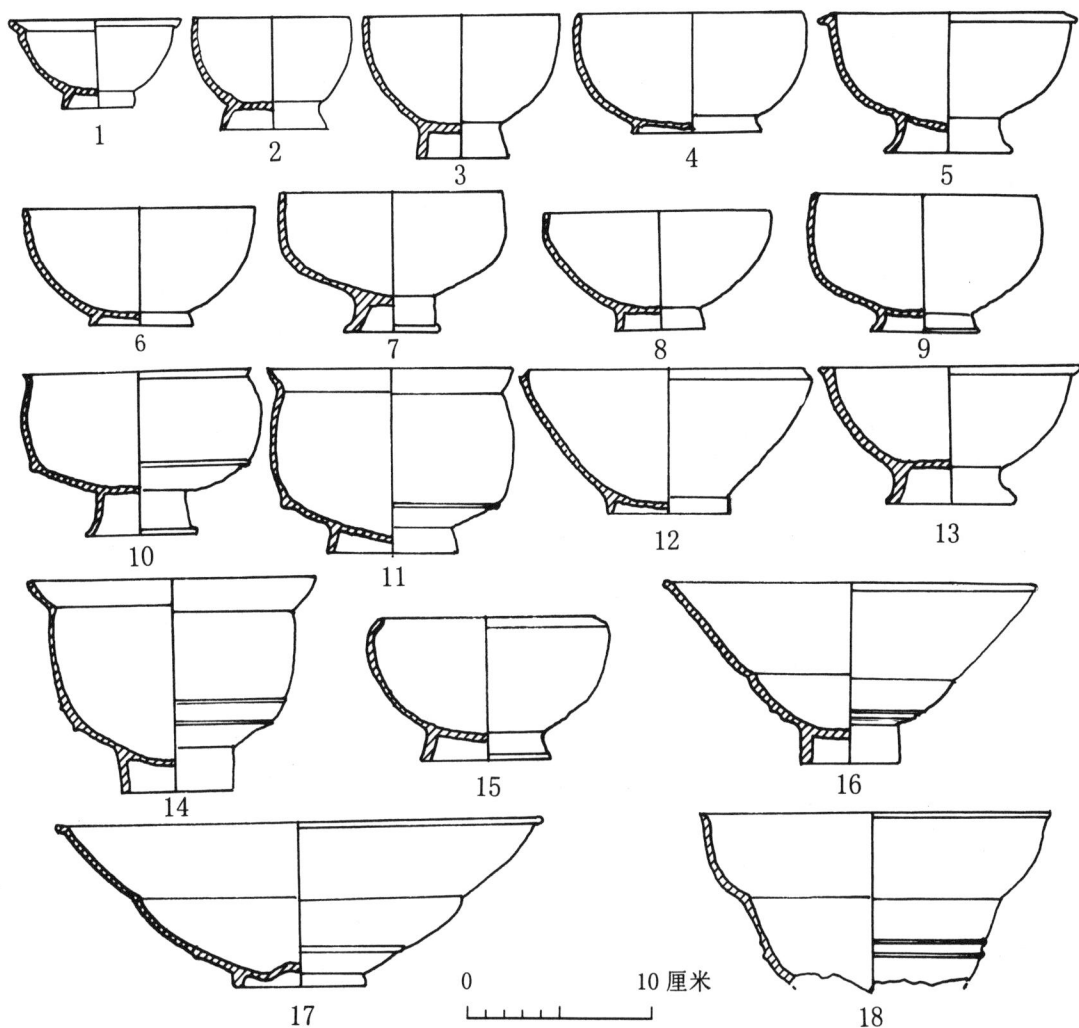

图一四　放鹰台遗址新石器时代陶碗和钵

1.C 型Ⅲ式碗（97WFM55∶3）　2.B 型Ⅰ式碗（97WFM16∶14）　3.B 型Ⅰ式碗（97WFM37∶9）　4.B 型Ⅱ式碗（97WFM1∶1）　5.C 型Ⅱ式碗（97WFM46∶4）　6.B 型Ⅲ式碗（97WFM46∶16）　7.B 型Ⅱ式碗（97WFM36∶7）　8.B 型Ⅲ式碗（97WFM54∶2）　9.B 型Ⅱ式碗（97WFM46∶18）　10.A 型Ⅰ式碗（97WFM8∶4）　11.A 型Ⅱ式碗（97WFM14∶3）　12.Ⅱ式钵（97WFM25∶5）　13.C 型Ⅰ式碗（97WFM36∶1）　14.A 型Ⅲ式碗（97WFG2∶4）　15.Ⅰ式钵（97WFM16∶10）　16.D 型Ⅰ式碗（97WFM55∶4）　17.D 型Ⅰ式碗（97WFM7∶1）　18.D 型Ⅱ式碗（97WFM13∶4）

足。通高 9、口径 11.1 厘米（图一五，6）。标本 97WFM26∶2，泥质灰陶。口微敛，矮圈足。通高 5.5、口径 7.4 厘米（图一五，3）。标本 97WFM7∶3，泥质灰黄陶。直口，下腹较深，小圈足。通高 9.3、口径 10.5 厘米（图一五，4）。

　　Ⅲ式　4 件。上腹较深，下腹向内敛收。标本 97WFM60∶3，泥质黑陶。敞口，平底接矮圈足。通高 8、口径 11.4 厘米（图一五，7）。标本 97WFM13∶3，泥质黑陶。口微敛，平底内凹，矮圈足。通高 8.7、口径 13.8 厘米（图一五，8）。

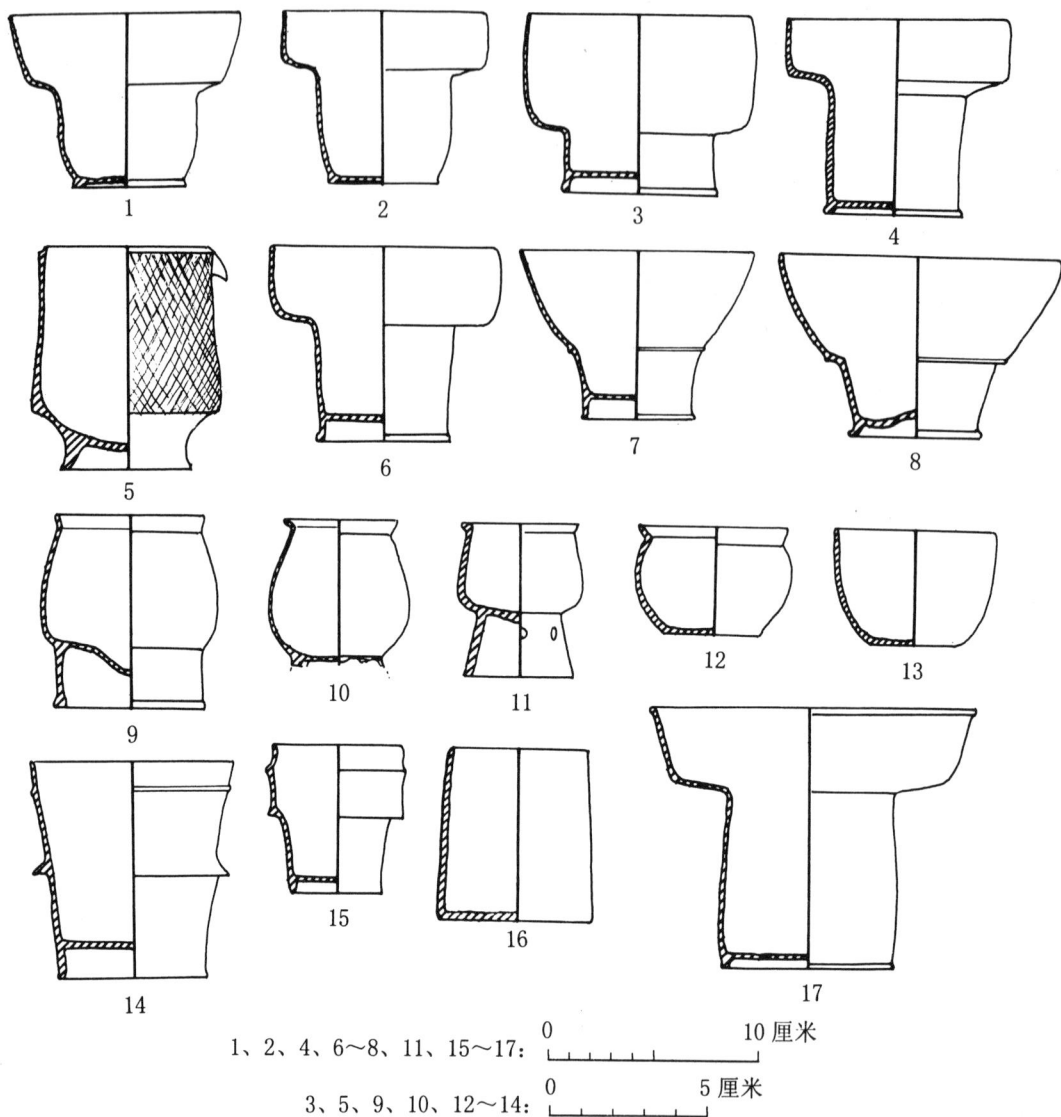

1、2、4、6～8、11、15～17： 0 ———— 10 厘米

3、5、9、10、12～14： 0 ———— 5 厘米

图一五 放鹰台遗址新石器时代陶碗和杯

1.Ⅰ式曲腹杯(97WFM31：1) 2.Ⅰ式曲腹杯(97WFM31：7) 3.Ⅱ式曲腹杯(97WFM26：2) 4.Ⅱ式曲腹杯(97WFM7：3) 5.Ⅰ式高柄杯(97WFM25：2) 6.Ⅱ式曲腹杯(97WFM46：15) 7.Ⅲ式曲腹杯(97WFM60：3) 8.Ⅲ式曲腹杯(97WFM13：3) 9.Ⅱ式高柄杯(97WFM43：2) 10.Ⅱ式高柄杯(97WFM60：1) 11.Ⅲ式高柄杯(97WFM13：2) 12.A型盂形杯(97WFM25：4) 13.B型盂形杯(97WFH27：1) 14.Ⅱ式罐形杯(97WFM54：6) 15.Ⅰ式罐形杯(97WFM46：14) 16.筒形杯(97WFM49：3) 17.Ⅰ式曲腹杯(97WFM47：8)

高柄杯 4件。按照形制分Ⅰ、Ⅱ、Ⅲ三式。

Ⅰ式 1件。腹较深，圈足较矮。标本97WFM25：2，泥质黑陶。直口尖唇，圜底接小圈足。口部饰3个尖状泥丁，腹部饰刻划网格纹。通高6.9、口径5.8厘米（图一五，5）。

Ⅱ式　2件。腹稍浅，圈足稍高。标本97WFM43:2，泥质黑陶。敞口侈沿，尖圆底接矮圈足。通高6、最大腹径5.5厘米（图一五，9）。标本97WFM60:1，泥质黑陶。敞口侈沿，平底接圈足，圈足残。残高4.7、最大腹径4.6厘米（图一五，10）。

Ⅲ式　1件。腹较浅，圈足较高。标本97WFM13:2，泥质灰陶。口微敛，窄沿，圜底接圈足。足饰5个圆形镂孔。通高7.4、最大腹径6.1厘米（图一五，11）。

罐形杯　2件。形似小罐，腹部有2周突棱。按照形制分Ⅰ、Ⅱ两式。

Ⅰ式　腹壁略鼓，杯身略粗。标本97WFM46:14，泥质黑陶。口微敛，小圈足。通高7.3、口径6.4厘米（图一五，15）。

Ⅱ式　腹壁略斜，杯身较细。标本97WFM54:6，泥质黑陶。敞口，矮圈足。通高6.8、口径6.6厘米（图一五，14）。

盂形杯　5件。形体较小，类似盂。根据口部形态分成A、B两型。

A型　3件。束颈侈沿。标本97WFM25:4，泥质黑陶。鼓腹略垂，平底。通高3.3、口径5厘米（图一五，12）。

B型　2件。直口。标本97WFH27:1，泥质灰陶。直口圆唇，腹壁直而稍鼓，平底。通高3.5、口径5.1厘米（图一五，13）。

筒形杯　1件。腹壁较直，杯身似筒状。标本97WFM49:3，泥质黑陶。直口尖唇，平底。通高8、底径10.5、口径6.6厘米（图一五，16）。

器盖　13件。根据纽部形态分成A、B、C三型。

A型　11件。矮圈足纽。按形制可分Ⅰ、Ⅱ、Ⅲ三式。

Ⅰ式　3件。盖腹斜收，盖顶较矮。标本97WFM31:9，泥质黄陶。直口。通高3.3、口径9.4厘米（图一六，1）。标本97WFM16:12，泥质黑陶。窄沿外侈，器壁稍厚。通高2.7、口径9.6厘米（图一六，4）。标本97WFM27:2，泥质黑陶。窄沿外侈，通高2.7、口径9.5厘米（图一六，2）。

Ⅱ式　3件。盖腹略鼓，盖顶较高。标本97WFM47:7，泥质黑陶。窄沿外侈。通高3.9、口径11.3厘米（图一六，3）。标本97WFM54:7，泥质黑陶。窄沿略平。通高3.6、口径10.5厘米（图一六，5）。标本97WFM14:5，泥质黑陶。窄沿外侈。通高4.5、口径15.4（图一六，6）。

Ⅲ式　5件。盖腹隆起，盖顶较高。标本97WFH28:3，泥质灰陶。窄沿略平。通高4.6、口径8.2厘米（图一六，8）。标本97WFH28:4，泥质灰陶。窄沿略平。通高4.3、口径10厘米（图一六，7）。

B型　高柱形纽。1件。标本97WFM49:8，泥质黑陶。窄沿略平，盖顶隆起，高柱形纽。通高8.9、口径8.7厘米（图一六，12）。

C型　花边状纽。1件。标本97WFH28:1，泥质灰陶。窄沿略平，盖顶隆起，盖纽为花边状。通高2.7、口径5.9厘米（图一六，9）。

三足盘　7件。圜底盘下缀3件泥丁足。按照形制分Ⅰ、Ⅱ两式。

Ⅰ式　4件。三泥丁足较矮。标本97WFH27：3，泥质灰陶。平折沿，敞口。形体略大，通高4.5、口径10.5厘米（图一六，13）。标本97WFH27：2，泥质灰陶。侈沿鼓腹。通高3、口径6厘米（图一六，10）。

Ⅱ式　3件。三泥丁足略高。标本97WFH28：2，泥质灰陶。沿稍侈，鼓腹。通高4.5、口径9.4厘米（图一六，11）。

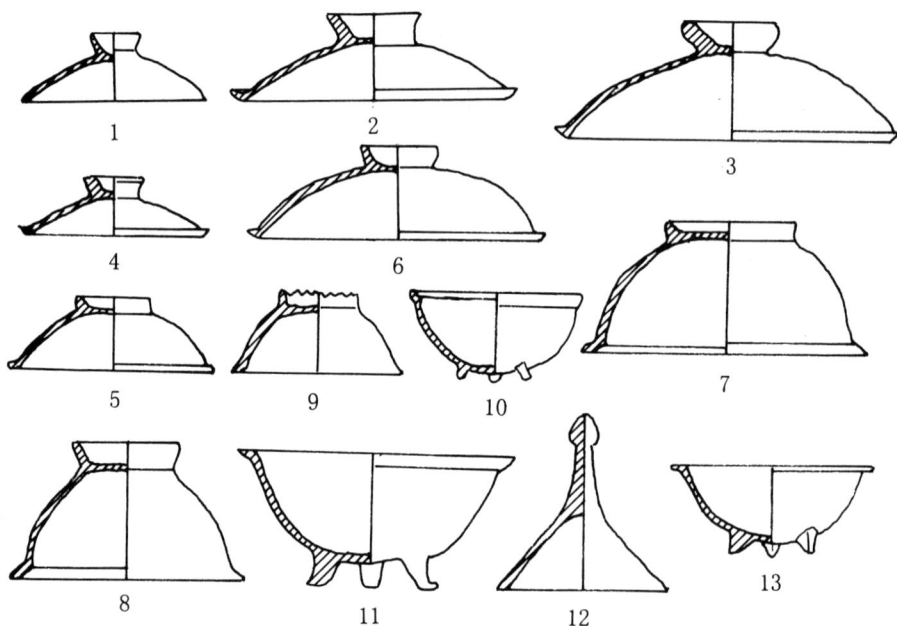

图一六　放鹰台遗址新石器时代陶器盖和三足盘

1.A型Ⅰ式器盖（97WFM31：9）　2.A型Ⅰ式器盖（97WFM27：2）　3.A型Ⅱ式器盖（97WFM47：7）　4.A型Ⅰ式器盖（97WFM16：12）　5.A型Ⅱ式器盖（97WFM54：7）　6.A型Ⅱ式器盖（97WFM14：5）　7.A型Ⅱ式器盖（97WFH28：4）　8.A型Ⅲ式器盖（97WFH28：3）　9.C型器盖（97WFH28：1）　10.Ⅰ式三足盘（97WFH27：2）　11.Ⅱ式三足盘（97WFH28：2）　12.B型器盖（97WFM49：8）　13.Ⅰ式三足盘（97WFH27：3）　（1、4~6、12、13为4/15，2、3、7~11为2/5）

盆　4件。标本97WFM44：6，泥质灰陶。沿略平，束颈鼓腹，矮圈足。弦纹上有按压纹。通高16.3、最大腹径20.5厘米（图一七，1）。

直口广肩罐　1件。标本97WFM10：2，泥质黑陶。直口矮领，广肩，腹壁直而内折。矮圈足。通高9.3、最大腹径12.4厘米（图一七，2）。

扁腹罐　4件。按照形制可分Ⅰ、Ⅱ两式。

Ⅰ式　2件。扁腹略深。标本97WFM54：1，泥质黑陶。直口尖唇，小圈足。扁腹饰弦纹。通高 8.6、最大腹径 13.3 厘米（图一七，3）。

　　Ⅱ式　2 件。扁腹略浅。标本 97WFM44∶5，泥质黄陶。口部残，扁腹浅，平底。残高 7.2、最大腹径 11.8 厘米（图一七，4）。

　　折沿罐　14 件。束颈折沿。未见完整器。按照形制可分Ⅰ、Ⅱ、Ⅲ三式。

　　Ⅰ式　6 件。沿面较平。标本 T1708③∶12，夹砂灰陶。方唇，鼓腹。残高 15、口径 24 厘米（图一七，7）。标本 97WFH27∶17，夹砂黄陶。圆唇，鼓腹。残高 12、口径 24 厘米（图一七，5）。

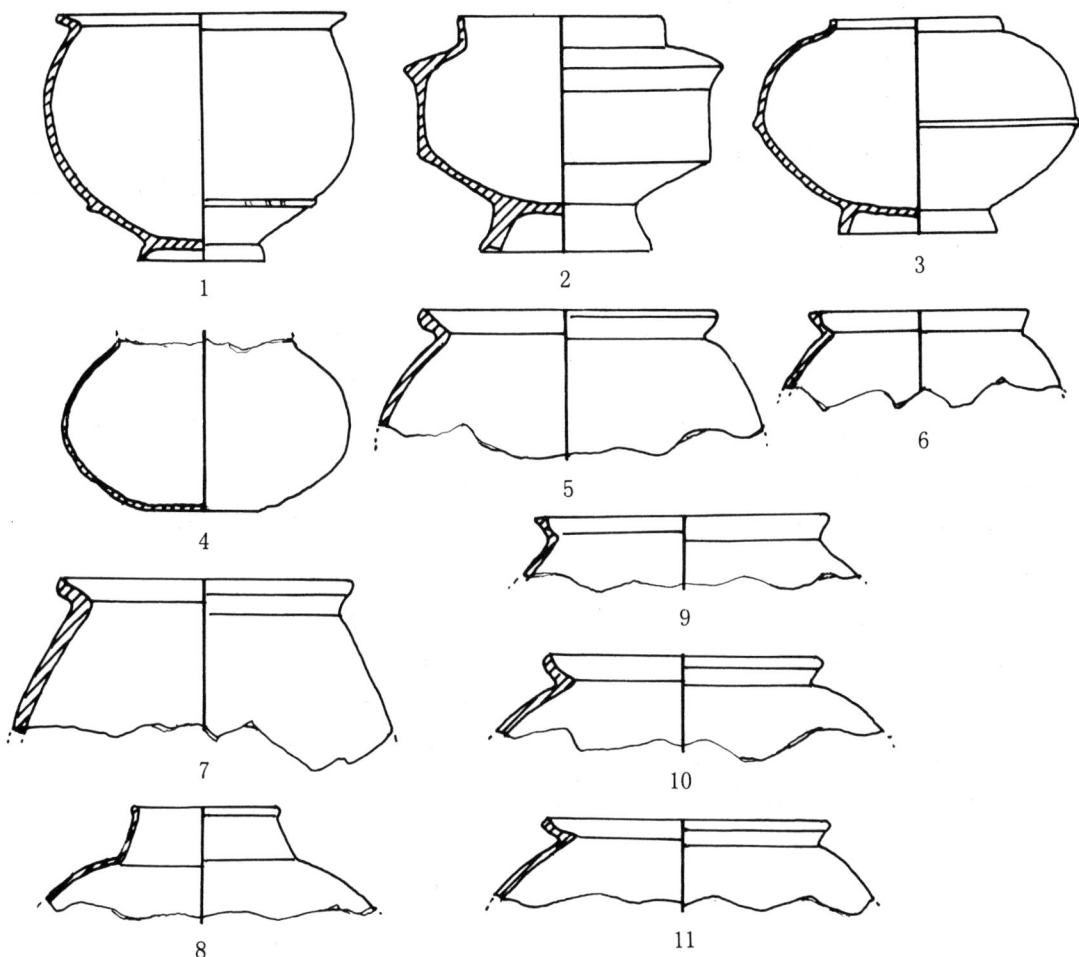

图一七　放鹰台遗址新石器时代陶盆和罐

1. 盆(97WFM44∶6)　2. 直口广肩罐(97WFM10∶2)　3. Ⅰ式扁腹罐(97WFM54∶1)　4. Ⅱ式扁腹罐(97WFM44∶5)
5. Ⅰ式折沿罐（97WFH27∶17）　6. Ⅲ式折沿罐（T1708③∶11）　7. Ⅰ式折沿罐（T1708③∶12）　8. 高领罐
(97WFH27∶14)　9. Ⅲ式折沿罐（97WFH25∶11）　10. Ⅱ式折沿罐（97WFH28∶15）　11. Ⅱ式折沿罐
(97WFH27∶18)　（1 为 1/5，2～4 为 1/3，5～7、9～11 为 1/3，8 为 1/4）

Ⅱ式　4件。沿面略凹。标本 97WFH27：18，夹砂灰陶。圆唇，鼓腹。残高 7、口径 24 厘米（图一七，11）。标本 97WFH28：15，泥质灰陶。方唇，鼓腹。残高 8、口径 23 厘米（图一七，10）。

Ⅲ式　4件。沿面有凹槽。标本 97WFH25：11，夹砂黄陶。鼓腹。残高 6、口径 24 厘米（图一七，9）。标本 T1708③：11，夹砂黄陶。鼓腹。残高 7.8、口径 18 厘米（图一七，6）。

高领罐　5件。标本 97WFH27：14，泥质红黄陶。直口卷沿，高领鼓腹。残高 6、口径 8 厘米（图一七，8）。

纺轮　22件。根据形状可分 A、B、C、D 四型。

A 型　6件。薄饼形。按照形制可分Ⅰ、Ⅱ两式。

Ⅰ式　4件。弧缘。标本 97WFH23：10，泥质红黄陶。形体较大，直径 5.4 厘米（图一八，1）。标本 97WFM43：4，泥质灰陶。形体较小，直径 4 厘米。

Ⅱ式　2件。尖缘。标本 T1708③：1，泥质灰陶。直径 4.2 厘米（图一八，3）。标本 97WFG2：3，泥质灰黄陶。直径 3.9 厘米。

B 型　12件。厚饼形。按照形制分Ⅰ、Ⅱ两式。

Ⅰ式　9件。弧缘。标本 97WFH27：10，泥质黑陶。形体稍大，直径 5.2 厘米（图一八，2）。标本 97WFM37：13，夹砂黄陶。形体稍小，直径 4.2 厘米。

Ⅱ式　3件。尖缘。标本 97WFH28：31，夹砂红褐陶。直径 5.2 厘米（图一八，5）。标本 97WFM45：4，夹砂黄陶。直径 5 厘米（图一八，4）。

C 型　2件。扁珠形。标本 97WFH26②：21，夹砂黄陶。直径 4.4 厘米（图一八，6）。标本 T1321②：21，夹砂褐陶。直径 4.5 厘米（图一八，7）。

D 型　2件。厚珠形。标本 97WFH23：1，泥质褐陶。直径 4.4 厘米。标本 97WFM44：1，泥质黄褐。直径 3.5 厘米（图一八，8）。

陶球　5件。标本 97WFM44：4，泥质灰黄陶。表面有 7 个圆形镂孔。直径 4.8 厘米（图一八，17）。标本 97WFH26②：5，泥质灰黄陶。饰篦点网格纹。直径 5.5 厘米（图一八，15）。标本 T0422②：5，夹砂褐陶。饰条带纹。直径 5 厘米（图一八，16）。

陶环　8件。根据横截面分成 A、B、C、D 四型。

A 型　1件。横截面呈圆形。标本 T1708③：5，泥质黄陶。直径 6 厘米（图一八，10）。

B 型　2件。横截面呈方形。标本 97WFH28：10，泥质灰黄陶。直径 6 厘米（图一八，9）。标本 97WFH26②：6，泥质红黄陶。直径 6 厘米（图一八，11）。

C 型　4件。横截面呈椭圆形。标本 97WFH27：21，泥质灰陶。直径 6 厘米（图一八，13）。标本 T1312②：5，泥质灰陶。直径 5.5 厘米（图一八，12）。

D 型　1件。横截面呈三角形。标本 T1415②：5，泥质灰陶，外缘刻划出花边。直径 4.5 厘米（图一八，14）。

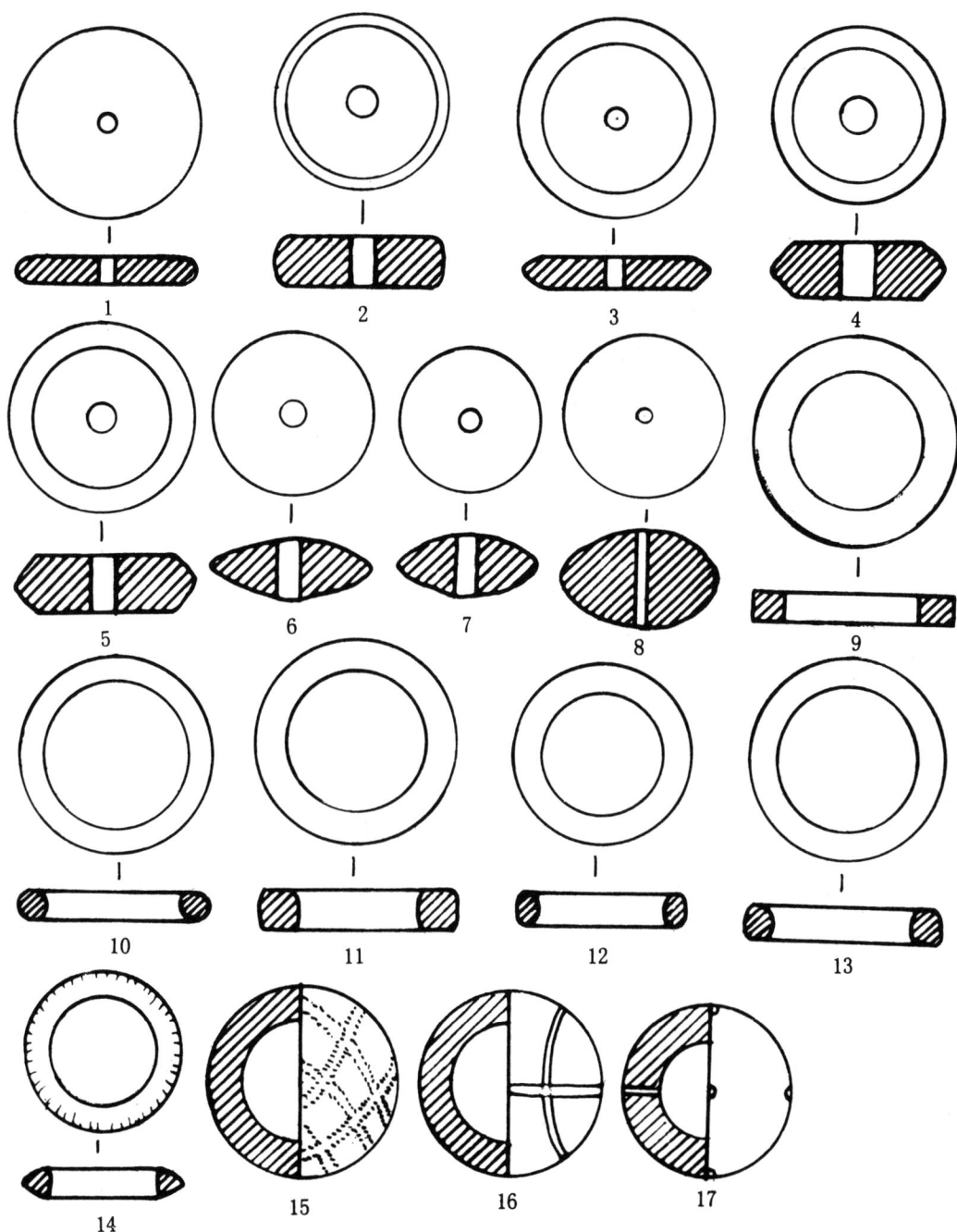

图一八　放鹰台遗址新石器时代陶纺轮、环和球

1.A 型 I 式纺轮（97WFH23：10）　2.B 型 I 式纺轮（97WFH27：10）　3.A 型Ⅱ式纺轮（T1708③：1）　4.B 型Ⅱ式纺轮（97WFM45：4）　5.B 型Ⅱ式纺轮（97WFH28：31）　6.C 型纺轮（97WFH26②：21）　7.C 型纺轮（TI321②：21）　8.D 型纺轮（97WFM44：1）　9.B 型陶环（97WFH28：10）　10.A 型陶环（T1708③：5）　11.B 型陶环（97WFH26②：6）　12.C 型陶环（T1312②：5）　13.C 型陶环（97WFH27：21）　14.D 型陶环（T1415②：5）　15.陶球（97WFH26②：5）　16.陶球（T0422②：5）　17.陶球（97WFM44：4）　（1、2、4～7、9～17 为 1/2，3、8 为 2/3）

彩陶 1件。标本 97WFM42:4，泥质红黄陶。平底壶，施红陶衣，腹部绘 2 周平行条带图案。黑彩。

红烧土块 数量众多。标本 97WFH28:40，内掺杂许多稻壳和稻草，一面凸凹不平，一面留有一根边长 7 厘米的矩形木柱的印迹，可能属木骨泥墙或具有相似功能的建筑部件。

(三)小 结

新石器时代文化遗存延续较长时间。许多遗存单位彼此之间存在着叠压或打破关系。例如：97WFM38→97WFM27→97WFM37（"→"表示叠压或打破）；97WFM45→97WFM46→97WFM31；97WFM7→97WFM25→97WFM26；97WFM13→T1708③→97WFH27。陶质、陶色和纹饰的变化（参见附表一），以及鼎、豆、壶、碗、曲腹杯等器物形制的演进，也呈现一定规律性。所以，可以把主要遗存分为三个阶段共五组（参见附表二）。

第一阶段：

一组：包括 97WFM37、97WFM31、97WFM10 等单位。

二组：包括 97WFM46、97WFM54、97WFM26 等单位。

第二阶段：

三组：包括 97WFM7、97WFM60、97WFM25 等单位。

四组：包括 97WFM55、97WFM49 等单位。

第三阶段：

五组：包括 97WFM13、97WFM44、97WFH28、97WFH27 等单位。

第一阶段：以深浅不同的泥质黄陶为主，泥质黑陶也占一定比例。多见 A 型鼎、A 型豆、A 型圈足壶、B 型圈足壶、A 型平底壶、A 型碗、B 型碗、曲腹杯和 A 型器盖的早期式别。第二阶段：以泥质黑陶为主，泥质灰陶已占一定比例。多见 A 型鼎、A 型豆、A 型平底壶、A 型碗、A 型器盖和曲腹杯的较晚式别，新见 D 型豆、D 型碗、C 型圈足壶、B 型平底壶和高柄杯的早期式别。第三阶段：泥质灰陶和夹砂灰陶占主要地位。多见曲腹杯、D 型碗、B 型平底壶、高柄杯和 A 型器盖的晚期式别，新见 B 型鼎、C 型鼎、D 型鼎、E 型鼎、三足盘、B 型器盖和 C 型器盖等器物。

这三段五组前后连续发展，具有一定继承关系。A 型鼎、A 型豆、B 型碗和曲腹杯的形制，与湖北黄冈螺蛳山墓地出同类器相似[③]，钵、B 型豆、C 型豆、扁腹罐等分别与湖北京山屈家岭墓地[④]、湖北钟祥六合墓地[⑤]、湖北天门谭家岭地[⑥]出土的同类器接近，表明第一阶段的年代应该相当于大溪文化晚期或早期屈家岭文化。C 型鼎、D 型鼎、C 型圈足壶、B 型平底壶、D 型豆、D 型碗、高柄杯、三足盘、B 型器盖和 C 型器盖等器物常见于屈家岭遗址[⑦]、六合遗址、湖北宜城曹家楼遗址[⑧]和湖北随州西花园遗址[⑨]相关遗存中，表明第三阶段应该属于晚期屈家岭文化。第二阶段应该是第一阶段和第三阶段的过渡环节。

此次发掘未见房址,丰富的红烧土块多数是废弃的建筑材料。墓葬常见单人仰身直肢,随葬品反映出的贫富差别不大。个别墓葬中集中随葬十余件猪下颌骨或专门用红烧土块充填墓坑的现象,可能是财富观念或宗教意识的折射。

四、周化文化遗存

（一）遗　迹

共清理 1 座墓葬,19 个灰坑和 2 条灰沟。

1.墓　葬

97WFM48 主要位于 T1416 南部,开口于第 1 层下,被 97WFM9 打破,它打破生土。竖穴土圹,平面呈前窄后宽。墓口长约 6.2、前端宽 2.6、后端宽 3 米。墓壁略斜,墓底长约 4.2、前端宽 1.2、后端宽 1.8 米,墓口距墓底现深约 2.2 米。前端带有斜坡状墓道一条,墓道口宽约 2.5 米,墓道底宽约 1.3 米,墓道底距地表深约 1.4 米。因未全部发掘,长度不详。墓室后部设置一级生土台阶,台阶宽 0.65 米,底部距墓底深 0.95 米（图一九）。墓坑内填硬度稍高的青灰土,掺杂红烧土渣和大量周代陶片。墓口之上也用青灰土铺垫,厚约 0.1~0.2 米。墓底仅见一段鹿角,无其他随葬品。填土中伴出陶鬲、豆、钵、纺轮,石范和铜鱼钩等遗物。

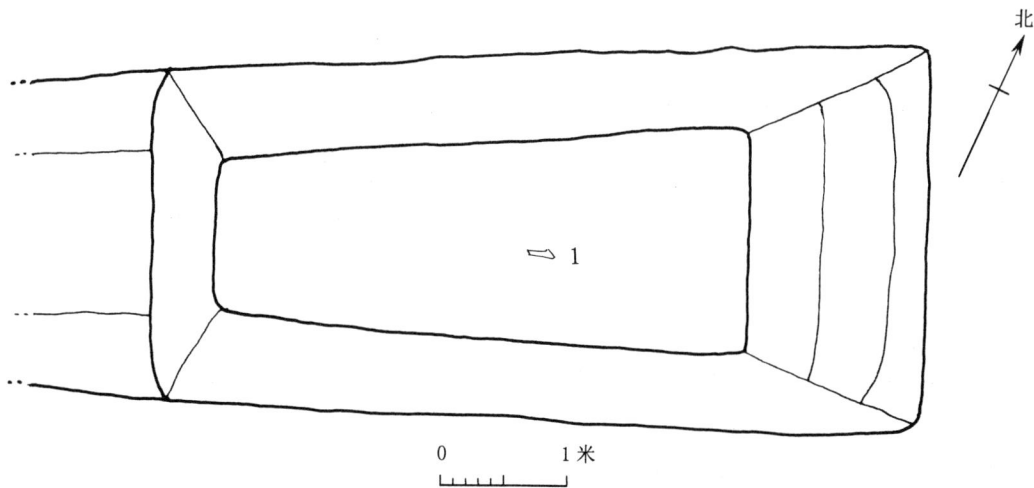

图一九　97WFM48 平面图

1. 鹿角

2.灰　坑

多数灰坑原是人工挖成的圆或椭圆形竖穴,少量灰坑是用于自然低洼地堆放废弃物。根据坑口平面形状分成两型。

A 型　平面呈圆形或椭圆形。12 个。

97WFH18 位于 T1708 东北角，开口于第 1 层下，打破第 2 层。坑口平面呈椭圆形，坑壁较直，平底。坑口长径 1.3、短径 1.2、深 0.7 米。填土为灰黑色，包含丰富陶片和部分兽骨、蚌壳（图二〇，1）。

97WFH22 位于 T1708 东南角，开口于第 2 层下，打破第 3 层。坑口平面呈圆形，坑壁较直，平底。坑口直径为 1.05、深 0.5 米。填土为黑褐色，夹杂较多红烧土渣，包含丰富陶片和蚌壳、螺壳（图二〇，2）。

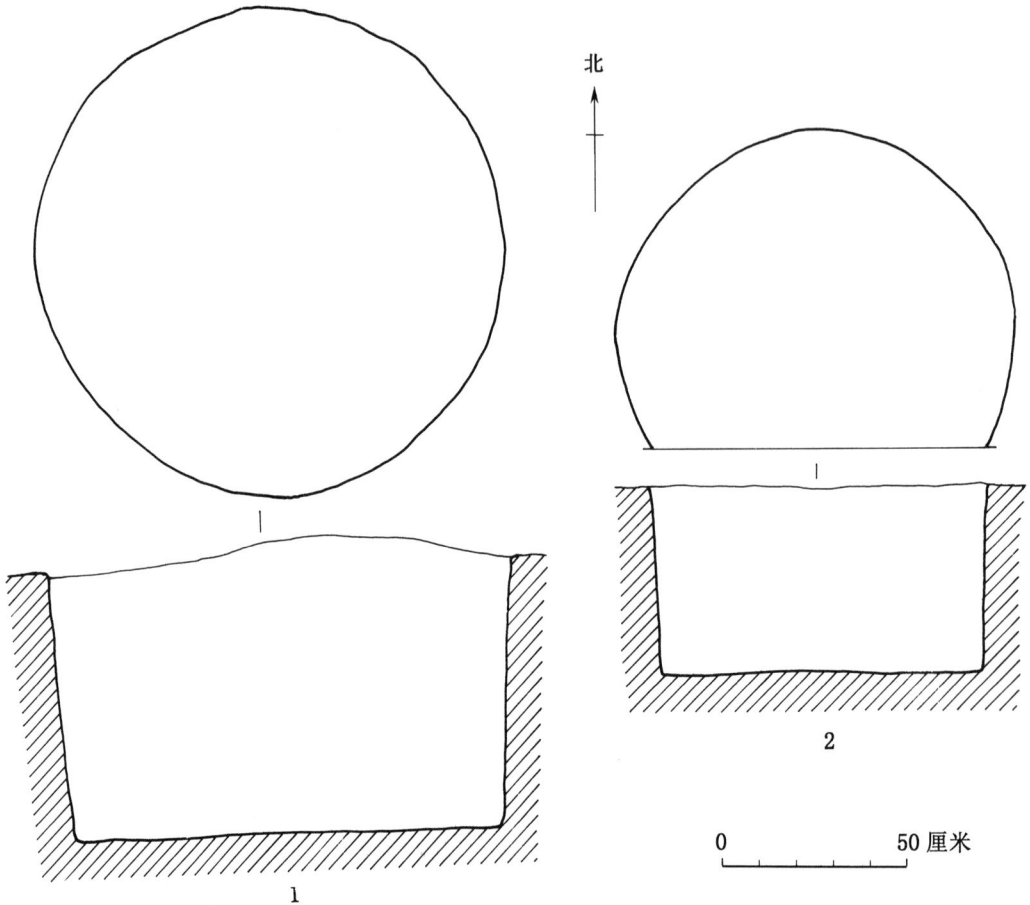

图二〇　97WFH18、97WFH22 平、剖面图

B 型　不规则形。7 个。

97WFH4 位于 T0421 南部和 T0321 北部，开口于第 2 层下，打破 97WFM1 和 97WFM5。坑口平面大致呈不规则菱形，边长约 1.7 米。坑底是不规则的坡底，略有起伏，最深处约 0.7 米。填土为黑褐色，包含大量陶片和其他遗物（图二一，1）。

3．灰　沟

均为不规整狭长条状。

97WFG3 位于 T〇426 东北部，开口于第 1 层下，被 97WFM65 打破，它打破第 2 层和 97WFH24。西端略宽，约 0.7 米，东端略窄，约 0.4 米。沟壁稍直，圜底，最深处约 0.7 米。填棕黑色土，掺杂少量红烧土块，包含的遗物主要是陶片（图二一，2）。

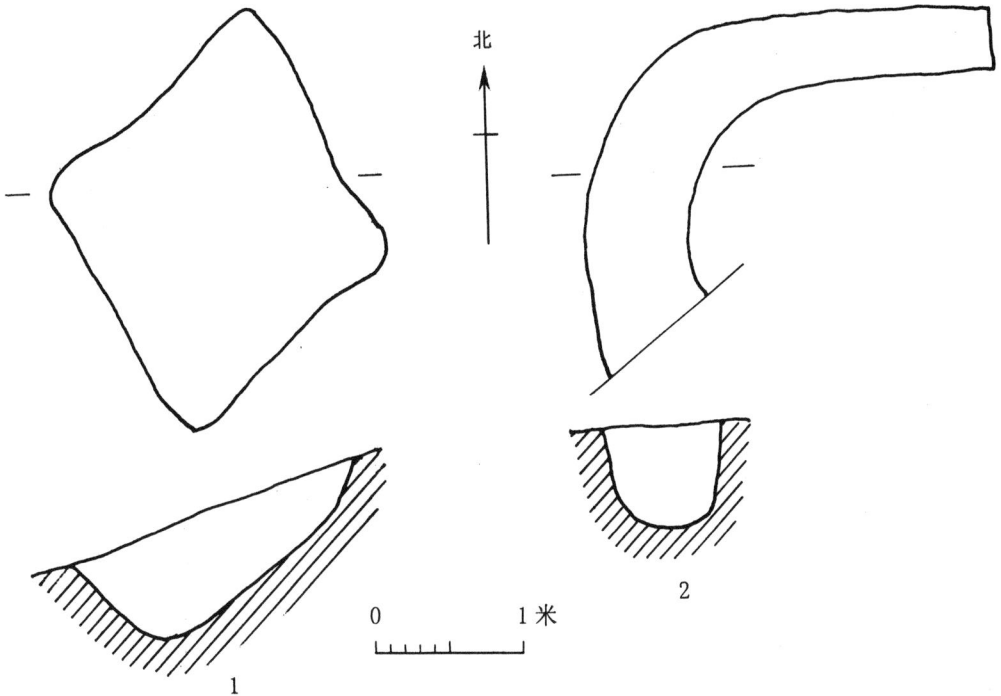

图二一　97WFH4、97WFG3 平、剖面图

（二）遗　物

根据质地分成玉石器、青铜器和陶器三类。

1．玉石器

14 件。多数通体磨光，个别只经过简单敲打加工。石料多为石灰岩、砂岩、板岩和角页岩。器形有璧、斧、锛、凿、铲、圭、范和砺石。

玉璧　1 件。标本 97WFH20：1，为淡青色软玉，细润光滑，素面。直径 4 厘米（图二二，1）。

石斧　4 件。根据平面形状分 A、B 两型。

A 型　2 件。平面为梯形。标本 97WFH5：1，正锋，直刃。长 9.2、上部宽 4.2、刃宽 5、厚 2.4 厘米（图二二，2）。

B 型 2 件。平面略呈矩形。标本 97WFH3：7，正锋，刃稍弧。上部残断，残长 7、宽 4、厚 2.9 厘米（图二二，4）。

锛 1 件。标本 T0322②：1，磨制精致。偏锋，直刃。残长 10、残宽 3、厚 3 厘米（图二二，3）。

凿 2 件。平面呈长方形。标本 T0426②：11，偏锋，直刃。上部残断，残长 5.7、宽 4.2、厚 0.6 厘米（图二二，7）。

铲 4 件。根据刃部形状分成 A、B 两型。

A 型 2 件。弧刃。标本 T1808②：4，采用板状石料简单敲打成形。正锋，弧刃略尖。上部残断，残长 10.5、宽 7、厚 1.6 厘米（图二二，6）。

B 型 2 件。直或斜刃件。标本 97WFH22：2，中部穿孔。正锋，斜刃，残断。残长 7.5、残宽 6、厚 0.8 厘米（图二二，8）。

圭 1 件。标本 97WFM48：9，长 9、宽 3、厚 0.8 厘米（图二二，5）。

范 1 件。标本 97WFM48：5，双面范，正背两面均呈梯形。正面为钺范，斜刃，长方銎，饰弦纹和网格纹。背面为镦范，圜底圆銎，饰弦纹。两个侧面雕刻凹槽。通体磨光，制作精致。长 11.4、上宽 6.2、下宽 7.7、厚 2～3.4 厘米（图二二，9）。

砺石 1 件。标本 97WFM48：45，一半残断，平面约为长方形，因正反面使用而使中部变薄。残长 5、宽 5.5、厚 1.4 厘米（图二二，10）。

2．青铜器

仅见箭镞、鱼钩等小型用具。

箭镞 3 件。标本 97WFH18：2，两范合铸。尖锋，宽翼，菱形脊，矩铤。通长 5.8、翼宽 2 厘米（图二二，11）。

鱼钩 2 件。标本 97WFM48：10，两范合铸。形体较大，钩尖锋利，倒钩规整。通长 4、最大直径 0.45 厘米（图二二，12）。

3．陶器

可复原和明显可辨形制的陶器共计 93 件。以夹砂褐陶为主，夹砂灰陶、泥质黄陶也较常见，有部分泥质黑皮陶。器表通常施间断绳纹、弦纹、附加堆纹和按窝纹，也有一些粗绳纹、细绳纹、镂孔、戳印纹和乳丁纹，少量黑皮陶上还施有暗纹。轮制法已经广泛使用，但鬲足、鋬手、甗腰和豆柄等部位经常采用分制粘接。主要器形有鬲、甗、钵、盆、豆、罐、瓮、尊、器盖、纺轮、陶饼和陶环。

鬲 11 件。根据裆部和底部形态分 A、B 两型。

A 型 连裆（弧裆）。8 件。按照形制分成 I、II、III 三式。

I 式 2 件。侈沿较斜，深腹，瘪裆较低。标本 97WFH22：11，夹砂黄褐陶。翻卷沿下贴，鼓腹。饰交错绳纹、弦纹和附加堆纹。足残。残高 16、最大腹径 23 厘米（图二三，1）。

II 式 2 件。侈沿稍平，腹稍浅，瘪裆稍高。标本 97WFM48：3，夹砂褐陶。方唇，

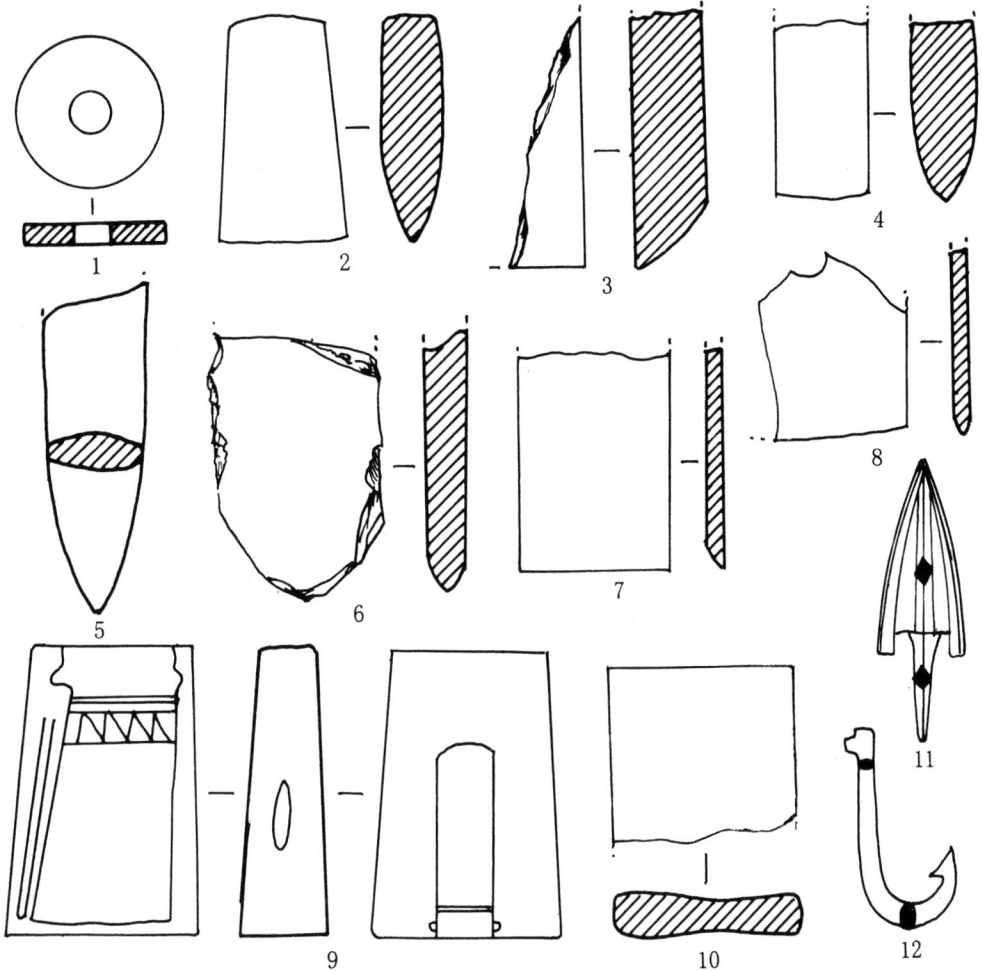

图二二　放鹰台遗址周代文化玉璧，石斧、锛、圭、铲、凿、范、砺石，铜镞、鱼钩

1. 玉璧（97WFH20：1）　　2. A 型石斧（97WFH5：1）　　3. 石锛（T0322②：1）　　4. B 型石斧（97WFH3：7）
5. 石圭（97WFM48：9）　6. A 型石铲（T1808②：4）　7. 石凿（T0426②：11）　8. B 型石铲（97WFH22：2）
9. 石范（97WFM48：5）　　10. 砺石（97WFM48：45）　　11. 铜镞（97WFH18：2）　　12. 铜鱼钩（97WFM48：10）
（1、5、7、10 为 1/2，2～4、6、8、9 为 1/3，11、12 为 2/3）

肩微隆，腹壁稍斜。饰间断细绳纹。足残。残高 10.3、最大腹径 17.6 厘米(图二三,6)。

　　Ⅲ式　4 件。侈沿较平，腹较浅，瘪裆较高。标本 97WFH18：11，形制稍小，夹砂灰陶。唇稍尖，隆肩，腹壁略斜，高足。饰绳纹。通高 12.2、最大腹径 13 厘米（图二三，8）。标本 97WFH7：1，形体略大，夹砂褐陶。唇稍尖，隆肩，腹壁略斜，高足。饰间断细绳纹和按窝纹。通高 25.5、最大腹径 32 厘米（图二三，13）。

　　B 型　圜底（鼎式鬲）。3 件。标本 97WFH22：1，夹砂褐陶。翻卷沿外贴，侈口束颈，鼓腹圜底，三足略高。饰间断绳纹。通高 14、最大腹径 13.5 厘米（图二三，16）。

　　甗　6 件。按照形制可分Ⅰ、Ⅱ两式。

Ⅰ式　3件。侈沿较斜，鼓腹较圆。标本97WFM48：7，夹砂灰褐陶。翻卷沿下贴，鼓腹溜肩。饰间断绳纹。甑腰采用上底在内、下口在外的套接法粘接，下部残。残高20.6、最大腹径25厘米（图二三，2）。

Ⅱ式　3件。侈沿稍平，腹壁略呈斜收。标本97WFM48：1，夹砂红褐陶。侈口圆唇，肩略隆。饰间断绳纹。甑腰采用上底在外、下口在内的套接法连接，下部残。残高23.5、口径25厘米（图二三，7）。

钵　4件。敛口，鼓腹，平底。按照形制可分Ⅰ、Ⅱ两式。

Ⅰ式　2件。肩部较鼓，腹壁略斜收。标本97WFM48：8，泥质灰陶。敛口方唇，平底内凹。肩部饰弦纹，下腹饰绳纹。通高8.5、最大腹径15.5厘米（图二三，11）。标本97WFH6：11，泥质黑皮陶。敛口方唇。肩部饰弦纹和刻划纹，腹部饰间断绳纹，下部残。残高5.5、最大腹径19厘米（图二三，14）。

Ⅱ式　2件。略呈溜肩，腹部稍鼓。标本97WFH18：11，泥质黑皮陶。通体磨光，敛口方唇。肩部饰弦纹。下部残。残高4.5、最大腹径14.8厘米（图二三，15）。

盆　2件。标本97WFH18：1，泥质黑陶。侈沿方唇，束颈，肩略鼓，下腹斜收，平底内凹。饰间断绳纹。通高16.7、口径26厘米（图二三，12）。

豆　17件。根据豆座形态可分A、B、C三型。

A型　小喇叭豆座。8件。按照形制可分Ⅰ、Ⅱ、Ⅲ三式。

Ⅰ式　2件。豆盘较深，豆座较矮。标本97WFH21：1，泥质黄陶。口微敛，方唇，折盘深腹，豆座稍粗。饰弦纹。通高11.1、口径17.1厘米（图二三，17）。

Ⅱ式　2件。豆盘稍浅，豆座稍高。标本97WFH3：11，仅有豆盘，泥质黑皮陶。方唇，盘壁略鼓。饰弦纹。残高6、口径24厘米（图二三，5）。

Ⅲ式　4件。豆盘较浅，豆座较高。标本97WFH5：11，仅有豆盘，泥质黑皮陶。直口方唇，盘壁略弧。残高3.9、口径14厘米。标本97WFH5：12，泥质黑皮陶。柄部稍细（图二三，9）。标本97WFH18：13，泥质黑皮陶。直口方唇，盘壁略弧。残高5.3、口径22厘米。标本97WFH18：14，泥质黑皮陶。磨光后施暗纹。柄稍细（图二三，10）。

B型　大喇叭豆座。6件。按照形制可分Ⅰ、Ⅱ、Ⅲ三式。

Ⅰ式　2件。折盘深腹，豆座较粗矮。标本97WFH4：1泥质黄陶。口微敛，圆唇。豆座饰弦纹。通高16、口径18厘米（图二三，19）。

Ⅱ式　2件。豆盘稍浅，豆座稍细高。标本97WFM48：24，仅有豆座，夹砂灰陶。残高14.3、底径15厘米（图二三，4）。

Ⅲ式　2件。豆盘浅，豆座细高。标本97WFH7：1，泥质黄陶。口微敛，圆唇，盘壁略弧。通高16、口径15.5厘米（图二三，18）。

C型　大喇叭豆座上施长方形镂孔。3件。标本97WFH18：12，夹砂灰陶。口部残，

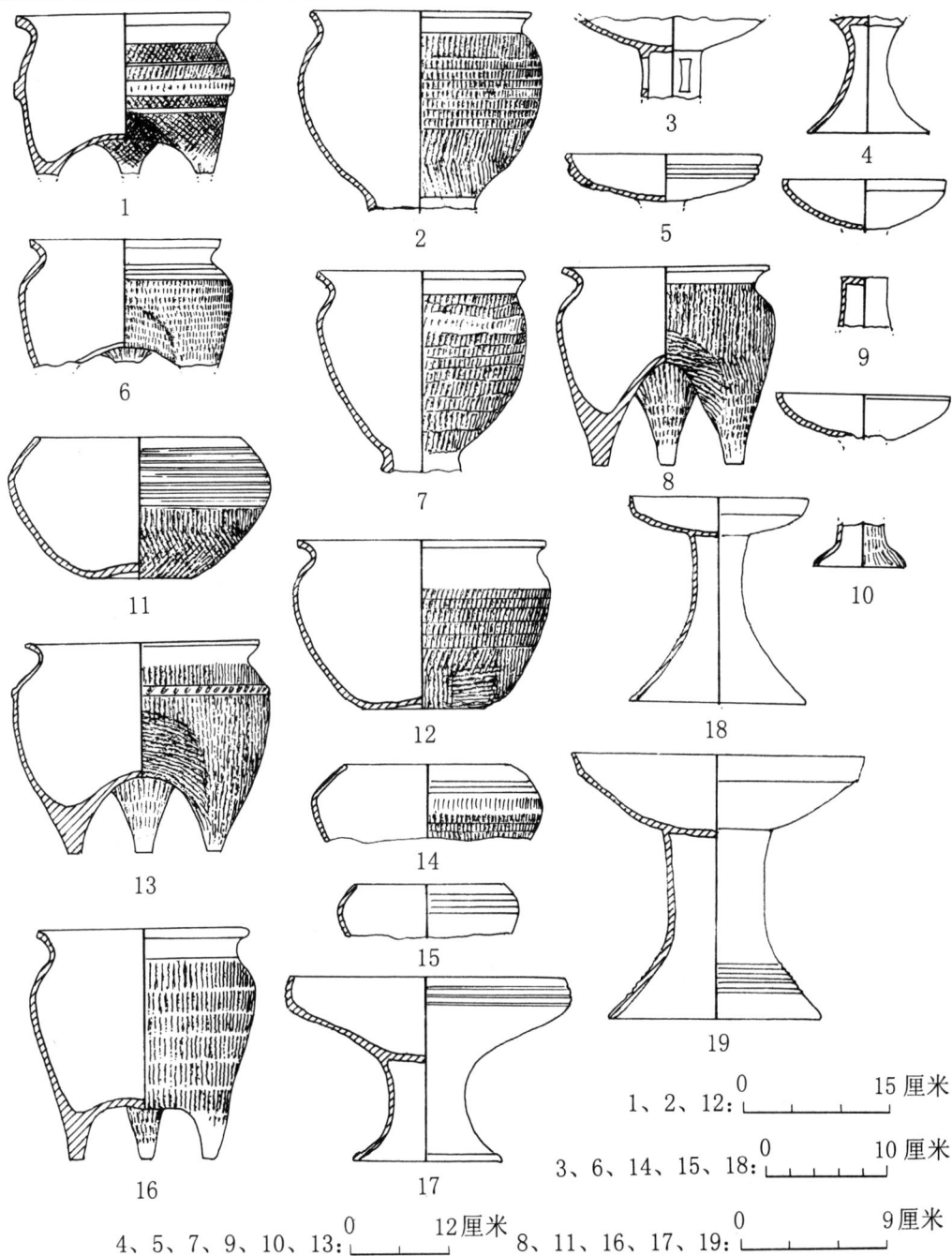

图二三 放鹰台遗址周代文化陶鬲、甗、豆、钵和盆
1.A型I式鬲（97WFH22：11）　2.I式甗（97WFM48：7）　3.C型豆（97WFH18：12）　4.B型II式豆
（97WFM48：24）　5.A型II式豆（97WFH3：11）　6.A型II式鬲（97WFM48：3）　7.II式甗（97WFM48：1）
8.A型III式鬲（97WFH18：11）　9.A型III式豆（97WFH5：11）　10.A型III式豆（97WFH18：14）　11.I式钵
（97WFM48：8）　12.盆（97WFH18：1）　13.A型III式鬲（97WFH7：1）　14.I式钵（97WFH6：11）　15.II式
钵（97WFH18：11）　16.B型鬲（97WFH22：1）　17.A型I式豆（97WFH21：1）　18.B型III式豆（97WFH7：
1）　19.B型I式豆（97WFH4：1）　（1、2、12为1/5，3、6、14、15、18为1/4，4、5、7、9、10、13为1/6，
8、11、16、17、19为1/3）

豆座上装饰有3个较大的竖长方形镂孔（图二三，3）。

侈沿罐　6件。束颈侈沿。按照形制分成Ⅰ、Ⅱ、Ⅲ三式。

Ⅰ式　2件。侈沿较斜。标本97WFM48：27，泥质黄陶。翻卷沿下贴，广肩。残高6、口径21厘米（图二四，1）。

Ⅱ式　2件。侈沿稍平。标本97WFM48：28，夹砂褐陶。侈口圆唇，广肩。饰绳纹。残高10.8、口径25厘米（图二四，2）。

Ⅲ式　2件。侈沿略平。标本97WFH5：4，泥质灰陶。唇稍尖，溜肩略鼓，平底内凹。饰弦纹。通高约26.4、口径15.4厘米（图二四，6）。

长颈罐　3件。粗褐陶。长颈，鼓腹，平底或矮圈足。常饰刻划纹和戳印纹。标本97WFM48：26，夹砂褐陶。敞口长颈。饰弦纹和戳印纹。残高6、口径10厘米（图二四，3）。

罍　1件。标本97WFH20：11，夹砂灰陶。敞口侈沿，束颈，广肩。饰弦纹和间断绳纹。残高7.2、口径18厘米（图二四，4）。

贯耳罍　2件。肩部设两贯耳。标本97WFH5：10，泥质灰陶。口微敛，短颈，广

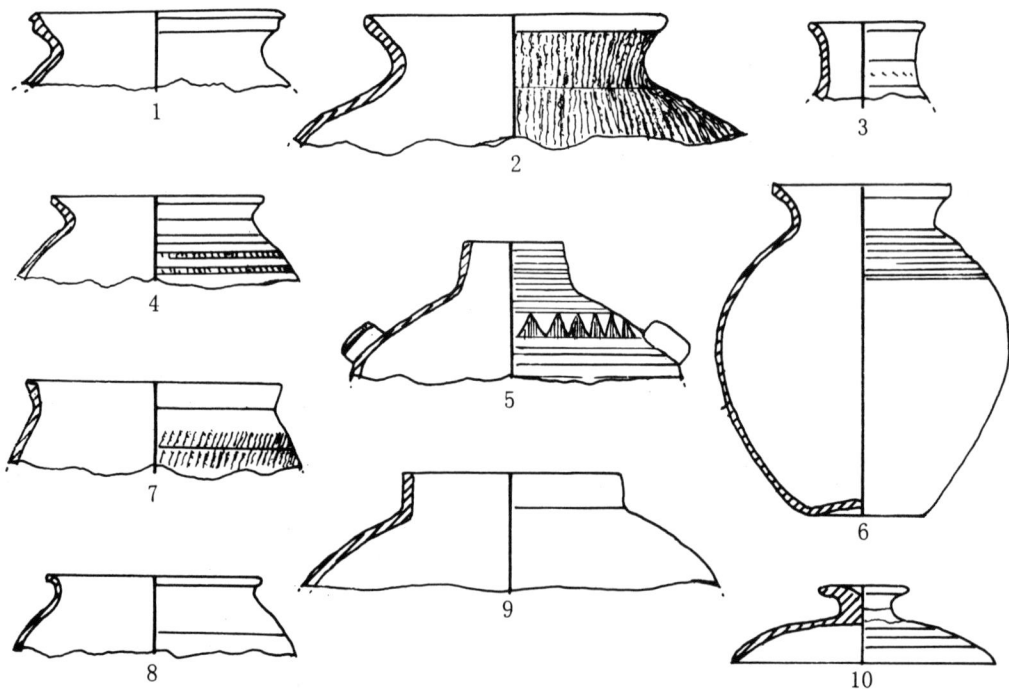

图二四　放鹰台遗址周代文化陶罐、罍、尊、瓮、器盖

1.Ⅰ式侈沿罐（97WFM48：27）　2.Ⅱ式侈沿罐（97WFM48：28）　3.长颈罐（97WFM48：26）　4.罍（97WFH20：11）　5.贯耳罍（97WFH5：10）　6.Ⅲ式侈沿罐（97WFH5：4）　7.尊（97WFH3：12）　8.卷沿瓮（97WFH5：13）　9.直口瓮（97WFH26①：11）　10.器盖（97WFM48：29）　（1～8、10为1/6，9为1/4）

肩。饰刻划的弦纹和三角图案。残高11、口径8.4厘米（图二四，5）。

尊　1件。标本97WFH3：12，夹砂黄褐陶。侈口方唇。腹部饰间断绳纹。残高7.2、口径21厘米（图二四，7）。

卷沿瓮　1件。标本97WFH5：13，夹砂黄褐陶。侈口小卷沿，束颈，丰肩，鼓腹。饰弦纹。残高6.6、口径18厘米（图二四，8）。

直口瓮　1件。标本97WFH26①：11，夹砂灰陶。小口方唇，广肩。残高6、口径12厘米（图二四，9）。

器盖　1件。标本97WFM48：29，泥质灰陶。圆壁状盖纽，浅腹斜壁。高6、口径22厘米（图二四，10）。

錾手　4件。根据形状分成A、B、C三型。

A型　1件。"丁"字形錾手。标本97WFM48：21，夹砂灰陶。錾体弯曲类似"丁"字形（图二五，1）。

B型　1件。羊角型錾手。标本97WFM48：23，夹砂褐陶。錾体卷曲类似羊角形（图二五，3）。

C型　2件。长方形錾手。标本97WFG3：11，夹砂褐陶。平面呈长方形（图二五，2）。

纺轮　23件。根据形状分成A、B、C、D、E五型。

A型　薄饼形。12件。按照形制分成Ⅰ、Ⅱ两式。

Ⅰ式　8件。弧缘。标本T1708②：19，泥质灰陶。形体稍大。直径5厘米（图二五，4）。标本97WFM48：41，夹砂灰陶。形体稍小。直径4.2厘米。

Ⅱ式　4件。尖缘。标本T1110②：1，泥质黄陶。形体较大，直径5.3厘米（图二五，8）。标本97WFM48：2，泥质黄陶。形体稍小。直径4.2厘米（图二五，7）。

B型　厚饼形。8件。按照形制分成Ⅰ、Ⅱ两式。

Ⅰ式　4件。弧缘。标本T1313②：1，泥质灰陶。正面装饰篦点图案。直径5厘米（图二五，6）。标本T1708②：20，夹砂黄褐陶。直径4.6厘米（图二五，5）。

Ⅱ式　4件。尖缘。标本97WFM48：43，泥质黄陶。形体稍大。直径4.7厘米（图二五，10）。标本97WFM48：42，泥质红黄陶。形体稍小。直径3.7厘米（图二五，9）。

C型　1件。扁珠形。标本T1708②：21，泥质黄陶。直径4厘米（图二五，11）。

D型　1件。厚珠形。标本97WFH18：6，泥质黄陶。直径5厘米（图二五，12）。

E型　1件。圆台形。标本97WFH5：2，泥质灰陶。平顶平底。饰凸弦纹。直径4.1厘米（图二五，13）。

陶饼　9件。将大小不等的废陶片敲打成圆形并磨光。用途不明。标本T1708②：22，夹砂褐陶。形体较大。直径12厘米（图二五，15）。标本97WFH3：1，夹砂褐陶。

形体稍小。直径4.1厘米（图二五，16）。

　　陶环　1件。标本97WFH6：1，夹砂褐陶。横截面为矩形。直径4.5厘米（图二五，14）。

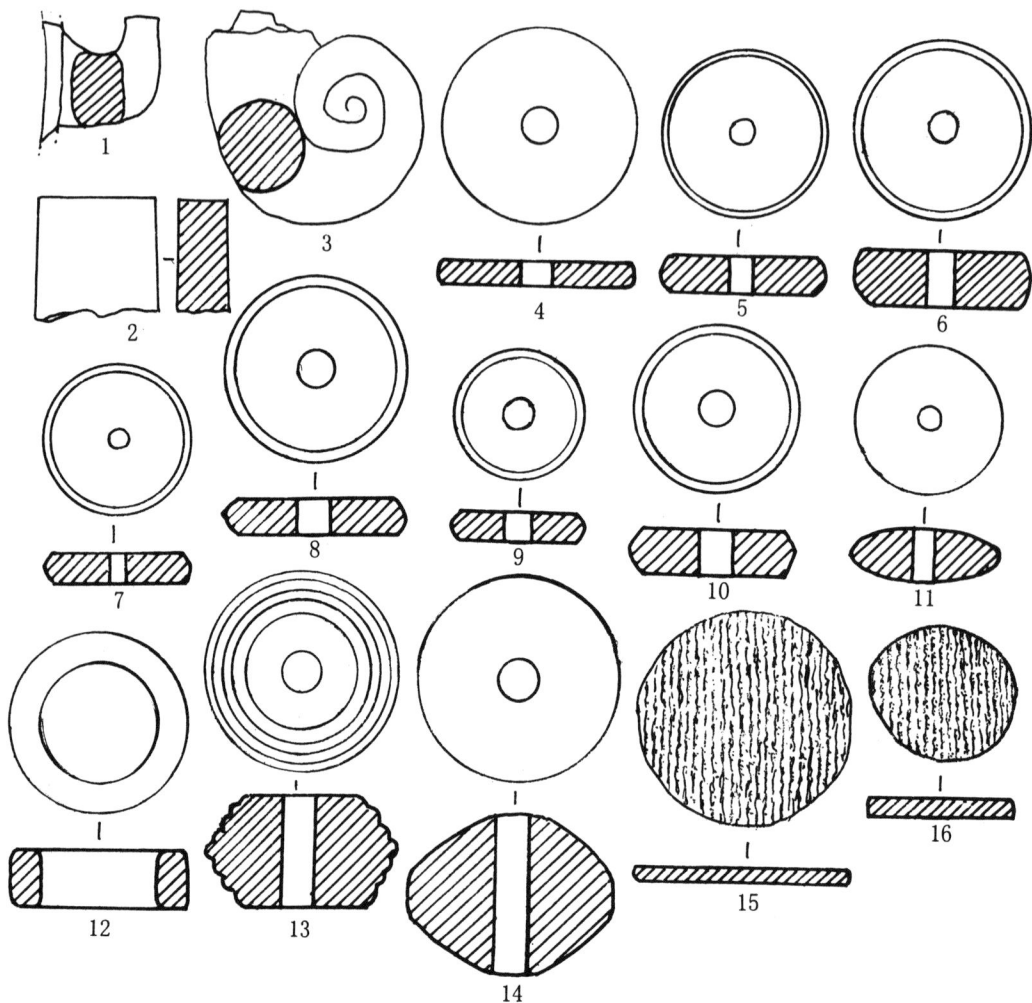

图二五　放鹰台遗址周代文化陶鬶手、纺轮、环、饼

1.A型鬶手（97WFM48：21）　2.C型鬶手（97WFG3：11）　3.B型鬶手（97WFM48：23）　4.A型 I 式纺轮（TI708②：19）　5.B型 I 式纺轮（T1708②：20）　6.B型 I 式纺轮（T1313②：1）　7.A型 II 式纺轮（97WFM48：2）　8.A型 II 式纺轮（T1110②：1）　9.B型 II 式纺轮（97WFM48：42）　10.B型 II 式纺轮（97WFM48：43）　11.C型纺轮（T1708②：21）　12.陶环（97WFH6：1）　13.E型纺轮（97WFH5：2）　14.D型纺轮（97WFH18：6）　15.陶饼（T1708②：22）　16.陶饼（97WFH3：1）　（1 为 1/3，2～12、16 为 1/2，13、14 为 2/3，15 为 1/4）

（三）小　结

周代文化遗存存在多组叠压打破关系。例如：97WFH18→T1708②→97WFH22；97WFH5→T0321②→97WFH4；97WFH3→T1808②→H11。鬲、钵、豆、罐等陶器形制的演变，也表现出较明显的规律性。所以，可把周代遗存归纳为前后连续发展的三组（参见附表三）。

第一组：包括 97WFH22、97WFH21 和 97WFH4 等单位。

第二组：包括 97WFM48、97WFH11 和 97WFH6 等单位。

第三组：包括 97WFH18、97WFH5、97WFH3 和 97WFG3 等单位。

由于文化性质相同，时间跨度不大，三组遗存在陶质、陶色和纹饰等方面显示出较多共性（参见附表四）。

A 型 I 式鬲、A 型 I 式豆、I 式甗等器物分别见于陕西省沣西张家坡西周早期居址[10]、张家坡第二期墓葬、湖北襄阳真武山 H36[11] 和湖北黄陂鲁台山 H1[12] 中，I 式钵形制与湖北枣阳毛狗洞[13] 同类器物接近，表明第一组的年代大致相当于西周中期偏早阶段。A 型 III 式豆、II 式钵、III 式鬲、II 式甗、盆等器物分别见于张家坡西周晚期居址、张家坡第四期墓葬和真武山 H81 及 G3 中，表明第三组的年代大致相当于西周晚期或稍早。第二组的年代应该居于第一组和第三组之间。

放鹰台西周文化遗存与关中地区及江汉平原同期遗存有诸多共性，应该纳入周文化系统。同时，它的 B 型鬲、B 型豆、C 型豆、贯耳罍、器盖、錾手、E 型纺轮等器物常见于湖北大冶上罗村[14]、湖北阳新和尚垴[15]、江西九江神墩[16] 等遗址中；饰戳印和刻划纹的长颈罐多见于湖南桑植朱家台遗址[17]，具有浓厚区域特征，可以构成西周文化的一个地方类型。

97WFM48 墓底除一段鹿角外，未见尸骸、葬具和其他随葬品。发掘过程中没有发现确切的盗墓或破坏迹象，它可能属于未曾葬入死者的空墓。该墓墓口长 6、宽 3 米，带一条斜坡墓道，其规模和形制均属于西周高级贵族墓葬，在湖北省境内已发掘的同时代墓葬中，能够与黄陂鲁台山 M30 媲美。

放鹰台周代遗存中尚未发现青铜容器和礼器，但出土 1 件双面石范，一面为钺范，一面为镦范。结构新颖，制作精美，反映出当时居民青铜铸造的技能和水平。

五、宋代文化遗存

宋代文化遗存相对较少，主要是墓葬及其随葬品。

（一）遗　迹

共清理 31 座宋代墓葬。均为竖穴土圹墓，平面通常为矩形。填土为灰褐色，掺杂较多的红烧土渣，接近墓底时因炭化物腐烂，填土泛黑色。葬具已经腐朽，从残余的棺钉分析，大多数墓葬曾设置棺木等简单葬具。部分墓葬在死者的头部放置板瓦或青砖。随葬品较少，一般每墓仅随葬 1～2 件瓷器和几枚铜币，少数墓葬还随葬有玉环和其他铜器，也有少数墓葬空无一物。

97WFM56 位于 T0326 东南角扩边方处，开口于第 1 层下，打破第 2 层和 97WFM55。竖穴土圹，长约 2.3、西端宽约 0.8、东端宽约 0.9、现深 1.1 米。填褐色土，含少量红烧土渣，疏松。葬具已朽，仅余铁质棺钉。随葬带流罐、板瓦等器物（图二六，A）。

97WFM17 和 97WFM18 位于 T0421 方南部，南端未清理。开口于第 1 层下，打破第 2 层。均为竖穴土圹墓。填灰褐土，掺杂部分红烧土块，疏松。葬具已朽，残留棺钉。97WFM17 已发掘长度为 1.9、北端宽约 0.75、南端宽约 0.6、现深 0.6 米。随葬双系瓶、铜币等器物。97WFM18 已发掘长度为 1.7、北端宽约 1、南端宽约 0.8、现深 0.9 米。随葬玉环、铜币和双系瓶等器物。两墓方向大体一致，相距仅 0.4 米，可能是夫妇异穴合葬（图二六，B、C）。

（二）遗　物

根据质地分为青瓷器、黑瓷器、玉器和铜器四类。

1. 青瓷器

较完整和可复原的青瓷器达 26 件。紫灰色胎，胎质稍粗。青釉，通常施釉较厚，脱釉现象较常见。轮制，仰烧，有些器物带有较明显的支垫痕迹。常见双系瓶、带流罐、束颈罐、橄榄瓶、梅瓶和碗。

双系瓶　17 件。尖唇，折沿下斜，肩部安置双竖耳，平底。内部多施满釉，外表施釉至下腹部。按照形制分成Ⅰ、Ⅱ、Ⅲ、Ⅳ四式。

Ⅰ式　1 件。鼓腹肥大，最大腹径偏上。标本 97WFM2：1，敛口，平底。通高 27.5、最大腹径 15.5 厘米（图二七，1）。

Ⅱ式　3 件。鼓腹略肥，最大腹下移。标本 97WFM20：1，口微敞，平底内凹。通高 36.6、最大腹径 20 厘米（图二七，3）。

Ⅲ式　6 件。鼓腹，形体稍瘦。标本 97WFM63：1，敛口，平底内凹。通高 36.2、最大腹径 17.4 厘米（图二七，4）。

Ⅳ式　7 件。腹略鼓，形体较瘦。标本 97WFM58：1，口微敛，平底内凹。通高 32.1、最大腹径 14.7 厘米（图二七，5）。

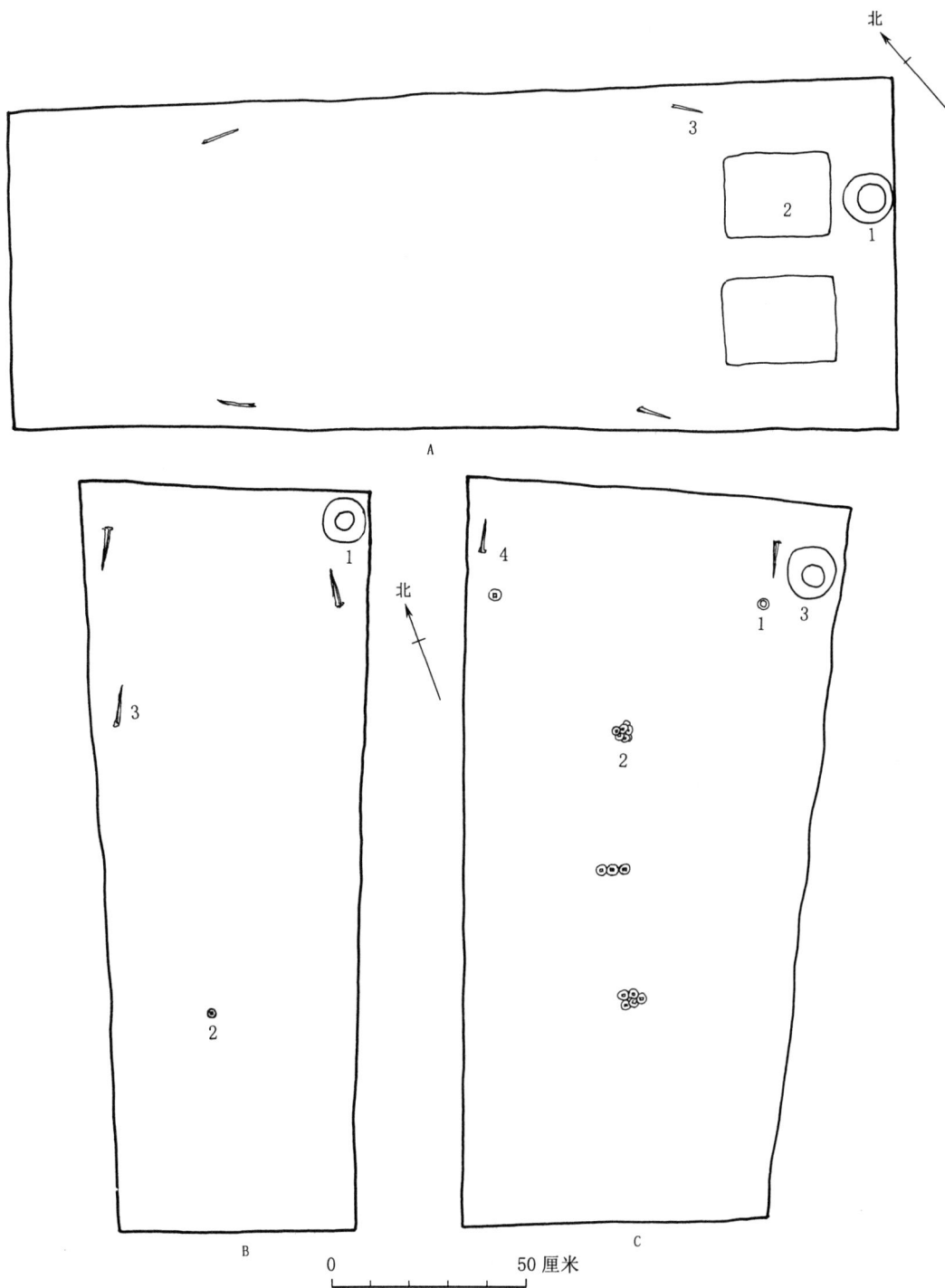

图二六　宋代墓葬平面图

A.97WFM56平面图　1.Ⅰ式带流罐　2.瓦　3.棺钉　　B.97WFM17平面图　1.Ⅱ式双系瓶　2.铜钱　3.棺钉
C.97WFM18平面图　1.玉环　2.铜钱　3.Ⅳ式双系瓶　4.棺钉

带流罐　4件。敛口，前部凹曲成流。颈腹部置单把。按照形制分成Ⅰ、Ⅱ两式。

Ⅰ式　2件。束颈。标本97WFM22：1，鼓腹较大，平底。内部无釉，外表施釉至腹部。通高18.9、口径12.2厘米（图二七，11）。

Ⅱ式　2件。矮领。标本97WFM40：1，肩稍隆，腹略鼓，平底内凹。内部施釉至颈部，外表施釉至腹部。通高12.7、口径9.4厘米（图二七，7）。

束颈罐　2件。束颈矮领。按照形制分成Ⅰ、Ⅱ两式。

Ⅰ式　1件。腹部较鼓。标本97WFM21：1，尖唇，折沿下斜，肩部略鼓，平底稍厚。内部施满釉，外表施釉至下腹部。通高14.5、口径9.3厘米（图二七，10）。

Ⅱ式　1件。腹部稍瘦，标本97WFM33：6，扩沿略平，折肩。平底稍薄。外表施釉至下腹部。通高15.7、口径9.5厘米（图二七，6）。

橄榄瓶　1件。中腹粗，两端细，似橄榄状。标本97WFM62：1，尖唇，折沿下斜，鼓肩鼓腹，平底。内部施满釉，外表施釉接近底部。通高22.8、最大腹径12.8厘米（图二七，2）。

梅瓶　1件。标本97WFM57：1，小口卷沿，矮领广肩，鼓腹斜收，平底内凹。外表施釉至腹部。通高20.2、最大腹径14.7厘米（图二七，8）。

碗　1件。标本T1311①：4，敞口圆唇，浅腹，腹壁斜而稍鼓，小圈足。内腹施满釉，饰弦纹和草叶纹，遗留5处支丁痕迹，外表施釉至下腹部。通高3.4、口径15厘米（图二七，9）。

2．黑瓷器

较完整可复原的黑瓷器仅有4件。黄灰色胎，胎质较细。黑釉，釉质细润，釉色明亮。轮制、仰烧。烧成温度较高。器形有广口罐、梅瓶和兔毫釉碗。

广口罐　1件。标本97WFM64：2，直口方唇，高领折肩，肩部置四枚竖耳。鼓腹平底。内部施釉至颈部，外表施釉接近底部。通高17.8、口径14厘米（图二八，7）。

梅瓶　1件。标本97WFM61：1，直口小卷沿，矮领，鼓腹略圆，平底。内部施满釉，外表施釉接近底部。通高18.7、最大腹径13.5厘米（图二八，8）。

兔毫釉碗　2件。口微敛，尖唇，斜腹内收，小圈足。内部施满釉，外表施釉接近下腹部。标本97WFM21：2，形体稍大，通高6、口径12.1厘米（图二八，5）。标本97WFM23：3，形体稍小，通高5.5、口径11.5厘米（图二八，4）。

3．玉　器

玉环　4件。均用白色软玉制成。标本97WFM33：1，稍大，白色中稍泛黄色。直径2.8厘米（图二八，2）。标本97WFM18：1，稍小，乳白色。直径2.4厘米（图二八，1）。

4．铜　器

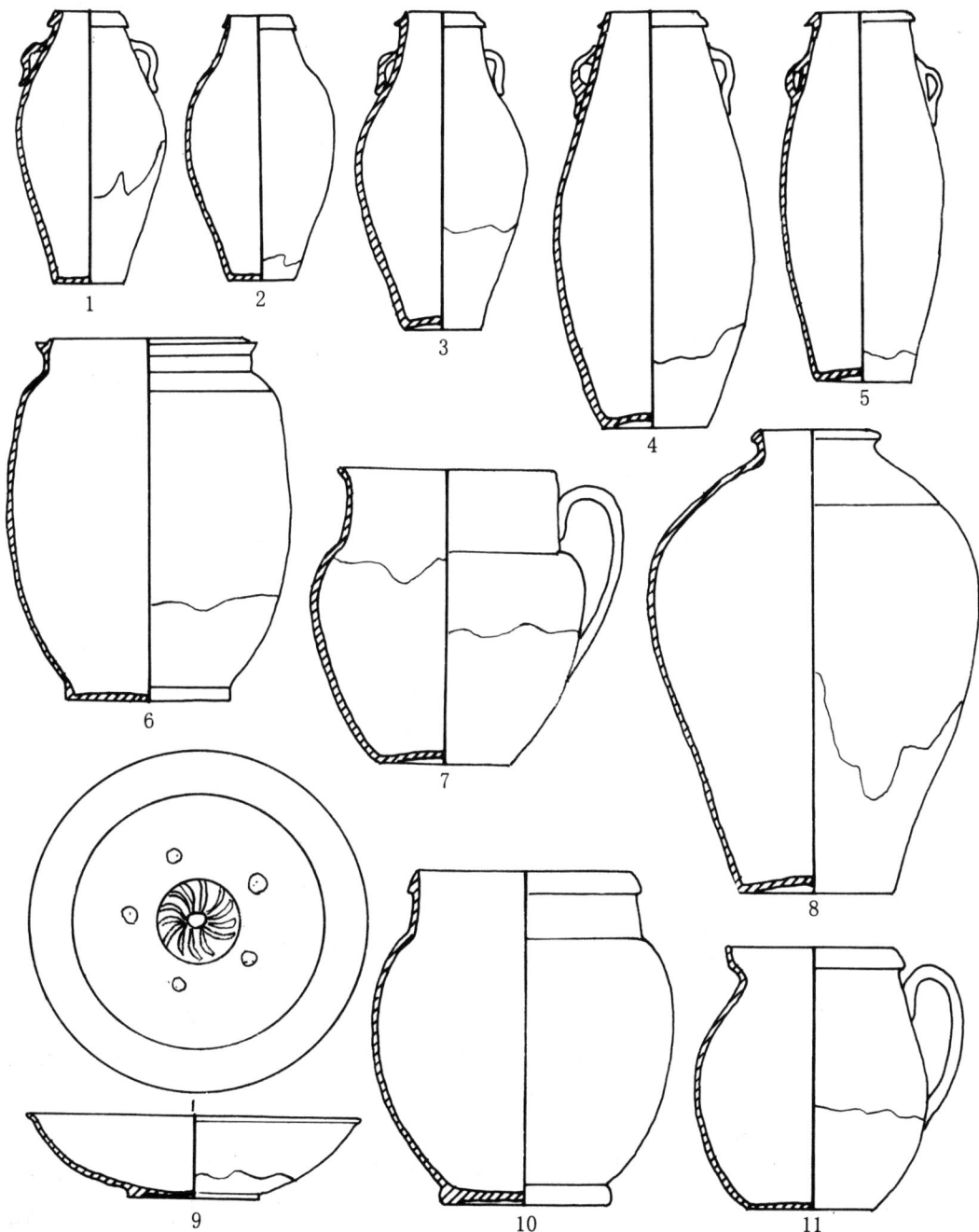

图二七　放鹰台遗址宋代墓葬青瓷瓶、罐

1. I 式双系瓶（97WFM2：1）　2. 橄榄瓶（97WFM62：1）　3. II 式双系瓶（97WFM20：1）　4. III 式双系瓶（97WFM63：1）　5. IV 式双系瓶（97WFM58：1）　6. II 式束颈罐（97WFM33：6）　7. II 式带流罐（97WFM40：1）　8. 梅瓶（97WFM57：1）　9. 碗（T1311①：4）　10. I 式束颈罐（97WFM21：1）　11. I 式带流罐（97WFM22：1）（1 为 1/7，2、4、5 为 1/6，3 为 1/8，6~10 为 1/3，11 为 1/5）

　　铜片　1件。标本97WFM12:1，平面呈璧状，正面稍凸，饰2周弦纹，背面稍凹。用途不明。直径4厘米（图二八，3）。

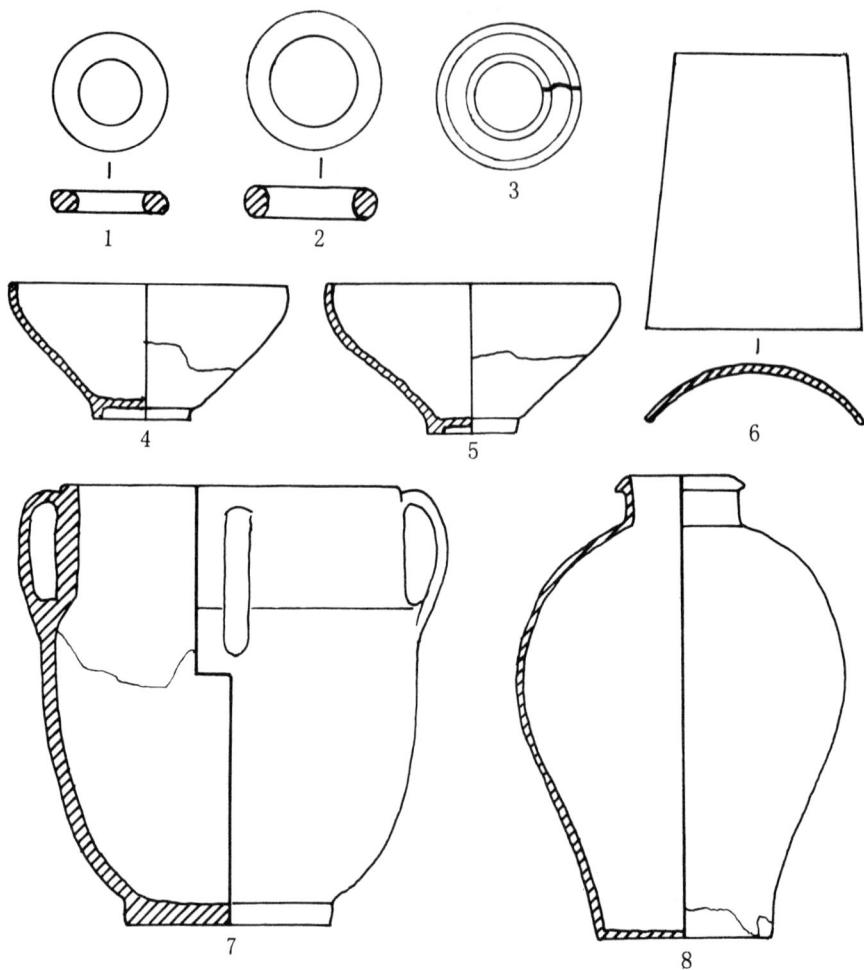

图二八　放鹰台遗址宋代墓葬玉环，铜片，黑瓷兔毫碗、罐、瓶，板瓦

1. 玉环（97WFM18:1）　2. 玉环（97WFM33:1）　3. 铜片（97WFM12:1）　4. 兔毫釉碗（97WFM23:3）
5. 兔毫釉碗（97WFM21:2）　6. 板瓦（97WFM9:1）　7. 黑瓷广口罐（97WFM64:2）　8. 梅瓶（97WFM61:1）
（1、2为2/3，3为1/2，4、5、7、8为1/3，6为1/7）

　　铜币　100余枚。其中基本完整、钱文相对清晰的有75枚。钱文主要有开元通宝、淳化元宝、至道元宝、熙宁重宝、宣和通宝和大观通宝等23种（图二九）。书体主要有真书、篆书、行书和草书。

　　此外还有板瓦7件。胎土为经过淘洗的细泥，青灰色。瓦身一端稍窄，一端稍宽，是采用轮制法做成筒状后，纵剖成四块。凸起面为素面，内凹面遗留生产时使用细布的纹样。标本97WFM9:1，长26.6、上端宽16、下端宽21厘米（图二八，6）。

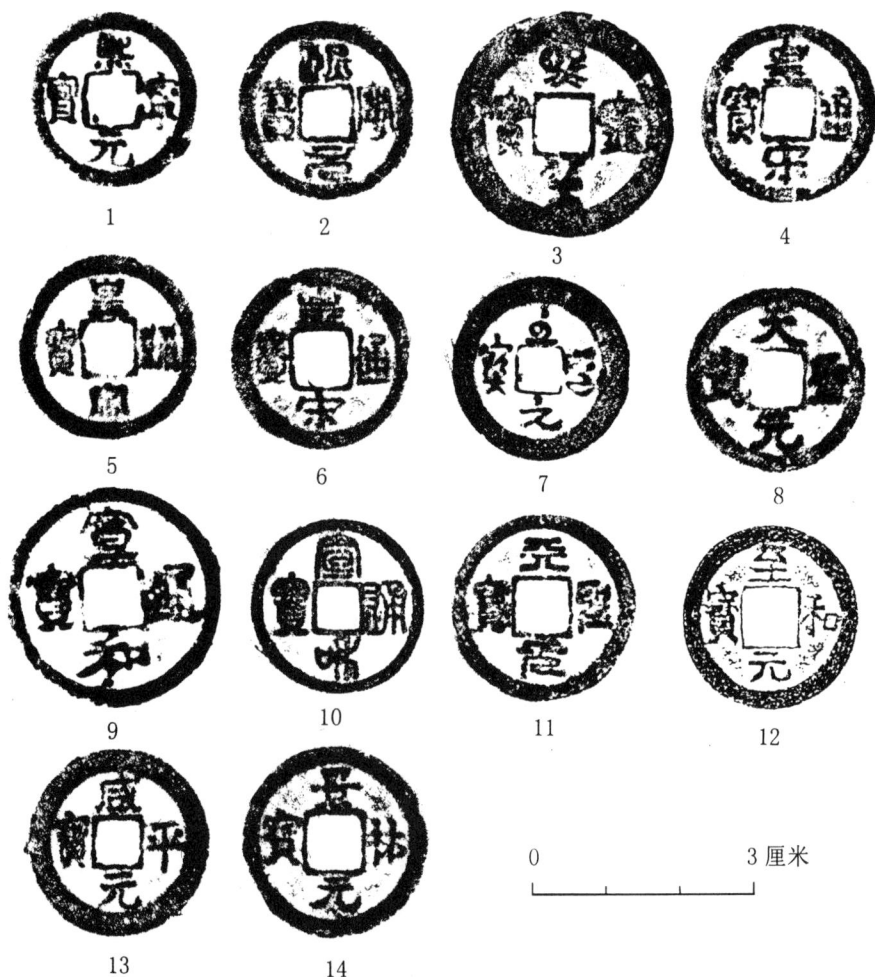

图二九　放鹰台遗址宋代墓葬铜钱拓片

1、2.熙宁元宝　3.熙宁重宝　4~6.皇宋通宝　7.至道元宝　8、11.天圣元宝　9、10.宣和通宝　12.至和
元宝　13.咸平元宝　14.景祐元宝

（三）小　结

宋代墓葬均为相对狭窄而简陋的竖穴土圹墓，少数墓葬中出土的青砖和板瓦都属于棺内的枕具，不是修造墓室的建筑材料。每座墓只随葬1~2件粗瓷器，甚至无随葬品。表明这些墓主经济地位不高，可能是平民。双系瓶鼓腹较粗大，梅瓶造型丰满，瓷碗采用仰烧，可辨识钱文的75枚铜币都是宋代的铜币，这批宋墓的年代应该属于北宋中晚期。所出梅瓶、广口罐和兔毫碗等黑釉瓷器都是黄灰色胎，釉色莹亮，釉质细润，可能是今福建建阳地区建窑[18]或江西吉安地区吉州窑[19]的产品。青釉瓷器都是紫灰色胎，胎

质稍粗，釉色青中泛黄，器形有双系瓶、带流罐、橄榄瓶、束颈罐、梅瓶和碗，与今武汉市江夏区斧头湖沿岸宋代青瓷窑址瓷器风格相同[22]，应该就是当地民窑的产品。

六、结　语

武昌洪山放鹰台遗址是靠近长江南岸的滨湖低山，它的东南是幕阜丘陵，东北是大别山脉的余脉，西面是洞庭湖平原和江汉平原，处在古代交通、历史文化辐辏的重要区域。对该区域考古学遗存的研究很早即引起人们的重视，此次放鹰台遗址发掘进一步丰富了我们对相关文化遗存的年代、面貌、性质、交流、嬗变以及这些古代人们生产、生活等方面的认识。

新石器时代文化遗存延续时间较长，可以归纳成连续发展的三段五组。第一阶段的年代大体相当于大溪文化晚期或早期屈家岭文化。它的面貌与江汉平原钟祥六合、天门谭家岭、鄂东黄冈螺蛳山、洞庭湖平原安乡划城岗[21]、华容车轱山[22]等地同期遗存均有不同程度的共性，文化属性尚需深入探讨。与放鹰台遗址隔江对峙的新洲阳逻香炉山遗址新石器墓地[23]文化内涵和它基本一致，表明这种遗存在本地区具有一定数量和相应分布空间。第三阶段遗存文化面貌已与江汉平原晚期屈家岭文化基本相同，它应该隶属于晚期屈家岭文化，年代大致相当于晚期屈家岭文化的偏早阶段。第二阶段明显具备第一阶段和第三阶段双重因素，它应该是第一阶段发展演变到第三阶段的中间环节。新石器时代的居民们已经掌握稻作农业和慢轮制陶技术，并具有一定财富观念和宗教意识。

周代文化遗存时间跨度不大，可以归纳成连续发展的三组，年代分别相当于西周中期偏早阶段到西周晚期偏早阶段。从文化面貌分析，它应该隶属于西周文化，但具有一定区域特征，同类遗存还见于新洲阳逻香炉山遗址，共同构成西周文化的一个地方类型。当地居民已经掌握部分青铜器铸造技能。

宋代墓葬的年代主要是北宋中期和晚期，是一处等级较低的平民墓地。当地在北宋时期隶属于鄂州江夏县，州治和县治大致在今蛇山附近。这些墓主人应该是城内普通居民。随葬品主要是瓷器。多数青釉瓷器可能是今江夏区斧头湖沿岸宋代民间青瓷窑的产品，为研究上述窑址的年代、生产、产品销售和使用以及宋代地方经济，提供了新的实物资料。少数黑釉瓷器应该是吉州窑或建窑的产品。

执笔：魏航空、雷兴军、罗宏兵

绘图：陈艳、黄传馨

摄影：郑自兵

（注：本文原发表于《江汉考古》1998 年 3 期，选录时有所改动）

注　释

① 《洪山放鹰台发现古代文化遗址》，《长江日服》1956 年 8 月 21 日 1 版。

② 王劲：《武昌放鹰台原始部落遗址》，《武汉春秋》1982 年试刊号。

③ 湖北省黄冈地区博物馆：《湖北黄冈螺蛳山遗址墓葬》，《考古学报》1987 年 3 期。

④ 屈家岭遗址考古队：《屈家岭遗址第三次发掘》，《考古学报》1992 年 1 期。

⑤ 湖北省荆州地区博物馆等：《钟祥六合遗址》，《江汉考古》1987 年 2 期。

⑥ 石河考古队：《湖北省石河遗址群 1987 年发掘简报》，《文物》1990 年 8 期。

⑦ 中国科学院考古研究所：《京山屈家岭》，科学出版社，1965 年。

⑧ 武汉大学考古教研室：《湖北宜城曹家楼新石器时代遗址》，《考古学报》1988 年 1 期。

⑨ 武汉大学考古教研室：《西花园与庙台子》，武汉大学出版社，1993 年。

⑩ 中国科学院考古研究所：《沣西发掘报告》，文物出版社，1962 年。

⑪ 湖北省文物考古研究所：《湖北襄樊真武山周代遗址》，《考古学集刊》第 9 辑，1995 年。

⑫ 湖北省博物馆等：《黄陂鲁台山两周遗址与墓葬》，《江汉考古》1982 年 2 期。

⑬ 襄樊市博物馆：《湖北枣阳毛狗洞遗址调查》，《江汉考古》1985 年 3 期。

⑭ 黄石市博物馆：《大冶上罗村遗址试掘》，《江汉考古》1983 年 4 期。

⑮ 咸宁地区博物馆、阳新县博物馆：《阳新和尚垴遗址调查简报》，《江汉考古》1984 年 4 期。

⑯ 江西省文物工作队、九江市博物馆：《江西九江神墩遗址发掘简报》，《江汉考古》1987 年 4 期。

⑰ 湖南省文物考古研究所：《桑植朱家台遗址的调查与发掘》，《江汉考古》1989 年 2 期。

⑱ 厦门大学人类学博物馆：《福建建阳水吉宋建窑发掘简报》，《考古》1964 年 4 期；福建省博物馆：《福建建阳芦花坪窑址发掘简报》，《中国古代窑址调查发掘报告集》，文物出版社，1984 年。

⑲ 蒋玄侣：《吉州窑——剪纸纹样贴印的瓷器》，文物出版社，1958 年。

⑳ 武汉地方志编纂委员会：《武汉市志·文物志》，武汉大学出版社，1990 年。

㉑ 湖南省博物馆：《安乡划城岗新石器时代遗址》，《考古学报》1983 年 4 期。

㉒ 湖南省岳阳地区文物工作队：《华容车轱山新石器时代遗址第一次发掘简报》，《湖南考古辑刊》第三集。

㉓ 武汉大学考古教研室、武汉市博物馆：《湖北新洲香炉山遗址（南区）发掘简报》，《江汉考古》，1993 年 1 期。

附表一　　　　　　　新石器时代部分单位陶系统计表

单位	陶器（片）数量	陶质陶色（%）						纹饰（%）				分组
		泥质黄色	泥质灰色	泥质黑色	夹砂褐色	夹砂灰色	其他	素面	弦纹	镂孔	其他	
M37	13	69.23	15.38	7.69	7.69			76.92	7.69	15.38		一
M36	10	70	10	20				70	20	10		一
M46	18	77.77	5.55	16.66				55.55	22.22	22.22		二
M54	9	33.33	11.11	55.55				66.66	33.33			二
M60	7	14.28	14.28	71.42				54.14	14.28	28.57		三
M7	5	20	20	40	20			60	40			三
M49	5	20	20	60					80	20		四
M55	4	25		75				25	75			四
M16	90	6.66	48.88	20	15.55	8.88		82.22	14.44	3.33		四
M44	6	16.66	66.66	16.66				66.66	16.66	16	0.66	五
H28	381	8.13	55.11	16.79	9.18	6.03	4.72	84.51	5.51	1.83	8.13	五
T1708③	150	8.66	58	1.33	12.66	19.33		94	2	3.33	0.66	五

附表二　　　　　　　　　　新石器时代遗迹单位一览表

单位	探方	开口层位(下)	主要遗物	分组
M1	T0322	2	A型Ⅱ式平底壶、B型Ⅱ式碗、A型圈足壶	二
M4	T0321	2	A型豆、曲腹杯	不明
M5	T0321	2	A型Ⅰ式鼎、A型Ⅱ式平底壶	一
M6	T0426	2	A型豆、A型圈足壶、罐	不明
M7	T0426	2	A型Ⅳ式鼎、A型Ⅳ式豆、D型Ⅰ式碗、Ⅱ式曲腹杯	三
M8	T0426	2	A型Ⅰ式平底壶、A型Ⅱ式豆、曲腹杯、A型圈足壶、A型Ⅰ式碗	二
M10	T1415	1	B型鼎、A型Ⅰ式豆、A型豆、B型豆、E型豆、直口广肩罐、石凿	一
M13	T1808	2	D型Ⅱ式碗、Ⅲ式曲腹杯、Ⅲ式高柄杯	五
M14	T1415	1	A型Ⅳ式豆、A型Ⅱ式碗、A型Ⅱ式器盖、A型圈足壶、曲腹杯	三
M15	T1415	1	B型Ⅰ式平底壶、A型圈足壶、盆	三
M16	T0426	2	A型鼎、A型Ⅰ式平底壶、A型Ⅱ式平底壶、A型豆、Ⅰ式钵、B型Ⅰ式碗、A型Ⅰ式器盖、石凿	一
M24	T0426	2	C型Ⅰ式圈足壶2、罐	三
M25	T0426	2	C型Ⅰ式圈足壶2、Ⅱ式钵、Ⅰ式高柄杯、A型盂形杯、B型石锛	三
M26	T0326	2	A型Ⅲ式豆、B型Ⅱ式圈足壶、Ⅱ式曲腹杯	二
M27	T0426	2	Ⅰ式曲腹杯、A型Ⅰ式器盖	一
M30	T1415	1	A型鼎、A型圈足壶	不明
M31	T0422	2	A型Ⅱ式豆3、A型Ⅱ式平底壶、A型平底壶、Ⅰ式曲腹杯2、A型Ⅰ式器盖、陶球	一
M36	T0421	2	A型Ⅰ式豆、A型Ⅱ式豆、A型Ⅰ式平底壶2、B型Ⅱ式碗、C型Ⅰ式碗、A型Ⅱ式纺轮	一
M37	T0426	2	A型Ⅱ式鼎、A型Ⅰ式豆、A型Ⅰ式圈足壶、B型Ⅰ式圈足壶3、B型Ⅰ式碗、B型Ⅰ式纺轮2、豆、圈足壶	一
M38	T0426	2	A型Ⅳ式豆2、罐、圈足壶	三
M42	T1416	1	A型豆2、曲腹杯、A型平底壶（彩陶）	不明
M43	T0326	2	C型豆、C型碗、Ⅱ式高柄杯、A型Ⅰ式纺轮	三
M44	T1708	2	盆、Ⅱ式扁腹罐、陶球2、B型Ⅰ式纺轮、D型纺轮、石球	五
M45	T0421	2	A型Ⅲ式豆2、圈足壶、B型Ⅱ式纺轮	二
M46	T0421	2	A型Ⅲ式鼎、A型Ⅲ式豆4、A型Ⅱ式圈足壶、B型Ⅰ式圈足壶、B型Ⅱ式圈足壶2、A型Ⅱ式平底壶、C型豆、A型Ⅱ式豆、B型Ⅱ式碗、B型Ⅲ式碗、Ⅱ式曲腹杯、Ⅰ式罐形杯、C型Ⅱ式碗、壶	二
M47	T0326	2	A型Ⅰ式豆2、A型Ⅰ式平底壶、Ⅰ式曲腹杯2、A型Ⅱ式器盖、圈足壶2、A型豆	一
M49	T0326	2	C型Ⅱ式圈足壶2、筒形杯、B型器盖、碗、石钺	四
M51	T1415	1	A型Ⅱ式鼎	一
M52	T0426	2	陶器2	不明
M54	T0326	2	A型Ⅱ式豆、B型Ⅲ式碗、Ⅰ式扁腹罐、A型Ⅱ式器盖、Ⅱ式罐形杯、B型Ⅰ式纺轮、A型鼎	二
M55	T0326	2	C型Ⅱ式圈足壶、C型Ⅲ式碗、D型Ⅰ式碗	四

续附表二

单位	探方	开口层位（下）	主要遗物	分组
M59	T0322	2	A型Ⅲ式鼎、A型Ⅲ式平底壶	二
M60	T1415	1	C型Ⅰ式圈足壶2、D型Ⅰ式豆、D型Ⅱ式豆、Ⅲ式曲腹杯、Ⅱ式高柄杯	三
H10	T1808	2	A型Ⅳ式鼎、E型豆、Ⅱ式钵2、Ⅲ式折沿罐、Ⅰ式三足盘、A型盂形杯2、A型器盖、豆	四
H12	T1313	2	A型Ⅳ式鼎2、Ⅰ式折沿罐、Ⅱ式折沿罐2、高领罐、石饼	四
H14	T1313	2	A型Ⅳ式鼎、Ⅱ式折沿罐、Ⅲ式折沿罐、E型豆、A型盂形杯	四
H15	T1311	2	D型Ⅱ式碗、A型Ⅲ式器盖	五
H16	T1313	2	A型Ⅳ式鼎、D型Ⅱ式碗、曲腹杯、Ⅰ式折沿罐、Ⅱ式折沿罐、B型Ⅰ式纺轮、石饼	四
H23	T1708	3	Ⅰ式折沿罐、Ⅲ式折沿罐2、高领罐、A型盂形杯2、A型Ⅰ式纺轮、E型豆、D型纺轮、豆、碗、A型器盖	五
H25	T1708	3	D型鼎、E型鼎、Ⅱ式折沿罐、Ⅲ式折沿罐2、曲腹杯、A型盂形杯、豆、盆	五
H26	T0326	2	A型Ⅳ式鼎3、E型鼎2、C型鼎2、Ⅲ式折沿罐3、高领罐2、Ⅱ式钵、E型豆2、C型豆、曲腹杯、三足盘、盆2、A型盂形杯、陶球、B型陶环、C型纺轮、石斧	五
H27	T1708	3	A型Ⅳ式鼎2、B型鼎、C型鼎、E型鼎、B型Ⅱ式平底壶、高领罐、Ⅱ型钵2、A型Ⅳ式碗、Ⅰ式折沿罐、Ⅱ式折沿罐2、E型豆2、C型豆、B型Ⅰ式纺轮2、陶球、C型陶环3、石凿、Ⅰ式三足盘2、A型Ⅳ式豆2、B型盂形杯	五
H28	T1311	1	A型Ⅳ式鼎3、D型鼎、E型鼎3、B型Ⅲ式平底壶2、Ⅰ式折沿罐、Ⅱ式折沿罐、A型Ⅲ式器盖5、C型器盖、Ⅱ式三足盘3、Ⅱ式钵、A型Ⅳ式豆、C型豆、高领罐、A型盂形杯、B型Ⅰ式纺轮2、B型Ⅱ式纺轮、B型陶环、石饼	五
G2	T1313	1	A型Ⅳ式鼎、B型鼎、A型Ⅲ式碗2、A型盂形杯、高领罐、Ⅰ式折沿罐2、Ⅱ式折沿罐、Ⅲ式折沿罐3、E型豆、器盖、A型Ⅱ式纺轮、石凿、石饼	五

注：文中所列器物包括残片和不能复原的器物。下同。

附表三

周代部分单位陶系统计表

单位	陶器(片)数量	陶质陶色(%)				纹饰(%)									分组
		夹砂褐色	夹砂灰色	泥质黄色	泥质黑色	间断绳纹	附加堆纹	细绳纹	粗绳纹	按窝纹	弦纹	镂孔	素面	其他	
H22	51	45.09	19.6	35.29		76.47	9.8	13.72							一
H21	45	51.11	26.66	20	2.22	71.11	2.22	22.22	2.22					2.22	一
H46	140	59.28	30.71	5	5	59.28	3.57	22.14	3.57	0.71	5.71		3.57	1.42	一
M48	562	45.55	24.73	27.58	2.13	68.14	4.62	10.14	5.51	0.88	3.02	0.35	6.22	1.06	二
H11	82	53.65	30.48	14.63	1.21	62.19	6.09	18.29	9.75	1.21	1.21		1.21		二
T1808②	128	61.59	20.28	15.94	2.17	61.59	7.24	18.54	5.07	2.17	2.89		2.17		二
H18	328	50.3	30.48	16.46	2.74	75.6	3.96	7.31	6.4		2.74	0.3	3.04	0.6	三
H5	474	49.57	24.68	23.2	2.53	62.44	6.11	14.55	9.07	0.63	3.79		2.74	0.63	三
H3	185	56.21	23.24	16.75	3.78	72.97	3.78	9.18	5.4		5.94		2.16	0.54	三

附表四　　　　　　　　　　　　周代遗迹单位一览表

单位	探方	开口层位（下）	主要遗物	分组
H1	T0822	1		不明
H2	T1218	1	A型Ⅱ式鬲	不明
H3	T1808	1	A型Ⅱ式鬲2、A型Ⅲ式鬲4、A型Ⅱ式豆、A型Ⅲ式豆3、B型Ⅱ式豆、长颈罐2、Ⅱ式侈沿罐、小口瓮、瓿2、尊、B型石斧、陶饼2	三
H4	T0321	2	A型Ⅰ式鬲3、A型Ⅱ式鬲2、A型Ⅰ式豆2、B型Ⅰ式豆、B型Ⅱ式豆、贯耳罍、瓿	一
H5	T0321	1	A型Ⅱ式鬲4、A型Ⅲ式鬲11、A型Ⅰ式豆3、B型Ⅰ式豆2、B型Ⅲ式豆2、Ⅱ式侈沿罐、Ⅲ式侈沿罐、Ⅱ式瓿3、卷沿瓮、贯耳罍2、C型鋬手、盆、A型石斧、E型纺轮	三
H6	T1808	1	A型Ⅰ式鬲、A型Ⅱ式鬲2、Ⅰ型式钵、Ⅰ型式侈沿罐、罍、陶环	二
H7	T0322	1	A型Ⅱ式鬲、A型Ⅲ式鬲2、B型Ⅲ式豆、Ⅱ式侈沿罐、Ⅲ式侈沿罐、鋬手、罍、瓿	三
H8	T0322	1	A型Ⅱ式鬲	三
H9	T0422	1	A型Ⅱ式鬲2	三
H11	T1808	1	A型Ⅰ式鬲3、A型Ⅱ式鬲4、Ⅰ式侈沿罐2、B型豆、瓿、A型Ⅰ式纺轮	二
H13	T1111	1	A型Ⅱ式鬲、A型Ⅲ式鬲4、长颈罐、瓿	三
H17	T0422	1		不明
H18	T1708	1	A型Ⅱ式鬲5、A型Ⅲ式鬲13、A型Ⅱ式豆、A型Ⅲ式豆2、B型Ⅲ式豆2、C型豆、Ⅱ式钵、Ⅱ式侈沿罐2、Ⅲ式侈沿罐3、盆、长颈罐、贯耳罍、瓿、A型Ⅰ式纺轮3、A型石铲、铜镞、B型Ⅰ式纺轮、D型纺轮	三
H19	T1312	1		不明
H20	T1708	1	A型Ⅰ式鬲2、罍、玉璧	二
H21	T1708	2	A型Ⅰ式鬲2、A型Ⅱ式鬲4、B型鬲、A型Ⅰ式豆2、Ⅰ式侈沿罐、Ⅱ式侈沿罐、罍、陶饼	一
H22	T1708	2	A型Ⅰ式鬲2、A型Ⅱ式鬲2、B型鬲2、Ⅰ式瓿、Ⅰ式侈沿罐2、B型石铲	一
H24	T0426	1	A型Ⅲ式鬲、B型Ⅲ式豆2、Ⅲ式侈沿罐、石凿	三
H26①	T0326	2	A型Ⅱ式鬲、A型Ⅲ式鬲6、Ⅱ式瓿、长颈罐2、AⅢ式豆、直口瓮	三
G1	T1110	1		不明
G3	T0426	1	A型Ⅲ式鬲、A型Ⅲ式豆、B型Ⅲ式豆2、Ⅱ式侈沿罐、C型鋬手	三
M48	T1416 T1415	1	A型Ⅰ式鬲10、A型Ⅱ式鬲6、B型鬲2、B型Ⅱ式豆、C型豆、A型Ⅱ式豆2、A型Ⅰ式豆、Ⅰ式钵2、Ⅰ式瓿2、Ⅱ式瓿、Ⅰ式侈沿罐、Ⅱ式侈沿罐2、长颈罐、A型鋬手、B型鋬手、C型鋬手、器盖2、盆、石范、砺石、石圭、石凿、铜鱼钩2、陶饼、A型Ⅰ式纺轮2、A型Ⅱ式纺轮3、B型Ⅱ式纺轮2	

附表五　　　　　　　　　　　宋代遗迹单位一览表

单位	探方	开口层位（下）	主要遗物
M2	T1218	1	Ⅰ式青瓷双系瓶、熙宁元宝3、熙宁重宝2
M3	T0322	1	Ⅲ式青瓷双系瓶、皇宋通宝2、至道元宝
M9	T1415	1	板瓦
M11	T1311	1	Ⅲ式青瓷双系瓶
M12	T1311	1	Ⅳ式青瓷双系瓶、铜片
M17	T0421	1	Ⅱ式青瓷双系瓶、熙宁重宝2
M18	T0421	1	Ⅳ式青瓷双系瓶、玉环、熙宁元宝、圣宋元宝、熙宁元宝、元祐通宝、绍圣元宝、天圣元宝2、宝和通宝、皇宋通宝
M19	T1312	1	Ⅳ式青瓷双系瓶、祥符通宝、元丰通宝
M20	T1312	1	Ⅱ式青瓷双系瓶、天圣元宝2、大观通宝2、皇宋通宝、开元通宝、嘉祐通宝、元□通宝
M21	T0422	1	Ⅰ式青瓷束颈罐、黑瓷兔毫碗、宣和通宝、元祐通宝、绍圣元宝
M22	T0422	1	Ⅰ式青瓷带流罐
M23	T0421	1	Ⅲ式青瓷双系瓶、黑瓷兔毫碗、政和通宝
M28	T1415	1	
M29	T1415	1	
M32	T0422	1	
M33	T0422	1	玉环3、Ⅲ式青瓷双系瓶、Ⅱ式青瓷束颈罐、熙宁元宝、皇宋通宝
M34	T0822	1	
M35	T0822	1	Ⅱ式青瓷带流罐、青砖
M39	T0426	1	Ⅱ式青瓷双系瓶
M40	T1708	1	Ⅱ式青瓷带流罐
M41	T0422	1	Ⅳ式青瓷双系瓶
M50	T0326	1	Ⅳ式青瓷双系瓶、祥符元宝、开元通宝2、绍圣元宝2、至和元宝、皇宋通宝2、圣宋元宝、元丰通宝、政和通宝、咸平元宝、元丰通宝、嘉祐通宝、元祐通宝、熙宁元宝
M53	T0326	1	Ⅲ式青瓷双系瓶
M56	T0326	1	Ⅰ式青瓷带流罐
M57	T0321	1	青瓷梅瓶
M58	T0321	1	Ⅳ式青瓷双系瓶、祥符元宝、元丰通宝3、治平元宝、圣宋元宝、皇宋通宝、元祐通宝、祥符通宝、皇宋通宝2、元祐通宝、开元通宝、至和元宝
M61	T0322	1	黑瓷梅瓶
M62	T0322	1	青瓷橄榄瓶
M63	T0326	1	Ⅲ式青瓷双系瓶
M64	T0326	1	黑瓷广口罐
M65	T0426	1	Ⅳ式青瓷双系瓶、熙宁元宝、元丰通宝2、政和通宝、治平通宝、至和元宝、景祐元宝、至宋元宝、淳化元宝、元符通宝、元丰通宝、熙宁元宝

后　记

本报告由王劲、孟华平、李桃元、徐劲松集体编写完成。报告由王劲主编，李桃元具体负责组织与协调工作。编写分工是：第一章，第二章的屈家岭下层与屈家岭文化的文化层遗物及其分期、石家河文化、结语部分由王劲执笔；第二章的墓葬部分由孟华平执笔；第三章、第四章由李桃元和徐劲松执笔。英文提要由杨轲翻译。2000 年完成初稿，2002 年初修改定稿。本书新石器时代墓葬器物图由马小娇绘制，新石器时代文化层器物、西周和宋代器物底图由余才山绘制，所有线图的墨线图（除新石器时代墓葬器物图外）由肖志华绘制。摄影余乐。

放鹰台发掘报告获得国家社会科学基金资助，并得到国家社会科学规划组老一辈专家学者们的关怀和支持；在报告整理编写过程中，得到湖北省文物考古研究所领导的关心和积极支持以及原盘龙城工作站全体同志的热情帮助。本报告的出版，得到国家文物局、湖北省文物局的资助，谨此一并致以诚挚的谢意。

值此报告付梓之际，我们深切怀念江汉地区考古工作的开拓者、放鹰台遗址发掘的主持人张云鹏先生。放鹰台发掘报告即将面世，为江汉地区考古事业做出过重大贡献的先生如九泉有知，一定会感到欣慰。

编　者

2002 年 8 月

FANGYINGTAI SITE OF WUCHANG

(Abstract)

Fangyingtai site is located on southern bank of Shuiguohu and Donghu, Wuchang district of Wuhan city. The content of this report includes the first excavation by Hubei Provincal Museum in 1956 and the second excavation by Wuhan Civic Museum in 1997.

The cultural layers of Neolithic, Western Zhou and Song were contained in this site. There were 103 tombs of Neolithic and Song, and 3 cultural traces of Western Zhou within 1250 square meters, which were opend up in the early excavation. In the later excavation, there were 65 tombs, 28 ash pits, 3 ash diths of Neolithic, western Zhou, Song within 550 square meters.

The Neolithic's tombs is the major part of this site. A large amount of cultural relics were unearthed form those tombs, they were shovels, axes, chisels, jars, cups, ports, bowls, and etc. The tombs can be divided into three stages according to the stratigraphy and the remains in them. The first and second stages belonged to the lower Qujialing Culture. The character of the remains is distinctive, so we suggest that they could be called "Fangyingtai Type". Those two stages can be dated to somewhere between 5900B. P. ~ 4800B. P.. Shijiahe cultural remains were found in Neolithic layer, yet. Its character was similar to those founds along the Hanjiang river, but it also showed an influence of Xuejiagang and Liangzhu Cultrues in the east. We can conclude that its date is 4500 B. P. ~ 4500B. P.. Judging from the decorations and craft of the pottery.

The cultural layer of Western Zhou is thiner than Neolithic one, Stone tools, pottery and bronzes were discovered in it. From the characters of the relics, we can see that the culture of Chu and Yue have mixed up in this area. Moreover, the elements of Zhou culture that came from the Central Plain has affected this area, too. We infer that its relative date was from the early to the middle of Western Zhou.

Those Song tombs was between the Middle Northern Song and the late Southern Song in terms of relative date. Some white porcelains, black porcelains, celadon, glazed pottery ang bronze coins were found in them. It seems that those ceramics were made in kilns around the Futouhu and Liangzihu. The excavation casts new light on study of the date and craftsmanship of the local kilns.

放鹰台遗址远景

1. A 型 I 式鼎（65WFM23：9）

2. Ba 型 II 式鼎（65WFM23：11）

3. Ba 型 III 式鼎（65WFM11：2）

4. Cb 型 III 式罐（65WFM63：13）

5. 圈足罐（65WFM23：15）

新石器时代陶鼎、罐

1. B 型 V 式壶（65WFM82：6）

2. B 型 III 式壶（65WFM7：9）

3. Da 型 II 式壶（65WFM63：6）

4. Bb 型 I 式豆（65WFM23：1）

新石器时代陶壶、豆

1. 壶（65WFM16：4）

2. C 型Ⅲ式豆（65WFM59：7）

3. Da 型Ⅰ式豆（65WFM24：13）

4. Da 型Ⅲ式豆（65WFM63：9）

5. Aa 型鬲（T3②：1）

6. D 型甗（T41②：1）

新石器时代陶壶、豆，西周陶鬲、甗

1.石斧（65WFM77：1）　　　　2.A 型石铲（65WFM4：13）　　　　3.A 型石锛（65WFM15：5）

4.Ba 型石铲（65WFM26：5）　　5.Bb 型石铲（65WFM16：2）　　6.B 型石锛（65WFM16：12）

7.Ba 型石铲（65WFM6：2）　　　8.Bb 型石铲（65WFM5：3）

新石器时代石斧、铲、锛

1.Ac 型（65WFM82：5）

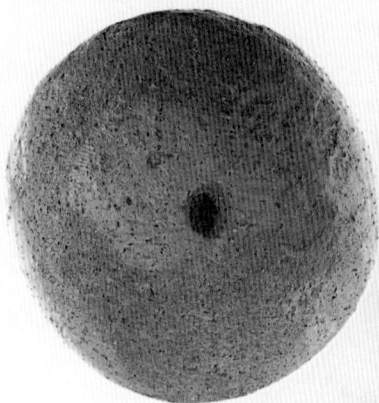

2.B 型（65WFM77：8）

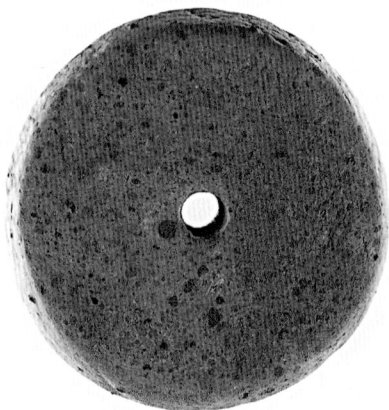

3.C 型（65WFM24：9）

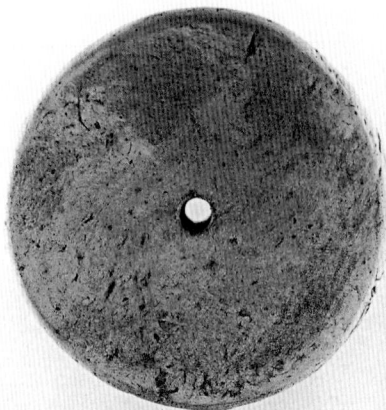

4.Aa 型（65WFM85：3）

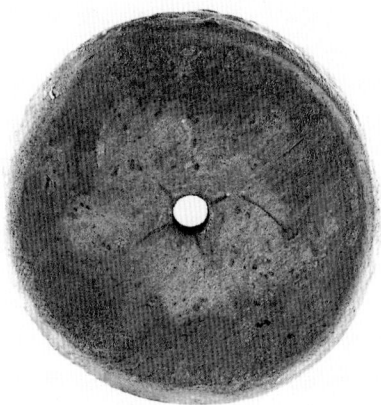

5.Aa 型（65WFM78：7）

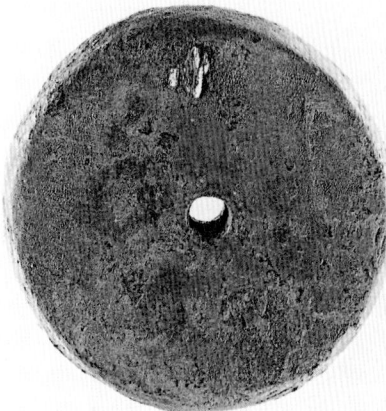

6.Ad 型（M59：8）

新石器时代陶纺轮

1.A 型 I 式（65WFM23：9）

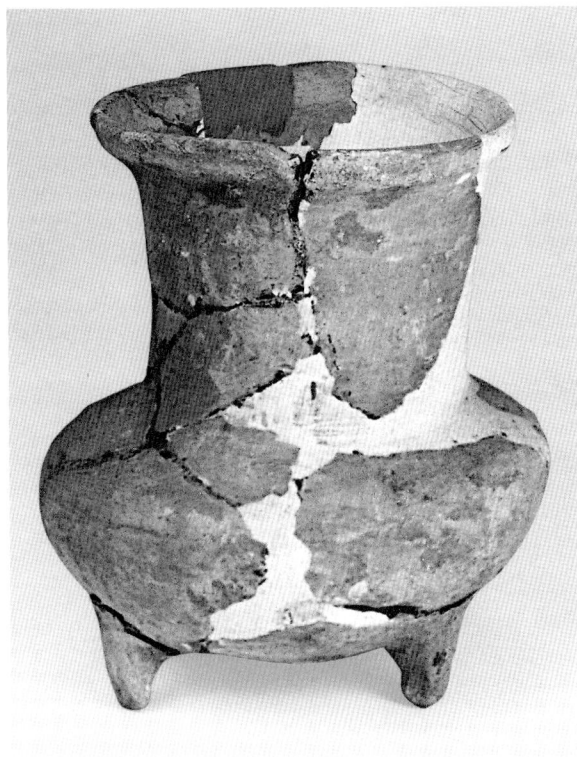

2.A 型 II 式（65WFM16：10）

3.Ba 型 II 式（65WFM23：11）

4.Ba 型 V 式（65WFM15：14）

新石器时代陶鼎

1.Ba 型 II 式（65WFM44：1）

2.Ba 型 IV 式（65WFM7：10）

3.Ba 型 III 式（65WFM11：2）

4.Ba 型 III 式（65WFM86：3）

5.Bb 型 II 式（65WFM11：1）

6.Bb 型 I 式（65WFM27：12）

新石器时代陶鼎

1.Aa 型 I 式（65WFM23：10）

2.Aa 型 III 式（65WFMl5：11）

3.Aa 型 IV 式（65WFM63：5）

4.Ab 型 IV 式（65WFM31：4）

新石器时代陶罐

1.Ab 型 V 式（65WFM27：7）

2.Ac 型 I 式（65WFM4：14）

3.Ac 型Ⅲ式（65WFM15：13）

4.Ac 型Ⅳ式（65WFM26：3）

新石器时代陶罐

1.Ba 型 Ⅰ 式（65WFM16：3）

2.Da 型 Ⅱ 式（65WFM63：7）

3.Ba 型 Ⅱ 式（65WFM94：3）

4.Bb 型（65WFM21：3）

新石器时代陶罐

1.Cb 型 I 式 (65WFM34：2)

3.Cb 型Ⅲ式 (65WFM63：13)

4.Da 型 I 式 (65WFM29：4)

2.Cb 型Ⅱ式 (65WFM85：8)

5.Db 型Ⅲ式 (65WFM38：3)

新石器时代陶罐

1.Db 型 I 式 （65WFM92：4）

2.Dc 型 II 式 （65WFM85：1）

3.Ea 型 I 式 （65WFM78：5）

4.Eb 型 II 式 （65WFM79：2）

5.Dc 型 II 式 （65WFM85：2）

6.Eb 型 I 式 （65WFM79：5）

新石器时代陶罐

1.圈足罐（65WFM33：6）

2.圈足罐（65WFM23：15）

3.A 型 I 式壶（65WFM23：2）

4.A 型 II 式壶（65WFM16：13）

新石器时代陶罐、壶

1.A 型Ⅲ式（65WFMl5：1）

2.B 型Ⅱ式（65WFM7：12）

3.B 型Ⅲ式（65WFM7：9）

4.B 型Ⅳ式（65WFM82：4）

新石器时代陶壶

1.B 型 V 式 （65WFM82：6）

2.B 型 IV 式 （65WFM1：3）

3.B 型 III 式 （65WFM59：1）

4.B 型 I 式 （65WFM24：1）

新石器时代陶壶

1.Ca 型 II 式（65WFM23：7）

2.Cb 型 I 式（65WFM44：6）

3.Ca 型 I 式（65WFM24：4）

4.Da 型 I 式（65WFM57：4）

新石器时代陶壶

1.Ca 型Ⅲ式（65WFM32：4）

2.Da 型Ⅱ式（65WFM63：6）

3.壶（65WFM16：4）

4.Db 型（65WFM76：1）

新石器时代陶壶

1.Aa 型Ⅱ式 （65WFM33：7）

2.Ab 型Ⅱ式 （65WFM46：1）

3.Ab 型Ⅰ式 （65WFM4：5）

4.Aa 型Ⅰ式 （65WFM24：2）

新石器时代陶豆

1.Ba 型 I 式（65WFM9：3）

2.Ba 型 I 式（65WFM9：1）

3.Ba 型 I 式（65WFM23：5）

4.Ba 型 II 式（65WFM23：3）

新石器时代陶豆

1. Bb 型 I 式 (65WFM23：1)

2. Ba 型Ⅲ式 (65WFM32：1)

3. Bb 型 I 式 (65WFM4：11)

4. Bb 型 Ⅱ式 (65WFM31：5)

新石器时代陶豆

1. Bb 型Ⅲ式（65WFM45：9）

2. Bb 型Ⅲ式（65WFM45：5）

3. Bc 型（65WFM1：5）

4. Bb 型Ⅱ式（65WFM45：4）

新石器时代陶豆

1. C 型 Ⅱ 式（65WFM58：1）

2. C 型 Ⅲ 式（65WFM59：7）

3. C 型 Ⅰ 式（65WFM24：5）

4. C 型 Ⅱ 式（65WFM16：1）

新石器时代陶豆

1. Da 型 Ⅱ 式 (65WFM92：3)

2. Da 型 Ⅱ 式 (65WFM85：7)

新石器时代陶豆

1. Da 型 II 式（65WFM82：1）

2. Da 型 III 式（65WFM63：9）

3. Db 型 II 式（65WFM16：14）

4. E 型 II 式（65WFM38：5）

5. E 型 II 式（65WFM79：7）

新石器时代陶豆

1. Aa 型 I 式 (65WFM89：3)

2. Aa 型 II 式 (65WFM15：9)

3. Ac 型 I 式 (65WFM7：4)

4. Ac 型 II 式 (65WFM21：2)

新石器时代陶簋

1. I 式甑（65WFM4：6）

3. B 型Ⅲ式簋（65WFM63：3）

4. Ab 型 I 式簋（65WFM4：12）

2. B 型 I 式簋（65WFM63：2）

5. Ab 型Ⅲ式簋（65WFM66：5）

新石器时代陶簋、甑

1. Aa 型 I 式 （65WFM24：11）

2. Aa 型 II 式 （65WFM16：5）

3. Aa 型 II 式 （65WFM33：2）

4. Ab 型 II 式 （65WFM16：8）

5. Ab 型 I 式 （65WFM21：4）

新石器时代陶杯

1. B 型Ⅲ式（65WFM1：4）

3. B 型Ⅰ式（65WFM85：6）

2. B 型Ⅱ式（65WFM92：1）

新石器时代陶杯

1. B 型 (65WFM86：2)

2. C 型 II 式 (65WFM27：6)

3. C 型 III 式 (65WFM21：5)

4. A 型 II 式 (65WFM66：1)

新石器时代陶碗

1. Da 型 II 式 （65WFM55：1）

2. Da 型 III 式 （65WFM34：3）

3. Da 型III式 （65WFM95：1）

4. Da 型 IV 式 （65WFM1：2）

新石器时代陶碗

1. Db 型 I 式（65WFM58：3）

2. Db 型 II 式（65WFM76：5）

3. E 型 I 式（65WFM4：9）

4. E 型 II 式（65WFM94：4）

新石器时代陶碗

1. Bb 型Ⅳ式（65WFM63：1）

2. Bb 型Ⅲ式（65WFM16：6）

3. Bb 型Ⅱ式（65WFM27：4）

4. C 型Ⅲ式（65WFM38：7）

5. C 型Ⅱ式（65WFM15：6）

6. D 型Ⅰ式（65WFM44：10）

新石器时代陶器盖

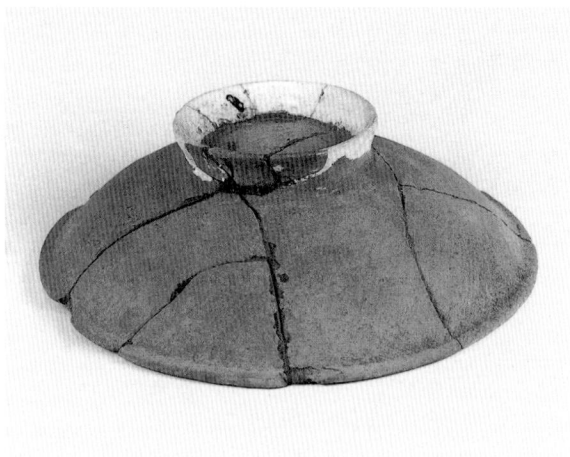

1. E 型器盖（标本 65WFM23∶13）

2. C 型 I 式器盖（65WFM89∶2）

3. 盆（65WFM4∶15）

4. 钵（65WFM23∶6）

新石器时代陶器盖、盆、钵

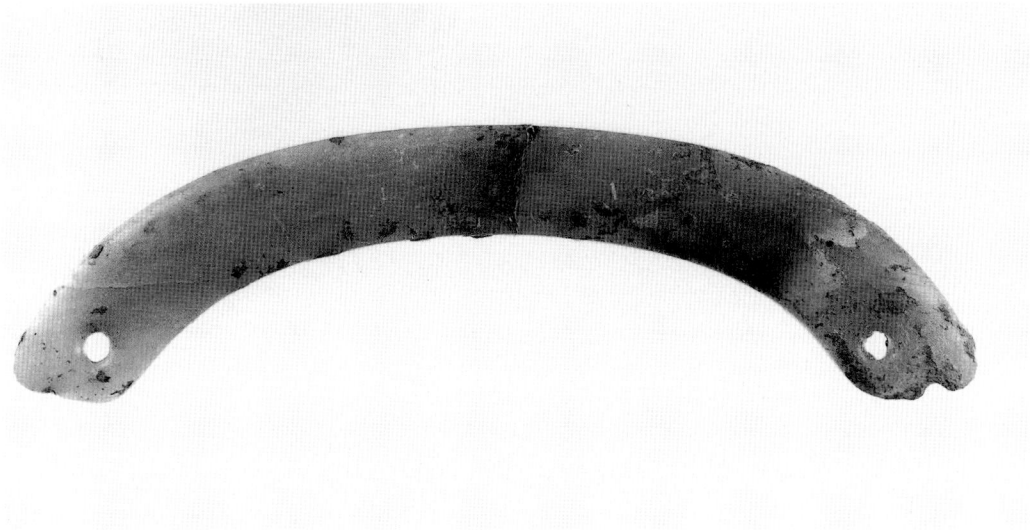

1. 玉璜 (65WFM5∶4)

2. 玉环 (65WFM4∶7)

新石器时代玉璜、环

1. 鬲盖

2. Aa 型鬲 (T3②∶1)

西周陶鬲

1. Ca 型Ⅲ式鬲（T11②：1）

2. D 型甗（T41②：1）

3. A 型Ⅰ式罐（65WFH2：35）

4. A 型器盖（T18②：28）

西周陶鬲、甗、罐、器盖

1. A 型 I 式 （65WFH2：3）

2. B 型 II 式 （65WFH2：21）

3. B 型 I 式 （65WFH2：12）

4. A 型 II 式 （65WFH2：2）

西周陶豆

1. A 型 I 式钵（T22②：2）

2. A 型 II 式钵（65WFH2：24）

3. A 型盂（65WFH2：32）

4. B 型 I 式钵（T39②：29）

西周陶钵、盂

1. 釉陶束颈罐（65WFM40∶1）

2. II式釉陶短领直腹罐（65WFM12∶1）

4. I式釉陶短领圆腹罐（65WFM3∶2）

3. I式釉陶短领直腹罐（65WFM54∶1）

宋代釉陶罐

1. Ⅱ式釉陶短领圆腹罐（65WFM103：1）

2. Ⅲ式釉陶短领圆腹罐（65WFM39：2）

3. Ⅰ式釉陶带流罐（65WFM35：1）

4. Ⅱ式釉陶带流罐（65WFM51：1）

宋代釉陶罐

1. 釉陶带流壶（65WFM96：1）

2. 釉陶双耳壶（65WFM41：1）

3. Ⅲ式青瓷碗（65WFM2：2）

4. 黑瓷广口罐（65WFM60：1）

宋代釉陶瓶，青瓷碗，黑瓷罐

1. I 式釉陶双系瓶（65WFM20：1）　　2. II 式釉陶双系瓶（65WFM102：1）　　3. II 式釉陶短颈瓶（65WFM10：1）

5. III 式黑瓷碗（65WFM99：1）

4. I 式釉陶四系瓶（65WFM49：1）

6. I 式黑瓷碗（65WFM28：1）

宋代釉陶瓶，黑瓷碗

1. I式青瓷碗（65WFM28：1）

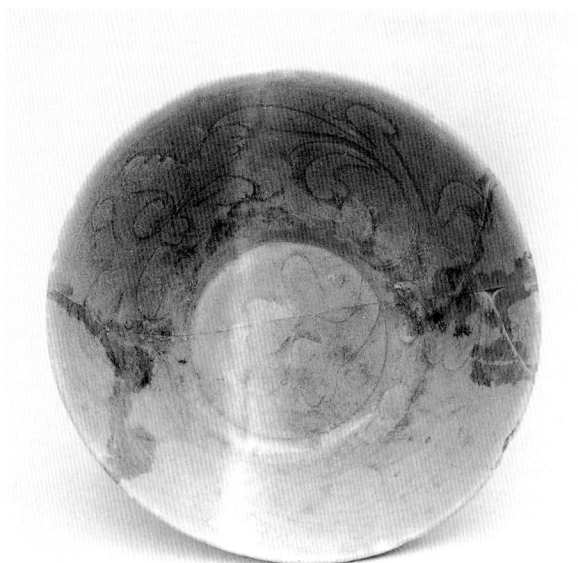

2. I式青瓷碗纹饰

3. 铜镜（65WFM22：1）

4. 铜镜（65WFM35：1）

宋代青瓷碗，铜镜